ZEROSUM GAME

제로섬 게임

승자와 패자를 나누는 무의미한 경쟁에서 벗어나라

성공한스푼 (김윤동, 김준기) 지음

RISE

프롤로그

세상이 정한 금수저와 흙수저 프레임을 깨라

언젠가부터 우리는 '금수저'와 '흙수저'라는 표현을 자주 쓰기 시작했다. "태어나 보니 금수저였어", "흙수저의 삶이니까 포기해"라고 말하면서 자산과 소득 수준에 따라 다른 계층으로 분류될 수 있다고 여긴다. 금수저와 흙수저 프레임에 갇힌 '수저계급론'은 과연 언제부터 시작되었을까? 인류가 시작한 그 순간부터? 절대 아니었을 것이다. 문명을 구축하고 살아가는 인류는 조직화하고 체계화되면서 서로를 통제하기 시작했다. 생존에 유리해졌으니 이제는 그 너머의 욕심을 부리기 시작한 것이다.

초기 인류는 생존에 몹시 불리했다. 단단한 콘크리트 벽도 없었으며 부러지지 않는 강철 무기도 없었다. 대충 뗀 석기를 나무 끝에 매달고는 목숨을 걸고 사냥터에 나가 사냥을 해왔다. 맹수들이 득실거리는 숲 사이를 은밀하게 돌며 과일을 따왔다. 개량되지 않은 과일은 식구들을 먹이기에 양도 충분하지 않았으며, 애써 사냥해온 짐승은 금방 부패해서 먹기도 어려워졌다. 그들에게 통제는 불필요한 것이었다. 오로지 생존이 최선의 숙제였다.

만약 초기 인류를 누군가 통제하려고 했다면 그들은 이렇게 말했을 것이다. "먹고 살기도 힘든데 뭐 하는 거래?" 물론 집단을 통솔하는 수준의 조직력은 있었겠지만, 그것 또한 생존을 위한 최소한의 방어장치로써 작용했을 뿐이다. 조직력을 강화하여 더 수월한 생존을 위한 통제였던 것이다. 하지만 지금 인류의 통제는 목적이 분명하다. 각 국가 혹은 집단의 이익 극대화를 위해 무엇을 통제해야 하는가? 바로 태어난 순간부터 추구해야 할 가치가 무엇인가를 통제하기 시작한 것이다. 그 무엇이 바로 '성공'이다.

세상이 주입한 성공의 기준, 몰개성의 제로섬 게임(Zerosum Game)을 보라. 세상이 짜놓은 게임판에서 우리는 체스 말처럼 누군가 얻으면 누군가 잃는 흙수저들끼리의 제로섬 게임을 해야만 한다. 가로와 세로가 정해진 칸에서 우리는 우리를 움직이는 손을 바라보지 못한다. 이처럼 세상은 우리가 태어난 순간부터 우리에게 '성공해야 한다'라는 관념을 추구하도록 만든다.

심지어 더욱 월등해질 것을 강요받으며 '뛰어난 사람'이 되어야 한다고 이야기한다.

각자의 개성을 살리기보다는 하나의 집단으로 뭉쳐 같은 것을 배우게 하며, 그 같은 것을 누가 더 잘하는지 경쟁하게 만든다. 각기 다른 개성은 존중되지 않으며, 경쟁에서 우위를 선점한 이에게는 우월감을 주고, 낙오된 이들에게는 배척감을 안겨준다. 그러면서 자연스럽게 모두가 '우위를 선점해야만 한다'라는 생각에 사로잡혀 끝없이 위로 올라갈 것을 명령받게 된다. 하나의 집단을 넘어 국가 수준에 이르기까지 끝없이 성공해야 인간들은 더 큰 욕심을 채울 수 있게 되기에 국가 수준으로 모두에게 성공을 강요시키는 것이다.

생각해보자. 만약 모든 사람이 소박하게 자기 삶에 만족하며 살고, 일용할 양식이 있는 것만으로 행복해한다면 국가는 어떻게 되겠는가? GDP는 낮아지고 외국과의 무역에서 우위를 선점할 수 없다. 개개인이 경쟁에 내몰리듯 국가도 더욱 강대국이 되기 위해 경쟁에 내몰린다. 국가가 경쟁에 내몰려질수록 국가는 국민 개개인에게 성공할 것을 요구한다. 국가 경쟁 속에서 살아남아야 하기에 전 세계가 아니 지구 전체가 성공에 미쳐있다.

이 책을 읽는 당신에게 꼭 당부하고 싶은 점이 있다. '시작은 미약했지만, 끝은 창대하리라'라는 말이 있다. 부디 이 책을 읽는 당신의 시간이 그저 자기 계발이나 취미로 끝나지 않기를 바란다. 나비의 작은 날갯짓이 지구 반대편에서 태풍을 일으키는 나비효과처럼, 당신이 책장을 한 장 한 장 넘기며 얻는 작은 앎들이 모여 지구를 변혁할 것이다

이제 탈출의 시간이다. 지구를 휘감은 성공의 광기의 기운에 우리의 삶마저 점차 병들어가고 있다. 눈부신 과학기술의 발전과 인류가 누리는 모든 혜택이 성공을 향한 열망 때문인 것은 맞다. 그것들이 지금 우리 인류에게 크나큰 선물을 주는 것도 사실이다. 하지만 열망이 광기가 되어서는 안 된다. 우리는 환희에 가득 차 기쁜 눈으로 세상을 바라보며 전진해왔지, 광기에 젖어 서로를 헐뜯으며 올라가기 위해서만 존재해오지 않았다.

내 삶의 주체는 나다. 설령 미쳐도 내가 되고 싶은 것이 되기 위해서 미쳐야 한다. 더 이상 성공이라는 거대한 풍랑에 휩쓸려 허덕이며 앞만 향해 달릴 필요는 없다. 지금 우리에게 필요한 것은 지금껏 강요받아온 가치들을 기꺼이 풍랑 너머의 바다로 던져내는 것이다. 제로섬 게임을 깨부숴 흙수저, 금수저가 아닌 자신만의 '성공한 수저(스푼)'를 얻어 당신들이 성공하기를 진심으로 바란다.

성공한스푼(김윤동, 김준기)

목차

Chapter 2.
진정한 성공을 이루려면 먼저 비워내라

Chapter 3.
당신의 숨겨진 유능함을 깊게 궁구하라

Chapter 4.
당신의 모든 것이 성공 요인이다

Chapter 1

성공은 왜 경쟁을 통해서만 얻는가?

01
당신은 과연 지금 성공했는가?

어느 토요일 저녁, 테이블에 앉아 별생각 없이 노트북을 열었다. 몇 초간 멍하니 화면을 바라보다가 마우스 오른쪽 버튼을 눌러 새로운 폴더를 만들었다. 내가 왜 노트북을 켰는지, 지금 뭘 해야 하는지 기억나지 않았다. 그저 새 폴더를 만들고 삭제하기를 반복하다가 갑자기 배가 고파 냉장고 문을 열었다. 오래된 소스들과 치즈 몇 장, 우유, 달걀 2개가 보인다. 다시 냉장고 문을 닫고 시중에 파는 곰탕 제품 하나를 꺼내 냄비에 끓였다. 햇반도 하나 데워 곰탕 국물에 말았다. 수저로 푹 퍼서 한 입 먹고 나니 눈물이 나왔다. 맛이 없었다.

어린 시절부터 과천에 살았던 나는 서울 우이동 할머니 댁에 자주 놀러 갔었다. 할머니 댁에 갈 때마다 할머니는 내가 좋아하는 음식을 매번 손수 만들어주셨다. 그중 내가 가장 좋아하는 음식은 사골곰탕이었다. 성인이 되고 지금까지 수많은 사골곰탕을 먹어봤지만, 할머니가 해주신 사골곰탕 맛은 그 무엇과도 비교되지 않았다. '왜 이런 간편식 곰탕은 할머니가 해주신 만큼의 곰탕 맛을 내지 못하는 걸까?'

지금은 마트에 장을 보러 가면 수많은 간편식 음식들이 진열돼있다. 누구라도 빨리 간편하게 먹을 수 있는 음식들이지만, 막상 먹을 때면 '맛있다'라는 생각은 전혀 들지 않는다. 어린 시절 할머니는 내가 찾아뵙기 며칠 전부터 맛있게 먹을 손자 모습을 떠올리며 곰탕을 만들 준비를 하셨다. 손수 시장에 가서 신선한 재료를 고르고, 그 재료를 깨끗이 손질한 후 하루, 이틀… 오랜 시간 푹 뼈를 삶고 국물을 내신 것이다.

온갖 노력과 사랑으로 음식을 준비하신 할머니, 아마도 그 맛의 비결은 여기에 있을 것이다. 이렇게 정말 맛있는 음식을 만들어내기 위해선 반드시 시간과 노력이 필요하지 않을까? 내가 사랑하는 사람들이 음식을 맛있게 먹고 즐거워하는 모습을 상상하며 신선한 재료를 찾는 것으로 시작해, 식탁 위에 올라와 내 입으로 들어오기까지의 이 모든 과정. 이렇게 만들어진 음식이 최상의 맛을 내는 것이다. 그렇기에 그 과정 자체는 그저 힘든 노동이 아닌 즐거움과 만족이 클 것이다.

그래서일까? 할머니가 하신 만큼의 조리 과정이 생략된 음식들에는 맛의 한계가 확실히 느껴진다.

'우리가 추구하는 성공도
이런 식으로 바라봐야 하지 않을까?'

돈과 명예, 유명세보다 중요한 게 있을까?

RK: 형, 나 심각한 고민거리가 있어.

JK: 뭔데?

RK: '성공'이란 단어를 떠올리면 딱히 정의 내리기 어려워.

JK: 맞아, 나도 그래. 그럼 네가 생각하는 성공은 뭐야?

RK: 예전 회사에 다닐 때는 그저 돈을 많이 버는 게 성공이라고 여겼어. 그런데 지금은 돈을 벌고 있어도 성공이란 느낌이 전혀 들지 않아. 그래서 성공의 중심에는 도대체 뭐가 있는지 생각해봤어.

JK: 공감해. 나도 남들처럼 열심히 돈 벌면서, 하고 싶은 거 하며 살고 있어. 많은 걸 얻었다고는 생각하지만, 왠지 공허함이 들어.

RK 대다수 사람이 직업도 있고, 기본적인 의식주는 해결했지만, 남들보다 더 많이 갖고 싶고 누리고 싶은 욕망 때문이 아닐까?

계속해서 잘 살고 발전하고 싶은 건 인간의 본능이잖아? JK

RK 동의해. 발전을 추구했으니 역사적으로 인간의 삶은 계속 나아졌지. 그런데 그 과정과 방법 속에서 어쩌면 우리가 길을 잃지 않았나 싶어.

그럼 과연 어디서부터 잘못된 걸까? JK

여기서 당신에게 묻겠다.

'당신은 지금 성공했는가?'
'당신에게 성공이란 과연 무엇인가?'
'성공이란 단어를 떠올렸을 때
 구체적으로 어떤 것들이 떠오르는가?'

멋진 자동차? 강남에 있는 아파트? 높은 지위와 권력? 유명세? 성공에 대한 열망은 누구나 가지고 있지만, 제대로 된 성공에 대한 정의는 뚜렷하지 않다. 우리는 흔히 성공을 추구한다는 것에 있어 걸림돌이 될 수 있다는 것을 먼저 떠올린다. 그것은 우리의 가족이 될 수도 있고, 내가 태어나고 자란 환경이 될 수도 있다. 또는 정치적인 현재 상황이 될 수도 있다. 그러나 내가 통제하지 못하는 외부의 현실들을 잠시 잊으면 내가 내리는 성공에 대한 정의는 어떻게 달라질까.

대부분 사람이 내리는 성공에 대한 현실 정의는 '월 1천, 1억, 10억, 100억' 등 돈과 연관한 1차원적이고 표면적인 대답일 뿐이다. 물론 돈은 성공의 척도로 흔히 사용되는 가늠자인 건 분명하다. 돈을 충분히 버는 것도 중요하지만, 생각만큼의 만족감을 얻을 수 있을까? 돈을 많이 벌고 경제적 자유를 얻는 것은 나에게 큰 만족감을 가져다줄 수 있다.

하지만 어느 정도 수준에 도달하면 거기서 얻는 만족감에는 한계가 있다. 가난의 늪에서 생계를 어렵게 이어가던 사람이 금전적으로 풍족해지면 당연히 삶의 질과 만족감은 높아진다. 그러나 기본적인 욕구가 충족된 이후부터는 더 많이 가질수록 반드시 만족감까지 계속 증가하는 것은 아니다.

그런데도 오늘날 우리는 흔히 성공을 돈을 많이 벌어 좋은 차를 타고, 좋은 음식을 먹으며, 좋은 집에서 사는 것과 연관 짓는다. 대학교 진학을 고민할 때부터 '인 서울'을 생각하게 되고, 취업할 때면 '대기업'이나 '공무원'을 꿈꾸며, 자녀계획을 세울 땐 '사교육비', '유학' 등과 같은 것을 고민할지도 모른다.

만약 성공의 의미가 좋은 집에 살고, 좋은 차를 타는 것이라면 거기서 얻는 행복감은 얼마나 될까? 정말 그게 전부일까? 이러한 것을 좇는 것에는 끝이 없다. 그랜저를 타면 벤츠를 타고 싶고, 벤츠를 타면 포르쉐를 타고 싶다는 것이 보편적인 심리다. 어디까지 가져야 충분한 것인지, '충분함'에 대한 올바른 정의를 내릴 필요가 있다.

내가 아는 한 지인은 평생을 경제적 자유만을 꿈꾸며 살아왔다. 그는 부동산 투자로 성공해 30대의 젊은 나이에 큰돈을 벌어서 사고 싶은 것, 갖고 싶은 것을 모두 누리면서 살 수 있게 되었다. 그는 경제적 자유만 얻으면 행복하게 살 것이라고 믿었지만, 놀랍게도 지금은 큰 우울감을 느끼고 있다고 말한다.

더 이상 인생의 목적도 없고, 목표도 사라졌고, 인생이 이게 전부인가 하는 허망함만 남게 된 것이다. 목표를 향한 여정을 통해 그는 그만의 열망의 불씨를 피웠지만, 그 여정의 끝과 동시에 열망의 불씨가 꺼져버린 것이다.

그렇다면 질문을 바꿔 보겠다.

'당신이 지금 상상할 수 있는
그 어디에라도 존재할 수 있다면 어떠할까?'
'당신이 원하는 그 어떤 것이라도 할 수 있다면
당신은 무엇을 하겠는가?'

쉽게 말해서 돈과 시간, 장소 등 그 어떤 것에도 구애받지 않고 당신이 원하는 것을 자유롭게 선택할 수 있다면, 당신은 성공에 대한 정의를 어떻게 내리겠는가? 원하는 것이 아직도 단순히 금전적인 보상에 불과한가? 성공에 대한 정의는 개인마다 다르게 내릴 수 있는 것인데, 왜 우리는 성공 이야기를 할 때마다 남들보다 더 좋은 집, 더 좋은 차, 통장 속의 더 많은 돈을 떠올리게 된 것일까? 언제부터 성공의 기준이 남보다 더 많이 갖는 것에 치중하게 된 것일까?

우리는 이러한 사고가 어디서부터 만들어진 것인지 짚어보려 한다. 혹시 우리가 깨닫지 못한 다른 어떠한 이유가 있는 것은 아닐까. 우리가 무엇을 하고 있고, 어디에 존재하는지와는 관계없이 모든 사람의 마음속엔 '열망'이란 불씨가 다양한 모습으로 존재한다.

'무언가를 하고 싶고, 어디론가 떠나고 싶다는 열망.'
'어제보다 더 발전하고, 성장하고 싶다는 배움의 열망.'
'사회적으로 높은 위치에 올라 권력을 누리고 싶은 열망.'
'마음에 드는 상대를 만나고 싶은 열망.'

이렇듯 사람들은 모두가 다른 열망을 품고 있다. 하지만 각자의 열망을 제대로 이해하지 못한 채, 표면적이고 거짓된 성공만을 좇아간다면, 우리에게 남는 것은 결국 공허함뿐이다. 쇼펜하

우어(Schopenhauer)는 "우리의 인생은 욕망과 권태 사이에서 오가는 시계추"라고 말했다. 성공에 대한 확실한 이해와 삶 속에 목표가 없다면, 우리는 더 많이 가지려 할수록 욕망의 고통을 느낄 것이고, 더 많이 가질수록 권태의 고통을 느낄 것이다.

그렇다. 우리는 지금 성공의 기준을 잘못 정의하고 있다는 사실을 인정해야만 한다.

'이제 흙수저, 금수저는 잊어라!'

나는 지난 2년 동안 다양한 분야에 사회적으로 영향력 있는 사람들 500여 명을 연구했다. 그들의 이야기 속에서 나의 마음을 움직인 부분을 정리했고, 매월 500만 명 이상의 사람들에게 그들의 이야기를 전달해왔다. 그들의 사고방식과 통찰, 그리고 성공 철학을 나는 메신저의 역할로 전달해 왔다. 그리고 그것을 나의 삶 속에도 적용해왔다. 2년 이상 매일 자기 계발과 동기부여에 관련된 콘텐츠를 만들고 나누게 된 것은 바로 이 질문에서 시작되었다.

'우리에게 성공이란 과연 무엇일까?'

이 책을 통해 당신은 성공에 대한 새로운 정의를 내리게 될 것이며 당신의 무의식 속에 존재하던 '가짜 경쟁'을 지워버릴 수 있을 것이다. 그리고 당신에게 진정한 맞춤형 성공이 무엇인지, 목표를 이루기 위해 반드시 수반되어야 하는 희생과 대가를 찾아낼 것이다. 이 책은 당신이 원하는 삶을 누릴 수 있도록 도와줄 안내자가 될 것이다. 그리하여 '돈만 더 있으면 반드시 더 행복해질 것이다'라는 기존의 사고의 틀을 깰 것이다. 성공의 여정, 그 과정 자체에서 더 큰 가치를 만들기 위한 새로운 관점이 생길 것이다. 일상에서 만족을 느끼는 새로운 경험을 하게 될 것이다.

우리는 모두 각자의 공간에 존재한다. 현재 놓인 상황도 다르고, 지나온 과거도 전부 다르다. 그런데도 우리는 내가 가진 것과 남이 가진 것을 끝없이 비교하며 눈에 보이지 않는 의미 없는 키재기를 하고 있다.

당신은 지금 한강의 멋진 뷰가 보이는 높은 아파트에 살고 있을 수도 있고, 아침마다 사람들로 가득한 숨 막히는 지하철을 타고 출퇴근을 하며 신세 한탄을 하고 있을지도 모른다. 경제적으로는 큰 어려움이 없지만, 이틀의 주말이 오기만을 기다리며 일상 탈출을 꿈꾸고 있을지도 모른다. 그리고 우울한 월요일을 다시금 맞이하면서, 아무런 자극도 없는 무료한 일상을 보내고 있을 수도 있다.

우리는 모두 각자 나름대로 삶에 최선을 다해 살아가고 있다고 생각하지만, 마음속으로는 이런저런 변명을 늘어놓고 타협만 하는 것이 대부분의 현실이다. 가장 흔하게 볼 수 있는 타협이 '흙수저, 금수저 이야기'이다. 어떤 사람들은 사회에서 흔히 말하는 금수저로 태어난다. 그런데 알고 보면 대부분 금수저의 부모 또는 조부모에게도 흙수저의 시절이 있었다는 사실을 잊어선 안 된다. 각자에게는 주어진 패가 있고, 출발선이 다르다.

그런데도 사람들은 본인이 가진 패가 마음에 안 든다며 불평하고, 성공은 그저 불가능하다는 생각에 사로잡혀 현실과 타협한다.

한가지 예화를 들겠다.

서커스단의 코끼리는 무대에 올라갈 때를 제외하고는 항상 땅바닥에 박힌 말뚝에 묶여 있다. 다리가 사슬에 연결돼 말뚝에 묶여 있는데, 사실 그 말뚝은 코끼리의 힘이면 쉽게 벗어날 수 있다. 그런데 왜 코끼리는 벗어나지 못하는 걸까? 어린 시절부터 말뚝에 묶여 있던 코끼리는 도망가기 위해 말뚝을 밀고 당기며 수많은 시도를 했을 것이다.
하지만 어린 코끼리에게는 사슬을 끊을 힘이 부족했고, 아무리 시도해봐도 벗어날 수 없다고 생각한 순간부터 포기해버린다. 이제는 쉽게 사슬을 끊고 탈출할 힘이 있어도 스스로 '벗어날 수 없다'는 기억에 사로잡혀 한계를 정한 코끼리는 영원히 말뚝에 묶여 살아간다.

당신의 모습도 서커스단의 코끼리 같다고 생각하지 않는가? 우리도 코끼리처럼 어린 시절 많은 도전을 했을 것이고, 그만큼 실패와 좌절을 경험했을 것이며, 스스로 자신의 한계를 정했을지도 모른다. 내가 태어난 환경과 지나온 과거는 바꿀 수 없다. 그러나 앞으로 내가 어떻게 살아갈지는 나의 선택에 달려 있다. 나에게는 그런 선택을 내릴 자유가 있고, 그 자유가 존재한다는 사실을 반드시 믿어야 한다. 기존의 사고의 틀에서 벗어나 성공에 대한 새로운 정의를 내리자.

02
틀린 질문에 옳은 대답이 나올 수 없다

'경쟁'이란 단어를 떠올리면 머릿속에 어떤 이미지가 떠오르는가? 어릴 적 친구들과 달리기하는 모습부터 현재 직장 동료와 승진을 위해 경쟁하는 모습, 또는 이번 달 더 많은 매출을 위해 직장 동료들과 애쓰는 모습을 떠올릴 수도 있다. 지금 우리는 '성공'이란 단어에서 '경쟁'이란 키워드를 잘못 추출하고 있다. 성공에 대한 잘못된 이해와 접근을 바로잡기 위해 우리는 '경쟁'이란 단어를 깊게 파고들어야 한다.

우리는 왜 이토록 남들과의 경쟁에 집착하게 되었을까? 한국에서 태어나 자란 대개의 사람은 12년간의 교육 시스템에 맞춰 공부했을 것이다. 그럼 어려서부터 성적에 따라 학교에서 구분한 우등반과 열등반도 잘 알 것이며, 매번 시험을 볼 때마다 '몇 명 중 몇 등' 식으로 받던 등수 꼬리표도 기억할 것이다.

모든 학생은 '누가 더 암기를 잘하는지' 확인하는 듯한 표준화된 시험을 치른 후 성적이 높은 학생들은 우등반으로, 성적이 뒤떨어진 학생들은 열등반에 간다. 학생들의 학업 성취도를 높이기 위해서라는 그럴듯한 명분은 있지만, 이때부터 학생들의 마음속에 우월감 또는 패배감이란 씨앗이 심어지게 된다. 이러한 감정의 씨앗은 싹을 틔우고 커다란 생각의 줄기가 되어 우리의 잠재력을 휘감게 된다.

이렇게 우리는 학교에서부터 경쟁의 시작을 겪는다. 남들과 똑같은 교육을 받으며, 똑같은 행동을 해야 하지만, 조금이라도 더 잘해야 한다는 일종의 '강박의 게임' 속으로 밀쳐지게 되는 것이다.

경쟁의 한계에서 진정한 성공을 바라려면?

올바른 인격 형성과 인간관계에 있어 배움을 제공해야 할 학교에서부터 획일화된 경쟁과 평가로 마치 개개인의 운명은 어린 시절에 정해진다는 듯, 일종의 가스라이팅(Gaslighting)을 한 것이나 다름이 없다. 결국 어린 학생들은 앞서 말한 사슬에 다리가 묶인 코끼리같이 한정된 사고의 틀에 갇혀버리게 된다.

결과적으로 학교는 학생을 성장과 인격의 주체가 아닌 더 완벽한 '직장인'으로 만들어내기 위해 표준화된 교육을 주입한다.

대세를 거스르지 않는 충실한 일꾼으로 키워내기 위한 일종의 훈련소 역할을 자처하고 있는 셈이다.

학업을 마치고 사회에 진출해 첫 직장을 선택할 때 문제점은 드러난다. 물론 몇몇 학생은 자기 전공을 살리거나 관심에 따라 직업을 선택한다. 그러나 대부분 자신의 독창성과 삶의 목표에 충족되는 직장을 선택하기란 녹록하지 않은 현실이다.

직장에 들어가도 학교와 별 차이는 없다. 아니 오히려 더 체계화된 경쟁 시스템을 보인다. 교육을 통해 경쟁에 이미 익숙해진 사람들은 삶의 대부분 시간을 보내는 직장에서 새로운 경쟁을 시작한다. 그리고 이제는 월급이라는 '새로운 사슬'이 우리를 경쟁 시스템에서 더욱 벗어나지 못하게 한다. 영원히 끝나지 않는 숨 막히는 생쥐 레이스[1]인 셈이다.

함께 일하는 동료와 똑같이 일하면서 눈에 띄면 안 되지만 필요한 순간에는 눈에 띄어야 하고, 동료보다 조금은 더 잘해야 한다. 이렇듯 대부분 사람은 같은 교육을 받으며 마치 '인생에 정답은 하나밖에 없다'와 같은 사상이 주입되고, 결국에는 성공에 대해 모두가 다 비슷한 태도를 보이니, 그 틀 안에서 성공에 관한 질문도 같을 수밖에 없다.

---

1. 생쥐 레이스(Rat Race) : 무의미한 것을 끝없이 추구하는 모습을 치즈를 얻으려고 발버둥 쳐도 헛수고인 생쥐로 비유했다. 권력과 명예 등을 놓고 다른 사람과 경쟁하는 것을 의미하기도 한다.

'틀린 질문에는 제대로 된 해답이 나올 수가 없다.'

JK 넌 학생 때 공부 잘했어?

RK 난 좀 잘했지. 반에서 항상 5등 안에 들었어. 형은 잘했어?

JK 네가 보기에 내가 공부 잘했을 것 같아?

RK 형은 아는 지식도 많고, 무슨 일이든 잘 처리하니까. 공부도 잘했을 것 같은데?

JK 그렇게 봐주니까 고마운데, 사실 나는 열심히 공부해도 성적이 중간 이상은 안 올라가더라. 학교 공부를 잘하는 사람이 있고, 다른 분야에서 잘하는 사람이 있지 않나 싶었어. 난 후자의 사람이고.

RK 하긴, 학교 공부가 인생을 좌우한다는 건 구시대적인 발상이지.

JK 그때 차라리 내가 더 좋아하는 것을 해볼 걸 그랬나 생각도 들어.

맞아. 나도 학생 때 등수가 오르면 기쁘고 가족들도 좋아하니 마냥 좋다고 여겼는데, 사실 학창 시절 배운 게 딱히 없는 것 같아. RK

JK 학교 성적이 삶의 행복을 결정하는 건 아닌데, 이런 현실이 안타깝다.

맞아. 자라나는 아이들에게 등수 매기는 게 큰 패배감을 안기는데, 저마다 좋아하고 잘하는 게 있는데 사회에서 만든 '표준 시험'에 자기 인생을 갈아 넣는 현실이 참 슬픈 것 같아. RK

JK 남들과의 경쟁이 더는 의미 없는 거 알잖아? 다음 세대를 위해 우리가 바꾸면 되지.

우리가 성공한 사람들을 통해 얻은 가장 유의미한 사실 중 하나는, 그들은 성공을 돈이나 부, 명예 등과 절대로 연결 짓지 않는다는 것이다. 그들은 개인적인 열망을 좇았고, 자신의 가치 실현을 하는 데 집중했을 뿐인데, 돈과 명예가 알아서 찾아왔다고 한다. 원하는 목표를 이루기 위해 할 수 있는 모든 노력을 하는 행위 그 자체와 과정을 통해 만족감을 느낀 것이다.

미국 경제지 〈포브스〉지가 발표한 세계에서 가장 영향력 있는 경제 전문가로 선정된 나심 니콜라스 탈레브(Nassim Nicholas Taleb)는 이렇게 말했다.

"진정한 성공이란 극심한 경쟁의 쳇바퀴에서 빠져나와 내 활동을 내 마음의 평화에 맞추는 것이다."

이제는 사회적으로 너무나 유명하고 영향력 있는 사람들, 그리고 엄청난 부를 이룬 소위 '완전한 경제적 자유'를 넘어선 사람들은 왜 성공을 돈과 관련지어 생각하지 않는 것일까? 어쩌면 그들은 우리와 다른 관점에서 경쟁이란 단어를 해석하고 있는 것은 아닐까?

03.
성공처럼 보일 뿐 진정한 성공이 아니다

1960년대까지 농경 중심 사회였던 우리나라는 한국전쟁 직후 필리핀, 에티오피아 같은 나라들의 원조를 받을 만큼 세계적으로 가난한 나라였다. 그러나 현재 대한민국은 세계 GDP 순위 12위(2022년 기준)로 성장한 경제 강국의 대열에 올랐고, 지금은 기업 중심의 공업 사회로 변모했다. 또한, 주거 환경과 생활 안전도 개선되는 등 우리 삶과 관련된 모든 것이 변했다.

말 그대로 압축적인 초고속 근대화를 이룬 것이다. 우리나라의 초고속 근대화는 무에서 유를 창조할 수 있다는 희망과 함께 절실함을 통해 짧은 기간에도 큰 결과물을 얻어 낼 수 있다는 가능성을 보여주었다. 그러나 이러한 초고속 근대화가 개인의 성공에는 어떠한 영향을 미쳤을까? 또 성공을 바라보는 개인의 태도와 관점에는 어떤 변화가 있었을까?

여전히 우리나라에 뿌리 깊이 박혀있는 문화와 관습, 인생을 바라보는 태도와 관점은 아직 변화하기까지 더 많은 시간이 필요해 보인다. 특히 우리 사회에 잔재 되어 있는 양반과 평민을 나누는 '지위 지향적인' 발상에 대해 말하고 싶다.

처음 만난 사람의 나이를 가장 먼저 물을 만큼 우리나라 사람들은 상대방의 사회적 위치가 어느 정도인지 알고 싶어 하는 본능이 짙다. 더 나아가 '우리 아들은 서울대 다녀', '내 딸은 삼성전자 다녀', '내 친구는 연예인이야' 등과 같은 말들로 자랑하며 남들보다 높은 위치에 있고 싶은 심리가 있다. 심지어 그 자랑거리가 본인의 이야기가 아니더라도 말이다.

인간은 사회적 동물이기에 무의식적으로 주어진 사회적 상황에서 위계질서를 세우려 한다. 지위는 상대적이며 사회 계층에서의 순위를 의미한다. 부와 달리 지위는 제로섬 게임[2]이다. 집과 같은 자산이 있다고 해서 다른 사람이 집을 취득할 수 있는 능력을 빼앗는 것은 아니다. 반면 누군가의 '순위'가 2위라면, 3위인 사람이 올라가기 위해서는 2위가 그 자리에서 물러나야 한다. 승자가 있으면 패자가 있는 것이 '지위 게임'이다.

2. 제로섬 게임(Zerosum Game) : 승자의 득점과 패자의 실점 합계가 제로(0)가 되는 게임이다. 승자의 득점은 늘 패자의 실점에 관계하기 때문에 심한 경쟁을 일으킨다.

다수를 따르며 남들처럼 살아가는 게 성공일까?

지위는 누가 책임자인지 파악하기 위해 우리 사회에서 중요한 역할을 한다. 그리고 이러한 개념이 기본적으로 필요하다고 느끼기에 사람들은 게임에 참여하고 만다. 정치와 스포츠가 대표적인 '지위 게임'의 예이다. 하지만 나는 근본적으로 지위의 게임을 좋아하지 않는다. 문제는 지위의 게임에서 이기려면 반드시 다른 사람을 끌어내려야 한다는 것이다.

그런 탓에 삶을 살아감에 있어서는 지위 게임을 피해야 한다. 지위 게임에서 누군가는 지게 되고, 화가 나며, 공격적인 사람이 된다. 항상 다른 사람들을 짓밟아야 자신은 물론 자신이 좋아하는 사람들을 밀어 올릴 수 있다. 물론 지위가 사회에서 중요한 역할을 하는 부분도 있지만, 너무나 많은 사람이 이러한 '평민 탈출 게임'을 하고 있다는 것이 문제가 된다.

이 게임에는 일반화된 공략집이 있다. 오늘날은 과거제도가 폐지되었지만, 평민에서 양반(상류층)으로 가는 길을 한 가지 정도로 요약할 수 있다. 이 공략집의 전반적인 틀에는 명문 대학에 가고 좋은 직장을 얻어야 성공한다는 구시대적인 발상이 중심에 있다. 즉 시험을 잘 봐서 높은 점수를 얻고 경쟁에서 이겨야만 비로소 양반의 반열에 오른다는 것이다.

이러한 사회적인 움직임을 모두가 따라간다는 것은 어찌 보면 당연한 현상이다. 대부분이 그렇게 말한다면 그것이 맞는 방법이라고 생각하는 경향이 있기도 하고, 튀는 것보다는 남들처럼 똑같이 하는 게 편하다는 생각이 들기 때문이다. 그래서 많은 사람은 사회가 제시하는 성공의 기준에 따라 좋은 대학에 진학하고 안정적인 급여가 있는 직업을 선택한다.

결국, 새로운 시도나 위험을 감수하며 혁신을 꿈꾸는 대신에 대기업에 취직하고 공무원이 되는 것이 목표가 되어 버리고 만다. 물론 대기업이나 공무원이 잘못되었다는 건 아니지만, 그 직장이 마련하는 편안함에 중독되어 잠재력을 재워 버리는 경우를 너무나도 많이 보았다. 높은 연봉을 받으며 해고당하지 않을 정도로만 평생 열심히 일하는 것을 통해 양반처럼 편하게 살고자 하는 것이 성공의 정의가 된 것이다.

많은 사람이 이런 성공의 정의를 실현하기 위해 변호사, 의사, 검사, 판사 등 흔히 말하는 '사자 직업', 혹은 대기업 취업을 인생의 목표로 삼고 살아간다. 그런데 이러한 사회의 기준에 맞춰진 성공을 위해서는 흔히 말하는 '엘리트 코스'를 밟아야 가능한 현실이다. 그리고 이 엘리트 코스를 밟지 못한 사람들은 불안정한 삶을 살고, 패배감과 열등감마저 느끼게 된다.

사실 '평민 탈출 게임'을 성공의 기준으로 잡은 현대 사회에서 양반이 되는 과정은 매우 어렵다. 왜냐하면 개인의 성공 여부는 한 사람, 또는 소수에 의해 결정되기 때문이다. 즉 평민 탈출 게임에서 이기기 위해서는 일종의 '게이트키퍼(Gate Keeper)'의 마음에 들어야 한다는 것이다. 좋은 대학에 가기 위해서는 소수의 몇 명에 의해 나의 합격 여부가 결정되고, 취업할 때도 서너 명의 의사 결정에 따라 나의 취업 여부가 결정된다.

따라서 대개의 사람은 이러한 경쟁에서 이탈하고 포기하게 된다. 이 과정에서 본인의 정체성은 사라지고 잠재력을 끝내 발견하지 못한 채 평범함에 만족하며 평생을 살아간다. 개인이 더 존중시되는 시대라고는 하지만, 정작 오늘날의 일반화된 성공의 답은 하나이고, 대부분이 남들과 똑같이 이 게임에 참여한다. 그러니 경쟁은 더 치열해지고, 상위권에 진입하여 성공하기보다는 평범함에 만족하며 인생을 사는 사람들이 훨씬 많다.

모두가 조금이라도 덜 평민이 되려고, 혹은 조금 더 양반이 되려고 경쟁을 하며 보이지 않는 높은 계층에 오르기 위해 치열한 싸움을 벌이고 있다. 하지만 경쟁에서 낙오되는 많은 사람은 평민에서 양반으로 가는 열망 속에서만 살기도 한다. 살기 편한 세상이 왔지만, 진정으로 살기 편한 세상이 되었는지 묻고 싶다.

'양반(상류층)이 되는 것이 그렇게도 중요할까?'

설령 지위의 게임에서 이겼다 하더라도 개인의 정체성이 계속 유지될 수 있다고 봐야 할까? 이 게임에서 패자는 패배에 대한 쓴물을 마셔야 할 것이고, 승자도 누군가를 짓밟고 올라갔다는 사실에 마냥 기쁘지만은 않을 것이다. 우리는 나의 이득이 남의 손실이 되는 지위 게임이 아닌 '포지티브섬(Positive-Sum) 게임'에 집중해야 한다.

이 말은 성공에 대한 상대적인 기준이 아닌 나만의 절대적인 기준을 만들고 지켜야 한다는 뜻이다. 이제는 나만의 정체성을 기본으로 한 성공을 정의해보자.

현대문학의 개척자라 불리는 헤밍웨이(Ernest Hemingway)는 "모든 사람의 인생은 똑같은 식으로 끝나며, 각자를 구별해주는 건 그들이 살아온 방식과 어떻게 죽었는지에 대한 차이뿐"이라고 말했다. 어차피 모든 사람이 죽는데 나의 정체성을 거스르고, 남들과 똑같은 방법으로 성공을 이룬다면 그것이 과연 무슨 의미가 있을까.

회사라는 조직을 들여다보자. 드디어 꿈에 그리던 대기업에 취업했다고 가정해 본다. 연봉도 많이 주고, 주변 사람들의 부러움을 산다. 대부분 사람이 부러워할 성공이다.

그런데 문득 이런 생각을 해본다.

'우리 사장님은 내 이름이나 알까?'
'직원이 수천 명 되는 대기업에서 한 명의 직원이 하나의 인격체로서 얼마나 인정받을 수 있을까?'

바로 여기서 또 다른 경쟁이 시작되는 것이다. 경쟁에서 살아남지 못하면 그저 만년 과장이 되는 것이고, 기계의 한 부품에 불과하게 된다. 없어도 티가 안 나고 잘 굴러가는 톱니바퀴 안의 작은 톱니에 불과한 셈이다. 그러나 많은 사람은 이를 인지하지 못한 채, 혹은 인지는 하지만 체념한 채 '정해진 성공'을 위해 묵묵히 일할 뿐이다.

이러한 성공에는 안정성이 보장된다. 아니, 안정성이 보장된다고 흔히 생각한다. 하지만 이런 안정성의 이면에는 불행이 종종 따른다. 무엇을 위해서 그리 열심히 일하나? 일하는 게 행복하기는 한가? 과연 나는 금요일이 되면 신나고, 일요일 저녁만 되면 스멀스멀 올라오는 월요병에 힘들어하고 있지는 않은가?

일이 나를 설레게 하는 것인지, 아니면 단순히 먹고살기 위한 수단인지? 다음 휴가만을 기다리고 있지는 않은지, 무엇을 위해 매일 열심히 일하고 있는 것인지…. 꼭 성공을 위해서는 지위의 게임을 해야만 하는 것일까? 그리고 사회가 원하는 이러한 '평범하고', '안정적인' 성공이 과연 답일까.

한국 사회는 이제 심각한 경쟁사회가 되었다. 항상 자신을 '나보다 더 잘하는 사람'이나 '더 많이 가진 사람'과 비교하면서 나의 자아실현이 아닌 남들의 눈에 보이는 이상적인 직업을 갖는 것과 '돈을 더 많이 버는 것'에 더 큰 가치를 두는 사회가 되어버렸다.

그 결과, 자신이 가진 능력보다 더 많은 것을 갖지 못한 사람들은 언제나 죄책감과 불안함에 매일을 살게 되었다. 초고속 근대화는 사람들의 열망을 증가시키지만, 현대 사회에서는 나다운 열망을 자유롭게 성취할 기회가 보이지 않는다. 그리고 이러한 끝없는 지위 게임의 사회는 좌절과 박탈, 사회적 불안을 초래할 뿐이다.

04.
초고속 근대화는 기적인가? 문제인가?

세계 근대화 역사에서 가장 빠른 초고속 성장으로 우리가 더 편안하고 나아진 삶으로 발전한 것은 사실이다. 그러나 그만큼 개인의 정체성은 무시된 채 국가(사회)가 바라는 '말 잘 듣는 사람'으로 만들고 있지 않았는지 생각해봐야 한다.

일본의 군국주의를 살펴보자. 일찍이 서구문화를 들여와 근대화를 노력한 일본은 당시 독일 비스마르크(Bismarck) 총리의 영향을 받아 '큰 나라'가 되기 위해 군사 제도를 개혁하고 국민의 애국심을 고양하며 국력을 키워나갔다. 그 결과 일본 전체에 군국주의 사상이 퍼지게 되었다.

'국가와 천황의 목표가 곧 일본 국민 개인의 목표이다.'

국가의 목적을 군사력에 두어 전쟁 준비를 위한 정책을 편 군국주의는 아시아 침략을 정당화하였고, 자연스럽게 이런 군국주의 사상은 일본 전 국민에게 주입되었다. 이토록 한 사회가 전체 국민을 세뇌한다는 건 그다지 어렵게 보이지 않는다. 그러나 군국주의에 빠진 일본은 결국 어떻게 됐나? 비참하게 패망하지 않았나. 이처럼 주입된 사상이 바탕이 되는 사회에서는 개인의 성공을 정의하기가 매우 어렵다. 개인의 목표가 우선시 되어야 그 시너지 효과로 인해 공동의 목표가 극대화되기 때문이다.

무엇이든 억지로 계속한다는 건 어렵다. 처음에는 공동의 목표를 따라갈지라도 나의 정체성과 일치하지 않으면 금방 지치게 되고, 끝내 개인이 하고 싶은 대로 하게 된다. 그리고 그 '하고 싶은 행동'들은 대부분 저렴한 쾌락의 형태로 표출된다. 그저 '탈출하고 싶은 마음'이 우선이다. 억지로라도 해야 하는데 제대로 하기는 싫고, 새로운 돌파구도 찾지 못한 채 당장의 이득이나 일시적인 쾌락만을 추구할 뿐이다.

이 세상에 그 누구도 무엇이든 억지로 강제로 해야 하는 것을 좋아하는 사람은 없다. 그래서 사람들은 이런 갑갑한 틀을 벗어나서 미래 비전이나 높은 가치를 좇는 대신, 그저 저렴한 쾌락을 좇는데 정신을 마비시킨다. 초고속 근대화는 이런 도파민(Dopamine) 사냥을 훨씬 더 쉽게 만들었다. 우리가 쉽게 접하는 유튜브나 틱톡, 인스타그램, 넷플릭스 등은 모두 저렴하게 이용할 수 있는 쾌락이다. 이러한 현상은 데카당스(Decadence) 문화로 설명될 수 있다.

흔히 퇴폐를 뜻하는 데카당스에 대해 독일의 철학자 니체(Nietzsche)는 "나는 인간의 타락을 데카당스의 의미로 이해한다"라고 말했다. 니체가 이해한 데카당스는 그저 도덕적으로 타락한 상태가 아닌 의지력을 잃은 상태로, 당시 사람들이 타인이나 종교에 의지한 삶의 태도를 지적한 말이다.

현시대의 많은 사람은 스스로가 아닌 타인이나 종교, 국가에 자기 삶을 위임하려는 태도가 만연하며, 현세의 삶의 가치에 깊이 고민하려고 하지 않는다. 이것은 자연스레 수동적인 삶의 태도를 지니게 하며, 자신에게 해로운 것들에 마음을 빼앗긴다. 니체가 말한 인간의 삶이란, 성장과 존속을 향한 본능인 동시에 힘을 향한 본능이다. 그러한 본능을 가지고 한발 한발 나아가며 발전하는 삶이 니체가 말하는 '삶의 진정한 가치'이다. 즉 인간의 삶이란 극복하고 이겨내야 할 그 무엇이다.

그런데 현대인들도 지나칠 정도로 니체가 말하는 데카당스 가치를 좇고 있다. 지나치게 수동적이며 삶에서 진정으로 누릴 수 있는 것을 쉽게 포기하며 산다. 특히 인터넷, 유튜브, SNS 등의 방대한 정보를 너무나도 쉽게 떠먹기 시작하며 우리의 가치 판단 기준을 형성해 점점 더 수동적인 성향의 사람이 되어 간다. 이것이야말로 근대화의 역설이라고 볼 수 있다.

자기 삶인데도 스스로 주인이 되지 못하고 외부에서 주입된 가치를 좇으며 살아가면 '진정한 성공'을 찾기란 매우 어렵다. 물론 좋은 결과로 이어지는 일도 있겠지만, 자신의 가치관이 없는 상태에서 자기 삶의 의미를 찾는다는 건 불가능에 가깝다.

시키는 것만 하면 바깥세상을 내다보지 못한다

RK 형은 예전 회사에 다녔었지? 얼마나 일했던 거야?

JK 한 3년 일했어. 시키는 것만 잘하니까 안 잘리고 월급도 꼬박꼬박 나오니 사는 데 지장은 없었지만, 일하는 내내 '왜 여기서 이러고 있나'란 생각이 들더라.

RK 그렇게 잘 다니던 회사를 갑자기 그만둔 이유는 뭐야?

JK '편안함의 이면'을 깨달았거든. 매일 반복된 일상에서 문득 내가 우물 안 개구리 같다는 생각이 들었어. 바깥에는 훨씬 크고 넓은 세상이 있는데 말이지.

RK 맞아. 내가 그랬었어. 아무 열정 없이 일하면서 월급날만 기다리고, 다른 세상에 대한 궁금증은 없었던 것 같아.

JK 월급이 마약 같아. 내 잠재력을 재우는 중독성 강한 마약 같단 말이지.

RK 각자 선택의 자유가 있는데도 그땐 그걸 보지 못한 거 같아.

JK 다른 세상의 문만 살짝 열어봐도 훨씬 더 많은 걸 볼 수 있었을 텐데, 그저 내가 가진 걸 잃을 거라고만 생각했어.

RK 불확실성에 대한 두려움이었던 것 같아.

JK 회사 일에 매진할수록 나만 더 괴로웠어. 그걸 벗어나려고 저렴한 쾌락만 좇았던 것 같아.

RK 나도 그랬었어. 그 쾌락을 좇으면 그 순간은 치유되는 거 같지만, 감각은 무뎌지고 결국 우울의 구렁텅이로 빠지게 되더라.

현대의 기술은 뛰어난 혁신과 발전을 실현해왔지만, 안타깝게도 우리는 점점 기기의 노예가 되어 '생각의 근육'은 점점 약해져 왔다. 인간이 기기보다 뛰어난 능력은 창의력과 상상력, 그리고 비판적 사고이다. 그러나 스트레스와 바쁜 일과에서 탈출하기 위해 우리는 잠깐이라도 쉬는 틈만 나면 핸드폰을 들여다보면서 뇌의 생각 근육을 마비 시킨다. 그때마다 도파민이 분비되어 즐거움을 느낄 수 있기 때문이다.

영화를 몰아 보다가 밤샌 경험이나 음식 먹기를 멈출 수 없던 경험 등처럼 모든 쾌락의 원인에는 도파민이 있다. 즉 지금은 도파민 중독의 시대인 것이다. 물론 도파민 자체가 나쁜 건 아니지만, 도파민 분비가 과도하게 많거나 적을 때 우리 뇌는 비정상화 된다.

생각해보자. 누군가의 전화번호를 기억하거나 내비게이션 없이 목적지를 찾아가 본 기억은 언제인가? 기기에 의존하는 건 두뇌 사용을 제한한다. 물론 전화번호를 기억하지 못하거나 내비게이션을 사용하는 게 나쁘다는 건 아니다. 어떤 면에서는 뇌 에너지를 효율적으로 사용하는 것이기도 하다. 귀찮고 사소한 일을 누군가 대신해주기 때문에 우리는 뇌를 다른 일에 더 사용할 수 있다.

그러나 인간의 뇌는 근육과 같아서 저장 공간은 제한적이지 않다. 더 사용하면 더 강해지고, 더 강해지면 더 저장할 수 있게 된다. 중요한 건 의도적인 선택을 하는 것인지, 또는 무의식적으로 사용하고 있는 것인지의 차이에 있다.

현재 우리 사회에서는 삶의 많은 부분을 스마트 기기에 맡기고 있으며, 삶의 의미를 생각할 여유조차 없을 정도로 뇌를 바쁘게 쓴다. 결국 이러한 습관은 우리를 더 바보로 만들고, 우리의 잠재력을 가둔다. 디지털 기기는 불과 같다. 불은 조리를 하는 데 사용되기도 하지만, 집을 태워버리기도 한다. 역시 중요한 건 의도적인 사용이고, 내가 무엇을 소비하고 있는지를 반드시 의식해야 한다는 것이다.

지하철을 탈 때면 사람들을 관찰하고는 하는데 대부분 사람은 휴대폰을 보면서 시간을 소비한다. 그런데 넷플릭스나 유튜브 영상을 보는 사람이 많지, 책을 읽거나 사색을 하는 등 자기계발을 위한 시간을 보내고 있지 않다. 그저 '일상 탈출'에 의미를 둔 도파민 좇기에 정신없어 보인다. 쉽게 말해서 아픈 곳이 다시 아프지 않게 근본적인 것을 다루기보다는 그저 상처 난 곳에 반창고만 붙이는 격이다.

우리는 인생의 대부분을 일을 하며 보낸다. 하루 24시간 중 8시간 정도 잠을 잔다고 가정하면 남은 16시간 중 절반 이상을 회사에서 보내는 것이다. 우리는 과연 잘살고 있는 걸까? 남이 시키는 일만 계속하는데 그 일이 하기 싫은 일이라면, 우리는 종종 저렴한 도파민만 좇는다. 그리고 이런 '도파민 사냥'은 우리의 삶을 더 도태시킨다.

05.
강요된 선택을 벗어나야 성장할 수 있다

현대 사회에서 개인은 사회가 만든 틀 안에 자신을 가두고 저렴한 도파민 중독에 빠진 채 그저 누군가가 떠먹이는 삶에 익숙해져 있다. 반면에 그 틀을 벗어나 자신의 가치관을 추구하며 자신만의 혁신적인 성공을 이루는 사람들도 종종 찾아볼 수 있다. 최근 들어 자신의 가치 있는 꿈을 실현하는 것을 성공의 목표로 삼는 긍정적인 움직임이 많아지고 있다. 그러나 만약 개인의 자유가 억압되고, 사회 공동체의 사상이 강요된다면 끔찍한 결과를 초래한다.

무엇이 중국의 성장을 가로막는가?

중국의 공산주의를 살펴보자. 중국은 사회가 개인을 통제하는 수준이 우리가 상상하는 수준과 차원이 다르다. 중국은 공산당의 독재적인 통제로 지배되는 국가이다. 즉 개인의 가치 실현이 우선시되기보다는 국가가 더 우월한 존재가 되었을 때 개인의 성공에 대한 해답은 멀어질 수밖에 없다. 이러한 톱다운(Top-down, 하향) 방식의 정책은 국가의 공동목표가 곧 개인의 목표이기에 개인의 희생은 곧 국가를 위한 것으로 여겨진다.

현재 중국이 많은 발전과 경제성장을 이뤄낸 강국인 것은 분명하지만 더 성장할 가능성을 발휘하지 못하는 것도 부정할 수 없다. 많은 전문가는 중국의 공산주의 시스템이 그들의 성장을 가로막고 있다고 말한다. 1가구 1자녀 정책으로 인한 저출산 고령화로 인구 구조가 급격히 변했고, 1가구 2자녀 정책으로 변경했으나 2025년이면 3천만 명의 인력이 부족할 것이라는 전망이다.

그뿐 아니라 중국은 정경유착과 부패 문제가 심각하다. 중국 대부분 기업은 공산당 실세와의 유착으로 성장했는데, 만약 정치적 후견인이 권력투쟁에서 패배하면 그 기업은 곧 해체되어 버린다. 그래서 정치인은 기업이 잘 될 수 있도록 각종 이권을 제공하고, 기업은 정치인에게 뇌물을 주면서 성장하는 방법을 택하게 된다.

결국 중국에서 개인의 성공은 소수의 공산당원에 의해, 즉 게이트 키퍼에 의해 결정이 되는데, 이러한 것이 독재정권의 특징이다.

심지어 중국 대법원장은 이렇게 말했다.

"당과 기업 간의 이해관계가 충돌하면 당원이 가진 당원으로서의 본성이 인간의 본성보다 늘 우선시된다."

이 말은 당이 그 무엇보다 우선이라는 것을 뜻하고, 개인의 가치관에 대한 존중은 가장 아래에 있다는 의미이다. 이러한 사회에서 개인이 성공을 이룬다는 건 매우 어려울 뿐 아니라 성공을 꿈꾼다는 것조차 엄두가 나지 않을 것이다. 사람들은 각자 다른 선택을 한다. 그리고 각자의 선택에 따라 저마다 다른 결과를 낳는다.

개인이 잘못된 선택으로 '쓴맛'을 보지 못하게 하거나 좋은 선택에 대한 보상을 누리는 자유가 없다면, 개인의 이익은 그들의 의지와는 상관없이 강제로 재분배되어야 하고, 이 과정에서 종종 폭력적인 방법이 동원되기도 한다. 이렇듯 공산주의는 결국 자주적인 개인으로서 선택을 할 수 있는 모든 자유뿐 아니라 인간의 존엄성과 가치를 빼앗는다.

공산당이 지배하는 국가에서는 혁신을 꿈꾸는 장벽이 매우 높을뿐더러 그 장벽을 오르더라도 그것을 유지하기가 굉장히 어렵다. 그래서 개인은 두려움 때문에 대부분 자신이 처한 '그 자리'에 만족하게 된다.

'개인은 자신만이 추구하는 가치관이 있어야 한다.'

세계 최고 갑부이자 이 시대의 혁신가로 손꼽히는 일론 머스크(Elon Musk)는 정부의 역할을 스포츠 경기의 심판으로 비유한 바 있다. 즉 경기에서 선수들은 규칙안에서 자유롭고, 심판은 중립적 입장에서 중재하는 역할을 할 때 공평한 경쟁이 이루어진다. 그런데 심판이 직접 경기에 참여한다면 정해진 규칙도 바꿔고 결국 불공평한 경쟁이 이루어진다는 것이다.

중국의 이야기는 불공평한 경쟁을 하는 경기와 같다. 즉 국가 마음대로 우월한 위치에 있을 때 개인의 가치 실현과 성공은 더 어려워진다는 것을 말해주는 좋은 사례다. 그런 의미에서 한국에 살고 있는 우리는 매우 운이 좋다고 볼 수 있다. 우리에겐 선택할 수 있는 자유가 보장되고, 개인의 성공을 위한 꿈을 가질 수 있기 때문이다. 개인은 자신이 추구하는 가치관이 있어야 자기 인생의 희망이 생기며, 그 가치관을 추구하는 곳에 인생의 의미가 있다.

06
진정한 성공이란 과연 무엇일까?

앞장에서 말한 중국의 톱다운 정책과는 상반되게 미국은 바텀업(Bottom-up, 상향) 방식의 정책으로 세계에서 가장 강력한 국력을 가진 국가로 성장했으며, 큰 영향력을 행사하고 있다.

먼저 미국을 떠올리면 많은 수식어가 생각난다.

▶ 세계에서 가장 강력한 군사력을 보유한 나라

▶ 노벨상 수상자가 가장 많은 나라

▶ 전화기, 텔레비전, 컴퓨터, 인터넷을 발명한 나라

▶ 비행기, 원자 폭탄을 발명한 나라

▶ 달에 인간을 착륙시킨 나라

▶ 애플, 페이스북, 스타벅스, 인스타그램, 아마존 등의 세계적인 기업을 탄생시킨 나라

미국이 모든 면에서 1등이라고 볼 순 없지만, 문화, 예술, 창조, 혁신 면에서는 논쟁의 여지 없이 1등 강대국이다. 이러한 발전은 과연 어디에서 왔을까? 미국은 '자유'가 국가(國歌)에 등장할 만큼 자유라는 단어에 굉장히 집착적이다.

성공은 자유의 중심에서 얻을 수 있다

RK

우리가 자주 사용하는 앱이나 대부분의 혁신적인 제품들은 왜 미국에서만 만들까?

JK

다른 나라에서도 만들기는 해. 그런데 미국이 특히 강조하는 부분은 '자유'거든. 개인의 생각을 자유롭게 표현하고 시도해볼 수 있는 그런 자유 말이야.

RK

자유만 있다고 누구나 혁신적인 제품을 만들어낼 수 있는 건 아니잖아.

JK

정치적, 경제적, 환경적 요인이 따르지. 그런데 자유가 보장되지 않는다면 자기 구상을 표현할 방법이 없으니까.

RK

하긴, 인스타그램이나 유튜브만 봐도 그 바탕에 자유가 있다고 느껴져.

대중음악이나 영화도 자유가 보장되었을 때 그 가치 실현이 다양하게 나오고, 그러한 가치를 추구하는 이들에게 더 가까이 다가갈 수 있어.

JK

RK

한국도 최근 들어 대박 난 영화나 음악이 계속 나오는 이유가 표현에 대한 규제가 없어서 가능했던 것 같아. 〈오징어게임〉이 엄청난 인기를 얻은 것처럼.

기존 틀에서 벗어나 새로운 가치를 만들어 낼 수 있는 자유가 보장될 때 무한한 가능성의 표현이 실현되는 거지.

JK

RK

자유가 보장된 건 사실이지만, 자유가 있다는 걸 믿는 것도 정말 중요한 것 같아. 그렇지 않으면 자신을 틀에 가둘 테니깐.

미국은 왕과 같은 1인 독재정권 없이 성장한 나라이다. 1776년, 영국의 식민지 개척자들은 영국으로부터 독립을 선언하고 새로운 국가인 미국을 세웠다. 미국은 국민에게 통치권을 넘겼고, 그렇게 미국은 국민이 직접 국가의 리더를 선출하는 최초의 나라가 되었다.

개인의 자유와 행복 추구를 우선으로 하는 것을 곧 아메리칸드림(American dream)으로 정의하기도 한다. 그리고 세계 각국에서 아메리칸드림을 실현하기 위해 미국으로 이민을 떠난다. 역사적으로 미국은 세계 각국의 이민자들이 개인의 자유와 동등한 성공 기회, 그리고 더 나은 생활 수준을 누릴 수 있는 능력이 주어지는 '기회의 땅'으로 여겨져 왔다. 이러한 그들의 경험은 오늘날에도 여전히 미국을 형성하고 있는 핵심 문화 가치의 발전을 이끌었다.

'사람들은 자유가 주어졌을 때 더 나은 방법을 찾아내고, 발전할 방법을 찾아낸다.'

자유가 보장되는 사회에서는 인간의 무한한 잠재력을 이용해 창조적인 사람들이 자유롭게 창의성을 발휘할 수 있다. 아무리 흙수저로 태어나도 부를 얻는 것이 가능한 곳은 미국과 같은 자유 시장의 국가들이다. 이민자들이 전통적으로 미국으로 이주하는 이유는 한 가지, 모든 사람이 이곳에서 성공할 기회가 있다는 믿음 때문이다. 과도한 정치적, 종교적, 사회적 통제로부터 자유롭기에 그들은 개인적인 성공을 위한 더 나은 기회가 있다고 여기는 것이다.

경제학자이자 철학자인 애덤 스미스(Adam Smith)는 자신의 책 《국부론》에 이런 말을 남겼다.

"우리가 저녁 식사를 기대하는 것은 정육업자나 양조업자, 제빵업자의 자비심 때문이 아닌 그들 개인의 이익 추구 때문이다. 모든 개인은 자신의 안전과 이익을 추구하지만 '보이지 않는 손[3]에 이끌려 의도하지 않던 사회의 이익증대란 목표를 달성하게 된다."

이 말은 개인의 가치 실현이 곧 자유 시장을 형성하고, 수요와 공급이 자동으로 조절되며, 고용이 창출되므로 정부의 간섭은 스포츠 경기의 심판처럼 경기의 중재를 하는 역할만으로도 충분하다는 뜻이다. 개인의 가치 실현을 통해 개인이 성공을 맛볼 기회도 주어지지만, 그에 따라오는 결과로 국가는 더 크게 성장할 수 있는 기회를 얻는다.

즉 공산주의 틀 안에서의 제로섬 게임은 한 명이 무언가를 얻으면 다른 한 명은 잃게 만드는 '지위 게임'이라면, 미국과 같은 자유경쟁 시장에서는 모두가 성공을 이룰 수 있는 '포지티브섬 게임[4]이 가능하다.

---

3. 보이지 않는 손(Invisible Hand) : 모든 사람이 제자리에서 자기 목표 실현을 위해 열심히 경쟁하면 모두가 만족하는 결과를 얻는다.
4. 포지티브섬 게임(Positive-Sum Game) : 경쟁에 있어서 상호 인정과 협력을 통해 상생하는 게임이다. 게임 참가자들이 모두 이익을 얻는 상황을 뜻한다.

누군가가 가치를 제공하면, 또 다른 사람은 그 가치를 통해 또 다른 새로운 가치를 만들어낼 수 있기 때문이다. 자유 시장에서는 구성원들이 파이를 나눠 먹는 방식이 아닌 각자의 파이를 만들어 나가면서 전체의 파이를 같이 키워나갈 수 있게 된다. 물론 미국이 엄청난 지리적 강점과 천연자원을 가지고는 있지만, 자유가 기본이 되는 가치가 없었더라면 결코 큰 성과를 얻지 못했을 것이다.

우리가 일상에서 매일 사용하는 컴퓨터 프로그램과 앱들도 이러한 미국의 자유로움을 많이 담고 있다. 페이스북, 인스타그램, 유튜브도 사용자들이 자유롭게 본인의 생각과 창의력을 표현하면서 성장했다고 볼 수 있다. 뺏고 빼앗기는 제로섬 게임이 아닌, 각자의 파이를 키워 더 큰 파이를 키우는 포지티브섬 게임인 셈이다.

그러므로 개인에게 자유가 보장되지 않고 정부의 통제와 규제에 따라야 했다면, 오늘날 우리가 사용하는 대부분의 현대 문명들은 존재하지 않았을 것이다.

07
성공의 비밀은 다양성에 있다

앞서 다양한 문화를 수용하고, 사상의 자유를 보장하며 발전한 미국의 성공사례를 보았듯이, 성공의 비밀은 과학적 근거를 기반으로 한 DNA를 통해서도 설명될 수 있다. 다양한 인종과 민족들이 유입되어 함께 어우러져 사는 대표적인 다문화 국가인 미국은 그들의 진보한 시스템을 통해 다양한 관점과 새로운 가능성을 얻을 수 있었다.

복합적이고 다양한 사상이 보장된 자유 민주주의는 그들의 빠른 경제성장과 함께 문화 발전에도 크게 이바지했다.

JK 우리 둘 다 미국과 한국에서 직장 생활을 해봤잖아? 넌 어디가 더 좋았어?

RK: 어느 한 곳 선택보다는 둘 다 장단점이 있는 것 같아.

JK: 한국 직장에서 네가 경험한 장점은 뭐야?

RK: 내가 태어나 자란 곳이니 아무래도 익숙하고 편했지. 또 업무 속도가 굉장히 빨랐어. 진심 한국만큼 빠르게 업무 처리하는 곳은 본 적이 없어. 해외 출장 때 답답한 경우가 한두 번이 아니었거든.

JK: 그럼 단점은 뭐야?

RK: 다양한 의견에 대한 존중이 필요하다고 자주 느꼈어.

JK: 나도 그런 건 회사뿐만 아니라 평소 한국 친구들과 있을 때도 느끼긴 하는데. 너는 언제 그런 걸 많이 느꼈어?

RK: 각기 다른 직급 사람들이 모여서 회의하잖아? 그런데 회의 안건과 상관없이 높은 직급 사람이 주도해서 의견을 내고 결정까지 하더라고. 결론은 항상 뻔하고.

JK 그럼 한마디 하지. 왜 안 했어, 못 한 거야?

다른 의견도 듣고 싶다고 말한 적 있었는데, 상사 의견에 반대하는 거로 생각했는지 기분 나빠하더라. 회의 분위기는 싸 해졌고. 그 뒤론 그냥 가만히 있었어. RK

JK 그렇게 한 소리 들으면 주눅 들고 말도 잘 안 하게 되지? 요즘은 덜 하다고는 하지만, 그때는 '다르다'를 '틀리다'로 여기는 일이 많았지.

다양성에서 새로운 아이디어가 만들어지는데, 사고가 꽉 막혀있다고 느껴지면 너무 답답하더라. RK

JK 이건 직장뿐이 아니라 개인 성장에도 중요한 거 같아. 다양한 생각을 못 받아들이고 사고가 닫히면, 그저 '우물 안 개구리'가 되잖아.

맞아. 우물 안 개구리는 그 안에서 위아래로 뛰는 것밖에는 못 하잖아. 누가 우물 안에 돌멩이 몇 개 던지면 맞아 죽는 거야. RK

다양성이 성공을 결정한다

나는 성공하는 사람들의 특이점으로 DNA가 큰 요인을 발휘하는 것에 주목했는데, 그 예로 혼혈인의 우월성 이론과 근친상간의 폐해를 짚어볼 수 있었다. 물론 다양한 유전 정보를 지닌 혼혈인이 다른 사람들보다 언제나 모든 면에서 우월하다는 것은 아니다. 그러나 혼혈인이 가지고 있는 '다양한' 유전 정보는 그들이 같은 집단에서 태어난 사람들에 비해 유전학적으로 더 우수한 형질을 가지고 태어날 확률이 높다.

또한 그들의 다양한 유전 정보는 생존이나 환경에 대한 적응력을 일반인들보다 조금은 더 높여준다는 것이 과학적 견해이다. 이제는 당연한 사실로 인정받는 '근친상간은 절대 안 된다'라는 주장 역시 과학적 연구로 증명되었는데, 비슷한 유전자를 가지고 있는 가까운 일족의 결혼을 통해 태어난 아이들은 유전 정보가 다양하지 못하고, 그만큼 생존에 불리하다는 것을 과학적 근거가 뒷받침해주고 있다.

이것은 근친상간으로 태어난 아이들이 열성인자에 의한 질병을 안고 태어나거나 기형아로 태어날 수 있기 때문이다.

'다양한 문화와 인종이 더 많은 가치를 가져다줄 수 있다.'

DNA를 설명하면서 다양한 문화가 가져다주는 이점에 대해서 언급하지 않을 수 없다. 미국이 세계 강국이 될 수 있었던 이유 중 하나도 이민자들의 다양한 문화와 가치가 어우러져 국가 발전에 크게 이바지한 것이다. 그러나 안타깝게도 우리나라는 아직도 다문화에 대해 회의적인 시선을 가지고 바라보는 사람이 많아 보인다.

유튜브에 '혼혈' 또는 '다문화'라는 단어를 검색하면 '편견', '상처' 등 부정적인 단어가 뜨는 것을 확인할 수 있다. 그리고 많은 혼혈인이 한국에서 자라면서 겪은 상처와 아픔에 대한 경험을 나누는 것을 쉽게 볼 수 있다(어릴 적부터 다른 피부 색깔 때문에 '가짜 한국인'이라 손가락질받은 일 등). 이것이 현재 일부 한국 사람들이 다문화와 혼혈인을 바라보는 시각이자 현실이다.

우리나라에는 현재 전체 인구 대비 약 2%의 다문화 가구가 살고 있다. 우리 주변엔 반은 한국인, 반은 다른 나라인 수많은 다문화 사람들과 혼혈인들이 우리와 함께 어울려 살고 있다는 의미이다. 다른 나라에 여행을 가는 것만으로도 많은 것을 보고 배울 수 있다. 하물며 다양한 문화와 정체성을 가진 사람들과 함께 어우러져 살아간다면, 우리가 얻을 수 있는 새로운 경험과 가치는 그 가격을 매길 수 없을 것이다.

우리가 반드시 알아야 할 것은 다양한 경험이 결국 더 좋은 선택을 할 수 있게끔 사고판단 능력을 키워주며, 생각의 범위를 넓혀주는 기회를 제공한다는 사실이다. 사실 문화라는 것 자체가 그러한 역할을 한다. 문화는 상상력과 창의력을 불러일으키며 인류의 문명을 유지하고 발전시키는 데 중요한 역할을 한다. 앞서 설명했듯이 미국이란 나라 자체가 이민자들의 나라였기에 이러한 것이 자연스럽게 가능했던 셈이다.

08
고통과 시련이 더 큰 성공을 만든다

1950년대 대한민국은 미국의 원조를 받아야 했던 국민 소득(GNI) 50달러의, 지구상 가장 가난한 나라 중 하나였다. 일제 식민지 시절을 지나서 1945년 광복을 맞았지만, 당시 경제적으로 갓난아이와 다름없었던 대한민국의 민족을 나눠버리고, 남북으로 갈라놓게 된 6·25전쟁은 우리에게 너무나 큰 아픔과 고통을 안겨주었다.

잿더미에서부터 모든 것을 새롭게 다시 시작해야 했던 우리는 실패와 좌절을 이겨내고 1960년대부터 근대화의 기반을 마련하기 시작했다. 전자, 자동차, 조선, 정유 등 중화학 공업 기반이 갖춰지면서 대한민국은 농업국가에서 신흥 공업 국가로 변신하기 시작했다.

근대화 과정 중에 여러 차례 경제위기를 겪기도 하고, 안보 문제도 마주쳐야 했지만, 그때마다 국민의 단합된 힘을 바탕으로 위기를 극복해 나갔다. 우리나라는 현재 자동차, 텔레비전, 전자기기, 조선 등 많은 분야에서 세계 1위를 달리고 있는 세계적인 기업을 만들어냈다.

JK 성공한 사람들의 공통점은 성공까지 시련과 아픔을 겪었더라. 성공과 고통은 뗄 수 없는 걸까?

RK 고통은 문제를 안겨주지만, 동시에 해결책을 찾을 새로운 기회를 알려주잖아? 실패와 고통 속에 성공의 답이 있는 것 같아.

JK 혹독한 추위에 고통스러워서 옷 입을 생각을 하는 것처럼, 경제적으로 너무 힘들 때 현실을 벗어나야겠다는 강한 의지를 얻잖아.

RK 운동해서 근육 만드는 것과 비슷해. 운동할 때는 고통스러워도 곧 건강하고 행복한 삶을 살 수 있다는 결과가 있으니까.

JK 절실함이 있다면 전념할 수 있고, 전념한다면 원하는 목표를 얻을 수 있지.

고통을 벗어나려는 절실함이 성공을 만든다

대한민국 국민에게는 흔히 '한(恨) 정신'이 있다고 한다. 역사적으로 수없이 많은 침략을 받으면서 가족과 나라를 지키기 위해 싸우며 아픔을 견뎌냈고, 이러한 상처와 아픔을 발전의 계기로 삼으면서 더 나아짐에 대한 절실함으로 삼았다.

만약 우리가 아무런 고통 없이 순탄한 세월만을 보냈다면, 그토록 수없이 많은 위기 속에서 과연 이토록 발전할 수 있었을까? 우리는 수없이 많은 사람이 흘린 피와 눈물이 있었기에 대한민국이 전례 없는 발전을 이룰 수 있었다는 사실을 반드시 기억하고 감사해야 한다.

고통이 더 큰 성장을 만든다는 것은 '유대인(이스라엘인)'들의 이야기를 통해 거듭 설명할 수 있다. 상술과 무역에 매우 뛰어나다고 잘 알려진 유대인들은 약 500년간 악조건의 기후와 지리, 척박한 삶 속에서 고통을 마주하며 살아왔다. 그리고 이러한 긴 역사 동안 지혜롭고 강한 사람들이 살아남았다.

역사적으로 긴 시간 동안 많은 핍박과 고통을 받았고, 수백년 동안 세계 곳곳을 이동하며 생존해 온 유대인들은, 이러한 과정을 통해 더 강해지고 발전했으며, 지금은 전 세계적으로 다양한 분야에서 놀라운 영향력을 발휘하고 있다.

실제로 역대 노벨상 수상자 중 유대인의 비중을 살펴보면 경제학 65%, 의학 23%, 물리학 22%, 화학 11%, 문학 7%에 이르기까지 상당히 높은 비중을 차지하고 있는 것을 볼 수 있다.

세계적으로 볼 때 약 1,480만 명에 불과한 적은 인구수를 차지하고 있는 유대인들은 어떻게 이토록 다양한 분야에서 놀라운 업적을 남길 수 있었고, 그 원동력은 무엇이었을까? 우리는 그 해답을 기후와 지리적 환경, 그리고 오랜 기간 사회 외부에서 오는 고통을 겪어냄으로써 그들이 더 강해질 수밖에 없었던 요인들로부터 발견할 수 있었다.

무엇이 '생존'했다고 말하는 것은 반드시 어떠한 '고통'이 존재 했음을 의미하며, 또 그것을 견뎌냈다는 뜻이기도 하다. 근력을 키워서 더 강해지려면 근육에 상처가 생기고 아무는 과정이 꼭 필요하듯이 인간은 고통을 느낄 때 그것을 견디고 해결해 내는 과정이 있어야만 더 강해지기 마련이다.

'언제나 고통의 반대편에는 발전이 있다.'

유대인들이 겪은 그들의 아픔에 관해 이야기할 때면, 홀로코스트[5]가 빠질 수 없다. 독일의 아돌프 히틀러(Adolf Hitler)는 게르만 민족의 위대성을 앞세워 독일 사람들을 선동했고, 그들을 향한 신의 계시라고 말하며 악마를 물리쳐야 한다는 명목 아래

5. 홀로코스트(Holocaust) : 제2차 세계대전 중 나치 독일이 저지른 유대인 대학살이다. 본래 '불에 의하여 희생된 제물'이라는 의미의 그리스어 'holokauston'에서 유래된 용어로, 인간이나 동물을 대량으로 태워 죽이거나 대학살 하는 행위를 뜻한다.

유대인을 공공의 적으로 지정하였다.

즉 히틀러는 '적을 지정하면 추종자를 만들 수 있다'라는 논리를 증명한 셈이다. 그는 독일인이야말로 신으로부터 선택받은 유일하고 우월한 민족이라 말하며, 신을 위해 사탄과도 같은 유대인들을 학살해야 한다고 주장했다. 유대인은 물론 우월하지 못한 존재라 판단한 장애인과 동성애자들도 닥치는 대로 죽여나갔다. 이런 정신 나간 사상에 사람들은 왜 물들었고, 600만 명 이상의 유대인은 왜 죽임을 당했을까?

1차 세계대전 이후 처참히 무너진 독일인들은 히틀러의 말도 안 되는 선동에 끌리게 된 것인데, 사람은 잃을 것이 없는 상황이 닥치면 지푸라기라도 잡는 심정으로 그럴듯해 보이는 선동에 끌리게 된다. 특히 자신이 살고 있는 나라가 위험해짐과 동시에 본인과 가족의 생사도 위협을 받는다면, 자신에게 좋다고 생각되는 그 어떤 것이라도 쉽게 움켜쥐게 되기 때문이다.

나치의 인종주의와 홀로코스트가 지금으로부터 불과 약 80년 전에 벌어졌던 일이라는 사실은 매우 충격적이며, 이를 통해 우리가 얻을 수 있는 교훈은 나라가 바로 세워져야 하는 것은 물론이며, 개개인이 올바른 사상과 바른 정신을 가지고 살아야만 거짓된 선동에 휩쓸리지 않을 수 있다는 사실이다.

단일 인종과 문화에만 집착하고 다른 문화를 배제하려는 노력은 집단의 광기와 분열을 일으킨다. 이렇듯 성공을 제대로 정의하지 못하는 것은 틀 안에서 살고 있을 때 비롯된다.

09
기후 지리적 특징은 문명을 어떻게 탄생시켰는가?

세계지도를 넓게 펼쳐놓고 보면 현재 대부분 지역에 인간이 살고 있다. 그러나 기술의 발전이 없었던 시대에는 특정 지역에서만 제한적으로 인간이 모여 살았는데, 문명이 발전하고 생활을 유지하기 위해서 적합한 기후와 자원이 필요했기 때문이다.

이렇듯 문명의 발상지마다 주목할 수 있는 가장 큰 공통점은 인간이 살기 적합한 환경에서 문명이 시작되었다는 점이다. 인류 문명이 시작된 발상지는 모두 극지방의 추위에서 떨어진 따뜻한 지역이었고, 근처엔 큰 강이 흐르고 있었다는 공통점이 있다. 인간이 살아가기 위해서는 최소한의 물과 작물을 재배할 수 있는 땅이 필수적이기 때문이다.

세계 4대 문명이라고 불리는 황하문명, 이집트 문명, 메소포타미아 문명, 인더스 문명이 모두 그러하다.

세계 4대 문명 발상지

강 근처에 터를 잡은 인간은 물을 이용해 농사를 지으며 수렵과 채집의 단계를 넘어 농업사회를 건설할 수 있었다. 농업의 시작은 정착 생활의 시작을 뜻하며, 이때부터 인구는 폭발적으로 증가하게 되었다. 따라서 수렵과 채집 생활로는 빠른 인구 증가를 유지하거나 충족할 수 없었고, 이러한 계기가 농업을 더욱 빠르게 발전시킨 것이다.

세계적 문화인류학자인 재레드 다이아몬드(Jared Mason Diamond)는 자신의 저서 《총, 균, 쇠》에서 인간의 문명이 발생한 것이 '지역의 차이'였다는 점을 자세히 설명한다.

"비옥한 초승달 지대의 여러 민족은 훨씬 일찍부터 토종 식물을 작물화했다. 그들은 훨씬 더 많은 종을 작물화했고 훨씬 더 생산적이거나 소중한 종을 작물화했다. 또 농작물의 유형들도 훨씬 다양했고 집중적인 식량 생산을 발전시켰으며 조밀한 인구를 더 빨리 증가시켰다."

재레드 다이아몬드가 말하는 비옥한 초승달 지대(Fertile Crescent)란 서아시아의 고대 문명 발생지를 말하는데, 동쪽의 페르시아만의 평야를 시작으로 서쪽의 나일강 유역의 평야 지대까지를 아울러 말한다. 이것은 티그리스·유프라테스강 유역(메소포타미아 문명)과 나일강 유역(이집트 문명)에서 고도의 문명이 발생하게 된 것을 설명한다.

앞서 말했듯이 식물과 가축을 이용한 농업혁명을 통한 문명의 발전은 '지리적'으로 매우 큰 영향을 받았다. 문명의 발상지라 말하는 유라시아의 위치는 지도상에서 경도와 위도를 통해서 확인할 수 있다. 타 대륙이 위아래로 펼쳐져 있음과 비교해 유라시아는 좌우로 길게 펼쳐져 있는데, 좌우로 펼쳐진 것은 기온적인 영향을 다른 대륙보다 적게 받을 수 있었음을 의미하고, 각종 식물과 동물의 전파가 훨씬 쉬웠다는 사실을 뜻한다.

이러한 지역적 강점은 이 지역 문명의 발전이 농업혁명만을 떠나, 기술, 문자, 언어, 종교, 정치 등에서의 발전까지 타 대륙보다 앞설 수 있었음을 보여준다.

성공은 발전을 궁구하는 곳에 있다

과거 수렵과 채집의 시기에는 포식자의 위험에서 벗어나 생존하는 것이 우선이었기 때문에 인간은 끊임없이 터전을 옮겨야 했다. 물론 음식을 구하거나 저장할 수 있는 기술이 부족했기에 식량난도 빈번히 발생하였다. 이 시기에는 식량과 거주지가 불확실했기 때문에 인간의 가장 중요한 목적은 '생존'이었다.

이것은 현대 사회와 비교해서 더욱 원초적인 문제에 대한 고민이자, 해결책에 대한 목마름이었다. 인간은 그렇게 계속해서 생존과 발전을 궁구해왔다.

하지만 수렵과 채집의 시기를 지나 농업 생활을 시작한 인간은, 이때부터 '왜?'라고 하는 보다 깊은 차원의 많은 궁금증을 품기 시작했다. 인간은 새로운 문제가 생길 때마다 문제의 원인을 파악하고자 했고, 인간의 생존과 후세의 번영을 위한 해결책을 계속해서 만들어내게 되었다.

예를 들어 비가 많이 올 때면 강이 범람하여 피해당하는 것을 최소화하기 위해 댐을 건설할 방법을 찾기 시작했고, 가뭄이 들 때를 대비해 물 저장소를 만들었다. 이러한 문제 해결 능력의 발달은 건축문화의 발달로 이어지게 된다.

인간은 댐과 둑을 이용해 침수를 막았고, 관개시설, 수로, 물 저장소를 만들어 필요한 시점과 장소를 위해 적절하게 물을 공급할 방법을 찾아 나가면서 문명이 급속도로 발전하기 시작했다.

이렇게 인간은 무에서 유를 창조해 나가며 생각하는 힘을 키워나갔고, 기술의 발전을 앞당겼으며, 이를 통해 인간의 지적 욕구와 지적인 갈망 역시 증대하기 시작하였다. 농업을 통한 '정착 생활'을 시작하면서 더 다양한 문제를 직면했고, 이제는 생존을 넘어서 어떻게 하면 더 잘 살아갈 수 있을지에 대한 궁금증에 대한 해답을 찾으면서 지속적인 발전을 이뤄낸 것이다.

'현실에 안주하거나
문제를 무감각하게 받아들이면
더 이상의 발전은 없다.'

더 나아짐을 궁구하지 않으면 발전이 없다는 것은 풍족한 자원이 있음에도 더딘 성장을 보이거나 경제적으로 점차 더 어려워진 나라들의 예시를 통해 확인할 수 있다.

1800년대까지는 자원의 운송이 쉽지 않았을뿐더러 운송비용 자체가 굉장히 높았기 때문에 천연자원을 많이 가진 나라들이 쉽게 부를 축적할 수 있었다. 그러나 시간이 흐름에 따라 운송 기술이 발달하고 비용이 획기적으로 낮춰짐에 따라 자원이 부족한 나라에서도 쉽게 자원을 수입해올 수 있게 되었다.

하나의 예로, 한국과 일본은 철(Steel)이라는 원자재를 보유하고 있지 않지만, 수입을 통해 관련 산업을 발전시켰고 철강산업의 선도주자로 도약했다. 반면 베네수엘라는 자원은 풍부하지만, 경제적 발전을 이뤄내지 못했다.

즉 베네수엘라는 석유 매장량이 전 세계에서 1위일 정도로 천연자원이 굉장히 풍부한데, 1900년도 초에 석유를 발견한 이후 얼마 지나지 않아 기름을 가장 많이 수출하는 국가가 되었다. 국가 수출 산업의 96% 이상이 석유였고, 대다수 국민은 석유 관련 산업에 종사하게 되었다.

이렇게 하나의 자원에만 편중된 국가 경제는 쉽게 흔들릴 수밖에 없다. 기름 가격의 잦은 변동은 나라 경제를 안정적으로 유지하는 데 있어 치명적으로 작용했고, 해당 산업에만 인력과 에너지가 몰려 농업, 제조업, 기술 분야 등과 같은 다른 산업은 퇴보하게 되었다.

새로운 가치를 창조해내고 혁신을 꿈꾸는 사업가들이 나오지 않았고 정치 부패와 욕심, 현실에 안주하게 만드는 편안함과 맞물려 경제 파탄의 악순환을 만들어냈다. 편안함에 중독되어 현실에 안주하면 발전할 수 없다. 더 나아지고 싶다는 절실함과 열망만이 성장을 만들어낸다.

10
왜 문명이 발달할수록 인간은 점점 바보가 되어가는가?

지금 우리는 너무나 편한 시대를 살고 있다. 뭐라도 궁금한 게 있으면 주머니에서 스마트폰을 꺼내 몇 초 안에 검색해서 알아내고, 뭐든지 배우고 싶은 것이 있으면 유튜브나 구글 검색으로 쉽고 빠르게 배울 수 있다. (심지어 공짜로 말이다!)

게다가 스마트폰으로 영상을 찍고 편집하며 내가 만든 콘텐츠와 생각을 전 세계 사람들과 실시간으로 공유할 수도 있다. 운전 중에 내비게이션으로도 사용하고, 건강을 확인할 수 있으며, 영상을 시청하면서 동시에 다양한 업무를 수행할 수도 있다. 큰 노력 없이 기계의 힘만을 빌려 손쉽게 일상의 많은 일을 처리할 수 있다.

이는 우리가 무언가를 미리 외워둘 필요가 없음을 방증하는 것이며, 이러한 기술의 발전은 우리에게 엄청난 혜택을 안겨주었다. 그러나 역설적으로 이러한 초고속 현대 기술의 발전은 인간의 생각 폭을 제한하게 되었다. 가벼운 곳이 있으면 손쉽게 긁어버리고 끝나는 것과 마찬가지로, 궁금한 점이 생기면 빠르게 검색해서 새로운 정보만 확인하면 그만인 셈이다.

JK

예전에 'TV는 바보상자'라는 말, 들어봤지? 아무 생각 없이 TV 보면서 웃고 있는데 시간이 후딱 지나가는.

RK

그런데 요즘은 TV 대신 다른 기기들이 바보상자 역할을 하고 있지. ㅋㅋ

JK

난 유튜브를 자주 보는 데 장단점이 있는 거 같아. 궁금한 정보를 쉽게 알아낼 수는 있지만, 한 번 앱을 열면 관련 없는 영상까지 계속 보게 되더라고.

RK

근데 인터넷의 다양한 정보를 소비하면서 더 똑똑해진다고 생각해?

JK

얻을 수 있는 정보가 많고, 많이 알면 알수록 똑똑해지는 것 아닌가?

RK 대부분이 똑똑해진다고 착각하고 있는 거 같아.

그게 무슨 말이야? JK

RK 정보를 접하는 게 쉬워졌다 뿐이지. 떠먹여주는 것에 익숙해지고 생각하는 힘은 길러지지 않는다는 거야.

기술 발전의 역설인가? JK

RK 인터넷에 달리는 댓글만 봐도 어느 정도 실감 나지 않아?

의도와 맥락에서 벗어난 댓글을 달거나 '카더라 통신'을 내세우면서 반론을 하는 사람을 쉽게 볼 수 있지. 그런데 이게 기술의 발전 때문인가? JK

RK 그렇지, 생각하는 것도 습관적으로 행해져야 하는데, 그저 떠 먹여주는 정보 소비를 맹목적으로 받아들이기만 하고, 그 이상으로 생각을 안 해.

JK

나도 예전에 TV를 많이 볼 땐 그랬던 거 같아. 어떤 내용이 나오면 그 순간만큼은 정보를 소비하지만, 그게 진짜 맞는 말인지, 그리고 왜 그런지 추가적인 질문을 하지 않았었지. 이래서 TV를 바보상자라고 하는 건가 봐.

바로 그거지! 계속해서 질문하고 자발적으로 생각하는 훈련을 통해서 그 정보의 옳고 그름이 판단할 수 있게 되고, 그래야 그게 진짜 지식이 되는 거야.

RK

자발적 노력을 할 때 성공이 뒤따른다

인간은 스스로 배우고 찾을 때 비로소 새로운 지식을 기억 속에 담는다. 문명이 시작된 순간에도 미래를 예측하고 피해를 방지하기 위해 가장 먼저 행동한 사람들이 가장 큰 발전을 이뤘고, 혁신적인 문화와 해결책을 만들어낸 것처럼 말이다.

지식의 습득과 관련하여 사람은 '볼 때, 들을 때, 해볼 때, 가르칠 때' 기억할 수 있는 정도가 다르고, 그만큼 배움의 정도 차이도 매우 크다. 새로운 정보는 넘쳐나고 지식에 대한 접근성은 너무나 좋아졌지만, 이것이 인간을 더 똑똑하게 만들지는 않았다.

유튜브 시청을 예로 들 수 있다. 유튜브는 새로운 정보를 얻는데 최고의 도구 중 하나이면서 사람을 수동적으로 만들기도 하는 양날의 검이다. 한번 검색한 내용과 비슷한 내용의 영상이 계속해서 나에게 노출되는데, 이것은 우리가 편협한 생각과 태도를 지니게 만든다. 즉 어떠한 주제에 대해 새로운 관점으로 생각해 볼 수 있는 기회가 사전에 차단되어버리는 셈이다.

인간은 언제나 편안한 것을 추구하려는 습성이 있다. 한 권의 책을 읽으며 깊은 지식을 얻는 것을 대신해 정보가 압축되고 정리된 유튜브 영상을 통해 5분 남짓의 요약된 정보를 얻을 수 있다. 지식 정보를 빨리 습득하는 것은 가능하게 되었지만, 지식을 활용해 새로운 가치를 만들어내는 것은 별개의 일이다.

인간의 지식 갈구(욕망)는 계속 커져만 가지만, 우리는 정작 '떠먹여 줘야 하는' 신세로 전락하게 된 것이다. 스스로 갈구하지 않으면 발전하지 못하고, 수동적으로 살게 된다. 현대 기술의 발전으로 우리가 더 이상 외울 필요가 없어졌다는 것은 어느 정도 사실이다. 그러나 배움에 있어서는 외우는 것에 그치는 것이 아닌 '이해하는 것'이 정말 중요하다.

우리에게는 지금 다른 어느 때보다도 '문제 해결 능력'이 필요하다. 지식을 토대로 문제를 해결하는 능력은 외워서 가능한 것이 아니다. 어떻게 하면 습득한 지식에 가치를 부여하고, 유용하게 활용할 수 있는지 아는 것은 단순히 정보를 외워서 알고 있는 것과는 차원이 다른 일이기 때문이다.

기술이 발달할수록 인간은 더 이상 '왜?'라는 질문을 하지 않는다. 말 그대로 '그냥 그런가 보다' 하면서 살게 되는 것인데, 이런 현실은 인간이 굉장히 편협된 사고를 갖도록 만든다. 이건 원래 그런거고, 저건 원래 그래왔던 것이기에 '앞으로도 그럴 것'이라며 단정하게 된다.

문명이 발전하면서 인구는 증가했고, 집단생활을 하면서 사람은 유행을 따르게 되었다. 또 남들과 비슷한 모습과 행태를 갖는 것에 안정감을 느끼게 되었다. 뉴스만 보더라도 굉장히 한 쪽으로 치우친 경향을 볼 수 있다. 정치적 성향을 띄고 있는 뉴스가 그렇고, 심지어 스포츠 뉴스를 보더라도 어떠한 관점으로 보느냐에 따라 다양한 해석이 가능하다.

'새로운 관점을 가지고
세상을 바라볼 수 있는 것은
또 하나의 새로운 가능성을 갖는 것이다.'

많이 아는 것은 중요하다. 하지만 그것을 연결하고 응용하여 새로운 가치를 만들어내는 것은 훨씬 더 중요하고 가치 있는 일이다. 인간은 아주 오래전부터 발전을 갈구하는 동물이었다. 언제나 더 나은 것을 원하고, 더 많은 것을 원해왔다. 현대에 와서도 '원한다는 것'은 변함없는 인간의 본성이지만, 예전과는 전혀 다른 방향으로 엇나가고 있다.

생존의 위기에서 벗어난 인간은 도파민 중독에 빠져들었고 쾌락을 추구하며 타인의 관심을 위해 더 많이 원하게 된 것이다. 인간은 스스로 발전을 찾을 때 가장 큰 혁신을 만들고 발전할 수 있다. '스키너 상자'로 유명한 심리학자 버허스 스키너(Burrhus F. Skinner)는 "인간도 동물과 마찬가지로 환경으로 형성되지만, 인간에게는 환경에 적응하거나 새로운 환경을 창조해내는 능력이 있다"라고 말했다.

지금 우리는 남들이 시키는 대로 행동하는 것, 떠먹여주는 것에 익숙해져 버렸다. 오늘의 생활 태도와 방식은 자연의 섭리를 거스르는 것이다. 현재 생각하는 것들을 버리고 비워내야만 한다. 예전으로 돌아가자.

Chapter 2

진정한 성공을 이루려면 먼저 비워내라

01
당신은 자신이 뭘 모르는지 알고 있는가?

투자의 귀재라 불리는 워런 버핏(Warren Buffett)은 일반인들보다 다섯 배는 더 책을 읽는다고 한다. 노년의 나이임에도 그는 하루 대부분을 독서로 시간을 보낸다. 그런데 워런 버핏은 결코 자신의 지식을 뽐내지 않으며, 마찬가지로 세상에서 가장 성공한 사람이라 인정받는 인물들은 대부분 겸손하다. 오히려 성공한 사람들은 배움을 항상 갈구하며 배움에 대한 습관이 몸에 배어있다. 어떤 분야의 전문가가 되었어도 늘 새로운 것을 탐구하고 발견하기 마련이다.

우리는 우리가 생각하는 것만큼 아는 게 많지 않다. 예를 들어 우리는 우리가 일상에서 매일 사용하는 것들의 작동 원리를 제대로 설명하지 못한다. 설명하더라도 그 지식에는 공백이 있다. 매일 사용하는 물건들을 몇 가지 떠올려보자. 재킷이나 가방에 달린 지퍼, 변기, 에어팟 등 이러한 제품들의 작동 원리를 설명할 수 있겠는가? 어느 정도 설명하다 보면 예상하지 못한 곳에서 스스로 지식의 공백을 발견하게 된다.

심리학에서는 이러한 현상을 '설명 깊이의 착각(the illusion of explanatory depth)'이라 부른다. 실제로 이해하지 못하는 것을 완전히 이해하고 있다고 착각한다는 것이다. 우리는 종종 어떤 개념을 실제로 설명해야 하는 상황이 되었을 때 그것에 대한 우리의 제한된 지식과 마주하게 된다. 그리고 이런 상황에 마주쳤을 때 우린 흔히 이런 식으로 대답한다.

"원래 그런 거야."

'모르는 것을 안다 (Known unknown).'

지식에 있어서 대부분 사람은 자기 분야에 대한 전문 지식이 있다. 그리고 모든 사람이 그 지식에 어느 정도 공백이 있다. 대부분은 그 공백이 어떤 부분인지 집어낼 수 있고, 그 분야에 대해 잘 모른다고 인정도 한다.

'양자 물리학'을 예로 들어보자. 이러한 분야가 있다는 건 대부분 알지만, 이 분야에 대해 제대로 아는 사람은 별로 없다. 양자 물리학이 실제로 존재하는 분야임을 대부분 이미 알고 있기에 이에 대해 배우고 싶다면 배울 수 있다.

양자 물리학에 대해 모른다는 것을 당신은 안다. 하지만 양자 물리학을 처음 들어본 사람이라면 양자 물리학을 모른다는 것조차도 몰랐을 것이다. 살다 보면 당신이 모른다는 것조차 모르는 것들이 매우 많다.

당신은 생각보다
아는 게 별로 없다

RK

내가 알던 형은 이런 사람이 아닌데, 오랜만에 만났는데 뭔가 충격적이었어. 사람이 정말 변했더라고.

어떻게 변했는데?

JK

RK

원래는 만나면 늘 술 먹고, 당구 치고, 어떻게 더 재밌게 놀까만 생각했잖아. 근데 그런 모습이 보이지 않는 거야.

어린 나이에 만나서 참 많이 놀았지. 술 먹고, 담배 피우고, 내가 모든 걸 다 알고 있다는 것처럼 자만심이 가득했지.

JK

RK

어, 형도 알고 있었네? 잘난 척 많이 했었지. 옆에서 힘들었어. ㅎㅎ 근데 어느 순간부터 사람이 그런 모습이 없어지고, 뭔가 삶을 대하는 태도가 달라졌다고 해야 하나? 어른이 된 건가?

JK 맞아, 그때의 나를 생각하면 삶을 대하는 나의 태도가 자랑스럽지만은 않았어.

근데 그렇게 변하게 된 특별한 계기가 있었어? 왜 갑자기 변하게 된 거야? RK

JK 그저 인정하면서 시작된 거 같아.

뭐를 인정했다는 거야? RK

JK 난 아는 것도 별로 없고, 심지어 무엇을 모르는지조차 모른다는 걸 깨달았어.

무엇을 모르는지조차 모른다? '우물 안의 개구리'였다는 뜻이지? RK

JK 난 30대 초반까지 잘 다니던 외국계 회사를 그만뒀잖아. 그 결정을 내린 후 앞으로 인생을 어떻게 하면 다르게 살 수 있을까 고민했어. 그러면서 인터넷 검색도, 책도 읽기 시작했어. 그러던 중 이걸 깨달은 거야. 내가 뭐를 모르는지도 모르는 게 정말 많더라고.

RK 무지를 인정하는 게 지식의 시작이다. 소크라테스가 말한 거지?

맞아. 머리를 한 대 세게 맞는 기분이 들면서 정신이 번쩍 들더라. 그리고 나태함과 자만함에서 벗어나기로 결심했어. JK

RK 그때부터 삶을 살아가는데 변화가 바로 느껴졌어?

바로는 아니고, 많은 시간이 걸렸지. 그런데 이러한 시간과 노력이 결국엔 삶의 질을 향상해주더라. JK

RK 이제야 말하지만, 난 솔직히 형의 바뀐 모습을 봤을 때 처음에는 거부감도 들었는데, 형 덕분에 나도 긍정적인 영향을 받고 변할 수 있었던 것 같아. 그래서 고마워.

		지식	
		아는 것	모르는 것
인식	아는 것	당신이 알고, 이해하는 것	당신이 알고 있지만, 이해 못 하는 것
	모르는 것	당신이 알지 못하지만, 이해하는 것	당신이 알지도, 이해도 못 하는 것

지식 매트릭스

지식 매트릭스에서 우리는 지식을 '해당 지식에 대한 인식' 또는 '의식'과 비교한다.

당신이 알고, 이해하는 것(Known knowns)
당신이 알고 있지만, 이해 못 하는 것(Known unknowns)
당신이 알지 못하지만, 이해하는 것(Unknown knowns)
당신이 알지도, 이해도 못 하는 것(Unknown unknowns)

당신의 현재 상황에서 아는 것과 모르는 것을 분별하여 알아볼 수 있으면 현명한 방법을 찾을 때 필요한 정보과 지식을 자유롭게 얻을 수 있다. 이 방법은 나사(NASA)에서도 사용하는 것으로 알려져 있고, 국방, 정치, 전략 계획 및 리더십에 매우 광범위하게 적용되고 있는 것으로 알려져 있다.

심지어 위대한 철학자 소크라테스(Socrates)가 지혜를 이해하려고 했을 때 '이 생각'을 언급하기도 한다. 그는 지혜로운 것이 지식을 소유하는 문제가 아니라 스스로 자기 지식의 한계를 인식하는 것이라는 개념을 제시했다. 소크라테스는 "나는 내가 무지하다는 사실을 알고, 저들은 저들이 무지하다는 사실을 모른다. 내가 무지하다는 사실을 알고 있는 사람이기에 나는 가장 현명하다"라고 말했다. 즉 가장 많이 알고 있는 사람이 지혜로운 것이 아니라 '아는 것이 별로 없다'라는 것을 인식하고, 알고 있는 것 이상을 이해하려고 하는 용기를 가진 사람이 지혜로운 것이다.

'우리는 자신의 지식에 공백이 있음을 인정해야 한다.'

그렇지 않으면 그 지혜는 돌과 같이 움직이지도, 커지지도 않을 것이다. 지혜롭다는 것은 돌이 아닌 나무처럼 자라야 하는 것이다. 소크라테스에 의하면, 자기 스스로 지혜롭다고 말하거나 지혜롭다고 보이는 사람들은 사실 별로 지혜롭지 않다. 이것은 문제가 될 수 있다. 사람들은 그들이 지혜롭다고 믿기 시작하면 스스로 맹신하기 시작하기 때문이다. 그리고 그 결과는 끔찍하다.

소크라테스는 살 가치가 있는 삶은 '심사숙고된 삶'이라고 말했다. 그는 만약 당신이 자신의 생각과 믿음에 의문을 제기하지 않고, 그 생각과 믿음에 모순이 있는지 질문하지 않는다면, 당신은 그 생각들에 기초하여 평생을 살 것이라고 믿었고, 결국 비참한 삶을 살 것이라고 말했다. 기만적인 삶을 살게 될 것이고 거짓된 믿음의 삶을 살게 될 것이라 주장했다.

소크라테스에게 지식은 인생에서 가장 가치 있는 것이지만, 그는 정말로 가지고 있지 않은 지식을 주장하는 것보다 지식을 찾고 자신의 무지를 의식하는 것이 더 낫다고 믿었다.

'모르는 것을 모른다 (Unknown unknowns).'

모르는 것을 모르는 영역, 여기가 우리의 맹점이다. 우리가 인식하지 못하는 것들이 있는 이곳은 통찰력 생성이 가장 풍부한 영역이다. 이 영역은 우리가 틀에 박힌 생각에서 벗어나게 할 것이지만, 계획하기도 가장 어려운 영역이다. 우리는 항상 우리가 질문해야 할 질문들을 알고 있다고 생각하지만, 이러한 모르는 것들은 종종 우리가 틀에서 벗어나 접선을 탐구할 때 비로소 밝혀진다.

우리가 여기서 던져야 할 질문은 바로 '우리가 모든 것을 알지 못한다는 것을 인정하고, 더 많은 것을 배울 수 있는 가장 좋은 방법은 무엇일까?'이다. 답은 아이러니하게 뻔하다. 밖을 내다보라. 어떤 특별한 시선에서 보라는 말이 아니다. 말 그대로, 밖을 내다보라. 책상에서 일어나 무언가를 하고, 무언가를 보거나, 무언가를 읽거나, 당신의 일과 전혀 상관없는 것을 들어라. 당신이 알고 있는 것과 상관없는 일을 해본다. 그리고 '왜', '어떻게'와 같은 질문을 던진다.

'가장 중요한 건 우리는 아는 게 별로 없다는 것을 인정하는 거다.'

인정하는 순간, 우리는 더 호기심을 갖고 '열린 사고'로 질문할 수 있다.

성급한 판단 없이 관찰하게 된다.
가정에 관한 질문을 하게 된다.
명확하지 않은 것에 편안해진다.
다양한 관점을 유지하게 된다.
다양성은 당신이 모르는 것을 발견하게 한다.

이 부분에 대해 제대로 알 필요가 있다. 내가 '모르는지도 모르는 그것'을 누군가는 알 것이다. 팀이 다양할수록 새로운 가능성을 보게 되고, 개인적으로 전혀 고려하지 않았던 다양한 관점을 얻게 될 가능성이 크다. 그리고 다양한 소수의 사람을 많이 만날수록 풍부한 맹점을 발견할 가능성이 더욱 크다.

배움은 지식보다 강하고, 인식은 현실보다 강력하며, 비전은 현실보다 강력하다고 믿는다. 우리는 '모르는 것도 모를 때' 도저히 뭐부터 해야 하는지도 모른 채 꼼짝 못 하게 될 때가 있다. 배움과 성장은 모든 수준에서 일어나지만, 최고의 성장은 우리가 모르는 것을 배웠을 때 일어난다.

우리는 다른 모든 사람과 마찬가지로 고통, 좌절, 의심, 절망으로 어려움을 겪는다. 하지만 우리가 새로운 비전과 새로운 현실로 우리를 인도할 기회와 환경을 찾는 것이 중요하다.

02
아는 게 많을수록 모르는 것도 많아진다

우리는 스스로 아는 게 없을수록 오히려 더 확신하는 일이 많다. 그러면서 어디선가 근거 없는 자신감이 생긴다. 세상은 흑백이라고 하거나 모든 것에는 결정적인 답이 있다고 하는 식으로, 자기 확신과 자만함이 모든 모공에서 흘러나온다. '아마도', '그럴걸', 그리고 '상황에 따라'는 결단력 떨어지는 겁쟁이들이나 하는 말이다. 정보가 부족한 사람들은 세상을 그저 이분법으로 바라본다.

쉬운 예를 들어보겠다.

'그렇다' / '아니다'
'좋아한다' / '싫어한다'
'동의한다' / '동의하지 않는다'
'찬성한다' / '반대한다'

반면 반대편의 사람들이 알고 싶은 모든 것에 대한 답은 어딘가에서 찾을 수 있다. 물론 정확한 답을 제공할 수 있는 검색 엔진이나 사람을 찾으면 된다. 하지만 답을 얻고 싶은 질문에 따라 이 과정은 상당한 좌절감을 줄 수도 있다. 답을 찾는 과정에서 자신의 무지를 알게 되며, 더 배울수록 모르는 것도 많아진다.

'그럴 수도 있다'
'가능성 있다'
'확실하지는 않다'
'생각해보겠다'
'잘 모르겠다'

이러한 현상을 '더닝 크루거 효과(Dunning-Kruger Effect)'라고 볼 수 있다. 자기 객관화가 부족한 사람들은 자기 능력을 과대평가하고, 능력이 뛰어난 사람은 자기 능력을 과소평가하는 현상을 말한다. 결과적으로 최하위권과 최상위권을 포함한 많은 사람이 '자기들이 중간쯤 되는 줄 아는' 현상이다.

'이미 알고 있다고 생각들 수 있지만,
오히려 모르는 게 더 많아졌다.'

자신이 잘못된 결정을 내렸을 때 본인의 무능함 또는 실수에 대해 파악하지 못하고 자신을 과대평가하는 경우가 있으며, 반대로 얕은 지식으로 세상의 모든 지식을 알고 있는 듯 얘기하기도 한다. 또 근거 없는 자신감으로 자기주장을 펼치는 무능한 사람도 있지만, 자기주장에 확신이 없는 능력자도 있다. 이러한 경우들이 전부 더닝 크루거 효과의 예이다.

사람은 자신의 수준에 대한 자기 객관화가 필요하다. 자기 객관화는 자신의 부족한 부분을 채우고, 불필요한 부분을 줄일 수 있도록 자기만의 기준을 세워주기 때문이다. 그래서 일찍이 소크라테스는 "똑똑한 사람들은 모든 것과 모든 사람으로부터 배우고, 평균적인 사람들은 경험을 통해 배우며, 어리석은 사람들은 이미 모든 답을 가지고 있다"라고 말했다.

자만심과 자기 확신이 너무 강해서 자기주장만 펼친다면, 결코 답을 찾지 못할 것이다. 반대로 자신감이 너무 부족해도 좋을 건 없다. 자기 의견을 제대로 펼치지도 못할 뿐 아니라 제대로 된 피드백을 얻기도 힘들 것이기 때문이다.

이제 스스로 자신에게 질문해보자.

나는 내가 안다고 생각하는 것을 정말 알고 있을까?

나는 모르는 것에 대해서 솔직한 편인가?

우리 인간은 이전보다 머릿속에 많은 정보를 담고 있지만, 모르는 것은 훨씬 많아졌다.

모른다는 것을 아는 것이 아는 거다

RK 형, 우리 운동 진짜 오래 했잖아?

10대 후반부터 지금까지 20년 가까이 운동 참 많이 했지. 농구도 많이 하고, 몸 키우고 싶어서 헬스도 많이 하고. JK

RK 이 정도 경력이면 나름 많이 알고 있고, 거의 전문가라고 생각이 들긴 해. 그런데 어떻게 보면 사실 아직도 나는 모르는 게 정말 많다고 느껴.

아는 게 더 많아질수록 모르는 것도 더 많아진다고 하잖아? JK

RK 나는 그동안 혼자서 인터넷을 보거나 책에서 배운 내용을 토대로 헬스를 했는데, 어느 순간 한계점을 느꼈거든. 운동은 꾸준히 열심히 하는데 몸은 내가 기대했던 만큼 더 이상 크질 않는 거야.

네 말처럼 한계점을 느낀 거구나. 성장의 정체기였나 보다. JK

RK
그런데 최근에 내가 다니는 헬스장의 트레이너와 함께 운동할 기회가 있어서 두 시간 동안 배우면서 운동을 했어.

전문 트레이너랑 같이 운동한 게 도움이 됐어?
JK

RK
도움이 확실히 되더라고. 전에 느껴보지 못했던 자극도 느껴봤고, 전에는 들지 못했던 무게도 들 수 있게 되니 몸도 더 좋아지는 게 느껴지더라.

잘 안다고 생각했는데 몰랐던 방법이 있었던 거네?
JK

RK
그렇지, 나는 내가 아는 것만 많이 알고 있었다고 생각했는데, 그럴수록 진짜 모르는 게 더 많았어.

그래서 요즘 네가 근육 자랑을 그렇게 하는구나?
JK

RK
그건 아니지 ㅎㅎ 내가 하고 싶은 말은 운동뿐 아니라, 삶의 많은 부분에 있어 배움이란 게 이런 것 같아. 많은 사람이 자기계발서는 전부 거기서 거기고 다 비슷해서 한두 권만 읽으면 다 안다고 생각하잖아? 그런데 비슷한 책이라도 책마다 새로운 배움은 있어.

JK 맞아. 이미 많이 아는 내용 같아도 그 안에 새로운 깨달음이 항상 있더라.

우리는 각자 자신의 지식수준을 객관적으로 평가해봐야 한다. 당신의 지식수준에 대해 단 한 번이라도 생각해보았나? 기존에 내가 갖고 있던 생각들에 대해서는 생각해보았나? 생각에 관한 생각, 배움에 관한 배움, 바로 '메타인지(Metacognition)'다.

무언가를 잘 배우는 사람과 못 배우는 사람의 가장 큰 차이는 메타인지에 있다. 내가 뭘 알고 있고, 뭘 모르고 있는지 알아야 어느 정도의 노력과 시간을 투자해야 하는지 알 수 있게 된다. 메타인지는 단순히 그것이 무엇인지 아는 것이 아니라 '어떻게'까지 배우는 것이다.

'자기는 이미 알고 있다고 생각하는 사람은 결코 배울 수 없다.'

무언가를 배움에 있어 거짓이 없어야 하고, 자신에게 솔직해야 한다. 무언가를 배우고 정말로 안다는 것은 설명하거나 예를 들 수 있어야 한다는 것이다. 메타인지 능력이 낮은 사람의 특징 중 하나가 벼락치기 공부를 하는 것이다.

어른이 되어서도 많은 사람은 우리가 어떠한 것을 이루기 위해 뭐가 필요한지 생각해봐야겠다는 생각조차 하지 않을 뿐 아니라 중요한 일을 앞두고 학창 시절 벼락치기 하는 습관을 그대로 유지하기 때문에 성장이 없다. 그래서 대부분 기계처럼 그냥 일만 한다.

자기 객관화가 되어야 나의 시작점을 알 수 있고, 그 시작점을 기준으로 앞으로 어떻게 해 나갈 것인지 생각해볼 수 있는 것이다. 스스로 자신을 지나치게 과대평가한다면 무모한 도전이 될 것이고, 결국 실패를 맞닥뜨리면 오히려 좌절하게 되기도 할 것이며, 반대로 나 자신을 과소평가한다면 두려움이 앞서 아무것도 시도해보지 못할 것이다.

더 나아가 자기 자신을 객관적으로 보지 못한다면, 상황을 민감하게 받아들이고 자신의 부족함을 남의 탓으로 돌리는 등, 피해의식만 커져 발전의 열망은 꺼져버린다. 내가 무언가를 이제 안다고 생각이 든다면 누군가에게 설명해보고 가르쳐 보는 것도 방법이다. 누군가에게 설명하면서 나의 배움이 더 정확해질 뿐 아니라 그때는 내가 확실히 안다고 말할 수 있을 것이다.

03
참된 앎이란 자신이 직접 체험한 것이다

어떤 주제에 대해 본인이 많이 안다는 생각이 들면 자신의 지식을 믿는 게 당연하다. 하지만 '자칭 전문가'라고 불리는 사람들도 자신이 실제로 알지 못하는 것을 안다고 공언하면서 과장할 가능성이 더 크다. 사람들은 여러 가지 이유로 사실을 왜곡하거나 과장한다. 자신이 판단 받고 있다고 생각할 때 더 똑똑해 보이려고 하기 때문이다.

그러나 때로는 과장하는 것이 고의가 아니다. 오히려 지식에 대한 정직한 과대평가다. 이는 메타인지 능력이 부족할 때 종종 나타나는 반응이다. 자신이 실제로 아는 것보다 더 많이 알고 있다고 믿는 사람들은 추가적인 배움을 추구하지 않을 수도 있고, 완전히 이해하지 못하는 주제에 대해 조언을 줄 수도 있다. 따라서 자칭 전문가의 조언을 받을 때 그들의 말을 맹신하는 건 금물이다.

제한된 지식을 넓히는 데 중요한 능력 중 하나는 메타인지 능력이다. 메타인지는 '넘어서'를 의미하는 그리스어와 '인지(認知)'가 만난 합성어로 '인지를 넘어선 인지'를 의미한다. 그러나 접두사 '메타(Meta)'의 현대적인 사용법으로 이제는 '생각에 관한 생각'으로 정의된다.

메타인지는 생각하는 방식을 반영하고, 비판적으로 분석하는 능력이다. 메타인지가 뛰어나다는 건 자기 생각을 이해하고, 인지하며, 반영하는 능력이 뛰어나다는 것이다. 우리의 생각을 성찰하는 이 기술은 종종 인간 정신의 특징으로 간주하며 중요한 생존 기술이다.

'메타인지는 우리가 우리의 한계를 식별하고 보완하는 방법이다.'

예를 들어 수학 시험을 앞둔 학생이 미처 준비하지 못했다면 저녁 시간을 할애해 수학 공부를 할 수 있다. 잊어버릴 것으로 의심되는 일을 상기시키도록 알람을 설정하거나 하루의 활동을 추적하기 위해 할 일 목록을 만들 때도 메타인지가 개입하여 비참한 결과를 예방한다.

메타인지가 약점만을 찾아내는 것은 아니다. 수영 초보자가 킥판을 더 이상 사용하지 않는다거나, 처음 두발자전거를 탈 때 보조 바퀴를 제거하는 것과 같이 자신의 강점을 평가할 때도 사용된다. 정확한 메타인지 능력이 있는 사람은 준비가 되는 즉시 다음 도전으로 넘어갈 수 있으며, 숙달을 위한 여정에서 시간을 낭비하지 않는다.

메타인지는 자신의 학습 행동을 계획하고, 모니터링하며, 평가(변경)할 때 관련된 프로세스를 설명한다. 궁극적으로 메타인지는 학습과 성공의 기초 역할을 한다. 그러나 메타인지 능력이 부족하면 학교나 직장에서 수행 능력이 저하될 수 있다. 잘못된 결정과 올바른 방향을 인식하는 능력이 떨어지기 때문이다.

메타인지의 3가지 단계

배움의 다음 단계로 레벨업 하기를 원한다면 메타인지가 반드시 수행되어야 한다.

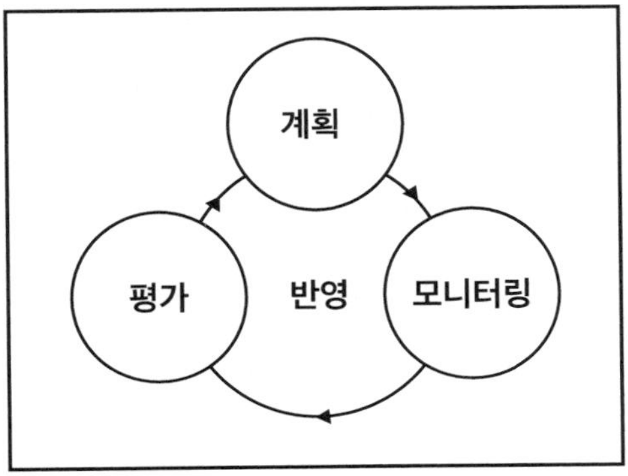

메타인지 단계

(1) 계획 단계(Planning)

계획 단계에서는 목표에 대해 생각하고 접근하는 방법과 사용할 전략을 고려한다. 이 단계에서는 스스로 다음과 같이 질문해볼 수 있다.

'나의 목표는 무엇인가?'

'어떤 전략을 사용할 것인가?'

'나에게 이 주제에 대한 사전 지식이 있는가?'

(2) 모니터링 단계(Monitoring)

모니터링 단계에서는 계획을 실행하고, 목표를 향한 진행 상황을 모니터링한다. 이 단계에서 효과가 없다 판단되면 사용 중인 전략을 변경할 수 있다. 과제를 수행하면서 스스로 다음과 같은 질문을 하면 도움이 될 것이다.

'내가 사용하는 전략이 정말 효과가 있는가?'

'다른 방법을 시도해야 하는가?'

'어떤 부분에서 문제가 생겼고, 어떻게 해결해야 하는가?'

(3) 평가 단계(Evaluation)

평가 단계에서는 자신이 사용한 전략이 목표를 달성하는 데 얼마나 성공적이었는지 평가한다. 평가를 촉진하기 위해 다음을 고려할 수 있다.

'원하는 목표를 얻었는가?'
'잘못된 점은 무엇인가?'
'다음에는 어떻게 다르게 할 수 있을까?'
'무엇이 잘되었을까?'
'이 전략을 사용할 수 있는 다른 유형의 문제는 어떤 것이 있을까?'

반영(Reflection)은 '계획-모니터링-평가' 프로세스의 중심적인 부분이다. 과정 전반에 걸쳐 스스로 질문하도록 격려하는 것은 이러한 성찰을 뒷받침할 것이다. 사람들이 전반적으로 메타인지가 부족한 이유는 이렇게 한 문장으로 설명할 수 있다.

'그저 시키는 것만 하는데
너무나 익숙해져 있고,
자발적으로 깊이 있는 생각을 하는
근육이 약하기 때문이다.'

나의 장단점은 무엇이며 어떻게 개선할 것인가?

JK: 결국에 성공하는 사람은 어떤 사람인 줄 알아?

RK: 어떤 사람인데?

JK

성공을 이룰 때까지 끈질기게 노력하는 사람들 이야.

노력만 한다고 다 성공하는 건 아니잖아. 열심히 일하지 않는 사람은 없어.

RK

JK

맞아. 근데 여기에 중요한 핵심이 하나 빠졌어.

그게 뭔데?

RK

JK

바로 '어떻게' 노력하냐의 차이인 거야.

노력을 어떻게 해야 하는데?

RK

JK

〈골목식당〉이란 방송 본 적 있지? 백종원 씨가 나와서 식당 살려주는 프로그램.

어, 본 적 있지. 재밌게 봤어.

RK

JK

시청자가 봤을 땐, 그 식당들이 장사가 왜 안되는지 다 보이지?

RK 어, 보이지. 위생 상태가 엉망이거나, 음식이 맛이 없거나, 재료관리가 제대로 안 된다거나, 서비스가 최악이거나, 사업 태도가 불량하거나. 공통적인 문제점들이 보이더라고.

바로 그거야. 시청자들은 다 보이는데 정작 자신들은 문제점을 발견하지 못하잖아? 아무리 열심히 해도 개선이 안 되고 사업도 점점 더 어려워지는 거야. JK

RK 한 마디로 '메타인지'가 부족하다는 거네?

맞아, 본인들의 현 상황에 대한 냉철한 평가가 부족해. 어떤 부분이 부족하고, 어떤 부분을 잘하고 있는지 봐야지! 그리고 단점은 보완하고 강점은 집중하는 게 제대로 된 결과물을 만들어내는 노력이야. JK

메타인지는 다양한 연령대와 주제에 걸쳐 유용하다. 메타인지 실습은 초등 수준 이상의 모든 학습자에게 유용하게 쓰인다. 메타인지를 사용하면 학습 영역 전반에 걸쳐 배움에 대한 성취도가 향상된다. 메타인지 기술은 학습한 내용을 한 주제에서 다른 주제로 또는 이전 작업에서 새로운 작업으로 이전하는 데 도움이 된다.

이런 메타인지 능력을 기르려면, 당신이 알고 있다고 생각하는 대부분도 틀릴 수 있다는 것을 먼저 받아들여야 한다.

'내가 이미 알고 있는 건 무엇일까?'
'가장 이해가 안 되는 부분은 무엇일까?'
'특정 주제에 관한 생각이 변했는가?'
'배움의 습관 중에 어떤 점이 효과적이고, 어떤 게 아닌가?'

이처럼 무엇을 배우는지 묻는 것보다 더 중요한 건 '어떻게 배우고 있나'를 묻는 것이다. 그리고 무엇을 해야 하나가 아닌 '어떻게 해야 하나'를 묻는다. 그렇다면 왜 메타인지가 필요하며 일상생활에서 어떻게 도움이 될까? 메타인지가 발달한 사람들을 생각해보자. 그들은 사고 과정을 평가하고, 새로운 상황에 적응하기 위해 사고방식을 재구성할 수 있다.

이것은 목표를 달성하는 데 도움이 될 뿐만 아니라 성격을 강화하여 변화에 더 유연하게 대처할 수 있다. 메타인지를 사용할 때 사람들은 자신에게 가장 적합한 상황과 프로세스와 방법을 이해하게 된다. 시행착오를 통해 그들은 자신에게 가장 적합한 기술이 무엇인지 스스로 이해하기 시작한다.

'메타인지를 높이는 가장 중요한 이유는 지식의 적용을 향상할 수 있기 때문이다.'

메타인지는 배움에 관한 1차원적인 맥락을 넘어 기술과 본연의 자질을 향상한다. 광범위한 연구에 따르면 메타인지 능력이 발달한 성인의 문제 해결 능력이 더 우수하다. 그들은 더 나은 의사 결정과 비판적 사고를 하는 사람들로 더 많은 배움을 얻을 수 있으며, 더 많은 동기를 자신에게 부여한다. 또한 감정을 조절할 가능성이 더 크다. 그들은 복잡한 감정을 해결하고 대처할 수 있다.

우리는 아무리 하찮은 것이라도 매일 무언가를 배운다. 우리의 삶은 배움과 '지식 수집'을 중심으로 이루어진다. 학교, 대학, 직장은 물론 일상에서 편하게 책을 읽으면서도 끊임없이 배운다. 연구에 따르면 사람들이 학습을 더 잘 통제할 수 있다고 느끼기에 메타인지는 사람들의 동기를 증가시킨다. 메타인지 전략을 배우는 사람들은 자기 생각을 더 잘 알고 있다. 그리고 그들은 더 깊이 배우는 능동적인 학습자일 가능성이 더 크다.

게다가 향상된 메타인지는 공식과 비공식 학습 모두에 도움이 될 수 있다. 처음 해보는 작업에 있어 업무능력도 향상할 수 있다. 메타인지를 통해 사람들은 학습을 주도할 수 있는데 그것은 그들이 어떻게 배우는지에 대한 인식을 포함하기 때문이다. 학습의 요구 사항을 평가하고 이러한 요구 사항을 충족하기 위한 전략을 생성한 다음 전략을 구현하는 데 도움이 된다. 학습자는 종종 메타인지 기술을 구축할 때 자신감이 증가한다.

과학은 분명하다. 메타인지를 개발하면 더 나은 학습자가 될 수 있다. 메타인지는 우리가 독립적인 학습자가 되도록 돕는다. 메타인지적 관행은 '읽고, 쓰고, 문제를 해결'할 때 자신의 진행 상황을 모니터링하고 학습을 통제하는 데 도움이 된다.

메타인지는 배움에 긍정적인 영향을 미치는데, 지적 능력의 영향 이상으로 학습에 이바지한다. 따라서 메타인지 전략을 사용하면 더 많은 것을 성취할 수 있다.

무거운 역기 들 때를 생각해 보자. 역기를 들어 올리기 전에, 즉 무엇을 들지 생각하기 전에 '어떻게 들지'를 생각한다. 역기를 들어 올리는 자세, 기술, 전략 등을 생각하고 나서 역기를 최대한 잘 들어 올릴 수 있을 때까지 반복하면 역기를 들어올리는 기술을 향상할 수 있다.

메타인지 향상은 어떻게 가능한가?

우리는 일상 속의 훈련을 통해 메타인지 능력을 향상할 수 있다. 예를 들어 영화를 볼 때도 단순히 '재미있다' 또는 '재미없다'만으로 끝내지 말고 어떤 점이 좋았고 안 좋았는지, 어떤 식으로 공감대 형성이 되었는지, 영화 속에 숨겨진 뜻은 없는지, 나의 해석은 어떠한지와 같은 질문을 연습한다. 이렇게 우리가 즐겨 보는 영화에도 메타인지적 접근을 하면 숨은 의미들도 찾을 수 있고, 재미도 두 배가 될 수 있다.

생각이 열리고 마음이 성장하는 데는 한계가 없다. 대부분 자신의 지식을 스스로가 한계 짓고 있다. 메타인지 훈련은 자신이 가두고 있던 잠재력을 깨워줄 것이다. 재능은 타고난 것이 아니다. 누구나 재능을 탓할 수 있지만 타고난 재능은 없다. 설령 있다 하더라도 그것을 어떻게 사용하느냐가 훨씬 더 중요하다.

우리 주변에는 천재적이라고 여겨지는 사람들이 무척 많다. 그들을 보고 타고난 재능이 있다고 생각하거나 나와는 전혀 다른 세계의 사람이고 불가능한 일을 해내는 사람으로 취급한다. 하지만 알고 보면 이런 천재적인 사람들도 대부분 지극히 평범한 IQ의 지적 수준을 갖고 있다.

그들이 다른 점은 메타인지를 통한 의도적인 훈련을 한다는 것이다. 본인의 역량에 대한 냉철한 평가가 가능한 것이고, 문제 해결에 대한 최적의 방법을 찾아내며, 개선이 필요한 부분에 적절하게 적용하는 것이다. 이런 과정을 더 자주 할 뿐이다.

'충분하다고 생각하는 순간
성장은 한계에 다다르고
곧 성장은 멈춘다.'

항상 더 할 수 있는 무언가가 있다. 우리가 경험할 수 있는 두뇌의 잠재력은 무한하다. 메타인지 훈련이 바로 이런 역할을 하는 것이다. 아직 발견하지 못한 영역과 내가 모르는지도 모르는 영역을 탐색할 수 있게 하는 것이다.

성공한 사람들의 명언에는 '노력'이라는 말이 자주 등장한다. 나는 운동선수 중에 코비 브라이언트(Kobe Bryant)를 좋아한다. 2천년대 초반에 미국 프로 농구를 좋아했다면 코비 브라이언트를 모르는 사람은 없을 것이다. 코비는 특별하게 남들보다 운동 신경이 뛰어나거나 키가 크거나 빠르지도 않았다. 하지만 그가 자부하는 건 성실함이었다. 그의 근면함은 '블랙맘바'인 그의 닉네임을 빌려 '맘바 멘탈리티(Mamba mentality)'라는 단어를 탄생시키기도 했다.

이렇게 말할 수 있을 것이다. 누구나 노력한다. 하지만 노력한다고 다 되는 것은 아니다. 이 말에 어느 정도 동의하지만, 동의하지 못하는 부분도 많다. 같은 노력이어도 다른 점이 분명히 있다. 이들의 노력에는 메타인지적인 접근이 있다.

먼저 뚜렷한 목표를 갖고 의식적인 연습을 한다. 그리고 완벽하지 않다는 것을 인정한 후 자신의 단점은 완화하고, 강점은 보강하는 노력이다. 이러면 노력도 효율적일 것이고 원하는 결과를 얻을 확률은 그만큼 더 높아질 것이다. 이런 노력과 시간만으로 완벽하게 만들 수는 없겠지만, 결국 완벽에 가까운 선수를 만들게 될 것이다.

메타인지는 나의 장단점을 잘 파악하게 하기에 의식적으로 연습하도록 유도한다. 예를 들어 다이어트를 할 때 누구나 노력은 한다. 그리고 성공도 많이 한다. 하지만 90%는 1년 안에 다시 살이 찌고, 그중 70%는 그다음 해에 더 살이 찐다고 한다. 그러나 결국 요요 현상 없이 '유지어터'가 되는 사람들은 바로 메타인지 능력을 기반으로 의식적인 연습을 하는 사람들이다.

또한, 메타인지는 원인을 파악하고 동기를 부여하게 한다. 그러나 대개의 사람은 느슨한 계획을 갖고 시작한다. 또 느슨한 전략으로 접근해서 얻은 결과물에 관대하게 평가내린다. 즉 뭘 잘했는지 잘못했는지도 모르고, 고칠 생각조차 없다는 의미이다. 물론 동기 부여를 얻고자 누구나 애를 쓴다. 그러나 성공을 위한 모든 요소를 가지고 있지만, 레시피를 구현하려는 추진력은 없는 것처럼 보일 때가 많다.

실패에 대한 두려움 때문이든 아니면 다른 요인 때문이든 말이다. 메타인지는 그 문제를 해결하거나 최소화하는 데 도움이 될 것이다. 자신을 객관적으로 바라보는 행위를 세분화하여 단계별로 질을 높여가면 메타인지를 높일 수 있다.

04
당신은 자기 자신과 친하다고 여기는가?

당신은 자신에 대해 얼마나 알고 있는가? 그리고 당신을 아는 것이 왜 중요할까? 그러나 만약 당신 자신이 누구인지 모른다면, 당신은 어디로 가고 싶은지도 모를 것이다. 자신을 모르면 인생이 버겁게 느껴진다. 의사 결정이 어렵고, 목표를 설정하여 달성하기가 어렵고, 원하는 것이 무엇인지 정말로 모르기 때문에 성취감을 느끼기도 어렵다.

자신을 아는 것은 인생의 방향을 지시하는 나침반과 같다. 만약 당신이 누구인지 완전히 이해하지 못한다면, 다른 사람들이 어떻게 당신을 알 수 있겠나? 당신의 성공과 행복은 다른 누군가가 아닌 바로 당신으로부터 시작된다는 것을 반드시 기억해야 한다.

오늘날, 대개의 사람은 다른 사람들을 평가하는 것에 너무 사로잡혀 있어서 정작 자신의 모습을 들여다보지 못한다. 우리는 사회가 우리에게 무엇을 하기를 원하는지는 듣지만, 우리의 진짜 모습은 잊는다. 자기 인식의 부족은 아마도 자기 성장의 가장 큰 적일 것이다.

누구나 자기 인생에서 자기 인식이 부족한 사람의 이름을 댈 수 있다고 확신한다. 자기 인식이 부족한 가장 끔찍한 예는 쉽게 발견할 수 있다. 변명을 자주 하고, 감정 통제가 안 되고, 실제 질문과는 무관한 대답을 하는 사람들을 말한다. 그리고 그 사람이 우리의 직장 동료나 가족, 친구가 될지도 모른다.

그러나 현실은 우리 대부분이 일상생활에서 자기 인식이 부족하다는 것이다. 연구에 따르면 95%의 사람들이 자신에 대해 알고 있다고 생각한다. 실제로 우리 중 10~15%만이 실제로 자신에 대해 잘 알고 있다고 한다. 다행히도 이것은 바꿀 수 있다. 자기 인식이 부족할 수 있음을 인정하면 삶의 기회를 찾기 시작할 수 있다. 그런 다음 원하는 성장을 달성하기 위해 변화하는 방법을 배울 수 있다.

'자신을 잘 알수록 다른 세계와의 관계는 더욱 좋아진다.'

자기 인식은 우리 삶을 변화시키는 데 영향을 미칠 수 있다. 이러한 변화는 일시적인 것이 아니라 지속되는 것이다. 자기 인식의 부족은 우리의 일, 행복, 관계, 정서적 웰빙에 방해가 된다.

긍정적인 삶의 방향으로 가고 있다고 느끼더라도, 자기 인식이 없으면 일반적으로 해로운 악순환에 빠지게 된다.

예를 들어 평생 나는 내성적이었다. 나는 나의 내면을 들여다보면서 '내가 왜 그런지' 알아내는 것을 좋아한다. 그러나 내성적인 면이 자기 인식과 같지 않다는 것을 깨닫는 데는 몇 년이 걸렸다. 나는 몇 년이 되어서야 나에 대해 더 인지하게 되었다.

자기 인식이 부족하면 자신의 감정을 다스리지 못하고, 그것이 일상에서 어떻게 비치는지 알아차리지 못한다. 우리는 자기 행동과 자기 생각의 패턴을 보지 못한다. 결과적으로 원하는 것과 선택을 일치시키는 방법을 모르기 때문에 부정적인 감정을 더 많이 경험하는 경향이 있는 것이다.

더 많은 자기 인식이 있기 전에 삶에서 자기 인식이 부족한 부분을 알아야 한다. 우리는 인간이기 때문에 자신에 대해서 더 잘 아는 것은 공짜로 얻을 수 있는 간단한 일이 아니다. 우리가 누구인지 알기 위해서는 노력, 성찰 등 많은 자기 인식이 필요하다.

자신을 아는 것이
지혜의 시작이다

RK 형, 어제 달린 댓글 봤어?

어떤 댓글? 그거 '개소리'라고 쓴 거? JK

RK 아니 그거 말고. 성룡이 중국인 최초로 아카데미 공로상을 받을 때 소감 발표하는 영상 있잖아.

아, 그거 알지. 댓글 봤어. 말을 잃게 만드는 그 댓글. JK

RK RK: 성룡이 50년 넘게 뼈가 부러지면서까지 영화를 찍으며 이뤄낸 성취에 대해 소감을 전하는데, 어떤 사람은 그걸 보고 그가 공산당이니 뭐니 하면서 잔뜩 화가나 맥락과 상관없이 화를 표출하는 게 좀 웃겼어.

그러게. 그 사람은 뭐가 그렇게 화가 났을까? JK

RK 이렇게 상황에 맞지 않게 화가 난 감정을 표출하는 데는 뭔가 이유가 있을 법하기도 해. 자신도 모르는 상처나 트라우마가 있는 건가?

만약 자신에 대해 더 잘 알고, 자기 안의 상처가 있다는 걸 인지 했다면 그렇게 부정적인 해석을 했을까? JK

RK 자신에 대한 객관적인 평가가 가능했다면 좀 더 겸손한 입장에서 해석했을 거야.

JK 나의 상황에 대한 정확한 인지가 가능하면 절대로 남의 성취를 깎아내리지 못해. 오히려 나를 더 초라하게 만들거든.

맞아. 흔히 말하는 키보드 워리어가 되는 셈이지. RK

자신에 대해 잘 모른다는 6가지 신호

첫째, 상황에 맞지 않는 감정적인 반응을 보인다.

실제 상황보다 더 강한 감정적 반응을 느껴본 적이 있는가? 새로운 소식에 충격에 빠졌거나 친구가 한 일에 분노했거나 별 뜻 없이 한 말에 민감하게 반응한 적은 없는가? 상황과 맞지 않는 감정적인 반응은 자기 인식이 부족하다는 신호일 가능성이 크다.

당신의 이러한 극단적인 감정은 현재의 사건보다 무의식에 훨씬 더 깊이 뿌리박혀 있는 무언가에 의해 촉발되었을 것이다. 어린 시절 받았던 트라우마가 될 수도 있고, 직장에서 안 좋은 일이 있었을 수도 있고, 지난 연인과의 이별에서 받은 깊은 상처일 수도 있다.

둘째, 갈 길을 잃은 느낌에 내가 무엇을 원하는지 모른다.

당신의 가치, 당신의 삶과 철학, 당신의 욕망과 그 욕망의 뿌리, 당신의 니즈, 당신의 두려움 등처럼 당신에게 중요한 것이 무엇인지, 그리고 당신이 원하는 것을 어떻게 알 수 있을까? 길을 잃고 불만족스러워서 그다음 무엇을 해야 할지 모르겠다면 당신은 아마도 지금 자신에 대해 잘 모르는 것이다.

셋째, 피드백에 기분 나빠한다.

피드백에 거부 반응을 보이는 것은 자연스러운 현상이다. 자존심 상한다는 느낌을 받고 싶어 하는 사람은 아무도 없기 때문이다. 우리는 확증 편향(Confirmation Bias)에 귀를 기울이고, 우리와 반대되는 정보를 받아들이는 데 어려움을 겪는다. 그러나 그 이면에는 자의식 부족을 유발하는 취약성에 대한 두려움이 있다. 자신의 취약성을 드러내고, 자신이 틀릴 수도 있다는 용기를 가져야만 성장할 수 있다.

넷째, 왜 그 일을 하고 있는지 모른다.

어느 순간, '도대체 내가 왜 이걸 하고 있지?' 자신에게 질문을 던진 적이 있는가? 나는 겪은 적이 있다. 학교 다닐 때도 그랬고, 직장 생활을 하면서도 마찬가지다. 별다른 생각 없이 대학을 진학하고, 하루살이처럼 바쁘게 매일 직장에서 일하면서 그런 생각을 자주 했다. 문제는 그 두 장소, 공간에서 오는 것이 아닐 것이다. 그저 나에 대해 몰랐을 뿐이다. 나와 진정으로 친하다고 말할 수 있다면, 내가 무엇을 원하고 왜 그 일을 하는지 대답할 수 있을 것이다.

다섯째, 부정적인 감정을 반복한다.

부정적인 감정 패턴은 사람마다 다르다. 어떤 사람은 불안과 공황 상태에 빠질 수 있고, 어떤 사람은 매우 외롭거나 우울해질 수 있다. 또 어떤 사람은 관계 갈등에 대해 극도로 긴장하고 비판적인 경향이 있다. 이러한 패턴이 반복되는 이유도 자신을 제대로 인식하지 못해서 생기는 일이다. 자기 인식이 높을수록 부정적인 감정 패턴에 있다는 것을 알게 된다. 그리고 이러한 패턴의 원인과 이것을 방지하기 위해 변경해야 할 사항을 인식하게 된다.

여섯째, 일상에서 자주 후회하는 결정을 한다.

우리는 실수를 통해 배운다. 충동적으로 어떤 물건을 사고 3일 뒤에 후회한다면 그게 최고의 선택이 아니었음을 알게 된다. 어쩌면 그것이 내가 해야 할 일이 아니라는 것을 깨닫기 전에 비슷한 패턴을 여러 번 계속해서 반복한다. 하지만 계속 같은 결정과 후회의 사이클을 반복한다면, 분명히 자신에 대해 어떤 교훈도 배우고 있지 않은 것이다.

이러한 행동과 후회의 악순환은 다양한 방식으로 나타날 수 있다. 예를 들어 건강에 해로운 선택을 하거나 예민한 반응을 보이거나 변화하려는 시도의 실패를 할 때 등의 방식으로 말이다.

'그것이 무엇이든
자기 인식의 개선을 통해
이러한 악순환을 멈출 수 있다.'

그렇다면 자기 인식이 중요한 이유는 뭘까? 인간은 통제를 갈망한다. 통제와 확신이 미지의 것보다 더 안전하다고 느끼기 때문에 통제에 대한 갈망은 우리의 DNA에 뿌리를 두고 있다. 안타깝게도, 이러한 통제 욕구는 실제보다 더 많은 통제력을 갖고 있다고 착각하게 하기에 자기 인식은 더욱더 부족하기만 하다.

자기 인식을 개선하면 일상적인 좌절감을 넘어 삶을 변화시키는 효과가 나타날 수 있다. 자기 인식을 통해 자신이 인생에서 무엇을 통제하는지 알 수 있기 때문이다. 통제할 수 있는 부분이 무엇인지 인정해야 그 부분을 바꿀 수 있다. 그리고 통제하지 못하는 것들은 그냥 내버려 두는 게 편하다.

많은 사람은 자신이 통제할 수 없는 부분을 쉽게 받아들이지 못한다. 그러나 자신이 취약하다는 것을 받아들이면 감정은 물론 주변 반응과 같은 것들을 자유롭게 내려놓을 수 있다. 결국, 자신의 이야기를 쓸 수 있게 되는 것이다.

05
세계적으로 명상 붐이 일어나는 이유는 무엇인가?

최근 몇 년 동안 우리 일상에서 '명상'이란 말을 쉽게 접하면서 대중들에게도 친숙해졌다. 수천 년 전 동양의 종교의식 행위로 시작된 명상이 서양으로 전파되어 의료용 목적 외에 대중적으로 주목받게 된 것은 구글, 페이스북, 아마존 등 세계적 IT 기업들이 명상 프로그램을 도입해 활용하면서부터다.

물론 이전의 명상은 일부 종교의 의식 행위와 연관되어 비쳤으나 지금은 그와 상관없이 누구나 다양한 방법으로, 또 장소에 구애받지 않고 할 수 있는 행위라 인식되고 있다.

나를 찾아주는 삶의 기술, 명상

JK: 너는 아침마다 명상한다고 했잖아?

RK: 매일 짧은 시간이라도 명상을 해. 짧게는 10분이라도.

JK 명상은 왜 하는 거야? 명상하면서 많이 달라졌어?

RK 사실 명상을 시작한 지 1년 정도 됐는데, 머릿속에 소음이 가득해서 좀 벗어나고 싶었어.

JK 계속 새로운 걸 마음속에 채우려고 하다 보니까 넘쳐흘러 버려서 그게 스트레스가 되었나 보네.

RK 정확히 맞아. 말 그대로 과부하가 걸렸던 것 같아. 그게 좀 심한 스트레스가 되었던 거고. 그래서 의사 결정에도 어려움이 생기고, 제한된 관점에서 세상을 바라보게 되더라고. 형도 명상하잖아. 형은 왜 하는 거야?

JK 명상을 하면 일단 기분이 좋아져. 상쾌해진다고 해야 할까? 어지럽혀진 방을 청소하는 느낌이야. 그리고 정리된 상태로 하루를 맞이하면 해야 할 일이 뭔지 정리가 되고, 동시에 생산성과 집중력도 높아지는 느낌이야.

RK 요즘 사람들은 육체적으로도 피곤해하지만, 정신적으로도 많이 지쳐있는 거 같아.

JK 아침에 휴대폰을 들여다보고 외부의 정보들에 허덕이며 스트레스로 하루를 시작하지. 이건 마치 아침에 일어나자마자 우리 집에 초대하지 않은 손님들이 들이닥치는 것과도 비슷하다고 생각하면 돼. 정신적인 피로에 절어서 하루를 시작하는 셈이지.

그래서 마음 챙김, 명상이 필요한가 봐. 뭔가를 새롭게 채우기 위해서는 반드시 비워내야 하니까. RK

흔히 마음 챙김(Mindfulness)이라고도 불리는 명상은 내면에 있는 것을 비워내는 과정이라고도 할 수 있다. 또한 평소의 내가 관심 두고 생각하는 초점의 방향을 외부에서 가져와 내부에 맞추면서 '진짜 나'의 내면의 모습과 만나는 행위이기도 하다.

그런데 명상은 왜 최근 들어서 더 큰 관심을 받게 된 것일까? 나는 이것을 '인간 생존 본능'의 관점에서 생각해보았다. 오늘날 우리는 엄청나게 빠르고 발전한 시대를 살아가면서 넘치는 정보와 필요 이상으로 많은 선택지로 인해 정신없는 일상과 버거운 마음으로 육체적으로는 물론 정신적으로도 굉장히 피곤한 일상을 보내고 있다.

특히 직장인이라면 더욱 공감할 수 있을 것이다.

우리는 일어나자마자 전자기기를 들여다보고, 각종 알림과 뉴스, 이메일을 확인한다. 마치 나는 가만히 있는데, 수백 명의 사람이 내 문을 두드리며 우리 집 안으로 들어오려 하는 것과 같다. 그러고 나서 출근 준비를 하며 회사에 가는데 꽉 막힌 도로를 마주한다. 사람으로 미어터지는 지옥철… 간신히 회사에 도착해서 오전 회의를 하는데, 수없이 다른 의견들과 생각이 오간다. 여느 때와 마찬가지로 아이디어는 정말 많지만, 새로운 프로젝트를 주도적으로 책임지려는 사람은 없어 보인다.
회의가 끝나고 보니 어느새 점심시간. 식사 후 자리로 돌아오니 또다시 이메일은 쌓여있고, 해결해야 할 문제는 산더미다. 오늘 끝내지 못한 업무는 내일로 미루기도 하고, 업무가 너무 밀린 날에는 야근한다. 지친 몸을 이끌고 퇴근길에 올랐는데 또다시 꽉 막힌 도로… 또다시 미어터지는 지옥철…. 멘탈이 탈탈 털린 듯 정신없이 월요일부터 금요일을 보냈는데, 주말은 또 왜 이렇게 빨리 가는지. 나는 진정 작은 통속에 갇힌 다람쥐인가. 쳇바퀴 도는 인생 그 자체인 것 같다. 이렇게 그냥 늙어 죽겠구나 싶다.

하루 동안 내 머릿속에 들어오는 각종 소음 때문에 우리는 숨이 턱 막히고 뇌 정지가 온다. 이토록 숨 막히는 일상을 살면서 우리는 정신적 과부하가 걸리고, 결국 생존하기 위해서 반드시 이것을 비워내야 할 순간이 오는 것이다. 바로 이때 명상은 내 안에 있는 것들을 비워내고, 나의 내면을 돌아볼 수 있는 기회를 제공한다.

머릿속 정신없이 펼쳐져 있는 수많은 불필요한 파일들을 생각의 휴지통에 비워내기 위해 명상을 찾는 것이다. 스트레스는 만병의 근원이라 하지 않았는가. 이제는 생존을 위한 명상이 일상에서 필수가 되어 가고 있다.

인도의 대표적인 경전인 《바가바드 기타》에 이런 말이 나온다.

'마음은 정복한 사람에게는 최고의 벗이지만, 정복하지 못한 사람에게는 최악의 적이다.'

나는 이 말에 크게 동의한다. 다른 두 사람에게 똑같은 문제가 생기더라도 한 사람은 그것을 발전의 기회로 삼아 더 성장하는 모습을 보일 테지만, 또 다른 사람은 본인에게만 항상 문제가 생기는 거라고 남의 탓이나 환경을 탓하며 정신적 스트레스를 받아 건강이 계속 나빠질 수 있는 것과 같다.

'진짜 내 마음을 들여다보는 습관을 길러라.'

마음을 다스릴 줄 알면 스트레스를 피할 수 있고, 일상 속 시간을 더 효율적으로 사용할 수 있게 되며, 더 올바른 작은 선택들을 내리게 되어 결국 더 나은 결과와 미래를 만들어 낼 수 있다. 그리고 무엇보다 중요한 것은 스트레스를 유발하고 나의 감정을 지치게 하는 것들을 피하고자 멀리해야 한다고 생각하지만, 그것들을 인지하면서 나를 소비하지 않게 하는 것이다.

이것이 바로 명상을 통해 얻을 수 있는 이점이고, 이 과정을 통해 행복을 찾을 수 있다. 명상을 한다는 것 자체가 누군가에겐 사치스러운 시간이라 인식될 수 있다. 하지만 명상이 굳이 복잡할 필요는 없다. 평평한 바닥에 자리를 잡고 앉아서 눈을 감고 향초를 피우며 하는 명상도 있지만, 그것은 하나의 방법일 뿐이다.

명상에는 많은 종류가 있다. 가볍게 산책하면서 명상할 수도 있고, 바쁜 일과 중에 잠깐의 시간을 내어 복도에 나가 1~2분간 눈을 감고 천천히 호흡하며 마음을 비우는 것도 좋은 명상 방법이다. 명상을 처음 접하는 사람이라면 유튜브나 넷플릭스의 '헤드 스페이스'와 같은 채널의 짧은 영상을 통해 명상이 무엇인지를 알아보고, 명상의 장점과 여러 가지 방법에 대해 먼저 가벼운 마음으로 접해보는 것이 좋다.

우스갯소리지만, 명상을 대장 내시경에 빗대어 생각해 볼 수도 있다. 비워내야만 알 수 있기 때문이다. 우리가 볼 수 없는 신체 내부에 있는 질병을 찾아내고 문제의 원인을 밝히기 위해선 내시경을 해야 하는데, 제대로 된 검사를 진행하기 위해선 장 속을 깨끗이 비워내는 것이 필수다.

'채우기 위해서는 반드시 비워내야 한다.'

마찬가지로 우리가 내면의 자신을 만나고, 자아를 알아가기 위해서는 원숭이처럼 날뛰며 돌아다니는 마음을 바로잡고 비워내야만 한다. 중요하지 않은 수많은 생각과 고민으로 가득한 머릿속은 물이 가득 차 넘쳐흐르고 있는 컵과 같다. 컵 안에 물이 가득 차 넘치면 다른 어떠한 생각들도 담지 못한다.

우리는 컵을 과감히 뒤집어 가득 찬 물을 따라버림으로써 컵 안을 새로운 것들로 다시 채워 넣을 수 있다. 어떤 것들을 채울지는 우리의 자유이고, 우리는 매 순간 결정할 수 있다. 지금 당장 시작해 보자.

06
우리에게 진정한 경쟁은 무엇인가?

명상을 통해 내면을 비워냈다면, 이제는 새로운 경쟁을 시작해야만 한다. 설명하기에 앞서 '경쟁'이란 단어에 대해 다시 묻고 싶다. 당신은 경쟁을 어떻게 생각하는가? 경쟁이란 단어를 들으면 뭔가 거슬리지 않는가? 경쟁이란 단어가 거슬리는 이유는 앞서 내가 말했듯, 우리가 지금 '성공'이란 단어에서 '경쟁'이란 키워드를 잘못 추출하고 있기 때문이다.

가수 장기하 씨의 노랫말처럼 십만 원이 있는 사람은 백만 원이 있는 사람을 부러워하겠지만, 백만 원이 있는 사람은 천만 원이 있는 사람을 부러워할 수 있다. 즉 남들과의 비교를 통해 얻는 성취감과 만족은 언젠가는 사람을 무너지게 만든다. 소셜 미디어의 폐해가 이런 게 아닐까 싶다.

내가 갖지 못한 것을 부러워하게 만들고, 내가 가진 것을 과시하게 만든다. 그리고 이미 성공을 이룬 사람들과 아직 시작도 하지 못한 나를 비교하면서 공평하지 못한 출발선을 환경 탓, 남의 탓으로 돌린다. 그렇다. 이제는 경쟁에 대한 새로운 정의를 내려야 할 때이다. 결론부터 말하자면 진정한 경쟁이란 어제의 나를 이겨내는 과정이다.

당신의 최고의 경쟁 상대는 누구인가?

RK 형은 살면서 보통 언제 행복감을 느껴?

JK 맛있는 거 먹을 때? ㅎㅎ

RK 맛있는 거 먹으면 행복하지. 그런데 먹을 때 말고, 진짜로 형이 만족감을 느끼며 행복하다고 생각할 때가 언제인지 궁금해.

JK 무언가 내가 써먹을 수 있는 기술이나 지식이 생겼을 때 자신감도 더 생기지만, 그런 데서 만족감도 오는 거 같아.

RK 어제보다 발전한 내가 되었다는 느낌 같은 거네?

맞아. 게임을 하더라도 발전이 없으면 재미가 없잖아. 새로운 아이템을 장착하고 캐릭터를 업그레이드시키면 캐릭터가 더 강해지고, 그런 재미로 게임을 하는 거잖아. 인생에 대한 만족감도 똑같다고 봐. JK

RK 나도 그런 거 같아. 내가 무언가를 더 잘하고 싶고 원하면 할 수 있는 방법을 찾잖아? 나 자신과 경쟁해서 이기고 싶은 거지.

나보다 강한 캐릭터를 가진 사람은 얼마든지 있어. 그런데 나는 게임을 하면서 나만의 미션을 깨는 게 재미있는 거지. 다른 사람과 경쟁하면서 게임 하는 것은 재미가 없어. JK

RK 맞아. 남들과의 비교와 경쟁은 무의미하지.

모든 사람은 시작점이 다르고, 가진 패도 달라서 공평한 경쟁은 불가능해. 하지만 나의 장단점을 가장 잘 알고 있는 사람은 바로 나 자신이니까 가장 공평한 경쟁은 나 자신과의 경쟁이야. JK

타인과의 경쟁은 공평하지 않은 제로섬 게임이다. 누군가가 이기면 반드시 다른 사람은 지게 되어 있다. 상대방을 이겨야만 하는 경쟁은 승자에게는 돈과 권력이나 명예 등 외적 보상을 제공하지만, 이기지 못한 사람에게는 패배감을 느끼게 하고 자기비판을 안겨준다.

외적 보상을 위한 타인과의 경쟁에서는 행복이 모두의 것이 될 수 없고, 경쟁 그 자체로 누군가에게 불행을 발생시키며, 예상하지 못한 갈등을 일으키기도 한다. 반면 개인의 내적 성장과 발전은 진정한 만족감을 느끼게 하고, 이러한 만족감은 맞춤형 행복으로 이어진다.

현재의 초고속 사회는 우리에게 남들보다 더 빠르게 뛰고, 더 열심히 일하면 된다고 말한다. 그렇게 하면 우리는 최고가 될 수 있다고 하는 것이다. 그러나 우리는 사회가 정해놓은 이런 기준에서 '남들보다'라는 것을 배제해야 한다.

'가장 힘겨운 경쟁 상대는 바로 자기 자신이다.'

자신과의 경쟁은 더 많은 용기와 통찰이 필요하지만, 내가 가고자 하는 길을 선택할 수 있다는 이점이 있다. 나 혼자 뛰는 경주에서 스스로 속도를 조절할 수 있고, 새로운 전략을 시도해 볼 수 있다. 외부 환경이 만든 경쟁 우위에서의 경쟁자는 모방의 대상일 뿐이며, 성공의 가치는 외부와의 경쟁에서 나오는 것이 절대 아니다.

모든 사람이 다른 배경과 시작점을 가지고 있다는 사실은 부정할 수 없다. 따라서 당신이 극복하고 경쟁해야 할 진짜 대상은 바로 당신이다. 어제의 나와 경쟁하는 것, 이전의 내 모습보다 조금이라도 발전하려는 노력이야말로 공평한 경쟁이다. 내가 어떤 사람인지, 나의 장단점은 무엇인지, 내가 무엇을 잘 할 수 있고, 어떤 것에 관심이 있는지, 이 모든 것을 가장 잘 아는 사람은 바로 나 자신이기 때문이다.

예를 들어 수영을 좋아하는 사람이 있다고 하자. 나 자신과 경쟁한다는 것은 내 이전 기록을 조금이라도 앞당겨보는 것이다. 수영하기 전 이미지 컨트롤을 하고, 기록을 앞당길 수 있는 여러 방법을 찾아본다. 위대한 선수의 연습 루틴(Routine)도 연구하고, 그들의 조언도 영상으로 검색해 본다. 옆 레인의 다른 사람이 얼마나 빨리 가고 있는지, 느리게 가고 있는지는 중요하지 않다. 나에게 가장 의미 있는 목표를 위해 도전적인 행동을 했을 때 내면에서부터 변화가 일어난다.

나의 수영 실력 향상을 위해 공부하고, 준비하며, 연습하는 그 과정 자체에 만족감과 행복을 느끼는 것이다. 나 자신과의 경쟁의 가장 큰 장점은 '성공'에 대한 정의를 다른 누군가가 아닌, 내가 내릴 수 있다는 점이다.

자신과의 경쟁이 나를 발전하게 한다

남들과의 경쟁이 아닌 자신과의 경쟁을 통한 발전에는 다음과 같은 5가지 장점이 있다.

첫째, 타인의 노력에 대한 가치를 이해한다.

건강한 경쟁은 다른 사람의 노력을 이해하고 인정하게 한다. 성공한 사람들의 노력 과정을 이해하는 순간 나도 할 수 있다는 동기부여를 얻고, 내가 가고자 하는 길에 대한 방법과 통찰을 얻을 수 있다.

둘째, 새로운 것을 배울 수 있다.

경쟁에 집착하면 승리하는 것을 넘어선 아무것도 배울 수 없다. 그러나 어제의 나를 이기려는 노력은 매일 성장을 가능하게 한다.

셋째, 여정 자체에서 배운다.

축구를 예로 들어보자. 사람들은 흔히 여러 차례 우승하고 트로피가 많은 선수에게 주목하지만, 수년간 프로리그에서 뛰며 정상급 축구를 경험한 선수(사회가 정의하는 '평범한 선수')도 축구라는 스포츠에 대해 깊은 지식과 경험을 지니고 있다.

넷째, 소유하지 못한 것에 대한 원망이 없다.

남 탓과 환경 탓을 하지 않는다. 나에게 없는 무언가를 가지고 있는 상대방을 보며 좌절감을 느끼지 않는다. 일상에 만족감을 얻을 수 있다.

다섯째, 주도적인 삶을 살 수 있다.

내가 원하는 길을 향한 목표를 정할 수 있고, 원하는 대로 주도적인 삶을 살 수 있다.

***

우리는 내적 성장을 이뤄야 비로소 마음에 희망을 품을 수 있다. 이제는 시선을 바깥(외부 환경)이 아닌 안쪽(나 자신)으로 돌려야 할 때이다.

07
당신이 정말 하고 싶은 것과 원하는 삶은 무엇인가?

많은 사람이 스스로에게 질문을 던진다. '나는 내 인생에서 무엇을 원하는가? 또 무엇을 할 것인가? 만약 삶의 의미가 없다고 느낀다면 무엇을 해야 할까?' 그런데 이 질문에 명확하게 답하기는 어렵다. 자신에게 어떤 답을 해줘야 할지를 모르기 때문이다. 또한 어디서부터 어떻게 시작해야 할지 모르는 미래에 대한 불안감은 더욱 가중된다.

지금의 불안은 현재의 것이 아니다. 미래가 보이지 않기에 미래에 대한 불안일 것이다. 우리는 인생에서 무엇을 원하는지 알고 싶어 한다. 그렇다면 정말 중요한 것은 무엇일까? 또 어떻게 알아낼 수 있을까? 자신이 원하는 것이 무엇인지 아는 것은 더 나은 미래를 만드는 첫 번째이자 가장 중요한 단계이다. 그러나 선택의 폭이 너무 넓은 이 세상에서 자신이 원하는 것을 결정하기란 쉽지 않다.

인생에서 원하는 것을 의도적으로 파악하지 않으면 그저 하루하루 버티기만 하면서 흘러가게 된다. 갈 길을 잃고 눈앞에 있는 일에만 몰두하며 좌절과 환멸을 느끼게 되기도 한다. 또한 원하는 것이 무엇인지 모를 경우, 하는 일이 지루해지거나 왠지 모를 답답함만 느끼게 되는 경우가 많다. 그리고 시간이 지남에 따라 스트레스와 우울증, 불안이 증가하고 더 이상 내 인생의 주체가 내가 아니며, 내 삶이 통제가 안 되는 것처럼 느낄 수 있다.

어떠한 결정을 내리고 행동에 옮긴 후에 그게 잘못된 결정이라고 깨닫는 순간이 올 수도 있고, 애초에 잘못된 행동이라 믿고 행동조차 하지 않을 수도 있다. 그런 이유에서 자신의 니즈와 가치, 목표를 반영하는 삶을 살 수 있도록 자신이 진정으로 원하는 것을 파악하는 것이 중요하다. 그것이 결국 당신에게 목적을 주고, 당신의 인생의 경로에 영향을 줄 수 있으며, 당신의 삶을 풍요롭고 가치 있게 만들어 준다.

'내가 원하는 삶은 무엇인가?'

자신이 원하는 것을 알아내는 쉬운 방법이나 지름길은 없다. 많은 사람은 별다른 우여곡절 없이 인생을 순탄하게 항해하였음에도 자기 삶이 더 의미 있을 수 있다는 것을 뒤늦게 깨닫는다. 당신이 놓친 모든 가능성과 기회를 찾느라 헤매는 것보다 더 고통스러운 것은 없다. 생을 다하는 마지막 날, 당신이 쇠약해진 몸으로 침대 위에 누워있을 때 많은 유령이 찾아올 수 있다. 그 유령들의 존재는 당신의 가능성이다.

그들은 당신에게 이렇게 말한다.

"당신은 우리에게 삶을 불어넣을 수 있었다. 우리가 당신의 현실 속에 살 수 있었는데 당신은 두려움 때문에 평생 우리를 모른 척했다. 그래서 이제는 이 죽음의 여정을 함께 해야만 한다."

올바른 질문을 하면 항상 답이 드러난다

자신이 원하는 삶을 찾는 것에 대해 인생에는 그 어떠한 지침서도 없다. 그러니 '어떻게 하면 온전하게 살 것인가?'와 같은 질문에 대한 답을 스스로 찾기 위해 노력해야 한다. 스티브 잡스(Steve Jobs)의 말처럼 미래를 내다보면서 인생의 중요한 점들을 연결할 수는 없지만, 과거를 되돌아보면 그 점들을 분명 연결할 수 있다. 우리는 그 점들이 미래에 어떻게든 연결될 것이라고 믿어야 한다.

나중에 결국 연결될 점들이니 그저 믿으라고 말하는 것은 그다지 도움이 되지 않을 것이다. 하지만 스스로 자신에게 질문하는 것은 도움이 된다.

다음 질문에 답해보자.

▶ 지금 당신은 어디에 있는가?

▶ 지금의 당신을 있게 한 것은 무엇인가?

2가지 질문을 통해 우리는 3가지를 얻을 수 있다.

첫째, 나의 관심사와 관심 있는 이유(나의 목적, 나의 이야기)

둘째, 내가 잘하는 것과 더 알아봐야 할 것(나의 기술)

셋째, 내가 좋아하는 것(관심 분야)

다음에 열거한 내용들에 따라 당신의 과거의 점들을 연결해보자.

당신을 현재의 위치에 있게 한 성취, 관계, 사람, 직업, 경험을 되돌아본다. 학창 시절 기억나는 수업을 떠올려 본다. 어떤 부분을 잘했고, 어떤 부분은 부족했나?

방과 후 활동은 어떤 것을 했고, 특히 더 많이 좋아했던 활동이 있었나? 아르바이트나 일 경험은 있나? 어떤 부분이 좋았고, 어떤 부분이 싫었나?

당신의 인생에서 오늘날의 당신을 있게 한 어떤 중요한 사건이 있었나? 어린 시절의 장래 희망은 무엇이었나? 시간 가는 줄 모르고 즐겁게 했던 것이 있나?

위의 모든 사항을 고려하여 질문에 답하면서 과거의 점들을 연결해 본다. 과거의 나를 돌아보면 나의 성향을 파악하는 데 도움 될 수 있다. 인생의 다음 단계가 무엇인지 알 수 있는 패턴, 분야, 단서 등이 떠오르면 반드시 기록해 둔다.

'과거의 나'를 찾아내고
'오늘의 나'를 깨닫는 질문들

나는 어린 시절부터 성인이 된 지금까지 여기저기 이사를 많이 다녔다. 한국뿐 아니라 미국에서도 살았고, 호주에서도 살았다. 사실 한국에서도 서울과 지방을 왔다 갔다 하면서 많은 이동을 했다. 어떤 사람은 오래 정착하지 못하는 나의 삶의 패턴이 불편하다고 생각할 수도 있지만, 난 전혀 그렇지 않았다.

초등학생 때 장래 희망도 '모험가'라고 적어놨을 정도로 나는 이런 삶이 잘 맞다. '모험가다운 기질'이 나에게 분명히 있다고 믿고 있으며, 여전히 새로운 장소에 가는 게 설레고 늘 즐겁다. 그래서 지금도 나의 모든 사업은 온라인으로 하면서 디지털 노마드(Digital Nomade) 같은 삶을 살 수 있게 되었다.

먼저 자기 자신에게 질문해보자.

▶ 내가 계속해서 하고 싶은 일은 무엇인가?

▶ 다르게 하고 싶은 건 무엇인가?

▶ 배우고 싶은 건 무엇인가?

- ▶ 혹은 완전히 새로운 관심을 두고 있는 분야가 있는가?
- ▶ 내가 하고 싶은 일을 계속하기 위해 해야 할 것은 무엇이 있는가?

시간을 내어 지금까지의 일을 되돌아보고, 자신의 강점과 약점에 대한 건전한 자기 인식을 개발한다. 과거의 경험을 토대로 미래에 대해 사려 깊은 선택을 한다.

JK 넌 초등학교 때 네 장래 희망이 기억나?

RK 딱히 깊이 생각하지는 않았는데 막연히 의사가 되고 싶었던 거 같아. 형은?

JK 어린 시절 장래 희망에 큰 의미를 두지는 않지만, 신기한 게 뭔지 알아?

RK 뭐가 신기한데?

JK 내가 갖고 있던 '작은 생각의 점'들이 계속 이어졌다는 거야. 그때 내 꿈은 막연하다고만 생각했었는데, 그게 어른이 될 때까지 무의식 속에 깊이 남은 것 같아.

RK 그래서 형의 꿈은 뭐였는데?

나는 초등학교 6년 내내 장래 희망란에 '모험가'라고 썼어. 솔직히 모험가가 정확히 뭘 하는 직업인지는 몰랐지만, 〈인디애나 존스〉 영화를 보니 멋있더라. JK

RK 그런데 왜 모험가가 되지 않았어?

난 모험가가 되지 않았지만, 모험가처럼 살 수 있는 환경을 만들어 놨어. JK

RK 그렇네. 형은 지금 온라인으로 사업하면서 돈을 벌고 있고, 시간과 공간에 제약 없이 일하니까. 어떻게 보면 자유롭게 모험할 수 있는 '모험가 같은 삶'을 살고 있네.

여행도 모험이라고 볼 수 있지. 그런데 내가 하는 사업과 새로운 시도들도 전부 모험이잖아. 너도 어린 시절에 의사가 되고 싶었던 이유를 잘 떠올려봐. 그게 지금 네가 하는 일과 어떻게 연결이 되는지. JK

RK 내가 의사가 되고 싶었던 건 다른 사람들을 돕고 싶었던 마음이 컸어.

그렇지, 바로 그거야. 지금 네가 하는 일이 다른 사람을 돕는 일이잖아. 네가 직접적으로 사람의 병을 고치진 않지만, 남들이 지닌 문제를 해결해 주고, 도와주는 일을 하고 있잖아. JK

RK 생각해 보니 맞네. 내가 진짜 원했던 것들을 무의식적으로 간직하고 있었던 거네.

지금 생각해보니까 나는 어렸을 때부터 내가 만족할 수 있는 삶이 어떤 삶인지를 알고 있었던 것 같아. 단지 그 시절엔 내가 그것을 정확히 표현하지 못했을 뿐이지. JK

RK 스티브 잡스의 말대로 점처럼 찍어왔던 경험들이 하나의 선으로 지금까지 이어져 왔구나.

다음 질문에 답해보자.

▶ 무슨 일을 할 것으로 생각했는가? 그 이유는 무엇인가?

이 질문을 통해 얻을 수 있는 것은 2가지이다.

첫째, 지금 하는 일을 하는 이유

둘째, 지금 하는 일을 계속해서 해야 할지의 여부

앞에서와 마찬가지로 다음에 열거한 사항을 고려하여 질문에 답하면서 과거의 점들을 연결해보자.

자기 자신에 대해 어떤 기대가 있나? 또는 다른 사람들(부모, 친구, 교사 등)은 당신에 대해 어떤 기대를 하고 있나? 그것들을 기록하고, 왜 당신이(혹은 다른 사람들이)이러한 기대치가 있는지 기록한다. 이러한 기대치는 어디서 왔나? 대부분 사람은 그저 '해야 한다'라는 말에 사로잡혀서 일하는 경우가 많다.

이 선택을 통해 추구하는 것은 다음과 같다.

첫째, 나는 좋은 대학에 가야 한다.

둘째, 나는 대기업에 취직해야 한다.

셋째, 나는 '사자 직업'을 가져야 한다(의사, 변호사 등).

위험한 것은 '왜 이 일을 해야 하는지' 제대로 궁구하지 않는다는 점이다. 자신이 일하는 이유를 궁구하지 않은 채 세월을 보내기 일쑤다. 그러다가 40~50대가 된 어느 날, 잠에서 깨면 비참한 인생이라는 생각이 들 수 있다. 그리고 "이 일이 너무 싫다"라고 말한다.

당신이 '그 일'을 하는 이유는 무엇인가? 일할 때는 동기가 중요하며, 직업 선택에는 올바른 이유가 있어야 한다. (단순히 '해야 한다'라는 말은 무시하라.)

직업을 선택하는 명확한 기준

우리는 각자 다른 생각과 가치관을 지닌 것처럼 직업을 선택하는 기준도 저마다 다르다. 이 기준은 고정적이지 않으며 가치관 변동 등의 이유로 바뀔 수 있다. 물론 현실적으로는 직업 선택에서 돈을 고려하지 않는 사람은 없다. 하지만 직업을 선택함에 있어서는 분명한 기준이 있어야만 최선의 선택을 할 수 있다.

1) 목적 찾기

▶ 내가 원하는 것은 무엇인가?

이 질문을 통해 얻을 수 있는 것은 다음과 같다.
첫째, 돈은 얼마나 벌어야 하는가?
둘째, 어디에서 살고 싶은가?
셋째, 집은 어떤 모습이길 바라는가?
넷째, 당신을 행복하게 하는 일은 무엇이라 생각하는가?

물질적인 것을 포함하여 인생에서 원하는 모든 것을 기록한다. 여기서는 당신이 원하는 라이프 스타일을 살기 위해 얼마나 돈을 벌어야 하는지 생각해보는 것이 좋다. 당신의 꿈과 목표를 이해해야 커리어나 인생과 관련하여 더 나은, 더 현명한 결정을 내릴 수 있을 것이다. 우선순위가 바뀔 수 있으므로 솔직하게 대답하고, 수시로 이 질문을 다시 검토한다.

▶ 내가 매일 하고 싶은 것은 무엇인가?

이 질문을 통해 얻을 수 있는 것은 다음과 같다.
첫째, 어떤 직업을 선택해야 하는가?
둘째, 즐기면서 원하는 것을 얻는 방법은 무엇인가?

이 질문은 우리의 전반적인 행복에 큰 역할을 하지만, 고려할지라도 간과되는 경우가 많다. 다소 모호할 수도 있다. 원하는 것을 얻기 위한 길, 즉 여정이 있다. 하룻밤에 도착하는 여행도 아니다. 이 길은 평생 가야 할 여정이기 때문에 원하는 것을 얻기 위해 해야 하는 것을 좋아하지 않는다면 그 여정 자체가 매우 힘들 것이다.

당신이 걷기로 선택한 길은 당신이 원하는 것을 얻는 과정이다. 당신이 어떤 길을 선택하든, 그 길이 얼마나 화려하든, 힘든 점들이 있을 것이고, 당신이 원하는 걸 얻기 위해서는 정말 하기 싫지만, 해야만 하는 일들도 있을 것이다. 따라서 이러한 질문도 고려해봐야 한다.

▶ 내가 견딜 수 있는 인생의 고통은 무엇인가?
▶ 나는 무엇을 위해 기꺼이 투쟁할 것인가?
▶ 나는 희생하고 대가를 치를 수 있는가?
▶ 나는 모든 준비가 되었는가?
▶ 가족과 친구들을 위한 시간을 갖고 싶은가?
▶ 많이 일하고 싶은가, 적게 일하고 싶은가?
▶ 어떻게 시간을 보내고 싶은가?
▶ 사무실에 있거나 커피숍에서 일하는 자신을 상상하는가?

이러한 질문들에 답할 수 없다면 원하는 것을 얻을 수 있는 가장 쉽고 기본적인 확실한 경로만 선택하게 된다. 예를 들어 개인과 단체, 사회의 여러 분쟁을 해결하는 일을 하고 싶다면 법을 공부하고 변호사가 되는 것이 하나의 옵션이 될 수 있다.

하지만 성공적인 변호사가 되는 데 따르는 모든 일을 싫어한다면 그런 식으로 오랜 세월을 버티기 힘들 것이다. 이상적인 삶의 비전을 만들어야 한다. 무엇이 당신에게 기쁨을 주고, 무엇이 당신을 행복하게 하고 평온하게 하며, 무엇이 당신을 번성하게 하는지 신중하게 생각해야 한다. 또한 당신이 인생에서 원하지 않는 것은 무엇인지 생각하여 무엇을 피해야 하는지 알 수 있다.

2) 미래 상상하기

▶ 나는 죽기 전에 무엇을 하고 싶은가?'

이 질문을 통해 얻을 수 있는 것은 다음과 같다.
첫째, 인생에서 이루고 싶은 것(큰 그림)
둘째, 버킷리스트를 만들고 하나씩 실행하는 것
셋째, 인생의 마지막에 '나는 올인했다' 말할 수 있는 것

죽기 전에 이루고 싶은 것을 모두 적는다. 이유는 중요하지 않다. 이루고 싶은 것이 100개가 넘어도 상관없다. 개수는 중요하지 않다. 단지 생각을 쏟아내는 작업일 뿐이다. 시간을 할애하여 확실한 버킷리스트를 만들어냈다면, 그것을 3가지 카테고리로 나눠본다.

A. 기술이 필요한 것
B. 즉시 할 수 있는 것
C. 시간이 필요한 것

먼저 A 카테고리를 살펴보고 각각의 항목을 달성하는 데 필요한 기술을 나열한다. 그다음 필요한 각 기술을 습득하기 위한 실행 계획을 세운다. B 카테고리에서 아무거나 선택하고 체크 표시를 하여 계속 진행할 수 있는 추진력과 동기를 얻는다. 마지막으로, C 카테고리에서 '인생의 마지막까지 성취하지 못했다면 어떤 항목이 당신을 가장 기분 나쁘게 하겠는가?'라는 질문에 대한 대답을 통해 우선순위를 정한다.

버킷리스트를 빨리 만들수록 더 빨리 실행할 수 있다. 큰 그림을 하나씩 채워나가다 보면 언젠가는 당신이 살아온 삶을 돌아보며 미소 지을 수 있을 것이다.

▶ 영감은 어디서 얻는가?

이 질문을 통해 얻을 수 있는 것은 다음과 같다.

첫째, 조언이나 멘토링이 필요할 때 누구의 말을 들을 것인가?

둘째, 자신에 대해 다른 사람들에게 보여주고 싶은 것

여전히 '나는 내 인생을 어떻게 할까?'라고 생각하고 있다면 나에게 영감을 주는 사람들이 누구인지 살펴봐야 할 때이다. 당신이 존경하는 사람들의 목록을 만들어본다. 부모, 친구, 동료 등 아는 사람일 수도 있고, 기업인, 유명인, 정치인과 같이 한 번도 만난 적이 없는 사람일 수도 있다. 지금은 살아있지 않은 사람일 수도 있다. 당신에게 영감을 주는 사람들의 어떤 면이 영감을 주는지, 이들의 성격, 행동, 사건 등을 모두 나열한다.

마지막으로 목록에 있는 사람들에 대해 배워본다. 당신이 아는 사람이라면 그들의 삶의 여정에 관해 묻는다. 모르는 사람이 있으면 인터넷으로 그들에 대해 배우거나 그들의 책을 읽어 본다. 그들이 현재 위치에 도달하기 위해 무엇을 겪었는지, 그들은 만족스러운 삶을 산다고 생각하는지, 성공을 찾기 위해 어떤 선택을 했는지 등을 알아본다.

당신의 인생 여정은 온전히 당신의 것이겠지만, 당신이 가고 싶은 길을 이미 간 사람들의 이야기를 들으면 자신만의 길을 개척하는 데 도움이 될 것이다. 자신이 원하는 삶과 비슷한 삶을 살고 있거나 이미 살았던 사람을 연구하다 보면 미래에 대한 명확한 방향성을 얻는 데 도움이 된다.

08
넓은 반경에서 나만의 재능을 찾아내라

돈이 인생의 전부는 아니지만, 인생의 대부분이라고는 말할 수 있다. 이 세상을 살아가는 존재로서 인간에게는 어쩔 수 없이 돈이 필요하다. 아마 이 책을 읽고 있는 당신도 지금 돈을 벌고 있거나, 또는 돈을 벌기 위한 준비를 하고 있을 것이다. 돈을 번다는 의미는 '직업'을 가지고 있다는 의미이기도 하다. 다시 말해서 나의 시간과 노동력을 통해 무언가의 가치를 제공하면 보상(돈)을 받는다는 뜻이다.

그런데 잘 생각해보면 돈을 번다는 것은 기본적으로 인간 생활의 3대 기본요소인 의식주를 해결하기 위함인데, 대부분 사람은 이 3가지 기본요소를 충족하며 살아가고 있지 않은가? 적어도 이 책을 읽고 있는 당신은 입을 것, 먹을 것, 잠잘 곳을 크게 걱정하지 않을 것이다. 단지 더 비싸고 좋은 것, 더 맛있고 달콤한 것, 더 넓고 편안한 곳을 꿈꾸고 있을 뿐이다.

우리는 1차원적인 만족에서 벗어나 그 이상의 것을 생각하며 살아야 한다. 당신은 어떤 일을 했을 때 심장이 뛰는가? 사회가 정해놓은 프레임을 벗어나 보다 넓은 반경에서 내가 좋아하는 것을 찾는다면, 그 과정 자체에서 행복을 찾을 수 있지 않을까?

동굴의 비유로 보는 가능성과 잠재력

플라톤(Platon)의 〈국가론〉에는 이데아의 세계를 설명하는 동굴 이야기가 나온다.

> 어렸을 적부터 팔다리가 묶인 채 동굴 깊숙한 곳에 갇혀 있던 죄수들은 주변을 보지 못하고, 정면만 바라볼 수밖에 없었다. 동굴 밖에선 태양이 비추고 있는데, 죄수들은 햇빛을 통해 만들어진 그림자를 보면서 그것이 실재(實在)하는 것이라 믿는다. 평생을 그렇게 살아왔고 그림자 외엔 다른 어떤 것도 본 적이 없다. 외부 세계를 본 적이 없기에 눈앞에 보이는 것이 진리라고 믿게 된 것이다.
> 그러다가 죄수들 중 한 명이 족쇄를 풀고 탈출해 바깥세상을 볼 수 있게 되었다. 그는 처음에는 햇빛 때문에 눈이 부셔 그 어떤 것도 잘 볼 수 없었지만, 약간의 시간이 흐르

자 눈이 햇볕에 적응되어 바깥세상을 마음껏 보았다. 그는 맑은 하늘을 보았고, 푸른 나무와 흐르는 강을 보았다. 그렇게 바깥세상의 수많은 동물과 식물을 보았다.
그리고 그에게 무엇보다 중요했던 것은 바로, 평생 실재하는 거라 믿었던 그림자의 존재가 한낱 허상일 뿐이었다는 사실을 깨닫게 된다. 아직도 동굴 안에 묶여 있는 다른 죄수들을 향한 가여운 연민의 감정을 느끼게 되었고, 다시 동굴로 들어가 그림자에 대한 사실을 알려주었다. 하지만 다른 죄수들은 그의 말을 믿지 않는다. 눈앞에 보이는 그림자가 어떻게 허구라는 사실을 믿을 수가 있겠는가.

우리는 지금 동굴 속의 죄수들과 같은 삶을 살고 있다. 우리가 아는 세계는 동굴 속 벽에 비친 그림자일 뿐이다. 손발을 묶는 족쇄가 채워진 오늘날, 사회가 정해놓은 성공에 대한 기준과 평가가 사실이라고 믿고 있다. 남들과의 경쟁에서 이기는 게 성공의 진리라고 여기며 살아간다. 더 넓은 집, 더 좋은 옷, 더 비싼 음식 등, 모든 것을 가질 수 있다면 정말 행복할 것이라 믿으며 하루를 살아간다.

일본에는 코이(koi)라는 신비한 물고기가 있다. 코이에 관한 재미있는 사실이 있는데, 작은 어항에서 코이를 키우면 8cm 정도 자란다고 한다. 그런데 연못에서 키우면 최대 25cm까지 자라며, 강에서는 120cm까지 자란다고 한다. 코이가 자라는 물에 따라 성장하는 크기가 달라지는데 최대 15배까지 성장한다고 한다.

우리의 역량도 이와 같으며 얼마든지 성장하고 변할 수 있다. 남들과의 비교와 경쟁 때문에 시도해보기도 전에 포기하지 말자. 나 자신을 작은 어항에 가두지 말자. 커다란 느티나무가 될 잠재력이 있는 당신의 씨앗을 작은 화분에 심지 말자.

이 책을 읽는 당신에게 이렇게 묻고 싶다.

'당신은 무엇을 정말 좋아하는가?'

누군가는 다른 사람의 이야기를 들어주길 좋아하고,
누군가는 사람들 앞에서 이야기하는 것을 좋아한다.
누군가는 물건을 고치는 일을 좋아하고,
누군가는 새로운 것을 탐구하며 행복을 느낀다.

이처럼 모든 사람은 각자 좋아하는 것들이 저마다 다 다르다. 좋아하는 일이 다르니 남들보다 잘 할 수 있는 능력도 다 다르다. 사람은 원래 자신이 관심 있는 일을 좋아하게 되고, 더 좋아하게 되면 더 많이 하게 된다. 더 많이 하게 되면 더 잘하게 된다.

대부분 사람은 안정적인 직업을 선호하고, 불확실성에 대한 두려움을 느끼며 살아간다. 나는 어렸을 적부터 코미디 영화를 좋아했는데, 코미디 영화를 대표하는 배우 중 한 명인 짐 캐리(Jim Carrey)를 좋아한다. 그는 2014년, 미국 아이오와 주의 마하라시 경영대학교의 졸업식에서 '자신이 사랑하는 일에 운을 맡겨보라'는 명연설로 박수를 받은 바 있다.

그는 연설에서 자신의 과거 이야기를 나누었다. 짐 캐리의 아버지에겐 꿈이 있었다고 한다. 그의 아버지는 뛰어난 코미디언이 되고 싶었지만, 안정적인 직업을 택하고 싶었기 때문에 회계사라는 직업을 선택했다. 그러나 짐 캐리가 12세가 되던 해, 그의 아버지는 그 안정적인 직업에서 해고되었고, 그 뒤로 짐 캐리의 가족은 살아가기 위해 어떤 일이든 닥치는 대로 해야 했다고 한다.

짐 캐리가 전한 이야기의 핵심은 바로 '사람은 좋아하지 않는 일을 선택하면서도 실패할 수 있다'라는 것이다. 그러므로 이왕이면 좋아하는 일을 하면서 살아가라고 말한다. 나 역시 크게 공감한다. 누구에게나 인생은 단 한 번뿐이다. 단 한 번뿐인 짧은 인생을 살면서 남들과 비교하면서 더 많이 가지려고만 하며 살아가면 너무 슬프지 않은가? 그러므로 내가 좋아하는 일을 하면서 살아야 한다.

'당신의 삶을 사랑하라!'

삶 그 자체를 사랑하라. 남들과 비교하면서 욕망하지 마라. 당신이 사랑하는 것들을 진정으로 사랑하면 모든 것이 달라져 새로운 세계가 열린다. 누군가를 진심으로 사랑해 본 적이 있는가? 사랑의 감정은 그저 상대방을 원하는 것을 넘어서 그 존재 자체를 인정하고 사랑하게 만든다. 있는 그대로를 바라면 결국 원하는 그것을 끌어당기게 된다.

당신이 어렸을 적 과거에 무언가를 잘 해냈던 경험을 떠올려 보자. 당신은 친구들의 고민을 들어주고 상담해줬던 적이 있을 수 있다. 건강을 위해 시작한 다이어트에 성공했을 수도 있고, 취미로 시작했던 꽃 만들기를 잘하게 되어 주변 사람들에게 기쁨을 주었을 수도 있다. 곤충을 수집하는 것을 좋아했을 수도, 하늘을 나는 비행기를 보며 행복했을 수도 있다.

당신은 별일이 아니라 말할 수도 있겠지만, 돌이켜보면 사실 이 모든 것들은 '당신이기에' 가능했던 일들이다. 그동안 우리는 남들에게 인정받기 위한 스킬과 학문에만 집중했었기 때문에 모르고 있었다. 국가적인 가스라이팅을 통해 우리의 자아가 갇혀 있었다. 내가 진정으로 좋아하고 원하는 원초적인 행동, 행위, 생각에 답이 있을 수 있다.

집에서 키우는 고양이는 평생을 밖에 돌아다니지 않고 집에서 사료만 먹고 살더라도 불행함을 느끼지 않는다. 그 이유는 오랜 시간 동안 그렇게 길든 탓도 있지만, 신피질이라는 뇌 가장 바깥 부분의 주름이 없기 때문이다. 지적 활동을 할 수 있게 하는 신피질이 없기에 바깥세상으로 나와 더 많은 것을 보고

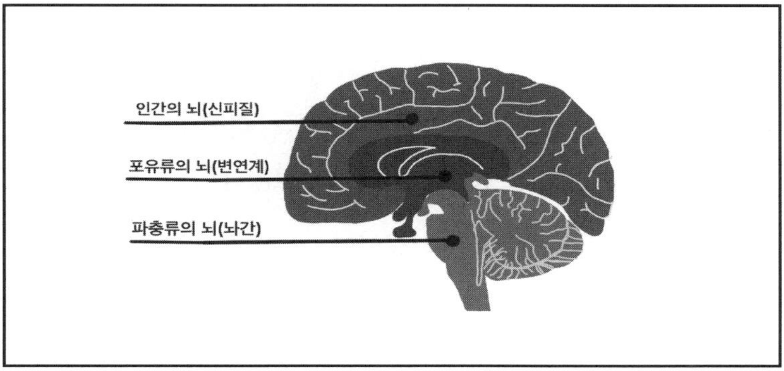

인간의 3중 뇌 구조

하지만 사람은 다르다. 우리는 인간만의 독특한 뇌 구조를 지니고 있어서 언어를 사용하고, 사고하는 능력이 있다. 원하는 것이 있다면 얻기 위한 노력을 할 수 있고, 그릇된 진실을 발견하면 새로운 세상을 만들어내기 위해 현실에서 벗어날 수 있다.

우리는 변화할 수 있다. 그러나 새로운 생각을 하기 위한 습관을 만들어야 하고, 인위적인 노력이 필요하다. 어렸을 적부터 발이 묶인 코끼리는 족쇄를 느슨하게 풀어도 그곳을 벗어나지 못한다. 하지만 인간은 생각의 확장을 통해 과거를 벗어날 수 있다.

이제 탈출의 시간이다. 자신의 동굴(아집과 고집)에서 탈출하자. 동굴을 박차고 나가는 사람만이 태양을 본다. 태양은 모든 사람과 사물을 골고루 비춰준다. 더는 의미 없는 경쟁을 멈추고, 당신을 구속하는 경주에서 벗어나야만 한다. 객관적이고 보편적으로 세상을 바라보는 지혜가 필요하다.

당신의 삶 속에서 정말 좋아하는 재미를 찾아야 할 때다. 이제는 나를 가두는 족쇄를 풀고, 철조망을 뚫어 밖으로 나가자. 동굴 밖으로 나와 빛을 바라보라. 너무 눈이 부시더라도 걱정하지 마라. 곧 진리를 깨닫게 될 것이다.

Chapter 3

당신의 숨겨진 유능함을 깊게 궁구하라

01
천진한 아이의 모습으로 돌아가라

나는 주말마다 내 딸 은하를 데리고 도서관에 간다. 걸어서 10분 남짓한 거리에 있는 도서관에 가는 길에 은하는 나에게 끊임없이 질문을 한다. 길을 건널 땐 “아빠, 신호등은 어떻게 작동하는 거야?”라며 물어보고, 현수막을 발견하면 “아빠, 이건 무슨 뜻이야?”라고 물어본다. 아이들이 끊임없이 질문을 하는 이유는 당연히 모르는 것이 많아서다. 모르는 것이 많으니 세세한 것까지 모두 질문한다.

질문하는 것에 주저함이 없고, 모르는 것에 대한 부끄러움 또한 없다. 무언가를 모르는 것에 대한 부끄러움이 전혀 없으니 자연스럽게 뭐든 물어볼 수 있는 것이다. 질문을 받는 나는 내 딸이 정말 기특하다. 그래서 최대한 자세히 알기 쉽게 설명해주려 한다. 물론 가끔은 나도 대답하기 어려운 질문을 받을 때가 있다. 그럴 때면 책을 통해 같이 찾아보자고 말한다.

가끔은 이런 생각이 들기도 한다. 초등학교 1학년 아이가 궁금해하는 것을 어른인 내가 모르다니…. 그러면서 나는 내가 모른다는 사실에 다소 부끄러움을 느낀다. 왜 나는 내가 모른다는 사실을 쉽게 받아들일 수 없을까? 어른은 무지에 대한 두려움이 있기 때문이다. 내가 모른다는 사실이 혹시 상대방이 나를 평가하는 기준이 되는 건 아닌지 걱정스러운 것이다.

아이의 모습에서
자기 정체성을 찾아라

도서관에 도착하면 우리는 각자가 좋아하는 책을 읽는다. 나는 미리 가져간 책들을 읽기 시작하고, 은하는 좋아하는 만화책을 가져와 읽는다. 사실 난 만화책을 별로 좋아하지 않는다. 소설 같은 경우에는 독자가 글을 읽으면서 그들만의 다양한 해석으로 상상을 하게 유도하지만, 만화는 스토리의 결론이 선명하게 내려져 있고, 책 속의 캐릭터들이 느끼는 감정이 과장되고 뚜렷하게 묘사되어 있다. 만화책을 읽으면서 아이가 상상하고 생각하는 사고의 폭이 제한될까 봐 우려되는 것이다.

그러나 내가 느끼는 이러한 감정은 어른의 관점에서 아이가 보는 것을 보려고 하기 때문이다. 아이들은 만화책을 보면서 본인이 캐릭터가 되는 듯이 몰입하고, 상상력과 호기심을 발휘하며 사고를 확장한다. 그리고 이러한 호기심은 일상 속 다른 영역까지 이어지며, 새로운 자극과 창의적인 생각을 유도한다.

주위를 둘러보면 어린이 도서관에 있는 대다수 어린이는 만화책을 보고 있다. 아이들을 관찰하며 깨달은 사실이 있다. 아이들은 본인이 재미있어하는 일을 하고 싶어 하고, 그들에게 흥미가 있는 것을 읽는다는 것이다.

은하는 《쿠키런 어드벤처》 만화를 좋아하는데, 가끔은 내가 곁에서 함께 읽어준다. 사실 읽다 보면 내용이 재미있고 배울 점도 있다. 그런데 만약 내가 은하에게 항상 이런 식으로 책 읽기를 강요한다면 은하는 어떤 기분이 들까?

"은하야 너 '쿠키런' 만화책 읽어야지"

"오늘 '쿠키런' 만화책 읽었니?"

"만화책 읽는 거 절대 잊으면 안 된다!"

이런 식으로 계속 물어보고 보채면, 결국 아이는 그 주제에 대해 흥미를 잃게 될 것이고, 다시는 그 책을 읽는 데 관심 두지 않을 것이다.

이처럼 사람은 누군가에 의해 강요된 행동을 싫어하는데, 이것은 인간의 본성이기도 하다. 우리는 남의 강요에 의해서가 아닌, 스스로 재미있어하는 것들을 찾아야 한다. 그리고 본인이 재미있어하는 것을 알아내는 방법은 계속해서 질문을 하는 것이다. 끊임없는 질문은 사고력과 결부되어 있으며, 이것은 '나를 돌아보는 출발점'이 되기 때문이다. 그러므로 우리는 다시 아이의 모습으로 돌아가 호기심의 끈을 놓지 말아야 한다.

또한, 질문하겠다는 마음 자세를 갖춘 후 상대에게 원하는 것을 얻기 위한 간단한 방법을 익혀 사용한다면 대화의 주도권은 당신이 가지게 되고, 이는 곧 원하는 것을 얻는 길로 연결된다.

'상대의 진심을 파악해서
자신이 원하는 결과를 이끌려면
제대로 질문하는 법을 알아야 한다.'

우리는 질문을 통해 많은 것을 얻을 수 있다.

첫째, 새로운 기회를 얻는다.

질문은 나에게 새로운 문을 열어준다. 내가 알지 못했던 것들에 대한 새로운 지식을 갖게 하고, 지금까지 경험해보지 못한 새로운 기회를 얻을 수 있다.

둘째, 잊고 있던 사실을 기억하게 한다.

질문은 내가 어렴풋이 알고 있었지만, 시간이 지나 잊어버린 것들을 하나로 모아준다. 그리고 하나로 모여진 지식을 통해 새로운 가치를 만들어 낼 수 있다.

셋째, 간접경험을 얻는다.

내가 궁금해하는 것들을 미리 경험한 사람들의 스토리를 들으며 간접경험을 통해 새로운 지식을 쌓을 수 있다. 새로운 일에 도전할 때 실패의 확률을 줄여주고, 생각하지 못했던 아이디어와 방법을 얻을 수도 있다.

넷째, 좋은 리더가 된다.

훌륭한 리더는 경청할 줄 안다. 질문을 통해 타인의 감정에 공감할 수 있고 상대방이 처한 상황을 이해하고 필요한 것을 파악해 더 좋은 결과를 만들어 낼 수 있다.

다섯째, 사고를 확장한다.

질문을 통해 편협한 사고에서 벗어날 수 있다. 다른 사람의 의견을 들으며 다양한 방향에서 새로운 관점으로 생각해 새로운 가능성을 얻을 수 있다. 그리스의 철학자 소크라스테스는 평소 토론과정에 있어 문답법을 활용했다. 토론의 대상과 계속해서 서로 집요하게 질문을 나누면서 새로운 사고와 가치를 만들어냈다. 철학은 영어로 '필로소피(Philosophy)'라고 한다. 여기서 소피아(Sophia)는 지혜와 지식을 의미하고, 필로(Philo)는 사랑을 의미한다. 따라서 필로소피는 '지혜를 사랑한다'라는 뜻이다.

지혜를 사랑하는 것은 질문에서부터 시작된다. 우리는 마침표가 있는 곳에 물음표를 던져야 한다. 물음표를 던지지 않으면 해답을 찾을 수 없다. 누구나 살면서 이런 생각을 해본 적 있을 것이다. 내가 살고 있는 세상과 나(자아)는 어떻게 구성되어 있고, 연결되어 있을까? 그저 물 흐르듯이 하루를 살아가는 것이 아닌, 모든 것에 질문하며 산다면 우리의 삶은 더 풍요로워질 것이다.

***

아이들이 질문하는 것에 대한 두려움이 없듯이, 어른이 된 우리도 두려움을 떨쳐내야 한다. 스스로 자신에게 질문을 던지면서 '나의 삶, 나의 것'을 찾아야 한다. 나를 설레게 하는 것이 무엇인지 사고해야 한다. 초고속 성장을 이룬 현대 사회에서 외부적 성공을 좇는 동안 우리는 사고력을 잃었다. 우리는 더 이상 '왜'라는 질문을 하지 않는다. 지금 벌어지고 있는 일들에 대해 그저 '있구나'하고 생각하지 말고 이제는 '어떻게', '왜?'와 같은 질문을 던져 사고력을 갖추어야 하는 시점이다.

02.
아이들은 왜 즐거운가? 세상의 모든 것을 몰라서다

세기의 천재 과학자인 알베르트 아인슈타인(Albert Einstein)은 "가장 효과적으로 배우는 방법은 그것을 즐기는 것"이라고 말했다. 아이들은 항상 웃고, 어른들의 눈에는 특별한 게 없어 보여도 그 순간에서 행복을 찾는다. 작은 끈 하나만 가지고도 몇 시간을 신나게 놀 수 있는 것처럼 말이다.

아이들은 즐겁게 놀고 싶은 본인의 몸과 마음에 집중할 뿐이다. 아이들은 모든 것을 궁금하게 여기고, 작은 것에도 즐거움을 찾을 줄 알기 때문에 무언가를 가르쳐주면 스펀지처럼 새로운 지식을 흡수한다.

모든 물질은 내부에서 열이 나와야 변하기 시작한다. 물이 안에서부터 열을 받아 끓게 되는 것처럼 말이다. 사람도 내면에서부터 뜨거운 에너지가 나와야지 변할 수 있다. 모든 일에 호기심을 갖고 에너지를 발산하는 아이들은 끊임없이 변화한다.

아이들은 지식을 흡수하고, 빠르게 성장한다. 세상을 보는 안목을 각자의 관점에서 키워나간다.

어린아이들은 아직 사회가 제공하는 주입식 교육으로 인한 온갖 지식이 '침투'받지 않았다. 사고력이 열려있고, 편협되지 않은 지식과 호기심을 갖고 있다. 그런데 초등학생 시절을 지나 중고등학생이 된 아이들의 표정을 보면, 뭔가 근심이 가득해 보인다. 피곤해 보이며 인상을 찡그리곤 한다. 단순히 사춘기를 거쳐 호르몬에 변화가 있어서 그런 것일까? 세월의 무게가 차츰 더해지면서 더 많은 고통을 느끼게 되는 걸까?

이것은 아이들이 자라면서 학습된 무기력을 경험하기 때문이다. 획일화된 교육을 받으며 친구들보다 더 좋은 성적을 받아야만 더 나은 미래를 얻을 수 있을 거라는 확실치도 않은 사실에 대한 믿음 때문이다.

학습된 무기력으로부터 탈출해야 한다

JK 은하는 대안학교에 다니잖아. 학교 다니는 거 좋아해?

RK 처음에는 대안학교에 보내기 전에 망설였는데 지금 생각해보면 확실히 보내길 잘한 거 같아.

JK 어떤 다른 점이 있어?

은하가 학교에 다녀오면 너무 즐거워해. RK

JK 진짜? 학교에 가는 걸 즐거워한다니 흔치 않은 일인데. 나는 매일 학교 가기 싫어서 꾀병을 부렸거든.

은하는 학교 가는 게 캠핑 가는 거 같다고 하더라. RK

JK 그럼 진짜 재밌겠는데? 나도 그 학교 가고 싶다. ㅎㅎ

얼마 전에 은하 또래 아이들을 만났는데, 학교가 재밌냐고 물어보니 '너무 싫다' 말하면서 울상이더라고. RK

JK 그래, 나도 은하는 다른 또래의 애들보다 말도 잘하고 똘똘한 느낌을 많이 받았거든.

내가 대안학교에 은하를 보낸 가장 큰 이유는 아이들의 행복이 우선이라고 생각해서야. RK

JK 은하는 학교가 즐거우니까 억지로 학교 다니는 아이들과는 다른 점이 있는 거 같다.

RK 우리도 그렇잖아. 뭐든 즐기면서 해야 결국 더 잘 하게 되잖아.

획일화된 교육을 받고 어른이 된 우리의 모습을 살펴보자. 성인이 지닌 학습된 무기력은 남들이 정해놓은 성공에 집착한 결과이다. 그리고 이러한 무기력은 실패에 대한 두려움에서 비롯된다. 현대 사회가 정해놓은 성공의 반대말은 실패로 규정되고, 이는 우리에게 부정적인 생각을 불러일으킨다. 그리고 부정적인 생각은 곧 자기 자신을 더욱 가두고 잃게 만든다.

이런 '학습된 무기력'은 기존의 사고와 관점을 강화할 뿐이다. 따라서 우리는 기존의 사고에서 벗어나 생각의 폭을 넓혀야 한다. 진정한 자각을 하려면 즐겁게 뛰어노는 아이들의 모습으로 돌아가야 하고, 즐기는 그 과정 자체에서 만족감을 얻어야 한다. 아이들은 스스로 관심이 있어 하는 분야에 스스럼없이 도전하지만, 어른은 쉽게 도전하지 못하고 흔히 실패에 대한 두려움을 느낀다.

몇 년 전 여성 이너웨어 브랜드 스팽스(Spanx)의 창립자 사라 블레이클리(Sara Blakely)의 인터뷰를 본 적이 있다. 그녀는 아주 어렸을 적부터 아버지로부터 '실패'를 권유받았다고 한다. 학교에서 돌아오면 아버지는 "오늘은 무엇을 실패했니"라 물었는데 만약 새로운 도전 끝에 실패했다고 대답하면 축하와 응원을 건넸다고 한다. 이런 어린 시절을 보낸 사라 블레이클리는 실패를 단순히 두려워하기보다는 더 시도하고, 계속 도전하게 하는 긍정적인 연료로 사용했다고 한다.

나는 이것에서 영감을 얻어, 내 딸 은하에게도 어렸을 적부터 실패에 대한 새로운 관점을 가르쳐주었다. 실패는 정말 좋은 것이고, 꼭 필요한 것이라고 말해준다.

'사람은 실패를 통해서 새로운 것을 배울 수 있다.'

실패는 성공의 반대말이 아닌 '성공의 일부'이다. 이것을 깨달으면 실패에 대한 두려움에서 벗어나 자유로워질 수 있다. 인생에서 실패는 필연적이다. 실패에 대한 두려움을 이겨내는 사람은 그 과정 자체를 즐길 줄 아는 사람이다.

아이들이 놀이터에서 구름사다리를 건넌다고 하면, 1초 동안 매달려있기만 해도 잘하는 거다. 아이가 줄넘기를 연습할 때 하나라도 성공했다면, 하나라도 성공하기 위해 노력한 그 과정을 칭찬해주어야 한다. 시험을 봤을 때 한 문제라도 맞으면 열심히 노력했다고 격려해야 한다. 결과만 바라보는 것이 아닌, 도전하는 그 과정 자체를 인정해 주어야 한다.

새로운 것을 시도하는 것에 기쁨을 느끼고 인정받으면, 자존감도 생겨난다. 따라서 흥미를 잃지 않고 계속해서 도전하는 것이 중요하다.

사람들은 좋아하는 일을 시작하더라도 금방 흥미를 잃게 되는 경우가 많다. 첫 번째 이유는 그 일을 진짜 좋아했던 것이 아니라 잠시 즐겼던 것뿐이다. 또 다른 이유는 사람들이 좋아하는 일을 통해서 얻을 수 있는 보상에 대한 기대치가 그 일에 대한 즐거움보다 더 크기 때문이다.

스탠퍼드 대학교 뇌 과학 박사인 앤드류 휴버맨(Andrew Huberman) 박사는 아이들을 대상으로 한 실험을 통해서 좋아했던 일도 흥미를 잃게 되는 과학적 이유를 설명했다.

> 그림 그리기를 굉장히 좋아하는 아이들이 있었다. 얼마나 좋아했는지 따로 시키지도 않아도 스스로 계속 그림을 그릴 정도였다. 선생님은 그런 아이들에게 그림 그릴 때마다 금색 별 스티커를 하나씩 붙여주었는데 아이들은 그러한 보상을 매우 좋아했다.
> 그런데 언젠가부터 선생님은 더 이상 별 스티커를 붙여주지 않기 시작했다. 그러자 아이들은 금세 그림에 대한 흥미도 잃고, 그림도 그리지 않게 되었다. 아이들은 그림 그리며 느끼는 좋아하는 감정을 외적 보상인 스티커와 연결해 버린 것이다.

나의 즐거운 마음을 보상과 깊이 연결하고 있지 않은지 잘 살펴봐야 한다. 그렇지 않으면 좋아했던 일에 대한 흥미도 금세 사그라들 수 있다. 계속해서 성장하며 목표를 좇고, 과정 그 자체를 즐길 줄 알아야 한다. 결과만 바라보고 살아간다면 그것에 대한 기대는 점점 커지기 때문에 기대를 충족시키지 못한다면 실망감만 커지고, 그 행위 자체가 불행해질 수 있다.

그렇다면 어른들의 세계에서는 외적 보상이 어떤 형태로 존재할까? 가장 흔히 볼 수 있는 외적 보상은 월급이다. 꿈의 직장에 들어가 일한다면 처음에는 업무 자체가 즐겁고 설렐 수 있다. 하지만 그 업무 자체가 월급이란 외적 보상과 너무 깊이 연결되기 시작하면 외적 보상에 대한 기대치는 점점 더 높아지고, 결국 그 업무 자체에서 오는 즐거움은 사라지고 스트레스가 되는 것이다.

의지력을 불태우면서 다이어트를 시작한 사람도 마찬가지다. 여기서 외적 보상은 체중계의 숫자가 될 수 있다. 건강한 라이프 스타일을 즐기는 것이 아닌 단순히 몸무게에만 집착한다면 체중계 바늘의 움직임에 따라 그 사람의 감정도 동요될 것이다. 결국 다이어트 과정은 무척 고통스러울 것이며, 요요가 찾아오고 다이어트도 실패한다.

이렇듯 흥미를 잃는 이유는 보상심리와 연결하여 설명할 수 있다. 그렇다면 애초에 흥미를 못 가질 수도 있지 않을까? 흥미로운 일을 찾으려면 자신이 관심 있는 게 무엇인지 파악하는 것이 필요하다. 내가 무엇을 잘할 수 있는지, 내가 무엇을 좋아하는지 알 수 있는 가장 좋은 방법은 바로 여러 분야의 다양한 일을 시도해보는 것이다. 직접 해보면 내가 무엇을 좋아하는지 알게 될 것이고, 생각하지도 못했던 것에 관심이 있다는 사실을 알 수도 있다.

시도하지 않아서
두려움이 생기는 것이다

사람은 실패에 대한 두려움을 느끼는 것처럼, 시도에 대한 두려움 또한 느낀다. 성공을 마다할 사람은 없을 것이다. 그렇지만 많은 사람이 어떠한 시도조차 하지 않는 것이 현실이다. 성공에 대한 두려움은 곧 시도에 대한 두려움이다. 이것은 단순히 당신이 성공할 수 없는 사람이라고 느끼는 감정이 아니다. 시도는 성공을 위해 겪어야 할 희생과 대가가 반드시 따르기 때문에 두려울 수밖에 없다.

시도에 대한 두려움은 5가지 형태로 나타날 수 있다.

첫째, 사람들에게 주목받는 것에 대한 거부감
둘째, 성공으로 인한 감정적 고립감
셋째, 동료들과 멀어지게 되지 않을까 하는 걱정
넷째, 거만하게 보이는 것에 대한 염려
다섯째, 시도 그 자체에 관한 어색함과 불편함

시도하지 못하는 또 다른 이유는 완벽주의적인 사고 때문이다. 하지만 절대로 완벽한 순간은 없다. 이것은 오히려 당신의 잠재력을 제한한다. 성취할 수 있는 목표보다 훨씬 낮은 목표를 잡게 하고, 일을 미루게 만든다. 실패에 대한 두려움을 극복할 수 있듯이, 시도에 대한 두려움 또한 충분히 극복할 수 있다.

먼저 성공한 후의 내 모습을 상상해 본다. 최대한 구체적으로 내가 원하는 것을 이루었을 때의 그 모습을 상상한다. 구체적으로 상상할수록 현실로 이루어질 가능성이 크다. 정말 간절히 원하면 해낼 수 있는 방법을 찾을 수 있고, 원하는 것을 끌어당기게 된다.

시도에 대한 두려움을 극복하는 방법 중 중요한 것은 부정적인 사람을 멀리해야 한다는 것이다. 부정적인 사람은 의외로 나와 아주 가까운 가족이 될 수도 있고, 친구나 지인이 될 수도 있다. 그들은 자기가 못 하면 남들도 못 할 것으로 생각한다. 그리고 그들의 기준으로 당신의 잠재력을 단정 짓는다.

부정적인 사람들은 똑같은 것을 보더라도 어두운 면만 보기 마련이다. 자신의 부족함을 당신에게 투영하여 당신을 끌어내리려 애를 쓴다. 감정은 전염되는 것이다. 부정적인 사람 주변에 있으면 나도 모르게 지치게 되고 할 수 있는 방법을 찾는 대신에 해낼 수 없는 수만 가지 핑계를 찾게 된다. 사람은 혼자 있을 때 외롭다고 말하지만, 진실은 잘못된 사람들에 둘러싸여 있을 때가 가장 외로운 순간이다.

태어날 때부터 새장에 갇혀 있던 새는 새장의 문을 열어놔도 높은 곳으로 훨훨 날아가지 못한다. 아주 어렸을 적부터 날아가지 못한다고 생각했기 때문에 시도조차 망설이는 것이다. 자유가 주어진다 해도 쉽게 선택하지 못한다. 내가 변할 수 있고, 성장할 수 있다고 믿는 그 순간이 가장 아름다운 순간이다. 내가 변할 수 있다고 믿는 그 순간부터는, 그 누구도 나에 대해 의심할 수 없다. 나 스스로 할 수 있다는 믿음을 가져야 변화가 시작된다.

03
당신의 숨어있는 능력이 빛을 발한다

우리는 새로운 기술이 가득하고 빠르게 변화하는 세상에 살고 있다. 단순노동은 대부분 로봇으로 대체되는 시대에 살고 있기에 기계로 대체될 수 없는 영역의 기술과 능력이 필요하다. 기계(로봇)가 못하는 능력 중 하나는 창의성이다. 창의적 사고 분야의 세계적 권위자인 에드워드 드 보노(Edward de Bono)는 "창의성이 가장 중요한 인적 자원임은 의심의 여지가 없다. 창의성이 없다면 발전도 없을 것이고, 우리는 영원히 같은 패턴을 반복하게 될 것"이라고 말했다.

창의성은 문제에 대해 새롭고 다른 방식으로 생각하는 능력, 또는 상상력을 사용하여 새로운 아이디어를 생성하는 능력이다. 창의성을 통해 복잡한 문제를 해결하거나 작업에 접근하는 흥미로운 방법을 찾을 수 있다. 당신이 창의적이라면 독특한 관점에서 사물을 본다. 패턴을 찾고 기회를 찾을 수 있다. 창의적인 일에는 약간의 리스크가 따를 수 있지만, 이전에 해보지 않은 일에 스스로 동기를 부여한다는 의미도 된다.

창의성은 문제 해결의 기본이다

창의성이 중요한 이유는 무엇일까? 옛날에는 신문을 발간하기 위해 신문의 레이아웃을 구성하고, 인쇄한 다음 구독자에게 전달하는 데 여러 사람으로 구성된 팀이 필요했다. 하지만 오늘날 대부분 뉴스는 인터넷으로 공유되고, 거의 모든 프로세스 중심 작업이 자동화되었다.

그렇다면 뉴스 사업에서 남은 건 무엇인가? 소음을 뚫고 사람들과 소통하는 뉴스를 전할 수 있는 창의성을 가진 기자만 남았다. 사람들이 듣고 싶거나 아직 들어보지 못한 이야기가 무엇인지 찾아내는 것이 그들의 역할이다.

똑같은 현상이 모든 산업과 모든 기능에서 일어나고 있다. 소프트웨어 회사는 단순히 코드를 작성할 수 있는 사람이 아니라 오래된 문제를 해결할 수 있는 새로운 소프트웨어를 구상할 수 있는 사람을 원한다. 기업은 더 이상 단순히 숫자만 계산하는 비즈니스 분석가를 원하지 않는다. 그들은 숫자가 말하는 것을 기반으로 창의적인 솔루션을 생각할 수 있는 분석가를 원한다.

어떤 일을 하든지 상관없다. 매일 키보드만 두들기는 반복적인 일을 하더라도, 육체적인 노동을 하더라도 상관없다. 창의성은 그림, 음악, 예술을 하거나 혁신적인 일을 하는 사람들만의 능력이 아니다. 창의력은 그저 내가 세상을 바라보는 관점에서 오는 것이다.

이 세상 모든 것을 나만의 예술 작품으로 만들 수 있다. 창의성이 타고난 재능이라 생각하는 사람들이 많다. 실제로도 어떤 사람들은 남들보다 뛰어난 창의력을 갖고 있다. 그러나 창의성은 우리 모두 어느 정도 이미 가지고 있다. 어렸을 때 우리는 새로운 관점에서 모든 것을 바라봤고, 새로운 사고방식에 마음을 열고 모든 것을 경이롭게 바라보며 현실 세계와 다양한 연결을 만들면서 불가능을 상상했다.

하지만 나이가 들어감에 따라 우리는 주변 세계에 익숙해지고 대부분은 한때 신기하다고 생각했던 것들을 평범하게 보기 시작한다. 우리의 관점과 생각은 친숙한 것과 사회의 규범에 맞는 것에 초점을 맞추기 위해 바뀌고, 우리가 만들던 새로운 상상력은 줄어들기 시작한다.

'창의적인 일을 하는 사람들은
창의력을 유지하기 위해
자기만의 시스템을 개발한다.'

창의성이 있는 사람들은 자신을 예측할 수 없는 영역으로 데려가는 예측 가능한 습관을 개발한다. 이것은 미지의 불편한 영역에 머물기 위한 라이프 스타일의 선택이다. 그들은 본인의 분야 외의 사람들을 만나거나, 새로운 분야의 글을 읽거나, 생각을 정리하는 시간을 갖는다. 이러한 창의성의 체계화는 어린 시절의 상상만큼 기괴한 방식은 아니지만, 현대 사회에서 더 영향력 있는 방식으로 삶의 경험과 창의성을 결합한다.

시대를 아울러 창의성에 관해 이야기해 볼 사람들은 매우 많다. 에디슨, 월트 디즈니, 스티브 잡스, 빌 게이츠 등 모두 창의성에 있어서는 논쟁의 여지가 없다. 가장 혁신적인 제품을 내놓았고, 컴퓨터와 모바일 기술의 미래 혁신에 영감을 준 애플의 공동 설립자인 스티브 잡스보다 더 좋은 예는 없다.

스티브 잡스는 이렇게 말했다.

> 창의력은 그저 사물을 연결하는 것이다. 창의적인 사람들에게 '어떻게 그것을 했느냐' 물으면 그들은 죄책감을 느낄지도 모른다. 사실 정말 한 게 없기 때문이다. 그들은 단지 어떤 것을 보았고, 잠시 후 그들에겐 그것이 명확해 보였다. 그건 자신이 가진 경험을 연결하고 새로운 것을 합성할 수 있었기 때문이다. 그리고 그들이 그렇게 할 수 있었던 이유는 그들이 다른 사람들보다 더 많은 경험을 했거나 자기가 겪은 경험에 대해 더 많이 생각했기 때문이다.

안타깝게도 많은 사람은 다양한 경험을 해본 적이 없다. 따라서 연결할 점이 충분하지 않으며 문제에 대한 광범위한 관점 없이 매우 선형적인 솔루션으로 끝난다. 인간 경험에 대한 이해가 넓을수록 우리는 더 나은 디자인을 갖게 될 것이다.

가장 창의적인 사람들은 아이디어의 원동력이 되는 광범위한 경험을 추구한다. 입력이 다양할수록 출력은 더 독창적이다. 잡스가 문제로 생각한 부분은 고등학교에서 대학, 그리고 직장으로 가는 전통적인 경로였다. 전통적인 경로는 전통적인 아이디어로 이어질 뿐이다.

덧붙여 잡스는 자기 경험을 이야기했다. 그는 리드 대학을 중퇴하고 인도 여행을 갔다. 그 여행은 그의 인생을 바꿨다. 여행에서 돌아와서 애플을 설립하기 전에 잡스는 참선(Zen Meditation)에 깊숙이 빠져 있었다. 그는 실리콘 밸리의 평범한 사람들과는 매우 다른 삶을 살았다. 이는 그가 다른 사람들과 매우 다른 스타트업을 설립할 수 있었던 이유이기도 하다. 결과적으로 애플은 역사상 가장 가치 있는 회사가 되었다.

'창의적인 사람들은 할 일을 미룬다.'

와튼 스쿨의 조직심리학 교수이자 《기브앤테이크》 저자인 애덤 그랜트는(Adam Grant) "할 일을 미루면 생산성은 떨어질지 몰라도 창의력의 원천이 될 수 있다"라고 말했다. 지금 당장은 조금 미루더라도 결국 그 일을 끝낼 것이라면 괜찮다. 미루는 동안 우린 그 주제를 여러 각도에서 생각하게 되고 기대치 못한 아이디어를 떠올리기도 한다.

물론 미루는 것이 모든 상황에서 창의적인 결과물을 만들어 내지는 않는다. 너무 오래 미루다 간 일을 끝내기에 시간이 충분하지 않아 창의적이지 않은 완성도 떨어지는 결과물이 나올 수 있다. 그저 끝낸다는 명목의 결과물일 것이고, 그 결과물에 대한 반응도 뻔하다.

대부분의 창의적인 사람들은 일을 미루는 습관이 있다. 창의적인 사람들은 그들이 생각해낸 첫 번째 아이디어가 가장 창의적인 아이디어가 되는 경우는 드물다는 것을 알기 때문이다. 중요한 건 어떤 일을 미루고 어떻게 미루냐에 있다. 이 2가지를 염두에 두고 전략적으로 일을 미루는 것이 중요하다.

'미룬다는 것은
아무것도 하지 않는다는 것을
의미하지 않는다.'

작업을 미룬다는 건 아이디어와 생각을 정리하는 것이다. 마치 갈비를 굽기 전에 양념을 재워두는 느낌과 비슷하다. 그리고 몇 시간 재워둔 고기는 더 맛있게 즐길 수 있게 된다. 개인적으로 하는 '양념 재우기'의 행동은 노트를 사용하는 것이다. 유튜브를 보거나 대화하거나 책을 읽을 때마다 아이디어가 떠오를 때마다 핸드폰의 노트를 꺼내 들어 생각나는 대로 글을 쓴다. 시도 때도 없이 무작위로 글을 쓰고 나중에 본격적인 작업을 시작하기 전에 가져다 쓸지 말지 결정한다.

이 책의 많은 내용도 이런 식으로 채워졌다. 책에 담기지 않는 많은 아이디어는 결국 어딘가에 사용되기도 한다. 결국 노트 필기가 미룬다는 의미가 아니냐는 의문이 있을 수 있다. 핵심은 노트 필기가 아니다. 핵심은 그 작업에 관한 생각을 계속하는 것이다. 작업을 미루고 게임을 하더라도 그 작업에 관한 생각을 놓지 않는 것이다.

나는 노트 필기를 하는 과정에서 내 생각의 흐름은 내가 마무리해야 할 일에서 벗어나지 않기에 언제든지 그 작업을 바로 시작하고 마무리할 수 있게 된다. 이것을 전략적인 미루기라고 한다. 오히려 어려운 일은 게으른 사람에게 맡긴다. 그 일을 쉽게 할 수 있는 방법을 찾아낼 것이기 때문이다.

창의성은 어떻게 성공으로 이루어지는가?

인간은 호기심이 많고 창의적이다. 우리는 창조함으로써 우리의 세계와 서로의 의미를 만들고자 하는 깊은 열망이 있다. 문화는 소속감과 목적의식을 얻기 위해 새로운 아이디어와 의미를 가져온다. 성공은 세상에 대한 기여를 이해하는 데서 비롯되며, 이러한 기여의 불꽃은 창의적인 곳에서 나온다. 창의성에서 오는 힘을 이해하면 여러 면에서 당신을 향상하는 데 도움될 수 있다.

창의성이란 발명하고, 실험하고, 성장하고, 위험을 감수하고, 규칙을 어기고, 실수하고, 즐기는 것이다. 즐기는 것은 목적의식을 제공할 뿐만 아니라 인간성을 구축하고 성공 능력을 확장하는 인간 실험의 일부이다. 많은 사람은 특정한 결과로 이어지지 않으면, 그 가치를 보지 못하기 때문에 창의적인 출구나 공간을 허용하지 않는다.

한 연구에 따르면 새로운 아이디어에 대해 생각하고 그것을 고수할 수 있는 리더들이 성공 가능성이 크다. 마크 저커버그(Mark Zuckerberg)가 좋은 예이다. 저커버그가 페이스북을 만들었을 때는 페이스북만 한 것이 없었다. 그는 무언가를 창조하고 창의적인 생각만을 가지고 있었고 실행에 옮겼다. 그리고 페이스북은 대박이 났다. 그는 온갖 방법을 다 써서 자기 생각을 고수했고, 이제 그는 가장 부유한 사람 중 한 명이다.

창의성은 곧 결과이기 때문에 오늘날의 경제에서 그 어느 때보다 중요하다. 세계가 혁신을 향해 계속 경쟁함에 따라 더 빠르고, 더 저렴하고, 더 신속하게 개인의 창의적 기여 측면에서 각자를 구별한다. 더 많이 공유하고 창조할수록 이 개념이 얼마나 가치 있는지 더 많이 알게 된다. 창의성은 아웃 소싱할 수 없으며, 인간의 호기심에 의해 배양되고, 시도되고, 영감을 받아야 한다.

많은 사람은 스티브 잡스와 그가 설립한 애플이 2007년에 최초의 터치스크린 기기를 만든 것으로 보고 있다. 이것은 사실이 아니다. 그들은 단지 그것을 더 사용하기 쉽고, 대중들이 널리 이용할 수 있도록 만들었다. 터치스크린 폰은 이미 존재했고 손가락만으로 작동되었지만 부족한 면이 많았다. 잡스는 이것을 기회로 보았고 솔루션을 창의적으로 만들었다.

이 당시에는 키보드가 이미 핸드폰에 존재했지만, 잡스는 화면에 내장된 키보드인 가상 키보드를 생각해냈다. 잡스의 창의성은 이 혁신을 한 단계 더 발전시켰고, 이는 대중에게 꽤 좋은 평가를 받으며 성공적인 혁신으로 인정받고 있다.

'창의성은 자신감과 자신에 대한 신뢰를 구축한다.'

창의적인 사람들은 자신의 배짱과 직관에 귀를 기울인다. 그들은 무엇이 효과가 있고, 무엇이 그렇지 않은지에 대해 분석적이고 계산적인 접근보다는 옳다고 느끼는 것을 선택한다. 결국 이것은 자신에 대한 자신감과 신뢰를 구축하는 데 도움이 된다. 그런 종류의 자신감과 행동을 이끄는 직감은 큰 목표를 설정할 수 있을 뿐만 아니라 그것을 열망하고 희망적으로 추구할 수 있을 것이다.

‘창의성은 다른 사람들과 협력하는 데 도움이 된다.’

창의성은 협업을 장려한다. 창의성은 더 열린 사고를 갖도록 하기 때문이다. 다른 사람들의 생각에 대한 열린 사고는 그들과 협력을 더 잘하게 하고, 더 효과적으로 일할 수 있게 한다. 열린 사고는 다른 사람이 일하는 모든 세세한 방식에 대해 참견하려 하지 않을 것이고, 다른 사람들이 작게 느끼게 만들지 않을 것이며, 다른 사람들의 잠재적으로 좋은 아이디어를 무시하지 않을 것이다.

사람을 관리하든, 큰 프로젝트를 공동으로 작업하든, 스타트업을 공동 대표하려고 하든, 아니면 리더십 기술이 있다는 것을 보여주려고 하든, 다른 사람들과 잘 협력할 수 있다는 것은 항상 도움이 될 것이다.

‘창의성은 새로운 기회에 빛을 비춘다.’

아무것도 바꾸지 않으면 아무것도 바뀌지 않는다. 그냥 있는 그대로 받아들이고, 계속 같은 직장에서 경력을 쌓는 것도 나쁘지 않다. 하지만 원하는 수준의 성공은 도달하지 못할 수도 있다. 창의성은 다양한 방식으로 생각하고, 다양한 각도에서 문제에 접근하고, 새로운 것을 시도하기 위해 위험을 감수하는 데 도움이 된다. 창의적인 사고는 다음 ‘대박’ 아이디어로 이어질 수 있고, 실제로 많은 기회를 만들어 낸다.

'창의성은 전문성 발전에 도움이 된다.'

CEO의 60%는 창의성을 가장 중요한 리더십 자질로 꼽는다. 그리고 CEO들이 직원들에게서 어떤 자질을 가장 중요하게 여기느냐는 질문을 받았을 때 창의성과 그와 관련된 자질(문제 해결, 새로운 솔루션 제시 등)이라고 답했다. 기본적으로 사람들은 창의성을 중요하게 생각한다. 경력을 쌓거나, 자금을 조달하거나, 새로운 회사에서 좋은 인상을 남기려는 경우 창의성이 많은 차이를 만들 수 있다. 창의성은 경력에 필요한 경쟁 우위를 얻게 하고, 원하는 성공을 찾는 데 핵심이 될 수 있다.

'창의성은 균형 잡힌 성공을 찾는 데 도움이 된다.'

번아웃(Burn-out)은 실제로 존재한다. 거의 모두가 한 번쯤은 어느 정도의 번아웃을 경험한다. 창의성은 번아웃을 피하는 데 중요한 도구가 될 수 있다. 창의성은 일이 반복적이고 흥미가 떨어졌을 때 삶에 기쁨을 다시 불어넣는 데 도움이 될 수 있다. 창의성은 열심히 일하고, 열심히 놀 수 있도록 삶을 균형 있게 유지하는 데 도움이 될 수 있다. 재충전이 되면 번아웃을 피하고, 번아웃을 피하면 목표를 향해 효과적으로 계속 일할 수 있다.

'창의성은 성공적인 미래를 구상하는 데 도움이 된다.'

창의력은 당신이 되고 싶은 사람의 모습을 그리는 데 도움이 될 수 있다. 즉 과거를 돌아보면서 미래에 무엇이 될 수 있는지 발견하는 데 도움이 될 수 있다. 그 미래에 대한 그림이 더 창의적일수록 더 현실적이기 시작할 것이다. 또한 그 미래를 현실로 만드는 데 도움이 될 단계별 계획을 세우는 데 도움이 될 것이다. 이런 식으로 창의성은 말 그대로 꿈을 실현하는 데 도움이 될 수 있다.

***

창의성이 항상 성공으로 이어지는 것은 아니지만, 성공에 큰 도움이 되는 것은 확실하다. 지금은 창의성에 대한 편견을 깨고 모두가 어디에서나 창의적 사고의 힘과 잠재력을 끌어낼 때이다. 확실한 성공은 창조하는 자의 것이기 때문이다.

04
당신이 던진 질문은 어디로 이어지는가?

우리가 흔히 볼 수 있는 문제 중 하나는 '창의성은 재능'이라고 생각하는 것이다. 그림을 그리고, 음악을 만들고, 예술을 하며, 다르게 생각할 수 있는 사람들은 창의적인 사람들이고 그렇지 못하는 나머지 우리는 창의적이지 않다고 생각한다. 창의성에 대한 깊은 이해와 편견을 해소하면 오히려 창의성을 키울 수 있다.

'창의성은 타고난 재능이 아닌 기술이며 습관이다.'

먼저 창의성을 재능이 아니라 '기술'로 보는 것이 중요하다. 우리의 창의적 능력은 관련 없는 2가지 사이의 연결을 찾고, 그 새로운 연결의 결과로 나타나는 가치를 결정하는데 달려 있다. 창의적이라는 것은 우리가 아는 것과 모르는 것을 연결하는 학습과 유사하다. 창의성은 우리 모두 어느 정도 갖고 태어나는 것이며, 시간을 투자함으로 더 창의적인 방법을 배울 수 있다.

당신이 혹시 거짓말을 해본 적이 있다면, 당신은 창의적이다. 침실 벽에 낙서하거나, 깜짝파티를 열거나, 라면에 치즈를 얹어 먹거나, 의상을 선택하거나, 데이트를 계획한 적이 있다면 당신은 창의력을 발휘한 것이다. 사람은 누구나 창의적 사고를 지니고 있다.

누구나 창의적인 사람이 될 수 있다

자신이 창의적이지 않다고 생각하는 이유를 크게 3가지로 나눠볼 수 있다.

1) 나이가 들면서 서서히 죽는다

어린 시절 우리는 새로운 세계에 자신을 던지면서 빠른 발견을 한다. 우리는 벽에 낙서하고, 걷는 법을 배우고, 문장을 만들고, 음식을 온몸에 바르기도 한다. 그러면서 '좋고 나쁨'을 구분하고 다양한 방법을 개발한다. 대부분의 2~3세 아이들은 크리스마스 때 선물 상자 안에 들어 있는 장난감보다 골판지 상자를 가지고 노는 것을 더 좋아한다.

아이들에게 상자는 무엇이든 될 수 있다. 우주선, 집, 주방, 로봇 등 무엇이든 말이다. 어린 시절 우리는 꽤 창의적이었다. 우리가 성장함에 따라 참신함이 사라지고 고정된 습관이 생기며 우리 대부분은 창의성에서 벗어난다.

창의력 전문가 켄 로빈슨(Ken Robinson)은 테드 강연에서 '확산적 사고' 수준을 계산하기 위해 테스트를 실행한 경험을 소개했다. 그는 성인의 2%가 천재 수준의 창의성을 발휘하고 있는 반면에 3~5세 어린이의 98%가 같은 수준의 천재성을 발휘한다는 놀라운 사실을 발견했다. 나이가 들면서 서서히 창의성이 죽는다. 아니 우리가 죽이는 것이다.

지금까지 우리는 학교에서 모든 질문에는 하나의 정답만이 있다고 배웠다. 만약 당신이 창의적이지 않다고 느낀다면, 그건 아마도 당신이 더 이상 다섯 살이 아니기 때문이다. 그저 남들과 똑같이 하는 방법만 배웠을 뿐 다르게 하는 방법은 잊어버린 것이다.

2) 창의적이지 않다는 정체성으로 자신을 정의한다

사람들은 스스로가 창의적이지 못하다는 말을 너무도 쉽게 한다. 이는 자기실현적 예언이다. 스스로에게는 창의적이지 않다고 말하면서 실제로 창의적인 사람은 아무도 없다. 앞에서 언급했듯이 대부분 사람은 나이가 들수록 창의성 연습을 하지 않는다. 창의성은 습관이며 더 많이 연습할수록 더 잘하게 될 것이다.

우리는 종종 작가, 예술가, 음악가를 창의적인 유형으로 분류하는데, 이들은 계속해서 새로운 아이디어를 실현한다. 즉 이들은 매일 창의성을 연습하며 이러한 모습은 그들 정체성의 일부다. 따라서 자신의 정체성을 새롭게 정의했을 때 새로운 습관을 연습하게 된다.

당장 버스에서 동영상으로 미술 수업을 듣고, 시를 쓰기 시작해야 한다고 말하는 것이 아니다. 일상에서 일하는 다양한 방법을 살펴봄으로써 연습을 시작하는 것이다. "나는 창의적이지 않다"는 말은 본질적으로 "나는 별로 다르게 생각하지 않는다"라고 말하는 것이다. 우리 모두에겐 생각을 바꿀 수 있는 능력이 있다.

3) 제대로 된 질문을 하지 않는다

어떤 사람들은 정말 단순한 아이디어에서 부자가 된다. 그리고 우리는 이렇게 말한다. "나는 왜 그 생각을 못 했지?" 있는 그대로만 받아들이는 게 질문보다 쉬워서다. 창의성은 문제를 해결하고 질문에 답을 하는 것이다.

폴라로이드 카메라는 1940년대 에드윈 랜드(Edwin Land)가 네 살 된 딸의 사진을 찍고 아이가 사진을 보여달라고 부탁하면서 발명되었다. 랜드는 사진을 현상하는 데 오랜 과정이 포함되어 있고 나중에야 볼 수 있다고 딸에게 설명했는데, 아이의 대답은 '왜?'였다. 대부분 사람은 아이의 질문을 그냥 얼버무렸을 것이다. (이건 원래 그런 거라고 설명하면서 말이다.) 하지만 이 질문에 대한 해답은 랜드의 창의성과 혁신을 불러일으켰고, 그 결과 카메라 안에 암실을 배치시킨 것이다.

학교는 모든 문제에 대한 정답은 하나라고 가르쳐 왔다. 하지만 정답이 여러 개가 될 수 있다는 사실을 아는 것은 우리가 혁신하고, 다른 사람들을 돕고, 세상에 영향을 미칠 수 있게 해준다. 더 자주 '왜?'를 묻고 모든 것에 질문을 던지면 세상을 다른 관점에서 보게 될 것이다.

질문이 떠오른 순간, 우리의 두뇌는 즉시 작동하게 된다. 답을 찾고 가능한 해결책을 찾으려 하는 습성은 인간의 자연스러운 반응이다. 따라서 질문하는 것은 모든 창의적인 문제 해결에 있어 매우 강력한 도구이자 필수 기술이다. 그리고 더 나은 질문을 하면 더 나은 아이디어를 얻을 수 있다.

***

너무 방대한 지식이 우리 주위에 있다. 지금처럼 정답을 너무나 쉽게 얻을 수 있는 시대에 정보들로 무엇을 해야 하는지 알고 다음 답을 찾기 위해서는 훌륭한 질문이 필요하다. 질문이 혁신의 근원이기에 실리콘 밸리에서는 '질문이 새로운 해답이다'라는 말이 있다.

물론 질문은 혁신을 꿈꾸거나 기술에 종사하는 사람들에게만 중요한 것이 아니다. 질문은 우리 모두를 위한 생존 기술이며, 지금과 같은 역동적인 변화의 시기에 더욱 중요하다. 적응해야 하는 것도 많고, 해결해야 할 문제도 많고, 불확실성을 처리해야 한다. 질문은 이러한 것을 가능하게 하는 주요 도구 중 하나이다.

오늘날 많은 혁신과 발명을 살펴보고 그것들이 어디서 시작되었는지 거슬러 올라가면, 대부분 그 모든 것의 근원에는 훌륭한 질문이 있다. 질문은 우리가 지금 모르는 것에 관한 생각을 정리할 수 있게 해준다.

20세기의 대표적인 경영학자인 피터 드러커(Peter Drucker)는 이렇게 말했다.

"가장 심각한 실수는 오답의 결과로 만들어지는 것이 아니다. 정말 위험한 것은 잘못된 질문을 하는 것이다."

좋은 질문이란 무엇인가?

워런 버거(Warren Berger)가 쓴 《어떻게 질문해야 할까》에 따르면 좋은 질문은 학습의 메커니즘으로 설계되어야 한다. 즉 문제해결의 자연스러운 순환은 프로세스의 다양한 지점에서 3가지 질문 방법을 따라야 한다.

거의 모든 작업에 적용되는 3가지 질문 방법을 소개한다.

1) 왜?

어린 시절에 우리는 '왜?'라는 질문을 많이 한다. 우리가 세상에 대한 기본적인 것들을 배우는 방법은 이유를 묻는 것이다. 그러나 나이가 들면서 우리는 우리가 무언가를 안다고 생각하고 근본적인 가정에 관한 질문을 하지 않게 되었다.

훌륭한 '왜?' 질문은 진정한 이해를 추구한다. "현재 상태는 왜 이런 것일까? 왜 그렇게 하는 것일까? 왜 우리는 우리가 믿는 것을 믿는 것일까?"처럼 말이다. '왜?' 질문과 함께 시작하는 것은 앞으로의 질문들에 대비시켜주고 계속할 수 있도록 하기에 필수적이다.

새로운 제품, 옛 질문에 대한 새로운 답변, 오래된 작업을 수행하는 새로운 방법에 대한 훌륭한 아이디어가 머릿속에 있다고 생각할 수도 있지만, 상황이 왜 그런 것인지 이해하지 못한다면 아직 확고한 기반이 갖춰져 있지 않다는 것이다.

무지한 상태에서 진행해서 구체화하지 않은 아이디어에 시간을 낭비하는 것을 줄여야 한다. "이미 알고 있다"라고 대답하기 전에 한 걸음 물러나서 진실을 찾아야 할 수도 있다.

정말 좋은 '왜?' 유형의 질문은 위협적인 경향이 있다. 이 질문이 유용한 이유이기도 하다. 좋은 '왜?'는 그저 의식의 흐름대로 생각하는 대신 한발 물러서서 생각하도록 한다. '왜?' 질문에 대한 쉬운 답변은 거의 없다. 거의 항상 더 많은 질문으로 이어지기 때문에 좌절할 수 있다. 그러나 근본적인 가정을 넘어서고 싶다면 '왜?'라는 질문부터 시작해야 한다.

''왜?'라는 질문은
문제와 필요, 기회를 이해하고,
상황을 설정하는 데 도움이 된다.'

2) 만약에?

'왜?'라는 질문은 새로운 기회를 이해하게 하지만 '만약에?'라는 질문은 우리를 새로운 방향으로 이끌고, 새로운 문을 열 수 있다. 훌륭한 아이디어는 '만약에?'라는 질문을 하면서 나오는 경향이 있다.

아인슈타인은 이러한 유형의 사고 실험으로 유명했다. "만약에 내가 번개처럼 빨랐다면?"과 같은 질문은 그의 특수상대성 이론으로 이어졌고, "만약에 내가 우주에서 엘리베이터를 탄다면?"과 같은 질문은 일반 상대성 이론으로 이어졌다.

넷플릭스(Netflix)의 탄생 비화를 통해 '왜?'와 '만약에?'가 어떻게 질문이 되는지 설명하겠다. 넷플릭스를 창립한 리드 헤이스팅스(Reed Hastings)는 비디오 대여점에서 빌린 영화 몇 편을 반납이 자주 늦으면서 연체료가 많이 밀려 있었다. 답답했던 헤이스팅스는 이런 질문을 했다.

"왜 이 비용을 지급해야 하지?"

물론 다른 사람들도 연체료에 대해 비슷한 분노를 느꼈다. 그러나 그는 후속 질문으로 이어졌다. "만약에 비디오 대여 사업이 헬스클럽처럼 운영된다면?" 그런 다음 그는 헬스클럽처럼 연체료가 없는 월간 멤버십이 있는 비디오 대여 모델을 설계하는 방법을 모색하기 시작했다.

그리고 몇 년 후에 헤이스팅스는 넷플릭스가 사업 모델을 확장에 관한 질문을 한다.

"왜 우리는 다른 사람의 영화와 쇼만 대여하나?"

"만약에 우리도 만들면 어떨까?"

'만약에?' 질문을 사용할 수 있는 또 다른 방법은 제약 조건을 제거하거나 추가하는 것이다. 예를 들어 "만약에 비용에 대해 걱정할 필요가 없다면 어떨까?" 또는 "만약에 청구하는 금액의 절반만 고객이 부담하게 한다면 어떨까?", '만약에?'라는 질문을 하면 종종 우리가 알지 못했던 가능성에 대해 예측할 수 있다.

아마도 '왜?' → '만약에?' 탐구 라인은 모든 유형의 혁신적인 사고에 공통적이다. 그것은 오래된 아이디어를 다른 관련 없는 아이디어와 결합하여 새로운 방식으로 바꾸기 시작하는 뇌의 일부를 사용하기 때문이다. 그 변화는 새로운 아이디어가 실제로 발생하는 곳이다. 단 '만약에?'의 단계에서 너무 오래 머물면 방향성을 잃을 위험이 있다.

''만약에?'라는 질문은
가능한 개선 방안과 해결책에 관한
아이디어를 떠올리게 한다.'

3) 어떻게?

'왜?' 그리고 '만약에?' 질문은 새로운 기회를 열 수 있지만, 결국 우리는 '어떻게?'에 답을 해야 한다. '어떻게?'라는 질문에 대답하기 위해서는 종종 모르는 지식, 자원, 능력을 동원해야 하므로 다른 2가지 질문보다 어려울 수 있다. 기발한 아이디어가 나왔다면, 이제 그 아이디어가 좋은지 검증할 때이다.

일반적으로는 '생각보다 아이디어가 별로'라 생각할 때가 많다. 하지만 그 새로운 아이디어에 충분한 시간을 보내면서 부족함이 있다는 것을 발견할 때 '새로운 가치'가 있다. 여기서 가장 흔한 문제는 새로운 아이디어를 한 번에 완벽하게 만들려고 하는 건 침체와 마비로 이어진다는 것이다.

이것은 일반적으로 잘못된 접근 방식이다. 더 나은 방법은 아이디어를 빨리 시도해서 빠른 피드백을 받는 것이다. 그리고 가능한 한 피드백을 많이 받는 것이다.

핵심은 '왜(Why)'→ '만약에(What If)'→ '어떻게(How)'의 축을 따라 빠르게 이동하는 것이다.

실패를 두려워한다는 것은 종종 훌륭한 '만약에?'를 찾는데 시간을 너무 많이 할애하고 있다는 의미일 수 있다. 분석 마비라고 불리는 경우가 이러한 경우다. 어떻게 아이디어 시험 프로세스를 단축할 수 있을까? '어떻게?'라는 질문을 통해 최대한 빠르게 아이디어를 시험해보고, 효과가 없다고 판단이 된다면 새로운 '왜?'를 물어보거나, 기존의 '왜?'에 새로운 '만약에?'를 추가하면서 루프(Loop)를 다시 시작한다.

'어떻게?'라는 질문은
최고의 아이디어를 만들어내고,
이를 구현해 사용하는 데 도움이 된다.

05
공감력이
당신의 성공을 좌우한다

사회에서는 일반적으로 그 사람의 성과와 결과만을 보고 평가한다. 물론 지속적인 수익을 창출해야 하는 회사는 직원들을 평가할 때 눈에 보이는 성과를 기준으로 하는 것이 합리적으로 보인다. 그러나 여러 사람이 모여 함께 일하며 시너지를 만들어야 하는 경우, 모든 직원이 최상의 역량을 발휘하기 위해선 세심한 배려와 소통이 필요하다.

공감력이 부족한 사람은 바로 눈앞의 결과만 보고 상대방을 평가한다. 그러나 상대방이 처한 특별한 상황과 감정을 알지 못한다. 평소보다 실적이 눈에 띄게 떨어진 사람에겐 내가 알지 못한 일이 벌어지고 있을 수 있다. 가족이 아프다든지, 결혼생활에 문제가 있다든지 등, 그 사람이 처한 환경을 우리는 알지 못한다. 이처럼 개인을 힘들게 하는 외부적인 요인들은 그들이 제대로 실력을 발휘하는 데 있어 당연히 영향을 줄 것이다.

공감력이 부족한 사람은 상대방의 떨어진 실적을 비판하고 이렇게 하다가는 미래를 보장할 수 없다며 위협하겠지만, 공감력이 좋은 사람은 먼저 그가 괜찮은지, 무슨 일이 있는지 먼저 물어볼 것이다. 어떻게 하면 도와줄 수 있을지 고민할 것이고 힘든 시기에 곁에 있어 줄 것이다. 그리고 이러한 진심 어린 관심과 배려는 상대방에게 위안이 되고 결과적으로 실적도 다시 올라가 회사에도 도움이 되는 선순환을 만들 것이다.

함께 있을 때 특별한 활동을 하지 않더라도, 커피 한잔 마시며 몇 시간 동안 이야기할 수 있는 친구가 있지 않은가? 속에 있는 얘기를 하기도 하고, 걱정거리를 마음껏 터놓고 얘기했을 때 내 일처럼 경청해주고 언제나 나를 이끌어주는 그런 고마운 친구가 있을 것이다. 당신에게 그러한 친구는 어떤 사람인가? 아마도 그 친구는 공감력이 상당히 높은 사람일 것이다. 공감력은 훌륭한 소통과도 이어지기 때문이다.

현대 사회에서 필요한 능력은 공감력이다

앞서 설명했듯이 공감력은 타인의 감정을 이해하고, 그것에 대응하는 적절한 반응을 보여줄 수 있는 능력이다. 공감력은 남녀관계에서도 중요하고, 사업을 하며 다수의 상대방을 상대할 때도 꼭 필요하다. 사람과 사람 사이에서 발생하는 모든 일에는 공감력이 필요한 것이다. 공감력은 단순히 함께 느낀다는 개념이 아니다.

공감력은 크게 3가지로 구분해서 볼 수 있다.

(1) 정서적 공감력(Emotional Empathy)

상대방이 느끼는 감정을 함께 느끼는 감정이다. 예를 들어 슬프거나 무서운 영화를 볼 때면 나도 모르게 영화 속 캐릭터가 느끼는 감정을 그대로 느끼게 되어 함께 웃기도 하고, 울기도 한다. 마치 영화 속 상황에 내가 들어가 있는 듯한 감정을 느끼게 된다. 상대방의 고통과 두려움을 함께 느끼는 것이 감정적 공감의 대표적인 예이다.

(2) 인지적 공감력(Cognitive Empathy)

상대방의 입장에서 왜 그렇게 생각하고 느끼는지 이해해 보려는 노력이다. 즉 상대방이 느끼는 감정을 자기 경험과 지식을 토대로 이해한다. 예를 들어 심리상담사가 환자들을 상담하며 그들이 가지고 있는 마음의 병을 어루만져주거나, 수술을 앞둔 환자에게 의사가 환자의 감정을 조절해주는 것도 인지적 공감을 통해서 가능하다. 수술 전 해야 할 행동과 먹지 말아야 할 음식들을 설명해주고, 수술이 잘 될 것이라고 말해주며 흔들리는 감정을 잡아줄 수 있는 것도 정서 조절을 통한 인지적 공감이다.

(3) 연민적 공감력(Compassionate Empathy)

고통이나 아픔을 느끼는 상대방을 돕고자 하는 노력이다. 즉 상대방의 아픔을 이해하고 동시에 타인을 도와줄 수 있는 방법을 찾을 수 있는, 행동을 유도하는 공감이다.

***

훌륭한 공감력을 갖는 것은 우리에게 많은 이점을 안겨준다. 구체적으로 어떤 점에서 훌륭한 공감력이 중요할까? 공감력이 중요한 가장 큰 이유는 인간이 타인의 감정을 함께 느끼고 이해할 수 있을 때 남을 도울 수 있고, 남을 돕는 행위 자체는 행복감과도 직결되기 때문이다. 즉, 공감력을 가진 사람은 그렇지 못한 사람보다 더 행복할 수 있다는 뜻이다.

예를 들어 어떤 방식으로도 남에게 도움을 주는 것으로 베풂의 크기는 중요하지 않다. 도움이 필요한 사람의 상황을 이해하고, 지나가는 할머니를 도와주거나, 노숙자를 보고 그냥 지나치지 않는 작은 행위 자체에서 행복감을 느낄 수 있다.

내가 〈성공한스푼〉 채널을 시작한 이유도, 그리고 채널이 확장할 수 있었던 계기도 '누구나 비슷한 문제와 해결책이 필요하다'라는 공감에서 시작하게 되었다. 물론 나도 그런 문제를 갖고 있었기에 더 쉽게 공감대를 형성할 수 있었다. 사실 나는 〈성공한스푼〉 채널의 콘텐츠를 만들고 나누는 과정에서 큰 수익을 올리지 않는다. 그러나 구독자분들의 댓글이나 메시지로 응원의 글을 받으면 더할 나위 없이 큰 만족감과 행복감을 느낀다.

사회적 관점에서 흔히 말하는 성공한 사람들이 모두 행복한 것은 아니다. 외적인 성공, 즉 물질적인 보상을 마음껏 누리는 사람 중 불행한 사람을 떠올려보면 아마 당신이 보기에도 불행해 보이는 사람을 쉽게 떠올릴 수 있을 것이다. 주변 지인이 될 수도 있고, 매스 미디어로만 보던 재벌가의 사람이 될 수도 있다.

그러나 여기서 흥미로운 사실은 남을 돕는 사람 모두는 행복하다는 것이다. 조건 없이 베푸는 사람, 내가 가진 능력을 활용해 어떻게 하면 남을 도울 수 있을까 고민하는 사람을 흔히 기버(GIVER) 라고 부른다. 기버들은 공감할 줄 알고, 일상에서 행복감을 느끼며, 그 결과 더 많이 얻고 더 크게 성장할 수 있다.

어떻게 하면 공감할 수 있을까?

애덤 그랜트가 쓴 《기브앤테이크》에는 베푸는 사람, 즉 기버들이 업무적으로도 탁월한 생산성과 성과를 발휘한다고 설명한다. 제대로 베풀고 돕기 위해선 상대방이 정말 필요한 것이 무엇인지, 현재 처한 상황이 어떠한지를 파악하고, 그들이 느끼는 감정을 제대로 이해할 수 있는 뛰어난 공감력이 반드시 필요하다.

오늘날의 발전한 기술이 있기 한참 전 우리는 바로 옆 나라는커녕 옆 마을에 무슨 일이 일어나고 있는지도 알 수 없었다. 나라에 일이 생기면 사람들은 말을 타거나 도보로 이동해 이웃에게 소식을 전했고, 며칠이 지나서야 중요한 사건이나 사고, 미래의 계획 등에 대해서 알 수 있었다. 물론 일상에서의 불필요한 소음은 덜했을 테지만, 효율적이진 못했다.

글로벌 시대를 살고 있는 오늘날 우리는 전 세계 사람들과 밀접하게 연결되어 있다. 타 국가의 전쟁 상황이나 테러와 같은 사건들도 하루도 지나지 않아 스마트폰으로 확인할 수 있고, 새로운 제품의 런칭과 이벤트를 실시간으로 시청할 수 있다. 이처럼 가깝게 연결된 현대 사회에서 우리는 개인의 성공만 추구하는 것이 아닌, 사회와 이웃과 조화롭게 살아가야 한다. 하지만 아이러니하게도 현대인들은 점점 더 공감력을 잃고 있다.

얼마 전 생일을 맞아 가족과 함께 근사한 레스토랑에 식사하러 갔다. 의자에 앉자마자 짧은 간격으로 옆 테이블에 다른 가족이 자리를 잡고 앉았다. 그들을 지켜보니 아빠, 엄마, 그리고 중학생 정도로 보이는 자녀 2명, 총 4명의 가족 모두가 음식이 나오기 전부터 휴대폰을 꺼내 보고 있다.

테이블에선 아무런 대화와 소통이 없다. 그 뒤 테이블엔 중년의 남자와 여자가 앉아 식사하는데 남자는 뭐가 그리 바쁜지 계속 휴대폰으로 누군가와 메시지를 주고받는 것으로 보이고,

여자는 누군가에게 보여주기 위한 것인지, 계속해서 음식 사진을 찍는다. 맛있는 음식을 먹으며 상대방과 즐겁게 시간을 보내야 할 상황에 무언가 삭막하고 단절되어 있어 보인다.

'남자에겐 얼마나 급하게 처리해야 할 업무가 있을까?'

'여자는 그 많은 음식 사진을 누구에게 전송하고 보여줄까?'

부모님과 함께 식사하러 온 아이들의 모습에서도 휴대폰만 쥐고 있는 그런 모습이 너무나 자연스러워 보인다. 가족과 함께하는 시간에 서로의 관심사를 묻고 대화를 나눈다면 훨씬 더 의미 있고 소중한 경험이 되지 않을까? 우리는 편리함을 얻은 대신 소통을 잃었다. 물론 이것은 분명한 문제가 되지만 이것을 기회로 삼는 사람들도 있을 것이다. 왜냐하면 소통을 잃은 이 사회에서 회의를 느끼는 사람이 많기에, 소통이 필요한 사람에 대한 수요도 있을 것이다.

'공감력이 있는 사람들은
상황에 대한 이해력이 좋으며
새로운 지식을 얻는 것도 탁월하다.'

같은 영화를 보더라도 캐릭터의 감정을 더 자세히 느끼고, 같은 책을 읽어도 깨닫는 게 남다르다. 예로 <내 머릿속의 지우개>라는 영화에서 배우 정우성은 슬픈 연기를 아주 훌륭하게 해낸다. 그런데 이 슬픈 영화를 보면서 감정이입을 하며 눈물을 흘리는 관객도 있을 것이고, 그냥 별다른 감정 없이 영화를 처음부터 끝까지 보는 사람도 있을 것이다.

두 사람에게는 확실한 공감력의 차이가 있는데, 둘 다 똑같은 영화를 봤지만, 한 명은 감정이입을 할 수 있기에 영화 관람의 경험이 더 즐거울 것이다. 한 가지 다행인 사실은, 공감력은 노력을 통해 개발이 가능하다는 점이다. 공감력을 끌어올리는 방법에는 단체 활동에 참여하거나 독서를 하는 방법이 있다. 여러 사람과 함께하는 운동도 좋고, 독서 모임과 같은 지역 소모임 활동도 좋다. 단체활동을 하면 다른 사람을 배려하며, 존중하는 법을 배우고 규칙을 준수하는 법도 익힐 수 있다.

또한 독서를 하면서 저자의 다양한 배경지식을 습득할 수 있고, 고전을 읽으며 그 당시 사람들의 감정을 느낄 수도 있다. 그리고 독서를 통해 다양한 맥락에 대한 경험이 쌓이게 되고 이것은 다양한 상황에 맞서 감정을 이해하고 대처하는 나만의 노하우를 축적할 수 있다.

현대 사회에서 필요한 능력은 공감력이다

현대 사회에서 성공을 위해 정말 중요하고 필요한 능력은 공감력이다. 공감력이 크면 클수록 더 큰 문제를 해결할 수 있는 기반이 마련되기 때문이다. 그리고 해결해야 할 문제의 크기가 크면 클수록 해결 후 얻을 수 있는 성공의 크기도 비례한다.

미래를 바꾸는 천재 경영자로 우리에게 잘 알려진 일론 머스크는 공감력이 올바른 지식과 행동력을 만나면 큰 문제를 해결할 수 있음은 물론, 엄청난 부 또한 만들어낼 수 있다는 훌륭한 사례를 보여준다.

그는 인터넷이 본격적으로 활성화되기 전 사람들이 음식점, 옷 가게, 미용실 등의 오프라인 사업체를 인터넷으로 쉽게 검색할 수 있게 하는 서비스를 만들었는데 이것이 그의 첫 번째 창업인 '집투(Zip2)'이다. 기존의 아날로그 형식의 비즈니스 전화번호부(Yellow Page)를 인터넷에서 검색할 수 있도록 하였고, 기존에는 없던 지도를 추가하였다.

첫 번째 사업에 성공한 뒤 그는 사람들이 편리하게 돈을 주고받을 수 있는 은행 송금시스템인 '엑스닷컴(x.com)'을 만들었다. 그리고 그는 현재 인류가 직면하고 있는 가장 큰 문제인 천연자원과 망가지고 있는 지구환경에 대한 문제를 해결하기 위해서 테슬라 전기차를 만들어 천연자원에만 의존하는 내연기관 자동차를 벗어나 전기차 시대를 활짝 열었다. 또 인류를 이전하고 우주여행을 꿈꾸며 스페이스 X 사업에 착수했다.

그는 자신의 관심사와 인생의 목표를 세계적인 공감대에 정확히 맞추었기에 그가 진행하고 있는 수많은 프로젝트가 인정받을 수 있고 크게 성공할 수 있었다.

공감력을 활용해 브랜드 가치를 높인 또 하나의 예로 업사이클(Upcycle) 브랜드인 프라이탁(FREITAG)이 있다. 10년 전 나는 유럽의 몇 나라를 방문했는데, 독일의 작은 도시에서 프라이탁이란 브랜드를 처음 접했다. 그리고 프라이탁은 버려진 천막과 자동차 방수포 등을 사용해 가방으로 재활용하는 브랜드라는 설명을 들었다. 당시엔 좋은 취지와 활용도 높은 제품이라고만 생각하고 지나쳤었는데, 해당 브랜드는 몇 년 전부터 한국에서도 인기가 많아져 지금은 여러 지역에 매장이 생겼다.

환경문제와 자원고갈에 대한 사람들의 관심은 언제나 있었지만, 특히 지난 몇 년간은 환경보존에 대한 대중의 관심이 엄청나게 높아졌다. 프라이탁은 많은 사람의 관심과 니즈를 충족시킬 수 있는 '업사이클'이라는 공감대를 충족하면서 그들의 사업을 성공적으로 확장해나갈 수 있었다.

모든 인간관계에 있어 우리는 공감력을 기반으로 한다. 대부분 비즈니스에도 마찬가지다. 공감력은 사람들의 불편함을 이해하고 해결하는 능력이 된다. 이런 공감력의 향상은 당신이 원하는 목표에 한 걸음 더 다가갈 수 있도록 큰 힘을 실어줄 것이다.

06

당신은 직관과 직감의 차이를 알고 있는가?

사전적 의미로 '직감(直感)'은 사물이나 현상을 접하였을 때 설명하거나 증명하지 않고 '감각으로' 즉 곧바로 느끼는 것이다. 예를 들어 처음 만난 사람이 당신에게 거짓말을 하고 있다고 느끼는 것은 당신의 직감이 말해주는 것이다. 반면 직관은 한자로 곧을 직(直), 볼 관(觀)을 사용하는데 감각과는 상관없이 무언가를 알게 되는 것이다.

다른 말로 직관은 생각할 수 없을 정도로 빠르게 판단되는데 무의식에 쌓여있던 과거 나의 경험 또는 지식이 바탕이 되어 빠르게 깨닫는 것을 의미한다. 한참을 해결하지 못했던 문제에 대해 갑자기 해결책이 떠오르기도 하고, 샤워하다가 문득 새로운 아이디어가 생각나는 것도 당신의 직관을 통해서 가능하다.

우리는 직감보다 직관력을 개발하는 것이 좋다. 그 이유는 직감은 오로지 나의 감각을 통해 알게 되는 것이어서 그 상황의 외부적인 환경은 물론 나의 컨디션에 따라 잘못된 판단을 내릴 확률이 있어서다. 감각이 무뎌지면 잘못된 결정을 내리기 쉽다는 의미다. 그러나 직관은 과거의 경험과 지식이 축적되어 필요한 순간에 자연스럽게 발현된다.

직관력이 떨어지는 사람은 스스로에 대해 잘 모르고 있을 가능성이 크다. 자기 자신에 대해 모르면 내가 무엇을 원하는지도 모르고, 그것은 마치 목적지가 없는 비행기를 타고 하늘만 빙빙 돌고 있는 셈이다. 반면 직관력이 뛰어난 사람은 목표를 이뤄내고 성장하는 사람이다. 그들에겐 결정할 수 있는 능력이 있기 때문이다.

'직관은 우리에게 선택의 기회를 제공하고,
행동할 수 있게 한다.'

우리는 살면서 하루에도 수백 번씩 크고 작은 결정을 내리는데, 우리가 내리는 대부분의 결정은 직관적으로 내려진다. 만약 직관력이 없다면 우리는 우유부단한 사람이 될 것이고, 아무 선택도 하지 않는 최악의 결정을 하게 된다. 우리는 직관을 통해서 우리가 가진 지식 그 이상으로 생각할 수 있다.

지식을 넘어서는
통찰력의 힘

직감과 직관을 말하면서 통찰력을 빼놓을 수 없다. 통찰력은 영어로 '인사이트(Insight)'라고 하는데, '안(In)'과 '시야(Sight)'가 결합한 단어이다. 즉 '인사이트'는 '안을 들여다보는 것'을 뜻하며 이는 '본질을 꿰뚫어 보는 것'이다. 이런 통찰력이 부족한 사람은 자신이 누구인지 잘 알지 못한다. 질문조차 못 하며 상황 파악도 할 수 없다.

즉 관점 형성에 어려움이 있다. '말 그대로 우물 안 개구리'가 되는 것이다. 게다가 쉽게 망상에 빠질 수 있다. 엉뚱한 상상을 하게 되고, 눈에 보이는 것만 좇아가며, 감정 기복이 심하고 중독에도 쉽게 빠질 수 있다. 정말 심각한 경우에는 정신 분열이나 극심한 신경증을 앓을 수도 있고, 스스로 도움이 필요한가조차도 인지하지 못한다.

'통찰력을 통해서 우리는
새로운 관점으로 세상을 꿰뚫어 볼 수 있다.'

통찰력으로 스스로에 대해 더 알아갈 수 있고, 세상을 이해하는 안목을 키울 수 있을 뿐만 아니라 새로운 관점도 얻을 수 있는 것이다.

다음은 통찰력을 강화할 수 있는 5가지 방법이다.

첫째, 명상을 한다.

마음이 분주할 때는 당신의 직관력이 힘을 발휘하지 못한다. 주위 소음을 차단하고, 5분가량 호흡에 집중해서 명상을 하며 내 머릿속에서 뛰어다니는 원숭이를 잠재우자.

둘째, 자연을 느끼며 산책한다.

나의 신체감각을 이용해 자연의 아름다움을 온전히 느끼는 것은 기분을 풀어주고, 산만한 생각을 정리할 수 있게 한다. 자연 속에 있을 때 문득 떠오르는 생각에 주목해보자.

셋째, '디지털 단식'을 한다.

아침에 눈을 뜨자마자 휴대폰을 들여다보며 하루를 시작하고, 자극적인 기사에 자신을 계속해서 노출하면 부정적인 감정에 휩싸일 가능성이 크다. 통찰력을 강화하기 위해 디지털 단식을 해보자. 긴급한 상황 외에는 메신저 알람을 꺼두고 온전히 자신만의 시간을 가져보자.

넷째, 매일 일기를 쓴다.

일기를 쓰면 자신의 마음을 들여다볼 수 있다. 머릿속으로 생각하는 것과 종이에 직접 글로 옮겨 담는 것은 완전히 다른 일이다. 하루에 단 세 줄이라도 자신의 솔직한 감정을 글로 적어본다면 큰 도움이 될 것이다.

다섯째, '꿈 노트'를 적는다.

일기와 마찬가지로 글쓰기 형식의 꿈 노트는 말 그대로 '내가 가진 꿈'을 글로 적는 것이다. 내가 원하는 것들을 최대한 자세하게 적고 상상하면서 새로운 통찰을 얻을 수 있다.

***

이외에 통찰력을 기르는 또 다른 방법으로 고전 문학 읽기를 제안한다. 우리가 태어나기도 전, 역사 속에 살았던 사람들은 오늘날 우리가 누리는 최신 기술을 접한 적이 없었다. 그러나 그들의 지능은 우리보다 조금도 떨어지지 않는다. 그들은 그들의 상황에 맞춰 살았으며 우리와 똑같이 웃고, 분노하고, 공감했다. 편리에 있어 차이점이 있었을 뿐이지 사람 사는 것은 시대가 언제이고 똑같았다.

따라서 우리는 고전을 읽으며 세상을 먼저 바라보았던 그들의 생각을 통해 통찰력을 기를 수 있다. 내가 가고자 하는 길을 먼저 가본 사람들의 이야기들은 언제나 우리에게 훌륭한 길잡이가 되어 준다.

07
당신의 언어가 당신의 인식을 지배한다

우리는 늘 글을 접하지만, 실제로 그 글을 읽고 이해하는 능력은 매우 떨어진다. 우리나라 문맹률은 1%로 글을 읽을 줄 모르는 사람은 거의 없다. 하지만 실제 문맹률은 75%로 10명 중 7명은 글을 읽고도 무슨 뜻인지 모른다고 한다.

우리는 평소에 온라인 또는 오프라인으로 다양한 정보를 취급하며 매일 글을 읽기도 하고 쓰기도 한다. 이러한 정보 교환은 우리 일상생활 속에서 불편함이 없는 수준일 뿐이지 문해력이 높다고 평가되지 않는다.

문해력은 우리가 원활한 의사소통을 하기 위해 읽고, 쓰고, 말하고, 듣는 능력을 말하는데 흔히 독해력과 같은 맥락으로 정의되기도 한다. 그러나 문해력과 독해력에는 차이가 있다. 독해력이 글을 읽고 이해하는 데 그친다면, 문해력은 글을 읽은 뒤

자기만의 언어로 '재해석하는 능력'을 말한다. 그리고 독해력은 문해력의 가장 중요한 핵심 능력 중 하나이다.

문해력의 차이가 곧 성공의 차이이다

문해력은 글자를 소리 내서 읽고 단어를 연결하며 자유자재로 쓰는 것처럼 언어의 아주 기본적인 능력부터 시작된다. 그리고 단어, 어휘, 문장을 다루고 의미를 파악하고 해석하는 독해 능력, 정보의 가치나 신빙성을 파악하고 문제를 해결하는 것까지, 정보를 습득하고 이해하고 사용하기까지의 모든 능력을 문해력이라고 볼 수 있다.

1) 현재 우리의 문해력 수준

코로나 감염증 확산으로 온 국민의 불안이 최고조에 있을 때 포털사이트에서 '양성'과 '음성'의 뜻을 검색하는 수가 엄청나게 늘었다고 한다. 광복절 연휴가 사흘 동안 지속됨을 알린 기사를 두고 많은 네티즌은 '4일'로 알고 있었던 사례도 있었다. 기사에도 '4흘'로 표시된 적이 있으니 헷갈릴 수 있을 법하다.

많은 전문가는 이러한 문해력 수준을 '독서 부족'이라 지적한다. 문해력은 독서를 통해서 높일 수 있는데 디지털 시대와 스마트폰의 일상화가 독서에 대한 필요성을 못 느끼게 했다는 것이다. 우리나라는 문맹률만 낮을 뿐 글을 읽고 이해하는 능력인 '문해력'은 OECD 국가 중 현저히 낮은 수준을 보인다.

그렇다면 이렇게 문해력이 떨어지는 이유는 무엇일까? 먼저 글을 읽고 이해해서 써야 하는 동기가 많이 떨어졌기 때문이다. 요즘에는 간단한 정보를 어려움 없이 얻을 수 있고, 생활 속 대부분 문제는 이런 수준의 정보만으로 해결할 수 있다. 전자 제품을 구매하면 설명서를 읽지 않는 사람들이 많다. 대신 온라인에서 영상을 검색해서 제품 사용 방법을 배운다.

많은 사람이 짤막한 글이나 영상만을 보거나 헤드라인만 보는 등 요약된 정보만 얻는 데 익숙해져 있다. 그러고는 읽지 않은 내용을 읽었다고 착각까지 하게 된다. 빠르고 간단한 정보를 입력하면서 머릿속을 채우지만, 사고가 확장되거나 깊이 있는 학습은 되지 않는 것이다.

결국 이러한 방식에 익숙해져 있어서 진정으로 나의 앎을 만들거나 취득한 정보를 나의 말로 표현하는 근육은 약해져 있다. 이런 식으로 정보 획득만을 목적으로 둔다면 우리는 사회에서 도태될 수밖에 없다. 앞에서도 계속 언급했듯이 인간이 기기보다 뛰어난 부분은 생각하는 능력이다. 비판적인 사고를 갖고, 창의력을 발휘하여 상상을 하는 능력은 인간만이 할 수 있다.

그렇지만 간단 정보만을 뽑아내는 것은 기계가 사람보다 훨씬 빠르고 효과적으로 할 수 있다. 생각하고 이해하는 능력이 떨어지면 기계만도 못하게 되는 것이다.

어떻게 보면 이건 기술 발달과 디지털 시대의 역설이라고 볼 수 있다. 우리는 정보 획득을 검색 엔진이나 유튜브를 통해 즉각적으로 얻을 수 있는 편한 시대에 살고 있다. 하지만 우리가 생각하고 이해하는 방법은 더 수동적으로 되어가고 있다.

예를 들어 유튜브에서 영상을 보게 되면 영상이 재생되는 그 흐름을 따라만 가게 되는데 이것은 능동적인 학습이라고 말하기 어렵다. 또한 짧은 헤드라인이나 짤막한 글을 읽는 때도 '생각의 근육'을 다양하게 사용할 수 있을 정도의 양이 되지 않는다. 게다가 이렇게 요약된 정보는 정보의 원천으로부터 2차, 3차 가공된 정보임을 기억해야 한다.

반면 긴 글을 읽거나 책을 읽게 되면 나만의 속도로 읽게 된다. 이해하기 쉬운 부분은 빠르게 읽지만, 이해가 안 되는 부분은 여러 번 읽기도 하고, 메모하기도 하며, 다른 사람들과 이야기도 하면서 더 능동적으로 그 정보를 습득하는 '근육'을 기르게 된다. 그리고 이러한 훈련의 연속이 성장으로 이어지는 것이다.

능동적인 학습이란 단순히 정보를 집어넣는 게 아니라 꺼내서 사용하는 것이다. 그리고 능동적인 학습을 통해서는 정확한 이해를 돕고 삶에 의미 있는 방식으로 정보를 사용하게 할 것이다.

'문해력은 사용하지 않으면 쉽게 잃는다.'

내가 성공과 인생에 대한 인사이트를 얻는 데 가장 도움이 된 것도 〈성공한스푼〉 채널을 운영하면서부터다. 비슷한 종류의 책을 반복해서 읽고, 그 내용을 블로그와 유튜브, 인스타그램에 공유하는 과정에서 능동적인 학습이 된 것이다. 그 결과 같은 내용을 여러 관점에서 보는 능력이 생겨났고, 나만의 언어로 재해석해서 다른 사람들에게 전할 수 있었다.

'문해력은 가짜 정보 구분에 유용하게 사용된다.'

미국에서 대학에 다닐 때 연구논문을 많이 썼다. 남의 말을 인용할 때는 특히 참고문헌을 표시하는 게 중요하다. 참고문헌을 할 때도 위키피디아와 같은 출처 불분명한 레퍼런스(Reference)를 주면 내가 쓴 글의 신빙성은 현저히 감소하고 성적도 그에 반영된다.

정보의 진실을 가리기 위해 다음과 같은 질문을 하는 게 중요하다.

첫째, 누가 이야기하며, 그 출처는 무엇인가?

들어본 적 없는 이야기를 접했다면 그 출처가 어디인지 더 파헤쳐야 한다. 인터넷은 전 세계 사람들 아무나 정보를 쉽게 추가하고 취득할 수 있는 공간이다. 이것은 우리가 다양한 출처에 자유롭게 접근할 수 있다는 것을 의미하지만, 게시된 정보가 누구나 작성했을 수 있는 만큼 항상 신뢰할 수 있거나 정확하지 않을 수도 있음을 의미한다.

정보를 검색할 때 그럴싸해 보이는 자료를 발견할 수 있다. 그러나 온라인 출처나 오프라인 출처를 보이는 그대로 받아들이면 안 된다. 정확하고 신뢰할 수 있는 정보로 주장을 뒷받침하는지 확인하기 위해 정보를 받아들이기 전에 항상 출처를 비판적으로 평가하여 신뢰성과 정확성을 테스트해야 한다.

둘째, 다른 자료는 어떻게 이야기하며, 이 주제에 대해 다른 사람들의 관점은 어떠한가?

건강에 관심이 많은 나는 건강 관련 정보 확인을 많이 한다. 예를 들어 '간헐적 단식이 좋지 않으니 아침을 꼭 먹어야 한다'라는 주장에 대해 전문가들은 반대한다. '간헐적 단식은 오히려 인간에게 아주 자연스러운 것이고 건강하다'라고 주장한다. 무엇이 맞는지 헷갈리기 마련이다. 양쪽의 의견을 잘 들어보면 어느 한쪽이 더 신빙성이 가는지 알 수 있다.

내가 보는 것 안에서만 믿는 건 상당히 위험하다. 다른 근거나 주장이 있을 수 있다는 것을 기억해야 한다. 하지만 요즘은 알고리즘으로 인해서 그저 인기 있는 콘텐츠, 또는 내가 과거에 검색했던 주제와 비슷한 콘텐츠가 나에게 계속해서 노출되기에 새로운 관점을 갖는 것은 자발적으로 찾지 않으면 어려운 환경이다.

따라서 언제나 다른 관점이 있을 수 있다는 것을 인지하고, 그 인식의 틀을 자발적으로 깨고 나오는 것이 중요하다. 질문하기를 꾸준히 연습하며 검증하는 절차가 문해력을 키워준다.

'문해력은 맥락이다.'

〈성공한스푼〉 채널을 운영하면서 뿐만 아니라 평소에 인터넷을 보면 전달하고자 하는 의도와 맥락을 제대로 파악하지 못하고 단어 하나에만 집착하는 경우를 많이 보게 된다. 쓸데없는 의미 부여를 하면서 소통 불가능한 상황을 자주 목격한다. 예를 들어 버락 오바마의 대학교 졸업 연설 영상을 편집해 올렸는데 어떤 사람은 핵심 맥락을 이해하지 않고, 오바마는 '좌파 빨갱이'라고 하는 댓글을 다는 일도 있었다.

이처럼 어떤 이들은 의도와 맥락은 상관없이 그 이야기의 한 부분만을 콕 짚어내고 연결해서 본인이 하고 싶은 말을 하며 더 이상 소통할 수 없는 상황을 만든다. 문해력에는 공감력이 필요하다. 원활한 의사소통을 위해서는 상대가 왜 이런 말을 했을까, 어떤 감정인가, 어떤 목적인가 등을 생각해봐야 하고 이해해야 한다. 상대의 의도를 알아야 건강한 대화가 가능하고 비판도 가능한 것이다.

또한, 맥락을 잘 이해하려면 어휘력이 중요하다. 어휘력은 언어적인 경험을 통해 발달 될 수 있다. 게임을 즐겨하는 사람들은 게임 용어를 잘 이해하고 게임 관련 어휘력이 좋다. 게임 경험을 통해서 어휘력을 자연스럽게 습득한 것이다. 우리가 특정 분야의 경험이 부족하면 그 맥락에서 사용되는 적절한 어휘력이 부족할 수밖에 없다.

어휘력은 경험을 통해 높일 수 있으며 맥락에 대한 이해를 돕는다. 하지만 다양한 경험을 직접 하기에는 시간과 에너지가 제한적이다. 직접적 경험을 하지 않고도 다양한 경험을 하는 가장 효율적이고 좋은 방법이 바로 독서이다.

2) 문해력을 높이는 방법

문해력을 높이는 가장 기본적인 방법은 당연히 독서이다. 하지만 요즘 사람들은 거의 책을 읽지 않는다. 전 세계 백만장자들의 85%는 매달 2권의 책을 읽는다. 세계적인 심리학자 조던 피터슨(Jordan Peterson)은 독서에 대해 이렇게 말했다.

> "책은 초상화와 같다. 사진과는 다르다. 사진은 셔터 한 번이면 끝난다. 하지만 초상화는 색을 덧칠하고, 그 위를 또 덧칠하고 몇 주 동안 같은 그림을 덧칠하며 그리기도 한다. 같은 그림이지만 깊이가 더해지는 것이다. 책은 생각을 하게 만들고, 다시 생각하게 만든다. 생각하고 또 생각하고. 책은 다른 어떠한 매체와는 달리 그러한 깊이가 있다."

전 세계 CEO들을 보면 평균적으로 일주일에 한 권의 책을 읽는다. 1년에 50권이 넘는 독서량이다. 미국 〈뉴욕타임즈〉 인터뷰에서 빌 게이츠(Bill Gates)는 일 년에 약 50권의 책을 읽는다고 말했다. 실제로 게이츠는 매년 정기적으로 2주 동안 독서를 위한 휴가를 간다.

또 일론 머스크는 어렸을 때부터 독서광이었다. 도서관에 있는 모든 책을 읽고 심지어 백과사전까지 읽었는데, 많은 책을 읽으면서 로켓 과학뿐만 아니라 물리학도 배웠다고 말했다. 오프라 윈프리는 "독서는 개인의 자유로 가는 길"이라고 말했다. 그녀는 자신이 좋아하는 책을 함께 이야기하는 자신만의 북클럽도 시작했다.

반면 우리나라의 독서실태는 어떠한가? 2021년 국민 독서실태 조사에 따르면 최근 일 년(2020년 9월~2021년 8월)간 종이책과 전자책, 오디오북을 합한 성인의 평균 종합 독서량은 4.5권이다. 일 년간 책을 한 권 이상 읽거나 들은 사람의 비율은 47.5%이다. 우리나라 성인 절반 이상이 일 년에 책 한 권도 읽지 않는다는 것이다.

앞으로 10년 동안 일주일에 한 권의 책을 읽는다면 당신의 삶은 어떨지 상상해 본 적 있는가? '올바른' 책을 읽었다는 사실을 감안해 책을 더 많이 읽는다면 더 건강하고, 더 행복하며, 재정적으로 더 성공할 수밖에 없다. 이것은 성공한 모든 사람이 알고 있는 사실이다. 올바른 책을 손에 넣을 수 있다면, 그리고 내용을 이해하고 적용한다면 나머지는 자연스럽게 흘러 들어올 것이다.

'글을 읽고, 이해하며 문해력을 기른다면 세상이 다르게 보이기 시작한다.'

자기 생각을 효과적으로 사람들에게 전달할 수 있을 때 나의 인생도 180도 바뀌게 되어 있다.

당장 실천할 수 있는 문해력 업그레이드 팁을 소개한다.

첫째, 책을 읽을 때 밑줄 긋거나 하이라이트 하지 마라.

의미 없는 행동이다. 한두 문단을 읽거나 한 장을 전부 읽고 책을 덮은 후 생각하면서 떠오르는 생각들과 기억나는 내용을 글로 옮겨 적는다.

둘째, 읽고 생각하고 쓴다. (또는 읽고 쓰고 생각한다.)

글로 옮긴 내용이 다른 어떤 부분과 연결을 할 수 있는지 생각해본다. 핵심 내용은 무엇이며, 이 내용에 신빙성은 있는지, 사실 여부나 비판할 부분은 없는지 계속 질문한다. 한 주제를 갖고 여러 가지 각도로 생각을 한다. 그러고 나면 내 것이 된다. 읽고 필기하는 것은 따로 해야 한다.

***

독서는 언제나 성공한 사람들의 습관이었다. 그러나 성공한 사람들은 '아무' 책이나 읽지 않는다. 성공한 사람들은 어떤 종류의 책을 읽는지에 대해 매우 선택적이다. 왜냐, 성공한 사람들은 책을 지식의 관문으로 여기기 때문이다.

결과적으로 그들은 마음을 키우고 삶을 개선하는 데 도움이 되는 책을 읽는다. 이것이 중요한 이유는 진정으로 가치 있는 것을 배우지 못한다면 삶이 바뀌길 기대하기란 어렵기 때문이다. 다른 말로, 지금 가지고 있는 것과 같은 수준의 지식을 유지한다면 당신 삶의 향상을 기대할 수 없다. 지식의 확장과 행동이 당신의 삶 속에 변화를 만든다.

08
흑과 백의 이분법적 사고를 벗어나라

'선과 악' 또는 '모 아니면 도', '보수 아니면 진보', '성공 아니면 실패' 등 우리는 이러한 흑백 사고의 세계에 살고 있다. 선택지가 많으면 생각의 근육을 더 많이 움직여야 하기에 이분법적 사고는 안전하다고 느끼는 것이다. 사물을 흑백으로 바라보기 때문에 둘 중 하나의 선택만 하면 된다.

흑백으로 생각하는 것은 사물을 극단적으로 보는 경향이다. 누군가는 뚱뚱하거나 말랐다. 우리는 실패자이거나 승자이다. 사람은 좋거나 나쁘다. 그래서 회색도 없고, 중간도 없고, 평균도 없다. 그러나 우리의 삶은 주로 이러한 양극 사이에서 일어난다는 것을 이해하는 게 중요하다.

우리는 완전한 실패자도 아니며 항상 모든 일을 완벽하게 하지도 않는다. 우리의 동료는 이기적인 사람도 아니고, 항상 모든 것을 완벽하게 해내는 사람도 아니다. 그리고 당신의 삶은 완벽하지 않지만, 동시에 모든 것이 나쁘지도 않다.

예를 들어 100% 선하거나 100% 악한 사람은 없다. 이 세상에서 가장 위대한 폭군도 좋은 면을 가지고 있으며 특정 사람들을 사랑과 존경으로 대한다. 마찬가지로 모든 '좋은 사람'에게도 어두운 면이 있다.

우리의 삶이 극단 사이에서 일어난다는 사실을 받아들이기가 쉽지 않은 경우가 많다. 대신 우리는 현실이 단순하기를 원하고 명확성을 원한다. 좋거나 나쁘거나. 옳고 그름. 행복하거나 불행하거나, 성공하거나 실패하거나처럼 말이다.

이분법적 사고의
문제는 무엇인가?

흑백 사고는 궁극적으로 복잡한 세상을 단순화하려는 마음에서 비롯되는 것이다. 이분법적인 사고가 나쁘다는 것만은 아니다. 도움이 되는 경우도 물론 있다. 이분법적 사고는 결정에 대한 확신이 부족할 때 도움이 된다. 사고를 피하려고 운전을 할 때 브레이크를 세게 밟는 것과 같은 즉각적인 위기에 직면했을 때 이분법적 사고가 유용할 수 있다.

또한, 이분법적 사고는 우리가 어두운 골목에서 싸우거나 도주하거나, 스키장에서 갈림길을 걷거나, 다른 관계에서 도덕적 결정과 반대되는 결정 사이에서 종종 몇 초 만에 빠른 결정을 내리는 데 도움 된다. 그러나 대부분 이분법적 사고는 우리를 극단에 빠뜨린다.

우리의 생각은 우리의 감정에 큰 영향을 미친다. 즉, 우리는 생각하는 대로 감정을 느낀다는 것을 의미한다. 그래서 흑백으로 생각하는 것은 종종 부정적인 감정으로 이어지기 쉽다. 흑백으로 생각하다 보면 한 사람이 지닌 가치나 인생 전체의 질을 일회성 사건으로 결론지을 수 있다.

예를 들어서 실수를 한다고 해서 항상 모든 일을 잘 못 한다고 결론을 내리면 실패자나 쓸모없는 사람처럼 느껴질 수 있다. 또는 누군가가 당신을 무례하게 대하고 모든 사람이 항상 당신에게 무례하다고 결론짓는다면, 당신은 자신을 하찮게 여기게 될 수 있다. 어쩌다 몇 번 일어난 일은 어느 순간부터 '항상, 절대, 전부' 또는 전무가 되어 버린다.

그리고 당신이 만든 그 프레임에 스스로 가두게 된다.

'난 항상 틀려.'

'난 아무것도 못 해.'

'난 절대 못 할 거야.'

'나 빼고 전부 다 잘해.'

흑백 사고의 문제는 정확하지 않다는 것에 있다. 반드시 회색 영역이 존재한다. 항상, 언제나, 이것 또는 저것, 우리 또는 그들, 남자 또는 여자의 관점에서 생각하는 것이 우리의 선택지를 간단하게 만들지 모르지만 실제로 세상은 그렇게 돌아가지 않는다.

우리가 이분법적 사고를 할 때, 우리의 사고는 가정을 하는 데 갇히게 된다. 그리고 범주적 사고에 갇혀 있는 것은 실제로 많은 생각을 필요로 하지 않게 한다. 새로운 경험이 기존 생각의 틀과 고정 관념에 들어맞는지 생각하지도 않고 그냥 가정한다.

이분법적 사고는 또한 갈등과 분리로 이어진다. 우리가 다른 사람들에 대해 선입견으로 추측할 때, 우리는 그들에 대한 궁금증이 생기지 않고 실제로 그들과 더 가까이하고 싶게 하는 동기가 생기지 않는다.

'흑백 사고는 자존감에 영향을 준다.'

우리 내면의 사고는 비평하는 흑백 사고를 좋아한다. 예로 한두 번의 실수는 자신을 아무것도 제대로 못 하는 실패자로 만든다. 아이가 학교에서 좋지 않은 성적을 받으면, 실패한 부모가 된다. '썸녀'가 이틀 동안 연락이 없으면, 나는 매력 없고 평생 독신으로 살겠다고 생각한다.

이렇게 흑백으로 생각하는 경우가 많으면 실수를 한 자신을 날카롭게 비판하고, 다른 사람의 비판에 대한 대처가 서툴며, 실패에 잘 대처하지 못하여 자신을 더욱 의심하게 된다. 그리고 이 모든 것은 우리의 자존감을 떨어뜨린다. 자신과의 건강한 관계는 자기 수용과 자존감에서 시작된다. 그러나 극단적으로만 생각한다면 자신과의 건강한 관계를 형성하는 것이 불가능할 것이다.

'흑백 사고는 성공에 영향을 미친다.'

삶의 어느 영역에서 성공하기 위해서는 실수, 좌절, 실패가 그 과정의 일부가 될 것이다. 가장 성공한 사람들은 전혀 실패하지 않은 사람들보다 더 많이 실패한 사람들이다. 더 많은 실수와 좌절, 실패를 경험할수록 더 많이 배우고, 무엇이 효과가 없고 무엇이 도움이 되는지 더 많이 알게 된다.

그러나 흑백으로 생각하면 실수, 좌절, 실패에 대해 자신을 가혹하게 비판하고 자신을 실패자로 볼 수 있다. 그리고 이것은 장기적으로 동기를 유지할 수 없게 한다는 것을 의미한다.

'흑백 사고는 관계에 영향을 미친다.'

인생에서 관계의 질보다 더 중요한 것은 거의 없다. 배우자, 연인, 친구, 가족, 직장 동료 등 주변 사람들은 우리 삶의 질에 막대한 영향을 미친다. 모든 인간관계에는 종종 갈등, 불일치, 실망이 있다. 흑백으로 생각하면 사람들을 사악하고 이기적이거나 무자비한 사람으로 낙인찍는 경향이 있다. 그리고 이러한 사고는 당신과 주변 사람들 모두에게 큰 문제가 된다.

누군가가 당신이 하고 싶은 것을 하지 않거나 당신을 비난한다고 해서 그들이 이기적이거나 무자비하다는 것을 의미하지는 않는다. 하지만 안타깝게도 흑백 사고에는 극단적인 해석만이 존재할 뿐이다. 당신의 배우자는 세상에서 가장 사랑하는 사람이거나 세상에서 가장 무자비한 존재이다.

그리고 당신의 상사는 역대 최고이자 가장 자비로운 인간이거나 악마 그 자체이다. 그러나 진실은 대부분 경우와 마찬가지로 그 사이 어딘가에 있다는 것이다. 흑백으로 생각하는 것은 우리 삶의 많은 부분에 부정적인 영향을 미치며 극단적으로 심각한 정신적 문제로 이어질 수도 있다.

인생관을 바꾸는 스펙트럼 사고법

그렇다면 어떻게 이분법적인 사고를 멈출 수 있을까? 이분법적 사고에 대한 해결책 중 하나는 스펙트럼 사고를 하는 것이다. 가정과 광범위한 일반화 대신 스펙트럼 사고는 전체적인 그림에 대한 이해를 넓히려고 하고 회색 영역을 탐색하는 것이다. 이분법적 사고는 우리를 극단으로 몰아넣지만, 스펙트럼 사고는 다양한 대안과 중간을 고려한다.

우리는 스펙트럼 사고를 통해 더 이상 둘 중 하나를 선택하는 상태에 머물지 않고 둘 다, 그 사이 또는 둘 다 존재하지 않는 공간에 있을 수 있다. 생각을 바꾸면 조금 더 현실적인 관점에서, 덜 극단적일 수 있다. 더 나은 결정을 내리고 어려운 문제처럼 보이는 문제들을 해결하기 위해서 스펙트럼 사고를 활용해볼 수 있다.

예를 들어보겠다.

이분법적 사고	스펙트럼 사고
취업을 할까? 사업을 할까?	취업하고 남은 시간에 사업을 시도해볼까?

▶ 둘 다 경험하기 전에는 어떤 게 더 나은 선택인지 알 수 없다.

이분법적 사고	스펙트럼 사고
전문가가 아니면 바보다	우리는 불쾌하거나 힘든 경험을 통해서, 실패와 불행에서 배움을 얻고 더 나아지며 새로운 힘을 얻는다.

▶ 전문가가 되기 전에 바보가 되어야 한다.

이분법적 사고	스펙트럼 사고
A에 취업할까? B에 취업할까?	둘 다 내 가치관과는 거리가 멀어.

▶ 시간은 충분하니 더 알아보자.

이분법적 사고	스펙트럼 사고
1억 연봉이면 성공했다고 할 수 있을까?	1억은 물론 큰돈이지만, 건강과 사랑, 행복 같은 영역도 성공에서 무시할 수 없어.

▶ 성공을 대하는 마음가짐도 중요하다.

광범위한 일반화나 가정보다는 복잡성과 회색 영역을 적극적으로 찾는 것이 스펙트럼 사고다. 속도를 늦추고, 더 많이 배우고, 익숙한 것보다 더 많은 진리를 갖게 한다. 복잡성과 불확실성을 받아들이고 자신의 전문 지식에 대해 지나치게 확신하는 대신 더 많은 것을 배우도록 동기를 부여한다.

또한, 더 겸손할 수 있고, 더 나은 배움을 얻게 된다. 옳고 그름을 넘어, 미묘한 차이를 가지고 문제를 탐구하고 해결해 나가는 능력을 길러준다. 스펙트럼 사고는 다양한 계층, 시스템 및 종속성에 대해 더 생각하게 하고 절대성은 덜 생각하게 한다. 이분법적 사고와 스펙트럼 사고에는 장단점이 있다. 그러므로 최적의 의사 결정을 위해서는 둘을 함께 사용할 수도 있다.

저녁 파티를 준비한다고 가정했을 때 사람들에게 몇 가지 선별된 선택지를 준다면 이분법 사고가 의사 결정에 도움 된다. 예로 "목요일이나 금요일 밤에 시간이 있나요?"라고 묻는 게 "언제 시간이 있나요?"라고 묻는 것보다 더 나은 응답을 받을 수 있다. 이분법적 사고가 인간의 생존에 유용하지만 다양한 경험을 하기에는 제한적이기 때문에 해로울 수 있다.

스펙트럼 사고는 사람이나 사물을 자신의 선입견 범주로 묶지 않고 서로의 다양한 관점을 갖게 해준다. 또한, 스펙트럼 사고를 기반으로 한 다양한 관점은 새로운 기회를 발견하고, 문제 해결 능력은 높이며 리스크 요소를 줄이는 데 큰 도움이 된다.

Chapter 4

당신의 모든 것이 성공 요인이다

01
강인한 정신력이 기본 장착되어야 한다

기본적으로 강인한 정신력을 장착한 사람들이 결국에는 목표를 이룬다. 어떤 사람은 뛰어난 운동선수로서의 목표를 이루고, 어떤 사람은 훌륭한 사업가로서의 목표를 이루고, 또 많은 이들이 훌륭한 부모가 되기도 한다. 이런 사람들을 보고 우리는 흔히 타고난 재능이 뛰어나거나 천재적인 지능을 가졌다고 말한다. 물론 어느 정도 맞는 말이지만 타고난 운동 신경이 있어도 프로 선수가 되지 못하는 경우도 많고, 특정 분야의 영재로 알려졌으나 오히려 남들보다 좋지 않은 현실을 살기도 한다.

실제로 여러 연구에 의하면 재능이나 지능이 성공(성취)에 기여하는 수준은 30% 정도로 생각보다 크지 않다. 오히려 성취에 더 큰 영향을 주는 것은 강한 정신력, 혹은 투지(Grit)이다. 강한 정신력은 건강과 사업, 삶의 목표를 달성하기 위해 무엇보다 중요한 역할을 한다. 물론 타고난 유전자를 바꾸거나 우리가 이것에 대해 할 수 있는 것은 별로 없다. 그러나 강인한 정신력은 개발할 수 있다.

강인한 정신력이 성공에 미치는 영향

매년 1,300여 명의 미군 육군사관학교 생도들이 웨스트포인트(West Point)에 입학한다. 이들은 엄격한 지력과 체력 조건을 충족하는 소수의 최상위 학생으로, 입학 첫해에 비스트 배럭스(Beast Barracks)라 불리는 7주간의 집중 훈련을 받는다. 비스트 배럭스는 생도들의 신체적 · 정신적 능력과 정서적 안정의 한계를 시험하고자 의도적으로 설계되었다.

일반적으로 비스트 배럭스를 성공적으로 마친 생도들은 다른 생도들보다 재능과 지능이 높거나 체력이 우수할 것으로 예측한다. 과연 그럴까? 미국 펜실베니아대 심리학과 교수이자 《그릿》의 저자 앤절라 더크워스(Angela Duckworth)는 전혀 다른 점을 발견했다.

더크워스는 웨스트포인트에서 2년간 총 2,441명의 생도를 연구했다. 주로 성취에 관한 연구를 했는데, 구체적으로 개인의 강한 정신력과 끈기, 열정 등이 목표 달성 능력에 어떤 영향을 미치는지를 연구했다. 그녀는 생도들의 고등학교 순위, SAT 점

수, 리더십 잠재력 점수, 신체적성 검사, 그리고 '그릿 척도(장기 목표에 대한 인내와 열정)'를 기록하고 면밀하게 연구한 결과를 다음과 같이 말했다.

"생도가 비스트 배럭스를 마칠는지 여부를 정확하게 예측한 것은 힘이나 똑똑함 또는 리더로서 잠재력이 아니었다. 대신 장기적인 목표를 달성하기 위한 끈기와 열정, 즉 이들의 차이는 강한 정신력이 만들어낸다는 것이다."

그릿 척도가 표준 편차 이상 높은 생도들은 다른 생도들보다 비스트 배럭스를 마칠 확률이 60%나 더 높았다. 즉 성공 여부를 예측하는 것은 재능이나 지능, 유전적 요소가 아닌 강인한 정신력이었다. 강인한 정신력과 투지가 유용한 것은 교육만이 아니다.

'단순히 재능이 성공의 전부라고 볼 수는 없다.'

더크워스는 금융, 회화, 저널리즘, 학계, 의학, 법률 등 모든 분야에서 최고의 성과를 낸 사람들을 인터뷰한 후 놀라운 결과를 알아냈다. 각자의 분야에서 성공한 사람들의 특성을 질문하자 모두 투지란 말을 자주 언급했다. 또한 그들은 엄청난 재능을 가진 동료들이 상위권에 오르지 못했다는 사실에 놀라워했다.

여러분도 이런 경험을 주변에서 본 기억이 있을 것이다. 친구가 그의 뛰어난 재능을 그저 낭비한 경우, 또는 반대로 실력이 부족해 보였던 동료가 오히려 가장 높은 성과를 이뤄낸 것처럼 말이다. 누군가는 그의 목표를 이루기 위해 오랜 시간이 걸리기도 했을 것이고, 또 누구는 얼마 못 가서 중도 포기하기도 했을 것이다. 교육, 일, 건강 등 인생의 모든 영역에서 우리의 성공을 예측할 수 있게 하는 요소는 그릿, 끈기, 강인한 정신력이다.

'성공을 이끄는 것은 재능이 아닌 꾸준함의 힘이다.'

강인한 정신력은 스트레스와 압박 속에서도 지속해서 수행할 수 있는 능력이며 인성, 회복탄력성, 투지, 인내와 같은 자질과도 밀접한 관련이 있다. 정신력이 강인한 사람은 자신의 있는 그대로를 이해하여 받아들이고, 어떤 일이 일어나더라도 기꺼이 받아들이며, 대부분 새로운 도전을 즐겨한다.

강인한 정신력이 자기중심적인 것은 아니다. 정신력이 강인하다는 것은 포기하지 않는다는 의미로, 불리한 상황에서도 이겨낼 수 있다는 자신감이 있는 것이다. 정신력이 강인한 사람은 기본적으로 꾸준함이 있다. 예를 들어 정신력이 강인한 운동선수는 다른 선수들보다 더 꾸준하다. 훈련을 놓치지 않고 과제도 놓치지 않는다. 그리고 늘 팀원들의 뒤를 봐준다.

또한, 정신력이 강인한 리더는 동료들보다 꾸준하다. 그리고 그들은 매일 이루고자 하는 목표가 있다. 단기적인 매출 부진, 부정적인 피드백, 바쁜 일정 등으로 목표를 향한 움직임을 늦추지 않는다. 이들은 주변 사람들과 같이 성장하는 습관을 갖고 있다. 그리고 이러한 습관을 계속해서 반복한다.

정신력이 강인한 작가, 예술가, 직원은 다른 대부분 사람보다 꾸준하다. 동기 부여가 있을 때만 일을 하는 것이 아니라 일정에 맞춰서 일한다. 즉 아마추어보다는 프로답게 일을 한다. 가장 중요한 일을 먼저 완료하고 맡은 일을 게을리하지 않는다.

강인한 정신력,
어떻게 개발할까?

우리는 타고난 재능과 상관없이 투지와 인내를 우리만의 특성으로 만들 수 있다. 더 꾸준한 사람이 될 수 있다. 초인간적인 수준의 강인한 정신력을 개발할 수 있다.

강인한 정신력을 개발하는 3가지 단계는 다음과 같다.

[1단계] 강인한 정신력이 무엇인지 나만의 정의를 내린다.

웨스트포인트 생도의 강인한 정신력은 비스트 배럭스를 완료하는 것으로 정의될 수도 있다. 우리는 우리의 강인한 정신력에 대해 이런 식으로 정의해볼 수 있다.

▶ 한 달 동안 하루도 빠짐없이 운동하기

▶ 일주일 동안 가공식품 먹지 않기

▶ 일정보다 빨리 업무 완료하기

▶ 일주일 동안 매일 명상하기

▶ 소통 끊긴 친구들과 토요일마다 한 달 동안 통화하기

▶ 일주일 동안 매일 창의적인 일을 한 시간 정도 하기

그것이 무엇이든지 당신이 추구하는 것이 무엇인지를 분명히 해야 한다. 강인한 정신력은 추상적인 특성이지만, 현실 세계에서는 구체적인 행동과 연결되어야 한다. 정신적으로 강해지는 방법을 마법처럼 여기면 안 된다. 실생활에서 무언가를 함으로써 자신과의 약속을 지키고, 자신을 증명하면서 개발하는 것이다.

[2단계] 강인한 정신력은 작은 성취에서 시작된다.

나약한 정신으로는 무언가에 전념하거나 꾸준할 수가 없다. 예로 운동하러 가기 전에 몸은 '가야 한다' 말하지만, 마음은 '피곤하다' 말하면서 가기 싫을 때가 있다. 또 운동하면서 10회 할 수 있는 능력을 우리의 마음은 9회가 충분하다고 말한다. 특별한 경우를 제외하고 몸이 약한 사람은 없다. 단지 나약한 정신이 몸을 약하게 만들 뿐이다.

강인한 정신력이라 하면 우리는 종종 극심한 상황을 떠올리

기 마련이다. 결승전의 승부를 가릴 때, 이별의 아픔이나 애도의 순간, 경제적 파산처럼 말이다. 물론 이런 극심한 상황에서 투지, 끈기, 정신력이 필요한 건 사실이다. 그러나 일상에서도 정신력은 매우 큰 역할을 할 것이다.

정신력은 근육과도 같다. 항상 노력해야 성장하고 개발된다. 아주 작은 성취부터 하나씩 이루는 습관이 없다면 큰 성취를 기대하기도 당연히 어렵다. 작은 것부터 성취하기로 선택만 하면 된다. 예로 팔굽혀펴기를 최대 9회까지만 해왔다면, 10회까지 하기로 선택하는 것이다. 소비에만 익숙해 있었다면 이제는 만들기로 선택하고, 대답하는 것에만 익숙했다면 질문을 더 해보기로 선택한다.

이처럼 수천 번의 작은 성취를 통해 '할 수 있다'라는 것을 스스로 증명해야 한다. 막상 해보면 쉬운데 하지 않았던 행동들을 하나씩 해내고, 이러한 경험이 계속 쌓이면서 당신의 '정신 근육'을 길러줄 것이다. 정신력은 작은 성취를 하나씩 쌓아갈 때 더욱 강해진다. 일상의 작고 기본적인 선택들로 '정신 근육'이 강해지는 것이다.

우리는 모두 강인한 정신력을 원한다. 하지만 스스로 제한된 사고가 정신력을 약하게 만드는 것이다. 하루아침에 강한 정신력의 소유자가 될 수는 없다. 모두 작은 행동 하나부터 실천하면서 강인한 정신력이 증명되는 것이다.

[3단계] 강인한 정신력은 습관이다.

동기 부여나 의지력도 활활 타오르다가 꺼지기 마련이다. 강인한 정신력은 가슴을 뜨겁게 하는 엄청난 영감이나 용기에서 생기는 것이 아니다. 대신 하루하루 계획한 일을 해내고, 어려움을 극복하고 집중력을 꾸준하게 유지할 수 있는 습관을 기르는 것이다. 물론 정신력이 강하다고 더 용감하거나 재능이 더 많거나 더 똑똑하다는 것은 아니다. 그저 더 꾸준하다는 것이다.

정신력이 강한 사람은 인생의 그 어떠한 장애물이 앞에 놓여도 자신에게 중요한 일을 해내는 집중력을 발휘하는 습관을 형성한다. 수천 번 반복한 작은 습관들이 기반이 되어 강인한 정신력이 길러지고 다른 사람과 차별화될 수 있는 것이다.

미국 최고의 자기 계발 전문가이자 《아주 작은 습관의 힘》의 저자인 제임스 클리어(James Clear)는 습관이 형성되는 5가지 방법을 다음과 같이 말했다.

▶ 나의 정체성을 구축한다.

▶ 인생을 바꾸기 전에 작은 행동부터 집중한다.

▶ 동기 부여와 상관없이 움직이게 하는 루틴을 만든다.

▶ 일정을 따르고 결과는 잊는다.

▶ 이탈하면 가능한 한 빨리 돌아온다.

자수성가한 백만장자로 유명한 제시 잇즐러(Jesse Itzler)는 "훈련은 쉽다. 꾸준한 훈련이 어려울 뿐"이라고 말했다. 결국 '좋은 습관'을 오랫동안 유지하는 것이 강인한 정신력을 만든다. 해야 할 일을 꾸준히 하거나 계획을 유지하는 능력처럼 말이다. 당신이 어떤 하나의 일을, 어떻게 하느냐가 모든 일을 어떻게 하는지를 보여준다.

02
열 배의 목표를 세우고, 열 배로 행동한다

많은 사람이 자신이 정말로 달성하고 싶은 게 무엇인지 모른 채 살아간다. 즉 자신이 진정으로 원하는 게 무엇인지 스스로 물어볼 시간을 갖지 않는다. 어떤 사람들은 겉보기에 화려할 뿐인 성공만을 좇느라 한 가지 목표에 전념하지 못한다. 또 어떤 사람들은 다른 이들에게 실망 주는 것을 두려워하여 잘못된 목표를 따른다. 제대로 된 목표가 없는 사람은 반복되는 절망과 실패를 겪으며 인생을 헤맬 뿐이다.

저마다 성공에 대한 정의가 다르고 목표도 다르다. 누군가는 매달 다른 나라를 여행하며 디지털 노마드의 삶을 누릴 수 있고, 다른 누구는 가족과 더 많은 시간을 보내는 단란한 집을 목표로 살 수도 있다.

'적절한 목표를 세우는 것이 성공에 필수적이다.'

개인이든 직업이든 적절한 목표를 설정하는 것이 첫 번째 단계이다. 하지만 많은 사람이 목표 설정부터 비참하게 실패한다. 잘못된 목표를 설정하거나 불분명한 목표를 추구한다. 그런데 잘못된 목표를 설정하는 것보다 더 안 좋은 것은 전혀 흥미롭지 않은 목표를 추구하는 것이다.

잘못된 목표는 너무 많은 에너지를 소비하기 전, 그것이 잘못된 목표라는 것을 깨달을 가능성이 있다. 그러나 흥미롭지 않은 목표를 설정하면, 그 목표를 달성할 만큼 동기 부여가 없어서 진전을 이루기 어렵다. 결과적으로 진전이 없다면, 자신의 목표 달성 능력에 대한 믿음까지 약화하기 마련이다.

반대로 너무 낮은 목표는 자기 잠재력에 비해 작은 성취를 하도록 설정하는 것이다. 평균 수준의 목표를 설정하면 당장 목표를 달성했을 때 기분은 좋겠지만, 결국 당신은 여전히 평범할 것이다.

원하는 것을 실현하는 목표 달성법

세계적인 세일즈 트레이닝 전문가이자 《10배의 법칙》의 저자인 그랜트 카돈(Grant Cardone)은 "'평균'은 실패한 공식"이라고 말했다. 그래서 평균보다 10배 더 큰 목표를 설정하고, 현재보다 10배 더 많은 행동으로 목표를 따라야 한다고 주장했다. 그래야만 실제로 목표를 달성할 수 있고, 궁극적으로 자기 삶을 크게 만들 수 있다.

'큰 꿈을 꿀 수 있는 것은 설레는 일이다.'

우리가 실제로 큰 목표를 달성했다면 그 삶이 어떨지 잠시 생각해보면 가슴이 웅장해지면서 흥분된다. 목표 설정이 우리의 의지력을 결정하며, 달성 가능성에 대한 흥분은 우리를 행동하게 만든다. 즉 날마다 자신이 열망하는 큰 꿈을 생각하고, 그 꿈의 현실에 대한 비전을 갖고 살 때 우리는 목표를 향해 나아갈 것이다. 설령 너무 바빠서 스스로 불쌍히 여기는 시간 낭비를 하지 않을 것이다.

우리가 실제로 큰 목표를 달성했는지와 상관없이 우리의 삶은 이 새로운 생활 방식으로 인해 상당히 풍요로워진다. 그리고 시간이 지나면서 우리는 이전과 다른 사람으로 변한다. 자신을 불쌍히 여기지 않는 사람, 혹은 '그럴 수 있었던 일'에 시간을 보내지 않는 새로운 사람으로 변한다. 왜냐하면 믿고 있는 가능성을 좇느라 매우 바쁘기 때문이다.

'우리는 우리의 한계를 모른다.'

우리 자신과 우리가 성취할 수 있는 모든 것에 대한 진정한 믿음이 필요하다. 물론 현실은 많은 사람이 스스로에 대한 부정적인 생각과 신념을 어느 정도 가지고 있다. 이러한 생각의 근원은 부모일 수도 있고, 동료나 친구일 수도 있다. 또는 각자 자기 자신일 수도 있다. 이런 부정적인 생각은 우리가 할 수 있다는 생각에 큰 제약을 가한다.

그런데 목표를 설정하면 이러한 제한적인 신념이 머릿속을 항상 맴돈다. 그러면서 '무엇이 옳은지', '무엇을 성취할 수 있는지' 생각하게 하고, 궁극적으로 목표를 설정할 때 '현실적인' 지시를 한다. 이렇게 스스로 만들어낸 제한은 득보다 실이 더 많다.

우리는 자신의 한계를 모르는 경우가 많다. 마음은 그렇지 않다고 할 수 있지만, 우리 대부분은 우리가 생각하는 것보다 10배 더 많은 것을 성취할 수 있다. 믿음의 도약을 하고 당신을 흥분시키는 동시에 불편하게 만들 만큼 큰 목표를 설정하는 것이 중요하다.

한계를 시험하는 유일한 방법은 한계를 밀어붙이는 것이다. 10배의 목표를 갖는 것은 당신이 있는 곳을 넘어서 더 큰 일을 성취하는 데 집중할 이유를 줄 것이다. 자신의 한계를 넘어서면 이전에 가능하다고 생각했던 것보다 훨씬 더 높은 목표를 달성할 수 있을 것이다. 새로운 한계를 발견하게 될 것이고 그것 자체로 성취가 될 수 있다.

나는 회사의 '편안함'을 떠나 내 사업을 시작하겠다고 결정했을 때 큰 목표를 설정하는 가치를 경험했다. 이러한 결정은 확실히 나를 스스로 가두고 있던 한계를 뛰어넘어야 한다는 것을 느끼게 해주었다. 나는 영업에 더 친숙해져야 했고, 그 속에 나 자신을 던져놓고 더 눈에 띌 수 있도록 노력해야 했다. 거절과 불확실성에도 더 익숙해져야 했다.

높은 목표를 통해 경험한 개인적 성장은 정말 보람 있는 일이었다. 다른 사람들이 정한 나의 한계를 믿고 안전한 선택만을 고수했다면 이런 경험은 절대 하지 못했을 것이다.

'평범한 목표는 평범한 결과를 낳는다.'

평범한 목표 설정은 피하는 것이 좋다. 평범한 목표에는 노력과 시간 투자에 대한 충분한 가치가 없다. 우리는 충분히 잘할 수 있다. 평범한 목표에는 충분한 동기 부여가 없다고 많은 사람이 느낀다. 어떠한 설렘도 없고 영감도 부족하다. 그래서 훌륭한 결과물로 이어지는 경우도 드물다. 평범한 목표는 평범한 행동을 요구하고, 결국 평범한 결과물을 낳는 것이다.

반면 목표를 업그레이드하고 다음 단계로 넘어갈 때는 '진짜' 행동을 취하기 시작한다. 경계를 허물고 경쟁을 뛰어넘을 수 있는 결과를 얻을 수 있다.

평범한 목표에는 한 가지 공통점이 있다. 그다지 어렵지 않다는 것이다. 결과적으로 약간의 노력을 기울이려는 사람이라면 누구나 쉽게 달성할 수 있다. 평범한 목표는 기본적으로 진입 장벽이 낮다. 예로 너무 많은 사람이 사업이나 전공 등 같은 유형의 목표를 추구하면 그 분야가 곧 혼잡해질 수 있다. 그리고 그 과열된 경쟁은 다른 사람들로부터 차별화되기 어렵다.

만약 그동안 평범한 목표를 세우기만 했다면 이제부터는 더 큰 목표를 추구해 보길 바란다. 처음에는 어렵거나 불가능해 보일 수 있지만, 나중에는 자기 잠재력에 놀라게 될 것이다.

'크게 생각하면 더 큰 아이디어가 생긴다.'

모든 행동은 '아이디어'에서 시작된다. 또 아이디어는 '생각'에서 시작된다. 그리고 모든 생각은 '의도'에서 시작된다. 크게 생각하고, 크게 행동하는 것이 큰 성공을 위한 기반을 닦아 놓는 것이다. 만약 평범함을 목표로 삼았다면 생각하지 못했을 크고 대담한 아이디어는 크게 생각했을 때 떠오른다. 견고한 추진력을 만들고 꿈을 이루는 것은 다른 사람들이 거의 생각하지 못하는 규모로 생각하는 것이다.

당신의 비범한 생각과 아이디어는 당신을 나머지 사람들과 차별화하는 요소가 될 것이다. 예로 혁신가인 스티브 잡스는 항상 큰 생각을 가졌다. 그렇게 함으로써 그는 우리가 살고 일하는 방식을 변화시킨 상징적인 브랜드를 만들어냈다. 이처럼 크게 생각하면 더 크고 더 나은 아이디어를 생각해 낼 수 있는 위치에 서게 될 것이다.

***

10배의 목표를 설정하는 게 비현실적이라 생각할 수도 있다. 현실적이지 않아도 상관없다. 현실적인 것은 종종 잠재력을 가두기만 할 뿐이다. 하늘을 나는 자동차, 인간의 달 착륙, 인터넷, 스마트폰 등 많은 것들이 처음에는 비현실적으로 보였다. 그러나 누군가는 이러한 비현실적인 목표의 가능성을 믿었다. 그리고 그 과정에서 그들은 가능성에 대한 우리의 믿음을 확장했다. 그러니 스스로 준비되었다면, 이제 큰 목표를 세워보자.

03
포기하지 않고 큰 목표를 실현하는 방법

대개 사람들은 무언가 새로운 도전을 할 때 성공하지 못할 경우를 대비한다. 실패를 대비하는 것은 물론 좋은 전략이다. 특히 부양해야 하는 가족이나 책임감 등 다른 요인이 있다면 중요하다. 그래서 직장을 다니며 자기 사업을 준비하는 것도 흔히 볼 수 있다. 하지만 어느 시점부터는 더 성장하고 성공하기 위해서는 더 이상 돌아갈 곳도 없고, 절대 실패하지 않는다는 마음가짐이 필요하다.

항상 실패에 대한 대안만 고민한다면, 다음 단계로 성장하는 데 필요한 결정과 위험을 감소하는 데 어려움이 있거나 판단력이 흐려질 수 있다. 그렇다고 잘 다니고 있는 직장을 무모하게 그만두라는 말은 아니다. 단지 스스로 판단했을 때 절실함이 부족하다고 여겨진다면 과감하게 퇴사를 고민해봐야 한다. 사업을 하거나 인생의 새로운 여정을 떠난다는 건 두려운 일이다.

나도 두려웠다. 그 상황에서 벗어나고 싶다는 절실함이 컸기 때문에 퇴사라는 무모한 결정을 내렸다. 처음에는 뭐를 어떻게 해야 할지도 모르겠고 그저 막막함이 가득했다. 하지만 어떠해서든 내가 원하는 삶을 주도적으로 살고 싶은 열망이 강하게 있었다.

포기하지 않는 한
실패하지 않는다

어느 정도 성과를 이룬 나는 '어떻게 포기하지 않고 계속 나아갈 수 있는 원동력이 생기느냐'는 질문을 종종 받는다. 그 해답은 바로 이 이야기에 있다.

중국의 춘추시대, 불패의 전략가로 알려진 손무(손자)는 자신이 쓴 《손자병법》에서 이렇게 말했다.

'새로운 영토로 진격할 때 그들의 배를 불태우고 뒤에 있는 다리를 파괴하도록 군대를 훈련하라. 도주할 수 있는 선택권이 없는 병사들은 그들의 목표보다 더 우세하다.'

절세의 명장으로 추앙받는 이순신 장군도 이와 비슷한 말을 남겼다.

'반드시 죽으려 하는 자는 살고,
요행히 살고자 하는 자는 죽을 것이다.'
(필사즉생/必死則生, 행생즉사/幸生則死)

그렇다. '이거 아니면 절대 안 된다'라는 절실함과 마음가짐은 우리에게 초인간적인 힘을 불어넣는다. 이런 절실함이 있었기에 나는 내가 해야 할 부분이 무엇인지 알아내고, 책을 읽고 공부하면서 실력을 쌓았으며 한 가지씩 실행했다.

물론 처음에는 우여곡절과 시행착오가 있었고, 쉬운 것이 하나도 없었다. 아침부터 저녁까지 나의 사업을 위해 많은 결정을 내려야 했고, 원하는 결과를 만드는 데 필요한 것들을 열심히 했다. 그런데 '나의 일'이란 개념이 강하게 생기자 주인의식을 갖게 되었고, 계속해서 '잘 해내고 싶다'라는 욕심까지 생겼다.

실패는 같은 결과를 가져오지 않지만, 때로는 그렇게 보일 수도 있다. 절실함이 있다면 생존할 수 있을 것이고, 회복도 할 수 있다. 결국 실패로부터 번성할 수도 있다. 그러나 실패를 두려워하고, 실패에 대한 대비에만 에너지를 쏟으면 성공을 이루기 위한 에너지를 빼앗긴다.

희생이 따른다는 것을 이해해야 한다

때로는 원하는 것을 얻기 위해 희생할 수 있어야 한다. 그렇지 않으면 원하는 것을 희생하게 될 것이다. 물론 희생은 어렵고 아프다. 하지만 반복된 희생은 복리이자처럼 결국 크게 돌아온다. 우리 인생은 마라톤이다. 만족감을 지연하는 건 어렵지만, 장기적인 목표를 달성하려면 단기적인 작은 희생을 감수해야 한다.

단기적 희생은 나중에 더 크고 영구적인 보상을 약속한다는 것을 의미한다. 만족 지연은 지금 열심히 일하고, 인내하고, 단기적인 희생을 하는 것이 전부다. 그래서 목표를 달성하고 나중에 보상받을 수 있게 된다.

천재 사업가이자 천재 마케터로 불리는 게리 베이너척(Gary Vaynerchuk)은 만족 지연에 대해 이렇게 말했다.

> "나는 장기적인 행복을 위해 단기적인 쾌락을 희생하는 것의 중요성을 배웠다. 인생은 긴 게임이다. 그리고 사업을 시작할 때, 첫해에는 사업을 키우는 것 외에는 어떤 것도 집중할 수 없다는 결정을 내렸다. 하루에 18시간씩 가족들의 시간을 할애해서라도 말이다. 하지만 2, 3년 후, 내가 아이들을 데리고 출장을 가서 세상을 보여주면서 우리는 그 혜택을 누리게 된다."

단기적인 희생은 목표에 더 가까이 다가가게 해줄 미래에 대한 투자로 생각하면 된다. 만약 계속 투자한다면, 시간이 지남에 따라 상당한 수익을 볼 수 있다. 그러나 즉각적인 만족을 선택한다면, 기껏해야 지금 있는 그대로 머물게 될 것이다. 심지어 즉각적인 만족은 목표에서 더 멀어지게 할 것이다.

단기적인 희생은 복리 효과 때문에 장기적인 성공으로 이어진다. 개인의 행동이 순간적으로 작게 느껴질 수도 있지만, 시간이 지나면서 눈덩이처럼 커지게 된다. 우리가 취하는 각각의 행동은 우리를 목표에 더 가까이 가거나 더 멀리 가게 한다. 한 발 물러서서 시간이 지남에 따라 행동을 살펴보고 어떻게 원하는 결과로 이어지는지 확인해야 한다.

인생을 바꾸는 동기 부여와 성취감

의미 있는 일은 외적인 동기보다는 내적인 동기에 의해 추진된다. 외적 동기는 주로 보상을 받으려고 어떤 일을 할 때 묘사한다. 더 높은 급여와 더 나은 복리후생 때문에 당신은 새로운 직업을 가질지도 모른다. 그다음 다른 사람이 설정한 임의의 목표에 도달하기 위해 일주일에 60시간씩 일한다. 결국, 몇 년 후 다른 누군가가 당신을 평가할 때 이력서에는 좋게 보일 것이다.

내재적 동기는 훨씬 풍부하다. 예를 들어 학생의 성장에 영감을 받은 선생님이나 건강 증진을 목표로 하는 의사를 생각해 보자. 내재적 동기 부여는 당신이 하는 일의 의미에서 비롯된다. 보상이 없어도 하고 싶은 일에 마음이 움직인다.

지금 우리 사회는 내적 가치보다 지위, 명예, 이력서의 가치를 너무 중시하기에 어떤 이들은 학력을 위조하기까지 한다. 이러한 성취에 대한 견해는 건강에 해로운 수준의 자기 집착, 시기, 남과의 비교로 변한다.

외부 보상에 초점을 맞추면 그러한 보상의 가능성이 줄어든다. 명예나 돈이 유일한 동기인 사람이 부자나 유명인이 되는 경우는 드물다. 이러한 이유로 매일 아침을 맞이하지만, 막상 아무 일도 일어나지 않는다면, 후회하면서 인생을 되돌아보게 될 것이다.

그러나 내재적 보상에 초점을 맞춘다면 삶을 더 잘 통제할 수 있고 더 생산적이라고 느낄 것이며 자신이 자초한 조건적인 행복의 감옥에 갇히지 않을 것이다.

외부 보상은 통제할 수 없다. 사람들은 순위와 허영 지표와 같이 통제할 수 없는 일에 많은 에너지를 낭비한다. 그러나 만족스러운 삶을 살고 싶다면 에너지를 쏟을 가치가 있는 것은 일 자체뿐이다. 우리가 통제할 수 있는 유일한 것은 노력이다.

외부 보상만을 바라면서 그 보상을 받지 못한다면, 실망만 더 커질 것이다. 내적 동기 부여의 힘을 활용할 수 있을 때 성과가 크게 향상될 뿐만 아니라 외적 결과도 더 좋아질 것이다.

실패와 좌절의 순간을 받아들여야 한다

성공은 무자비하다. 성공으로 가는 길은 무거운 배낭을 메고 산을 오르내리는 것과 같다. 이 힘든 여정 동안 포기하고 싶은 생각이 자주 들지만, 계속해서 등반하는 과정에 에너지를 집중해야 한다. 일반적으로 목표를 향해 노력하고 있다면 분명 힘들고 긴 여정이 될 것이다. 거절과 좌절도 직면하게 될 것이다. 사람들에게 조롱도 받을 것이다. 실패를 견뎌야 하고 계속 버텨야 한다. 그것이 인생에서 의미 있는 것을 성취하기 위한 대가이기 때문이다.

모든 성공한 사람 뒤에는 실패한 세월이 많이 있다. 힘든 시기를 이겨내면서 정신력과 인격은 강해진다. 물론 처음에는 맨땅에 헤딩하는 기분이 들겠지만, 어떻게 그곳에 도착했고 다음에 무엇을 하지 말아야 하는지 알게 된다. 실패에서 배우고 자신감을 얻고 앞으로 나아간다. 성공을 향한 여정은 실제로 달성하기도 전에 성취에 합당한 사람으로 당신을 변화시킬 것이다.

'실패는 모든 성공의 어머니'라는 말이 있다. 패배를 맛본 적이 없다면 진정으로 승리를 맛보기 어렵다. 빌 게이츠는 "성공은 사람들이 실패할 수 없다고 생각하게 만들기 때문에 형편없는 교사"라고 말했다. 즉 실패 없이는 성공도 없는 것이다. 우리는 실패를 경험하거나 성공의 기쁨을 경험한다. 그러므로 실패와 좌절, 힘든 시기가 불가피하다는 점을 이해해야 한다.

테슬라(Tesla)는 2021년에 자동차 판매에서 처음으로 이익을 보고했다. 18년 동안 기대한 결과를 보지 못했음에도 불구하고 경기에 계속 임했다. 그러나 그들은 변명하지 않았다. 그들은 성공을 추구하는 데 가차 없었다. 그들은 계속해서 제품을 개선하고 전략을 수정했으며 그 결과는 이제 모두가 알게 되었다.

날씨가 항상 맑을 수는 없다. 때로는 비가 오더라도 비가 그치고 나면 다시 해가 뜰 것이다. 이것이 우리가 인생이라고 부르는 것이다. 역경과 실패는 반드시 겪을 것이지만, 견디고 포용하면 성공과 좋은 때가 온다. 그것이 순환이고 인생이다. 우리는 여기에서 도망칠 수 없다. 따라서 실패와 좌절을 겪는 것은 매우 정상적이라는 것을 잊어서는 안 된다.

실패와 좌절 없이는 진정으로 성공할 수 없다. 실패는 성공의 반대가 아니다. 실패는 성공의 요인이다. 실패하면 배운다. 그리고 배우면 더 나아지고 더 성공하게 될 것이다.

작은 행동도 큰 파급 효과를 일으킨다

큰 꿈을 꾸는 것도 좋지만, 무모하게 뛰어드는 것에는 위험이 따른다는 것을 기억해야 한다. 큰 것을 성취하기 위해서는 아주 작은 것에서 시작하는 것이 중요하다. 야망에 찬 목표를 더 작고 성취하기 쉬운 크기로 나눠야 한다. 그리고 그 안에서 작은 습관들을 오랫동안 쌓아온다면 큰 목표를 완수하는 데 수월할 것이다.

나는 처음 달리기를 시작했을 때 먼저 작은 습관부터 형성했다. 전날 밤 미리 운동복을 정리해서 아침에 가장 먼저 입었다.

그리고 체육관에 갔을 때 매일 10분씩 러닝머신 위를 걸었다. 이렇게 작은 습관을 몸에 익히 후, 수십 년 동안 시도했지만 실패했던 10km 마라톤을 처음으로 완주했다.

아주 작은 습관이 변화를 만든다는 주장은 새로운 것이 아니다. 그러나 사람들은 여전히 삶에 적용하는 것을 어려워한다. 어떤 이들은 큰 목표에는 반드시 큰 실행이 따른다고 생각으로 작고 사소한 목표를 평가절하한다. 하지만 일상의 작은 변화조차 이뤄내기 어렵다. 현실적으로 하룻밤 사이에 극적인 행동 변화를 일으킬 가능성은 희박하다는 것이다. 그렇지 않으면 이미 오래전에 했을 것이다.

우리는 종종 작은 변화에 대한 저항도 과소평가한다. 우리의 일상과 뿌리 깊은 행동에 대한 모든 변화는 어렵다. 습관을 최대한 작게 쪼갠다. 말도 안 될 정도로 작게 쪼갠다. 예를 들어 책 읽는 습관이 없는 사람이 갑자기 매일 1시간씩 책을 읽는다면 매우 힘들다. 45분도 길고, 30분도 길다. '이 정도까지 작은 습관이 가치가 있을까?' 의문이 들 만큼 작은 것에서부터 시작하는 게 핵심이다.

만약 책 읽는 습관을 시작한다면 매일 밤 한 단락을 읽는 것부터 시작해야 한다. 즉 책을 펼쳐 읽는 아주 쉽고 작은 행위부터 습관을 들인다. 아주 작은 습관의 장점은 매일 최소한의 노력만으로도 수행할 수 있다는 것이다. 새로운 습관은 자연스러워질 수 있을 때까지 매일 하는 것이 중요하다. 새로운 습관이

작으면, 그 습관을 미루고 싶은 마음도 그만큼 줄어든다.

하지만 그 일의 크기와 상관없이 다른 일에 방해를 받거나, 핑계가 생기거나, 잊어버리는 경우는 꼭 있다. 그러므로 아무 생각 없이 하는 습관과 함께하거나 바로 직전에 새로운 습관을 수행해야 한다. 매일 밤 한 단락씩 책을 읽어야 한다면 양치를 하면서 읽어볼 수 있다. 매일 30초씩 명상을 한다면 커피가 끓는 동안 실행하면 된다.

시작부터 큰 목표를 향해 성급하게 뛰어드는 것은 종종 시간 낭비이다. 대신 몸이 기억할 때까지 조금씩 점진적으로 조정하는 것이 핵심이다. 작게 시작하면 큰 결과를 얻을 수 있다.

04
누구나 가치 있는 사람이 될 수 있다

목표를 세우는 것은 보이지 않는 것을 보이는 것으로 바꾸는 첫 번째 단계이다. 당신도 간절히 원하는 목표가 있을 것이다. 원하는 것을 얻을 수 있는 가장 확실한 방법은 먼저 그것을 가질 수 있는 사람이 되는 것이다. 예를 들어 세계적인 축구선수가 되고 싶다면, 그러한 축구선수에게 필요한 역량에 필요한 기술을 익혀야 한다. 100억대의 자산을 가진 부자가 되고 싶다면, 그러한 부를 얻을 수 있는 역량이 있는 사람이 되어야 한다.

말 그대로 나 자신이 먼저 가치 있는 사람이 되면, 그에 합당한 가치가 따라오게 된다. '가치가 있다'라는 것은 내가 제공할 수 있는 '어떠한 것(Value)'으로 인해 다른 사람이 혜택을 얻을 수 있다는 의미이다. 가치를 제공할 수 있는 사람에게 더 많은 기회가 주어진다. 하지만 나로 인해 아무것도 얻을 것이 없다면 나와 함께 할 사람은 없을 것이다.

가치는 꾸준한 배움과 경험에서 만들어진다

당신이 현재 어디에 존재하는지와 상관없이 지금 하는 모든 일에는 배움이 있다. 배움은 내적 성장과 직접적인 연결이 되며, 목표를 이루기 위한 수단과 도구를 갖춘 가치 있는 사람으로 만들어 준다. 이 세상에 하찮은 일이란 없으며 모든 것에 배움이 있다. 무엇이든 배우려고 하는 자세만 있다면 어느 곳에 있든지 배울 수 있다.

나는 미국 동부에서 학교를 졸업하고, 서부의 캘리포니아에서 첫 직장 생활을 시작했다. 고등학교와 대학교를 미국에서 졸업하고 오랜 시간을 미국에서 지내다 보니 학교를 졸업하고 한국에 돌아가기 전에 꼭 한번은 미국에서 직장 생활을 경험해보고 싶었다. 그래서 여러 회사를 물색한 뒤 여기저기 지원서를 보냈고 캘리포니아에 있는 한 회사로부터 연락을 받았다.

이 회사는 공압 기계를 이용해 생산설비 자동화 부품과 시스템을 제조하고 판매하는 회사였다. 나는 관련 분야에 아무런 지식과 경험이 없었기에 처음에는 전화로 주문을 받고 영업조직을 지원하는 일부터 시작했다. 비교적 작은 규모의 회사에서 나는 여러 가지 업무를 병행해야 했다. 영업을 지원하기 위해 매일 재고를 확인했고, 다양한 서류를 다루었으며, 급한 일이 있을 때는 창고에서 물건을 포장해 배송을 돕는 일도 했다.

일을 시작한 뒤 1년간은 이렇게 단순하고 반복적인 업무가 지속되었다. 끊이지 않는 전화 받기와 많은 서류작업은 때때로 나를 지치게 했고, 내가 제대로 일하고 있는 것인지 회의감마저 들기도 했다. 그래도 나는 유학생 신분의 나를 고용해준 회사에 감사했고, 맡은 일에 최선을 다하면서 나의 가치를 증명하려고 노력했다.

회사는 나의 근면 성실한 모습을 높게 평가해주었고, 나에게 영업 부서에서 일해보지 않겠냐는 제안을 해주었다. 처음 제안을 받았을 때 나는 현지인들을 상대로 한 영업에 대한 두려운 마음이 들었지만, 망설이지 않고 바로 해보겠다고 말했다. 충분히 준비되었다고 느끼지 않았지만, 기회가 주어졌을 때 잡아야 한다고 생각했기 때문이다.

그날부터 나는 회사 내 유일한 한국인 영업사원이 되었다. 그 후로 나는 각종 박람회도 참가하고, 미국의 넓은 땅덩어리 탓에 4~5시간을 운전해서 고객을 만나러 가기도 했다. 학교에 다니며 외국인 친구들을 많이 사귀었기에 영어로 소통함에 있어선 문제는 없었지만, 학업을 위한 공부를 하며 친구들과 소통한 것은 현지인들을 상대로 물건을 팔아야 하는 것과는 조금은 다른 느낌이었다.

당시 사회 초년생이었던 나는 경험도 부족했고, 적은 월급을 받으며 일한다는 게 쉽지는 않았다. 하지만 모든 것에 배움이 있다는 생각으로 열심히 일했다. 혼자 살면서 모든 일을 다 처리해야 했기 때문에 힘든 부분도 많았지만, 지금 뒤돌아보면 모든 게 다 배움이었고 감사한 마음이 든다.

나는 회사에서 실제로 많은 것들을 배울 수 있었는데, 특히 여러 부서에서 다양한 사람들과 함께 일한 경험이 지금의 내 사업을 운영할 때 정말 큰 도움이 되었다. 일반적으로 중요해 보이지 않은 일도 맡아서 해본 덕분에 지금은 어떤 문제를 마주하든지 다양한 방면에서 생각할 수 있는 관점이 생겼고, 이것은 나를 한 단계 더 가치 있는 사람으로 만들어주었다.

앞서 언급했듯이 이 세상에 절대 하찮은 일이란 없다. 모든 일에서 배움을 얻을 수 있기 때문이다. 예를 들어 편의점에서 아르바이트를 한다면 어떤 사람이 어떤 물건을 좋아하고 구매하는지 소비자의 구매패턴을 파악할 수 있다. 또 어떤 제품은 왜 잘 판매되는지, 어떤 제품은 왜 판매가 안 되는지 제품을 분석해 볼 수도 있다.

또한, 가격은 어떠한 구조로 책정되고, 행사 기간에 특별한 프로모션과 이벤트는 어떤 방식으로 진행되는지도 배울 수 있다. 심지어 진상 고객이나 취객을 마주하는 상황에서도 예기치 않은 긴급한 상황에 대처하는 법이나 상대방과 소통하는 방법 등을 배울 수 있을 것이다.

회사에서 사무직으로 일한다고 가정해보자. 회사가 취급하는 제품이 어떻게 생산되고, 판매되며, 마케팅은 어떻게 진행되는지, 판매 후 고객관리는 어떻게 이루어지는지에 대한 전체적인 흐름을 배울 수 있다. 조직 내 인간관계에서도 배울 점이 있다. 사무적으로 어떻게 하면 보다 효율적으로 일할 수 있을지 생각해 볼 수 있다.

하나의 일을 하더라도 앞과 뒤를 이어서 생각하며, 내가 하는 일이 다음 단계에서 어떻게 이어질지 고민하고, 어떻게 하면 더 좋은 결과를 만들 수 있을지 계속 생각하며 일하면 내가 속해 있는 단체의 성장은 물론 개인적인 발전에도 엄청난 도움이 될 것이다.

동기부여는 시작하게 하고 습관은 계속 나아가게 한다

우리는 배움을 멈췄을 때 비로소 늙는 것이며 배움이 없다면 더 이상의 성장도 없다. 내가 〈성공한스푼〉 채널을 시작한 계기도 배움을 통해 가치 있는 사람으로 한 단계 더 성장하기 위함이었다. 그리고 내가 배운 것을 남들과 공유했을 때 그것이 진정한 '나의 앎'이 된다는 것을 믿었다.

지금은 〈성공한스푼〉 채널을 통해 일정한 수익을 만들고 있지만, 처음 활동을 시작하고 1년 가까이는 전혀 수익이 없었다. 아니 수익 발생은 기대하지도 않았다. 대신 많은 사람과 함께 배우고 성장할 수 있는 가치 있는 계정을 만드는 것에 집중했다. 그리고 내가 꾸준히 가치를 제공하면 새로운 기회도 생길 것이라 믿었다.

이렇게 할 수 있었던 이유는 나의 내면에 다른 사람들과 함께 성장하고자 하는 열망에 있었기 때문이다. 나에게 이 일은 스트레스가 아닌 열정이었다. 콘텐츠를 제작해 〈성공한스푼〉 채널에 올리면서 따뜻한 메시지와 응원의 글을 받을 때면 더 큰 열정과 더없이 많은 보람을 느꼈다.

흔히 현대 사회는 전문가의 시대라고 말한다. 예전과 달리 요즘은 평생직장이라는 의미가 줄어들었고, 전문적인 분야에서 지식을 쌓고 자신의 역량을 활용하는 경우가 많다. 물론 아직 많은 사람이 학교 졸업 후 취업이라는 과정을 밟고 있지만, 자신의 개인적인 열정을 따라 학교를 졸업한 뒤 곧바로 사업을 시작해 대단한 부를 이룬 젊은 사업가들도 많아졌다.

만약 내가 원하고 할 수 있는 일이 있다면 투잡, 쓰리잡도 가능하다. 직장 생활을 하면서 온라인 사업을 시작할 수도 있고, 일하면서도 틈틈이 글을 쓰거나 그림을 그리며 창작활동을 이어 나갈 수도 있다. 그리고 이런 여러 가지 활동을 통해 새로운 걸 배우고, 축적한 기술을 통해 시너지 효과를 낼 수도 있다. 한 가지를 뛰어나게 잘하는 것보다 몇 가지 잘하는 것을 합쳐서 더 큰 결과를 만들어내기도 한다.

그래서 우리에게는 독창성이 중요하다. 모든 사람에게는 독창성이 있다. 그리고 개인의 독창성을 잘 활용했을 때 대체 불가능한 사람이 될 수 있다. 독창성을 발휘하며 개인적인 열망을 통해 롱런(Long-run)할 수 있는 방법은 '무엇이 내 가슴을 뛰게 하는지'와 '내가 스트레스가 아닌 열정을 가지고 할 수 있는 것'은 무엇인지 파악하는 것이다. 원하는 것이 있다면 그것을 얻을 수 있는 자질 있는 사람이 되는 것이 먼저다.

어떤 이들은 자기계발서는 전부 똑같은 이야기의 반복이고, 그 내용도 책을 판매하려는 상술에 지나지 않는다고 말한다. 그런데 그런 사람들은 입으로는 그렇게 말하면서 정작 스스로 발전하고 성장하려는 노력은 하지 않는다. 이미 본인은 다 알고 있다는 태도로 할 수 없다는 핑계만 대는 것이다.

동기부여를 통한 자기 계발은 몸을 깨끗이 하기 위해 샤워를 하는 것과 비슷하다. 샤워는 매일 해야 한다. 만약 어제 씻었으니 오늘은 씻지 않고 잠들면 몸에서 불쾌한 냄새가 날 것이다. 따라서 우리는 계속해서 발전하려는 열망과 노력을 습관으로 만드는 것이 중요하다. 결국 습관이 쌓여 결과를 만든다.

05
두려움을 극복하고 자기 사업을 하라

지금까지 당신에게 필요한 여러 기술에 대해 알아봤으며 앞으로 그 기술들을 어떻게 활용할지에 대한 목표를 설정했다. 이제 사회가 원하는 경쟁에서 벗어날 각오가 되었으며 나만의 사업을 시작할 준비가 되었는가? 그렇다면 이제 제로섬 게임을 벗어날 준비가 되었다.

많은 사람이 사업을 시작하기에 앞서 여러 가지 이유로 망설이는데, 가장 큰 이유는 바로 돈이 부족하다는 것이다. 하지만 사업을 시작할 때 반드시 많은 돈이 있어야 시작할 수 있는 것은 아니다. 돈 핑계는 대부분 시도하지 않는 자신을 합리화하는 행동에 불과하다.

대부분의 큰 사업들도 작은 단계에서 시작되었다는 것을 이해해야 한다. 1976년, 스티브 잡스와 스티브 워즈니악(Steve

Woznia)은 그들의 차와 계산기를 팔고 마련한 1,500달러의 자본금으로 애플을 시작했다. 래리 페이지(Larry Page)와 세르게이 브린(Sergey Brin)은 자본금 없이 대학교 기숙사에서 구글을 만들었고, 추후 10만 달러의 투자를 지원받아 지금의 구글이 되었다. 이 외에도 페이스북, 써브웨이, 고프로, 이베이 등 여러 성공한 기업들은 무자본 혹은 매우 적은 자본으로 사업을 시작하였다.

사업을 시작하기 위해 돈이 필요하다는 건 변명밖에 되지 않는다. 돈이 있으면 물론 도움이 될 수는 있다. 하지만 절대 필수는 아니다. 실제로 큰돈이 필요하다면 투자를 받으면 된다. 당신에게 훌륭한 아이디어가 있고, 지식과 기술로 뒷받침할 수 있는 걸 증명해서 투자자들을 설득할 수 있다면 돈은 문제가 되지 않는다. 또 투자자들을 설득할 능력이 있다면 무자본으로 일반 소비자들을 설득하는 것에도 큰 어려움은 없을 것이다.

사업에 필요한 건 돈이 아닌 가치를 제공하는 것이다

돈이 중요한 게 아니라 앞에서 언급했듯이 먼저 본인이 가치를 제공할 줄 아는 사람이 되는 것이 중요하다. 자신에게 기본적인 능력과 지식이 있다면 많은 자금 없이도 실행할 수 있는 방법을 찾아서 빨리 실행하는 것이 더 중요하다. 그래야 어떤 부분이 잘 안 되고 있고, 어떤 부분이 잘되고 있는지 분석할 수 있다.

그래서 부족한 부분을 고쳐나가거나 새로운 사업을 해볼 수 있게 된다. 수익이 생기기 시작하면 그때 그 수익을 재투자하거나 투자자를 찾아가서 사업을 확장하는 것이다. 아이디어 단계에서 투자받는 것보다 어느 정도의 성과를 기반하면 투자를 받을 수 있는 확률도 더 높아진다.

누구에게나 해결하고 싶은 문제나 고민이 있다. 당신은 그 문제들을 해결해줌으로써 사업을 시작할 수 있다. 돈을 버는 모든 행위의 핵심은 문제 해결에 있다는 것을 기억해야 한다. 모든 문제가 기회이다. 매일 주변 사람들과 거리의 사람들을 관찰하다 보면 문제점들을 발견하게 된다. 그때마다 노트에 필기하면서 해결 가능한 문제점들을 차곡차곡 늘려나간다면, 이 노트가 곧 당신의 사업 아이템이 될 것이다.

예를 들어 다이어트가 고민이라면 다이어트 코칭 사업을 통해 문제를 해결할 수 있고, 웹사이트가 필요한 사람들을 위해서는 웹 디자인 및 개발 사업을 통해 문제를 해결할 수 있다. 취업 고민이 있는 사람들에게는 취업 컨설팅 사업을 통해 문제를 해결할 수 있다.

어떤 분야든 크게 상관없다. 다시 말하지만, 사업을 시작하기 위해 가장 먼저 필요한 건 돈이 아니라 가치를 제공할 수 있는 사람이 되어야 한다는 것이다. 그리고 그 가치를 효과적으로 사람들에게 전달하는 과정이 바로 사업이다.

중요한 건 콘텐츠 연결과 관계성이다.

전 세계 가장 영향력 있는 비즈니스 전략가로 손꼽히는 세스 고딘(Seth Godin)은 "제품을 생산하여 부를 쌓아가는 산업사회 시대는 끝나고, 앞으로는 '연결'과 '관계'에서 가치가 창출되는 '연결 경제(Connection Economy) 시대'가 시작될 것"이라고 밝혔다. 즉 기존 구조에 따르는 게 아닌 개인의 본성에 충실할 때 각자 '정말 잘할 수 있는 일'이 가치를 인정받는 시대가 된 것이다.

'관심에는 돈이 따른다는 것을 기억한다.'

요즘에는 인스타그램, 유튜브, 틱톡, 블로그, 팟캐스트 등 다양한 플랫폼을 통해 콘텐츠를 만들고 나누면서 돈이 없어도 사람들의 관심을 얻을 수 있다. 당신의 콘텐츠가 충분히 가치가 있다고 판단되고, 그런 가치 있는 콘텐츠를 꾸준히 만들어낸다면 구독자는 계속 늘어날 것이다. 구독자들은 곧 당신의 제품이나 서비스를 구매해 줄 잠재고객이나 마찬가지다.

당신에 대해 전혀 모르는 사람보다는 당신을 알고 있는 구독자들이 당신의 제품이나 서비스를 구매해줄 확률이 훨씬 높다. 따라서 구독자들에게 구매를 유도하는 것이 유료 광고를 하는 것보다 당연히 투자수익률(ROI)도 높을 것이다.

물론 사업 종류에 따라 SNS가 필요 없을 수도 있다. 하지만 세스 고딘이 말한 '연결 경제의 시대'에는 엄청난 도움이 될 것이다. SNS로 새로운 사람들을 만나게 될 것이고, 그 사람들을 통해 더 많은 기회를 얻게 될 것이며, 결국 당신 사업 분야의 정보를 더 얻게 될 것이다. 사람들과의 연결은 확실히 실보다는 득이 크다. 그리고 SNS 플랫폼이 사람들과의 연결을 더 쉽게 해준다.

'당장 SNS를 시작해서 사람들의 관심을 얻어라.'

구독자를 모으는 과정은 생각보다 오래 걸릴 수 있으니 최대한 빨리 시작할수록 유리하다. 오래 걸릴 수 있다는 것을 염두하고, 구독자 수에 너무 신경 쓰지 않는 것이 중요하다. 그렇지 않으면 금방 실망하거나 포기할 수도 있다. 당신의 사업 카테고리에 맞춰서 사람들에게 가치 있는 콘텐츠를 만드는 데에만 집중하는 점이 가장 중요하다.

'어떻게 해야 더 좋은 콘텐츠를 만들 수 있을까?'를 고민하고, 타 계정들을 벤치마킹하여 배우면서 콘텐츠의 가치를 높이는 것에만 집중한다. 그렇게 꾸준히 하다 보면 어느새 많은 사람이 당신의 콘텐츠에 '좋아요'를 누르고, 당신의 계정을 구독하고 있을 것이다. 그리고 잠재고객이 확보되면 가치 있는 서비스나 제품 판매를 시작한다.

우리는 현재 다양한 사업을 운영하고 있는데, 모두 무자본으로 SNS를 가장 먼저 시작했다. 본격적인 제품 판매에 앞서 특정 카테고리의 고객층이 궁금해하는 정보를 공유하면서 구독자들을 모으는 것에 집중했다. 그리고 제품이 준비되었을 때 이들을 상대로 판매를 진행한 결과 기대 이상의 매출 효과를 만들어냈다.

'성공한스푼'만의 SNS 운영 노하우

현재 〈성공한스푼〉 계정은 인스타그램과 유튜브, 틱톡을 운영하고 있는데 총 21만 명의 구독자를 보유하고 있다. 〈성공한스푼〉 계정의 대부분 수익은 광고에서 발생한다. 〈성공한스푼〉의 주제가 자기 계발, 동기부여, 건강, 사랑 등 '자기 발전'에 초점을 맞춘 만큼 출판사와의 협업으로 도서 광고를 진행하는 것이 수익의 가장 큰 비중을 차지하고 있다.

그 외에 마케팅 제휴로 수익이 발생한다. 이 수익은 직장인 평균 월 소득의 두 배 가까이 된다. 사실 큰돈은 아니지만, 우리의 주업이 아닌 부업을 통한 수익이라는 점을 생각하면 꽤 매력적인 수익이다. 앞으로 〈성공한스푼〉은 출판(종이책, 전자책)과 강의, 상담, 컨설팅 등 다양한 경로로 사업을 확장하면서 더욱 많은 사람들의 문제를 해결해 줄 계획이다.

여기서 지난 18개월간의 경험을 토대로 〈성공한스푼〉만의 SNS 운영 노하우 8가지를 공유한다.

(1) 나의 지적 호기심을 자극하는 분야를 선택한다.

제작자 역시 배울 점이 있거나 발전할 가치가 있어야 한다. 발전하면 만족감이 생길 뿐만 아니라 꾸준히 할 수 있는 동기가 생긴다. 많은 사람이 SNS를 시작했다가 쉽게 포기하는 이유는 단기간에 수익을 얼마나 만들 수 있는지에만 초점을 두기 때문이다. 그러나 콘텐츠를 제작하는 과정에서 스스로 배울 점과 성장할 요소가 있다면 쉽게 지치지 않을 것이다. 그러면서 꾸준하게 지속적인 운영을 통해 새로운 방법과 스킬을 터득할 수 있다. 예를 들어 단순히 글쓰기와 말하기에 초점을 둔 것이 아닌 영상 편집, 사진 보정, 디자인 등 모든 기술적인 면에서도 발전할 수 있다.

(2) 진정성을 갖는다.

자신은 하지 않는 것을 남들에게 권유하거나 가르치려 하지 말아야 한다. 결국 모두 들통나고 그동안 쌓아왔던 신뢰와 이미지도 무너지게 될 것이다. 몇몇 인플루언서의 사례를 보더라도 이런 경우가 많다. 예로 먹방 유튜버가 음식을 먹다가 뱉어내거나 사용하지도 않는 물건을 광고하는 것처럼 말이다. 거짓말은 꼬리가 길면 잡히는 법이다. 가장 공감할 수 있는 콘텐츠는 진정성 있는 스토리가 담겨 있는 것이다. 그리고 이것이 영향력이 된다.

(3) 악플에 신경 쓰지 않는다.

모든 것은 의견일 뿐 진실이 아니다. SNS 운영은 대중을 상대로 하는 만큼 각자 다른 의견을 가지고 있다. 즉 모든 사람을 이해시키고 만족시키는 것은 불가능하다. 사람들은 오직 그들의 인식 수준 안에서 모든 것을 이해한다. 그러니 쓸데없는 에너지 낭비는 줄이고, 기존에 갖고 있던 '가치 창출' 목적에 집중해야 한다. 만약 본질을 흐리는 악플이 달렸을 때는 무시하거나 지워버리는 게 나의 시간과 정신건강을 챙기는 현명한 방법이다.

(4) 콘텐츠 아이디어가 필요할 때 댓글을 본다.

대개의 악플은 아무 의미 없이 악의적이지만, 때로는 새로운 콘텐츠를 만들어내기 위한 영감을 줄 수도 있다. 예를 들어 누군가를 비난하는 댓글이 달린다면 '비난하는 사람들의 특징'이나 '비난하는 이유', '비난하지 않는 방법', '비난을 피하는 방법' 등과 같은 아이디어를 추출할 수 있다. 그리고 자기 계정의 댓글 외에 비슷한 계정에 달린 댓글을 보며 새로운 콘텐츠 아이디어를 얻는 것은 물론 그들이 듣고 싶은 이야기를 들려줄 수 있다. 댓글을 통해 사람들이 평소에 느끼는 감정과 생각을 알아낼 수 있기 때문이다.

(5) 외부 도구를 최대한 활용한다.

시간이 없어서 SNS 운영을 하지 못한다는 것은 사실 핑계일 뿐이다. 하루에 한두 시간만 할애하면 누구나 SNS로 사업을 키워낼 수 있다. 콘텐츠는 스케줄링이 가능하다. 내가 원하는 시간에 미리 콘텐츠 게시를 예약할 수 있고, 자신의 스케줄에 맞춰서 제작 시간을 조율할 수 있다. 예를 들어 다음 주의 일정이 매우 바쁘다면, 주말에 작업을 하고 며칠간의 콘텐츠를 만들어 스케줄링을 할 수 있다.

(6) 질보다 양에 더 집중한다.

물론 그 양에는 괜찮은 수준의 질이 기본이 되어야 한다. 하지만 질에 너무 많은 시간을 할애한 나머지 양을 포기해서는 안 된다. 어떤 콘텐츠가 좋은 콘텐츠가 되는지는 아무도 모른다. 좋은 콘텐츠 여부는 구독자들이 판단하는 것이기에 콘텐츠를 올리고 나서야 좋은지 아닌지 알 수 있다.

많은 시간과 노력을 기울여 만든 콘텐츠도 반응이 없을 수도 있고, 쉽게 대충 만든 콘텐츠가 좋은 피드백과 엄청난 반응을 받는 일도 있다. 따라서 100점짜리 콘텐츠 한 개를 만들기보다 70점짜리 콘텐츠를 두세 개를 만드는 게 효율적이다. 어느 정도 수준의 질을 유지하면서 최대한 많은 콘텐츠를 만드는 것이 핵심이다.

(7) 다양한 플랫폼을 활용한다.

인스타그램, 유튜브, 틱톡, 팟캐스트, 페이스북, 블로그 등 다양한 플랫폼을 활용할 수 있다. 플랫폼마다 콘텐츠가 전달되는 방법도 다르고, 사용자의 특성도 모두 다르다. 또한, 사용자의 연령대와 성별, 분포가 저마다 다르기에 나의 콘텐츠가 어디에 더 적합한지 알 수 없다. 그러므로 나의 콘텐츠를 각 플랫폼에 게시한 후 더 잘되는 플랫폼에 더 많은 자원을 투입하는 게 좋다.

(8) 새로운 기능을 활용한다.

플랫폼마다 새로운 기능이 자주 업데이트된다. 그리고 각 플랫폼은 많은 사용자가 그 기능을 사용해주길 원한다. 플랫폼 회사는 당연히 새롭게 만든 기능을 아무도 사용하지 않는 것을 원하지 않을 것이다. 그래서 그 새로운 기능을 사용하는 계정은 알고리즘 혜택을 받게 된다. 〈성공한스푼〉 계정도 인스타그램에서 릴스(Reels) 기능을 처음 선보였을 때 최대한 많이 활용하면서 팔로우 수가 기하급수적으로 증가하는 것을 경험했다.

***

많은 사람이 스타벅스 커피를 사 마시는 이유는 스타벅스가 최고의 커피를 만들어서가 아니다. 스타벅스가 가장 잘 알려진 커피 브랜드이기 때문이다. 아무리 내가 실력이 좋고, 최고의 제품을 제공한다고 하더라도 나에 대해 모르는 사람은 나를 위해 지갑을 열지 않을 것이다.

SNS는 사람들과 친해질 수 있는 훌륭한 매개체로 돈이 전혀 들지 않는다. 예전에는 TV나 신문, 잡지 등에 광고비를 써야 소비자들에게 나를 알릴 수 있었지만, 이제는 SNS를 통해 무료로 사람들에게 다가갈 수 있다. 따라서 SNS를 하고 있지 않다면 당신은 많은 기회를 버리고 있는 것이나 마찬가지다.

06
생각의 힘이 미래의 성공을 결정한다

우리 인생에서 가장 우선시할 것 중 하나로 사고방식, 즉 생각을 강조한다. 때로는 능력과 열의보다 중요한 요소가 바로 '생각의 힘'이다. 만약 부정적인 생각을 지닌 사람이라면 아이러니하게도 능력이 있으면 있을수록, 또 열의가 강하면 강할수록 그 결과는 실패가 될 확률이 높다.

하버드대학교 심리학과 교수이자 '마음 챙김의 어머니'로 불리는 엘렌 렝어(Ellen Langer)의 이야기를 소개한다.

어느 날, 외딴 시골 마을을 방문한 엘렌 렝어는 그곳에 사는 75~80세 노인들을 대상으로 일주일 동안 20년 전과 똑같이 젊게 행동할 것을 요구했다. 노인들의 건강 상태는 이미 좋지 않았는데, 그들이 지내는 장소 또한 마지막 생애를 보내기에 굉장히 어둡고 칙칙한 분위기였다.

실험 시작 전, 엘렌 렝어는 그 장소를 20년 전처럼 보일 수 있게 바꾸었다. 흑백 TV를 설치했고, 당시 유행하던 노래를 트는 등 그 공간에서 노인들이 20년 전으로 돌아갔다고 믿게끔 개조한 것이다. 또 한 가지, 모든 거울을 없애 노인들이 자기 모습을 볼 수 없게 하였다.

그렇게 일주일 후 엘렌 렝어는 다시 노인들을 방문해서 그들의 상태를 자세히 점검했다. 결과는 매우 놀라웠다. 그들의 시력과 청력은 좋아졌고, 몇몇은 지팡이조차 짚지 않을 정도로 건강 상태가 좋아졌다. 단지 20년 전으로 돌아갔다는 믿음으로 일주일을 지냈을 뿐인데 엄청난 변화가 일어난 것이다.

당신이 믿는 것을 통해
새로운 현실을 창조한다

엘렌 렝어의 실험 이야기처럼 몸과 마음은 본질적으로 하나이며, 몸과 마음의 힘을 길러주는 생각에는 엄청난 힘이 있다. 당신은 '생각하는 힘'을 믿지 못하겠는가?

이에 관한 짧은 테스트를 해보자.

① 먼저 오른손을 들고, 검지손가락을 앞으로 쭉 뻗는다.

② 뻗은 검지손가락을 오른쪽으로 움직이고, 최대한 멀리까지 가리킨 후에 멈춘다.
(멈춘 자리를 정확히 기억해 놓는다.)

③ 올린 오른손을 내리고 눈을 감는다.

(그리고 머릿속으로 상상만 한다.)

④ 방금 한 행동처럼 오른손 검지손가락을 쭉 뻗고, 오른쪽으로 최대한 멀리까지 가는 상상을 한다.

⑤ 당신의 몸이 고무처럼 쭉쭉 늘어나며, 오른쪽으로 한 바퀴 돌 때 몸이 끝까지 돌아갈 수 있다고 상상한다.

⑥ 몸이 더 늘어나서 세 바퀴, 네 바퀴까지도 돌아갈 수 있다고 상상한다.

(상상을 마치고 눈을 뜬다.)

⑦ 다시 한번 오른손을 들고 검지손가락을 쭉 뻗은 뒤, 조금 전 오른쪽으로 돌면서 뻗은 것과 똑같이 해본다.

⑧ 이번엔 어디까지 돌릴 수 있을지 확인해본다.

자, 결과가 어떠한가? 처음에 가능했던 지점보다 더 멀리 가지 않았는가? 당신은 처음보다 25% 더 멀리까지 손을 뻗을 수도, 어쩌면 50%가 넘게 더 멀리 뻗을 수 있었을 것이다. 단지 상상을 했을 뿐인데 가능한 것이다. 사실 당신에겐 처음부터 가능한 일이었지만, 가능하다고 믿기 전까진 가능하지 않았다.

생각의 힘을 말하면서 '끌어당김의 법칙'을 언급하지 않을 수 없다. 당신은 끌어당김의 법칙을 믿는가? 나는 이것을 경험했다. 아니, 지금도 계속해서 경험하고 있다. 나는 매일 아침 해가 뜨기 전에 일어나 '확언 노트'를 적으면서 하루를 시작한다.

이때 반드시 이미 이룬 것처럼 현재 시점으로 적는다.

예를 들자면 이런 식으로 확언 노트를 작성한다.

'나는 건강하고 행복하다.'

'나는 남을 잘 돕는다.'

'나는 수 없이 많은 훌륭한 리더들을 양성하는 학교를 설립했고, 운영 중이다.'

이렇게 상상한 것을 계속해서 적으며 상상을 반복하면, 내가 이미 그렇게 된 것 같은 느낌을 받는다. 그래서 내가 원하는 그 사람이 할 만한 말과 행동을 하게 되고, 이는 놀라울 만큼 내가 원했던 목표들을 빠르게 끌어당기게 된다. 또 아침마다 확언 노트를 작성하는 것 이외에도 나는 내가 이루고자 하는 것들을 음성으로 녹음해서 매일 듣는다. 차를 타고 갈 때나 잠자기 전에도 계속해서 듣는다.

확언 노트도, 음성녹음도 누군가는 '이렇게까지 해야 하나' 묻는 사람도 있겠지만, 내가 이렇게까지 하는 이유는 단 하나다. 내가 원하는 것을, 내가 이미 이룬 것처럼, 나의 무의식에 집어넣기 위해서다. 그리고 실제로 효과가 있으므로 계속해서 하는 것이다.

무의식의 힘은 상상을 초월한다

우리는 자신의 결정이 이성적이라 생각했지만, 지나고 보면 무의식이 내린 결정이었다는 것을 알아채기도 한다. 이런 무의식을 잘 관리하고 활용한다면 실제로 엄청난 힘을 발휘한다.

예를 들어 당신이 그랜저라는 차를 사고 싶다고 해보자. 단순한 관심을 넘어 '반드시 가져야만 하겠다'라고 마음먹으면, 당신이 길거리를 걷다 차를 볼 때마다 유독 그랜저 차량이 눈에 자주 띌 것이다. 또 당신이 성인 남자이고 이미 군대에 다녀왔다면, 군인 시절 휴가를 받아 밖에 나가면 이상하리만큼 다른 군인들이 눈에 띄던 것을 기억할 것이다.

마찬가지로 당신이 결혼해서 아이가 있다면, 예전엔 잘 보이지 않던 당신 자녀 또래의 아이들이 눈에 보일 것이다. 전보다 아기용품들도 훨씬 더 눈에 들어올 것이다. 당신의 무의식 속 특정한 공간에 생각과 신경이 집중되기 때문이다. 따라서 당신이 원하는 것들과 얻고자 하는 것들에 집중하면, 당신은 그것을 반드시 끌어당기게 될 것이다.

'당신이 원하는 성공은 스스로 끌어당겨야 한다.'

다른 어떤 누구도 당신을 위해 성공을 가져다주지 않는다. 긍정적인 생각을 하고, 감사하는 마음을 품고 있다면 당신에게는 기쁜 일만 생길 것이다. 그러나 만약 당신이 부정적인 사람이고, 매사에 똥 같은 생각만 한다면, 당신은 그런 똥 같은 일들을 끌어당길 것이다. 말 그대로 똥을 끌어당기는 거대한 똥 자석이 되는 것이다.

당신의 성공을 의심하지 마라. 세상에서 가장 의미 없는 것이 자신의 성공을 의심하는 것이다. 왜 의심이 의미 없는 쓰레기인지 물어본다면 답은 매우 간단하다. 당신은 무언가를 도전한다면 언제나 2가지의 결과를 얻을 수 있다. 바로 성공하느냐, 실패하느냐이다.

당신이 도전에 성공한다면? 당연히 축하할 일이다. 그러면 당신의 원대한 목표를 이루기 위해 내일 아침에도 똑같이 일어나 계속해서 앞으로 나아가면 된다. 그러나 실패했다면? 안 된 일이다. 기분도 별로 일 것이다. 하지만 상관없다. 내일 아침에 일어나 조금은 다른 방법으로 다시 앞으로 나아가면 된다.

2가지 결과 모두 당신의 목표를 이루기 위해서 똑같은 여정을 계속하며 앞으로 나간다는 사실에 전혀 다른 게 없다. 잊지 말자. 자신의 성공을 의심하는 것은 의미 없는 시간 낭비일 뿐이다. 당신이 원하는 모든 것을 얻을 수 있다고 믿어라. 무조건 해낼 수 있다고 믿어라. 믿고, 믿고 또 믿어라.

07
당신에게는 성공 시스템이 있는가?

우리가 원하는 성공을 얻으려면 목표가 있어야 한다는 것은 모두 알고 있다. 그런데 목표를 세우고 나서 그 목표만 추구하다 보면 예상하지 못한 위험 요인에 빠질 수 있으며, 간혹 목표에 자신을 몰아세워 포기하는 일이 벌어지기도 한다. 목표는 중요하다. 그러나 목표에 걸맞은 시스템이 있어야 한다.

목표를 달성하는 순간은 세상을 다 얻은 기분일 테지만, 반복된 삶 속에서 다시 새로운 목표를 세워 노력하는 삶을 반복해야 한다. 목표에 시스템이 더해지면 매 순간 판단하고 노력해야 하는 번거로움 없이 안정적인 삶을 살 수 있다. 따라서 당신에게는 성공의 시스템이 필요하다. 시스템은 당신이 원하는 것을 자동으로 얻게 해줄 것이다.

목표보다 중요한 건 안정적인 시스템이다

시스템은 장기적인 목표와 원대한 꿈을 달성하게 해준다. 예로 당신의 목표가 멋진 몸을 만드는 것이라고 가정해보자. 먼저 다이어트로 체중 감량 목표를 세우고 몸무게 10Kg을 빼는 과정에 있다. 그런데 체중을 줄이는 목표에만 집중해서 노력한다면 금방 지칠 수 있다.

다이어트를 해본 사람 중에 소위 '입이 터지는' 경험을 해본 사람이 있을 것이다. 한밤중에 너무 배가 고파서 사과를 먹었는데 갑자기 입맛이 돌기 시작한다. 그리고 갑자기 눈에 띈 식탁에 있던 빵도 맛있어 보여 집어먹는다. 빵을 먹고 나니 목이 말라 냉장고에 있던 주스를 한 모금 마신다. 이렇게 하나씩 먹다 보면 나도 모르게 라면 물을 끓이고 있게 된다.

물론 체중 감량에 대한 당신의 열정은 하루 이틀, 일주일, 아니 한 달까지도 지속될 수 있다. 그러나 맛없는 닭가슴살과 샐러드를 먹으면서 몸무게를 감량하는 데는 한계가 있다. 이런 방법으로 10Kg, 20Kg 등 얼마든지 몸무게를 뺄 수는 있다. 그러나 단 한 번의 '입 터짐'으로 모든 게 물거품이 될 수도 있다.

반면 당신이 건강한 식습관과 꾸준한 운동이라는 시스템을 삶에 적용한다면 스트레스는 훨씬 적게 받으면서도 자연스럽게 체중 감량과 건강함을 얻을 것이며, 멋진 몸을 만드는 목표도 이룰 것이다.

우리는 시스템 안에서 살아가고 있다

목표보다는 시스템을 만드는 데 먼저 집중해야 한다. 눈앞의 목표만 달성하기 위해 지름길을 찾고, '얕은 노력'으로 목표를 성취한다고 해도 그 만족은 오래가지 않는다. 설령 뭔가를 성취했어도 한 달만 지나면 또 다른 결과를 얻기 위해 고군분투해야 한다. 그러나 당신이 진정한 가치와 명분을 갖고 일한다면 그 과정 자체가 이미 성공이며, 당신은 계속해서 행복감과 만족감을 느끼며 지속적인 노력을 할 수 있다.

시스템을 만드는 것은 새로운 습관을 형성하는 일이기도 하다. 습관이 생기면 당신의 목표로 알아서 한 발짝씩 가게 된다. 누구나 다 아는 뻔한 사실이지만, 당신의 일상이 언제나 행복할 수는 없다. 가끔은 아주 최악의 상황이 생길지도 모른다. 분명 당신은 지칠 것이고, 때로는 아무것도 하기 싫은 날도 올 것이다.

모든 게 당신의 계획만큼 이뤄지지 않을 것이다. 믿었던 사람이 당신을 화나게도 슬프게도 할 것이다. 그러나 당신이 시스템 안에서 살아간다면, 당신은 그냥 계속해서 앞으로 나아갈 것이다. 이 모든 것이 가능한 이유는 바로 당신은 시스템 안에서 움직이기에 가능한 것이다.

예를 들어 당신이 건강을 챙기기 위해 매일 야외운동장에서 3km 조깅하기를 결심했다. 그런데 비가 내리는 날엔 몸 젖기 싫어서 나가지 않고, 더운 날씨에는 땀 흘리기가 싫어 나가지 않고, 전날 무리한 업무로 피곤해서 나가지 않는 일이 반복되고 있다. 그렇다면 과연 언제나 조깅을 할 수 있을까?

당신에게 완벽한 날은 절대로 오지 않는다. 모든 일에 완벽한 타이밍은 없기 때문이다. 시작하는 방법은 그만 말하고, 이제 행동해야 한다. 가장 단순하지만 확실한 방법은 '그냥 하는' 것이다. 다시 한번 말하지만, 우리는 시스템 안에서 움직이면 그만이다.

08
성공의 키포인트는 생산성 향상이다

세상에는 많은 것이 불공평하다. 자신과는 무관하게 태어나면서부터 금수저와 흙수저로 나누기도 하고, 경제적 부와 사회적 지위에서 차별되는 조건들이 우리를 억누른다. 그러나 전 세계 누구에게나 매우 공평하게 주어지는 단 한 가지가 있다. 바로 시간이다. 우리에게는 '하루 24시간'이라는 똑같은 시간이 주어진다.

그런데 공평하게 주어지는 시간만큼 그 결과도 같을까? 어떤 사람은 주어진 시간 안에 훨씬 더 많이 가치 있는 일을 해내지만, 다른 어떤 사람은 매우 적은 양의 일밖에 하지 못한다. 결국 차이는 '생산성'에서 온다. 주어진 시간에 얼마만큼의 가치 있는 성과를 만들어 낼 수 있는지로 평가된다.

여기서 오해하지 말아야 할 한 가지가 있다. 생산성은 단순히 짧은 시간에 많은 일을 해내는 것이 아닌 나에게 중요한 일, 우선순위의 일을 잘 해내는 것이다. 즉 생산성이란 나에게 의미 없고 불필요한 일을 하는 것이 아니라 가장 중요하며, 가치 있는 일을 주어진 시간에 얼마만큼 할 수 있는지를 뜻한다. 이런 생산력의 차이가 곧 삶의 차이를 발생시킨다.

같은 직장을 다니는 A와 B 두 사람이 있다. 두 사람은 같은 나이에 비슷한 경력과 지능을 가지고 있지만, 생산성에 대한 평가는 상반된다. 과연 A와 B는 회사에 어떤 가치를 제공하며, 두 사람에 대한 회사의 평가는 어떠할까? A는 일할 때 집중해서 시간을 효율적으로 사용하는 능력이 있다. 이를 활용해 중요한 일을 더 잘 해내면서 훌륭한 성과를 만들어냈다. 결국 회사에서 높은 생산성을 인정받은 A는 자신감도 생겼고, 언제나 당당한 모습을 보인다.

반면 B는 항상 시간에 쫓긴다. 일할 때 분주하고 바쁘지만, 늘 생산성이 낮다는 평가를 받는다. B는 어떤 일이 더 중요한지 일의 우선순위를 제대로 파악하지 못했다. 눈에 보이는 일 처리에 급급했고, 여러 가지 일을 동시에 했기에 시간에 쫓겼다. B는 회사에서 자신의 노력을 인정받지 못해 우울감에 빠졌고, 늘 피곤해하며 패배감마저 느낀다.

높은 생산성을 추구해야 혁신이 이뤄진다.

2019년 발생한 코로나19 바이러스 확산은 개인의 일상과 업무 환경을 바꿔놓았다. 가장 눈에 띄는 건 근무 형태의 변화이다. 회사는 이런 변화 속에서 업무 공백을 없애기 위해 재택근무와 같은 비대면 형태 업무를 도입했는데, 대개 이전보다 업무량이 훨씬 많아졌다고 한다. '위드 코로나 시대'가 본격화된 지금은 회사별로 전적인 재택근무나 사무실 근무와 재택근무를 병행하는 등 다양한 근무 형태가 생겨났다.

어찌 보면 비대면 업무 형태가 훨씬 효율적이며 빠르게 업무를 처리하는 기회를 제공한 듯 보이지만, 실상은 이전보다 업무를 방해하는 요인이 더 많아졌다. 가장 큰 요인은 업무와 일상을 구분하기 어려워졌다는 것이다. 늘어난 업무량으로 개인 시간에 일하거나 반대로 업무 시간에 개인 활동을 하는 일이 빈번하게 발생한다. 한동안 '코로나 블루'가 이슈였다. '코로나19'와 '우울감(Blue)'이 합쳐진 이 단어는 일상의 큰 변화로 생긴 우울감과 무기력증을 뜻한다.

장기화된 재택근무가 우울감과 무기력증에 무관하다고 볼 수는 없을 것이다. 우울한 삶에서 벗어나 주도적인 삶을 살고 싶은가? 생산성을 높일 수 있는 4가지 방법을 활용해보자.

1) 우선순위 설정과 파레토 법칙

앞서 언급했듯이 생산성은 '얼마나 바쁘게 하루를 보냈는가'가 아닌 '얼마만큼 자신이 목표한 중요한 일들을 제대로 성취했는가'로 평가되어야 한다. 따라서 제일 먼저 해야 할 일은 나에게 가장 중요한 일이 무엇인지 파악하는 것이다. 제대로 우선순위를 파악하기 위해 이런 방법을 사용해보자. 먼저 '나에게 중요한 일' 10가지를 노트에 적는다. 순서 상관없이 생각나는 대로 적어본다.

그다음 적은 목록을 살펴보고 가장 중요한 3가지 일을 고른다. '무슨 일이 있더라도 무조건 하는 일', '중요하고 급한 일', '하지 않으면 절대 안 되는 일' 3가지에 동그라미로 표기한다. 물론 표기하지 않은 나머지 일들이 아주 의미 없는 일들은 아닐 것이다. 그러나 당신이 고른 3가지의 일들에 모든 시간과 노력과 자원을 집중해야 한다.

이렇게 중요한 일이 무엇인지 구분하고 실행할 때 파레토 법칙[6]을 활용하는 게 도움이 된다. 파레토 법칙은 시간 관리에도 적용할 수 있으며 삶의 우선순위와 가치를 정의할 때도 활용할 수 있다. 실제로 일상의 많은 부분에서 파레토 법칙(80대 20 법칙)이 적용되고 있다.

사업을 예로 들어보자. 사업 매출의 80%는 20%의 고객들로부터 발생하고, 회사가 만들어내는 80%의 결과물은 20%의 업무(또는 부서)에서 만들어진다. 회사 운영에는 기획, 마케팅, 회계, 재무관리, 물류 등 여러 조직과 다양한 전문 기술이 필요하다.

---

6. 파레토 법칙(Pareto principle) : 전체 결과의 80%가 전체 원인의 20%에서 일어나는 현상으로 '80대 20 법칙' 또는 '2대 8 법칙'이라고도 한다.

모든 분야의 일을 한 사람이 도맡을 수도 있겠지만, 이것은 굉장히 비효율적인 운영 방식이다. 게다가 가치 있는 결과물을 만들어내기에도 무리가 있다.

이때 파레토 법칙을 활용해 자원을 어디에 집중적으로 분배할지를 구분하는 것이 원하는 결과물을 만드는 효율적인 방법이다. 예로 전체 성과(80%)를 만드는 게 마케팅(20%)이라면 마케팅부에 집중해서 자원을 더 투입하는 방법을 택할 수 있다. 다른 부서의 업무는 외주를 맡기고, 가장 자신 있는 20% 업무를 통해 결과물을 극대화할 수 있다.

2) 하루 전 계획과 데드라인 설정

높은 생산성을 위해서는 하루 전에 미리 계획을 세워야 한다. 이때 타임 블로킹(Time blocking)을 활용해보자. 타임 블로킹은 특정 작업에 대해 특정 시간을 예약하는 시간 관리 기법으로, 높은 생산성을 위해 각 작업에 특정 시간을 미리 할당하는 것이다. 먼저 다음날 해야 할 중요한 일들을 정리한 후 '시간대별'로 해야 할 일을 계획한다. 단지 '해야 할 일'을 정리하는 To Do List가 아니다. 구체적으로 언제, 무엇을, 어떻게 해야 할지를 시간 블록에 정리해 낭비되는 시간을 최소화하는 게 핵심이다.

타임 블로킹은 '해야 할 일'을 정리하는 것 외에 '하지 못한 일'을 점검하는 기회도 제공한다. 또한, 지속적인 작업에 어려움이 있거나 작업자가 산만해지는 경우도 방지할 수 있다. '과연 이게 생산성을 높이기에 도움 될까'라는 의구심이 들 수도 있다. 그러나 이 방법은 다음날 계획한 일을 순서대로 실행할 때 무엇을 해야 할지 고민하는 불필요한 시간을 줄여주고, 체계적이며 계획적인 하루를 보낼 수 있게 도와준다.

이를 바탕으로 새로운 전략과 아이디어를 떠올릴 수 있으며, 결과적으로 높은 생산성을 만들어 낼 수 있다. 강력한 몰입으로 최고의 성과를 내는 '딥 워크(Deep Work)' 개념을 정의한 칼 뉴포트(Cal Newport)는 "주 40시간을 일하더라도 타임 블로킹을 사용하면 타임 블록이나 다른 시스템 없이 60시간 이상을 일해야 만들 수 있는 아웃풋을 낼 수 있다"라고 말했다.

대부분 사람은 시간 관리에 서투르다. 업무 완료까지의 시간 예측도 어렵고, 자기 능력을 지나치게 과소평가하거나 과대평가하는 경향도 있다. 타임 블로킹은 현재의 우선순위와 해야 할 일을 직면하고, 정해진 시간을 어떻게 사용할 수 있는지에 대해 의식적으로 접근하게 해준다.

특히 다음과 같은 사람들에게 타임 블로킹을 추천한다.

① 한 번에 여러 가지 일이나 프로젝트를 맡은 사람

② 작은 방해에도 쉽게 반응하는 사람(예를 들어 이메일, 문자, 카톡 등)

③ 잦은 미팅으로 인해 지쳐있는 사람

④ 집중력을 쉽게 방해받는 사람

⑤ 큰 목표를 세울 때 시간과 정신적인 여유가 부족한 사람

단 자기 능력을 과소평가한 경우, 한 가지 업무를 끝낼 때 많은 시간을 낭비할 수 있지만, 과대평가한 경우는 업무를 끝내는 데 시간에 쫓길 뿐 제대로 일 처리를 못 할 수도 있으니 주의하자. 이런 점에서 타임 블로킹은 시행착오가 있지만, 점차 오류의 범위를 줄여나가며 자기 능력과 업무 할당 시간을 정확히 인지할 수 있다. 네이버에 성공한스푼 타임박스를 검색하면 '타임 블로킹'을 구매할 수 있다.

3) 방해 요소를 사전에 제거하라

우리는 일상에서 많은 부분을 컴퓨터나 휴대폰을 사용해서 일한다. 빠르고 간편하게 일 처리하는 장점도 있지만, 반대로 많은 방해 요소가 잠재해 있다는 의미이기도 하다. 당신도 이런 경험이 있지 않은가? 처음에는 휴대폰으로 빠르게 궁금한 정보를 검색하려 했는데, 나도 모르게 많은 시간 전혀 다른 것들을 보면서 시간을 소비했던 적이 있을 것이다.

똑같은 8시간 업무라도 10분마다 방해를 받으며 일하는 것과 아무 방해 없이 집중해서 일하는 것은 엄청난 차이를 만든다. 우리의 뇌는 재미있는 것을 보고 들으면 도파민을 분출하는데 이는 매우 쉽고 빠르게 중독을 만든다. 따라서 중요한 일을 시작하기 전, 혹시 모를 방해 요소를 완벽히 제거하려는 노력이 필요하다.

컴퓨터를 사용해 높은 집중력이 필요한 업무를 한다면, 그 시간만큼은 모든 메신저 알람을 꺼놓자. 정말 중요하고 급한 일이라면 상대방은 메시지 대신 전화를 할 것이다. 매일 통화하는 사람이라면 자동 메시지를 설정하여 당신이 언제까지 바쁜 업무를 처리해야 하니 참고해 달라고 미리 알리는 것도 방법이다.

전화 받는 것도 방해가 된다면 무음으로 설정하고, 중요한 업무를 끝낸 후 휴식 시간에 연락하면 된다. 집중해서 일하는 순간에 걸려 오는 광고 전화는 업무 리듬을 한순간에 깨버릴 수 있으니 반드시 조심해야 한다. 이메일 확인도 별도의 시간을 따로 정하는 게 좋다. 확인 시간과 횟수는 당신의 환경에 따라 조절하되 보통 하루 3번 정도 확인이 좋다. 업무 시작 전에 한 번, 점심 후 한 번, 일과를 마무리하기 한 시간 전에 한 번씩 확인하는 방법을 추천한다.

만약 상대방에게 긴급하고 중요한 일이라면 '언제까지 회신하겠다'라는 확인 메일을 보내 상대방이 기다리지 않도록 하는 것도 방법이다. 업무 중간중간에 급하지 않은 일로 시간을 할애하면 정작 중요하고 급하게 처리해야 할 일은 제때 끝내지 못한다. 모두에게 공평하게 주어지는 24시간이라는 시간을 어떻게 사용하는지에 따라 우리의 삶이 달라진다.

4) 멀티태스킹을 하지 않는다.

전날 계획한 일들을 실행할 때 반드시 주의해야 할 것이 있다. 바로 멀티태스킹(Multitasking)을 하지 않는 것이다. 다른 작업을 동시에 처리하는 멀티태스킹이 많은 일을 한꺼번에 해낼 수 있는 것처럼 보이지만 사실은 그렇지 않다.

저명한 뇌신경학자인 얼 밀러(Earl Miller)는 "멀티태스킹은 단지 하나의 일에서 다른 일로 빨리 전환되는 방식이며, 멀티태스킹을 할 때마다 인식의 비용이 든다"라고 주장했다. 즉 우리 뇌는 애초 멀티태스킹에 적합하게 설계되어 있지 않다는 것이다. 인간의 뇌는 한 번에 하나의 일만을 처리할 때 제대로 사용된다. 두세 가지 일을 동시에 처리하려고 하면 뇌의 기능을 제대로 활용하지 못하며, 결과적으로 모든 일을 성공적으로 실행하기 어렵다.

멀티태스킹은 생산성을 크게 떨어트리는 주범이다. 일할 때는 한 번에 하나씩만 집중해서 해야 한다. 고도의 집중력을 발휘해 정해진 시간에 최상의 결과를 만들어야 하기 때문이다. 멀티태스킹을 피하려면 앞서 설명한 방해 요소를 제거한 후 파레토 법칙과 타임 블로킹을 활용하자.

***

생산성은 주체가 누구인가에 따라 다르게 평가된다. 회사는 직원이 회사에 중요한 일을 얼마만큼 효율적으로 잘 처리하고, 훌륭한 성과를 내는지에 따라 생산성을 평가한다. 그러나 우리에게 생산성은 단지 직장에서 만들어내는 결과물 이상을 넘어 자기 성장과 발전, 일하는 과정에서 만족감을 느끼기 위한 모든 노력을 포함한다. 결국 생산성의 차이가 완전히 다른 삶을 만들어낸다.

09
무기력한 당신, 번아웃에서 탈출하라

현대 사회는 복잡하고 많은 스트레스 요인이 존재한다. 그만큼 우리 삶의 방식도 다양한 모습으로 변화했으며, 그 과정에서 해결해야 할 많은 일과 촘촘한 관계에 둘러싸여 있다. 노력만으로는 성공을 보장할 수 없는 지금, 번아웃 증후군(Burnout Syndrome)에 빠진 사람들이 늘어나고 있다. 번아웃 증후군이란 의욕적으로 일에 몰두하던 사람이 극도의 신체적, 정신적 피로감을 느끼면서 무기력해지는 증상을 말한다.

앞만 보고 열심히 달려가던 사람이 갑자기 무기력해지고 에너지가 고갈되어 정신적 피로와 스트레스를 느끼는 것인데, 이것은 우울증과 같은 정신 질환을 동반할 수도 있기에 반드시 예방하고 극복하려는 노력이 필요하다.

번아웃 증후군을 겪는 사람들이 공통으로 느끼는 증상은 다음과 같다.

① 몸에 힘이 없고 무기력함을 느낀다.
② 쉽게 짜증과 화가 난다.
③ 우울한 감정을 느낀다.
④ 일에 대한 열정이 사라진다.
⑤ 인생에 대한 회의감마저 느낀다.
⑥ 그냥 아무것도 하고 싶지 않아진다.

그렇다면 번아웃 증후군에 빠지는 원인은 무엇일까? 한 가지로 명확한 답을 내리긴 어렵지만, 자기 주도적인 삶을 살지 못할 때 번아웃 증후군에 빠지는 경우가 많다. 주도적이지 않은 삶이란 자신이 아닌 타인이나 외부적인 요소들로부터 통제받는 삶과 환경을 말한다. 자신이 아닌 타인의 목표와 계획에 따라 자기 삶을 살아간다면, 모든 생활의 기준을 그것에 맞춰야 하는 데 이는 극심한 스트레스로 이어진다.

지쳐있는 당신,
번아웃을 의심하라

뭔가에 '지쳤다'라는 느낌이 시작됐다면, 당신의 삶 전체 맥락을 점검할 필요가 있다. 혹시 다음 날 일찍 출근해야 하는데 전날 밤부터 내일 있을 업무에 대한 스트레스와 오만가지 걱정으로 잠들지 못할 만큼 괴로웠던 경험이 있는가? 아마 당신의 삶 속에 통제권을 잃은 듯한 느낌이 들었을 것이다.

번아웃을 예방하는 가장 좋은 방법은 주도적이고 계획적인 삶을 사는 것이다. 먼저 당신 삶의 주체는 바로 당신임을 인정하고, 모든 결정과 선택은 스스로 내릴 수 있다는 사실을 알아야 한다. 그다음 당신의 통제가 가능한 일들에 집중하고, 불가능한 외부 요인들은 과감하게 제거하면서 불필요한 걱정을 줄여야 한다.

이는 앞서 언급한 '생산성을 높이기 위한 노력'과도 같은 맥락이다. 전날 하루의 일과를 계획하고, 당신이 세운 계획에 맞춰 주도적인 하루를 보낸다. 효율적이며 체계적인 업무 환경을 만들고, 불필요한 소음을 예방하며 제거하는 노력으로 당신은 삶의 통제권을 다시 가져올 수 있다.

적절한 수면시간을 갖는 것도 매우 중요하다. 어떤 사람은 하루에 4~5시간만 잠을 자도 충분하다고 말하지만, 이것은 절대 충분한 수면시간이 아니다. 해가 아침에 뜨고 저녁에 지는 것은 자연의 섭리이다. 지난 몇만 년간 인간은 이런 자연의 섭리에 맞춰 살았고, 우리의 몸과 생각도 이러한 패턴에 적응해왔다.

사람은 충분한 잠을 자야지만 뇌의 기능을 제대로 사용할 수 있다. 수면 부족은 몸도 지치지만, 그만큼 뇌도 금방 지치게 만든다. 결국 뇌의 과부하로 번아웃이 쉽게 찾아오기 마련이다.

번아웃 시대,
휴식도 전략이다

심리학 용어로 출발한 번아웃 증후군이 지금은 시대를 정의하는 용어로 자리 잡았다. 게다가 더 이상 '사람과 사람'만 연결된 시대가 아니다. 사람과 일, 직장과 집 등 보이지 않는 연결점들이 많다. '번아웃 시대'를 살아가는 우리는 스스로 몸과 정신을 지키며 자신이 원하는 길을 갈 수 있도록 스스로 고민해야 한다.

번아웃을 피하기 위해서는 휴식도 전략적으로 취해야 한다. 높은 집중력이 필요한 학습이나 업무를 할 때 포모도로 테크닉(Pomodoro Technique)을 활용할 수 있다. 당신이 준비할 것은 타이머만 있으면 된다. 포모도로 테크닉의 핵심은 시간 관리로, 쉽게 설명하면 업무를 할 때 '25분 간격'으로 진행하고, '5분의 쉼'을 갖는 것이다.

타이머의 알람을 25분 간격으로 맞춰놓고 집중해서 일한다. 이때 남은 시간을 확인하지 않아야 한다. 이후 알람이 울리면 자리에서 일어나 5분간 휴식하고 '충전 시간'을 갖는다. 스트레칭을 해도 좋고, 물을 마시거나 화장실을 다녀와도 좋다. 이렇게 4번의 사이클(25분 일하고, 5분 휴식)을 반복한 뒤에는 조금 더 긴 휴식을 취하는데 이때는 20분 동안 휴식을 취해준다.

이를 쉽게 정리하면 다음과 같다.

▶ 할 일의 목록과 우선순위를 정한다.

▶ 타이머를 25분으로 맞춘 후 일에 집중한다.

▶ 25분이 되면 일을 멈추고 5분간 휴식한다.

▶ 이를 4번 반복한 후 20분간 휴식한다.

포모도로 기법을 활용한 전략적인 휴식은 번아웃을 예방하는 동시에 업무의 효율을 높여준다. 정말 간단한 방법이지만, 그 효과는 대단하다. 확실한 시간제한과 고정적인 휴식이 주어질 때 우리는 다른 유혹을 이겨내고 집중력을 발휘해 업무 효율을 높일 수 있기 때문이다.

***

당신이 이미 번아웃 증후군을 겪고 있다면, 주변 사람들과 솔직한 대화를 통해 당신이 현재 겪고 있는 감정과 상황에 대해 알려주고, 업무 환경을 개선해야 한다. 만약 번아웃 증후군의 원인이 직장에서의 일과 사람들과의 관계에서 오는 것이라면 직장 상사나 동료에게 솔직하게 말해주는 것이 도움이 될 것이다.

휴가를 내서 재충전의 시간을 갖는 것도 좋지만, 근본적인 원인을 찾아 해결하고 개선하려는 노력이 더욱 중요하고 우선시 되어야 한다. 사람들은 흔히 일과 삶의 균형을 맞추는 '워라벨(Work-Life Balance)'을 중요하게 여긴다. 하지만 그보다 더 중요한 것은 일과 삶이 조화를 이루는 '워라하(Work-Life Harmony)'라는 사실을 잊지 말자.

10.
일의 갈피를 못 잡을 때 나만의 멘토를 만들어라

세상 어떤 일이든 문제가 생긴다. 이 문제를 어떻게 해결하느냐에 따라 우리는 다시 일어나거나 주저앉을 수 있다. 만약 지금 당신이 당면한 문제로 고민하고 있다면 생각해보자. 세상은 나를 위해 절대 바뀌지 않으며, 바꿀 수 있는 건 오직 '나 자신' 뿐이다. 맞닥뜨린 문제를 해결하고 싶다면, 먼저 당신이 변화해야 한다. 변화 없이 지금과 똑같이 살면서 성공하기를 바란다는 건 불가능하다. 변화하고 싶다면 '변해본 사람'의 조언이 필요하고, 간절히 원하는 무언가가 있다면 그것을 이미 '가져본 사람'으로부터 방법을 배워야 한다.

당신의 변화를 이끌어주는 사람, 당신에게는 '멘토(Mento)'가 필요하다. 멘토란 단어는 《오디세이》에서 오디세우스가 트로이 전쟁을 나서면서 자신이 없는 동안 아들 텔레마코스를 돌봐달라고 부탁한 친구의 이름에서 비롯되었다. 지금은 누군가에게 조언과 상담 등 도움 주는 사람을 멘토라 한다. 상대방을 지혜로 이끌어주고 보살피는 스승, 상담자, 지도자 같은 의미로 사용한다.

성공한 사람들 뒤에는 좋은 멘토가 있었다. 페이스북 창업자 마크 저커버그의 멘토는 스티브 잡스였고, 오프라 윈프리는 마야 안젤루(Maya Angelou)가 멘토였다. 빌 게이츠의 곁에는 워런 버핏이 있었고, 넬슨 만델라(Nelson Mandela)에게는 간디(Mahatma Gandhi)가 멘토였다. 이처럼 저명한 인물들에게도 현명한 조언을 건네주는 멘토가 있었기에 그들은 세계적으로 영향력을 끼칠 수 있었다.

훌륭한 멘토를 만나면 인생이 바뀔 수 있다

당신에게는 지금 멘토가 있는가? 당신 인생의 문제를 점검하고 해결하려면 반드시 멘토가 필요하다. 만약 멘토가 없으면 처음 가고자 하는 길에서 쉽게 헤맬 것이며, 당신의 능력과 관점에 한계를 느끼는 순간이 올 수 있다. 모든 걸 혼자서 판단하고 결정하면서 전혀 예상하지 못한 문제에 맞닥뜨릴 수도 있다. 이때 당신에게 훌륭한 멘토가 있다면 전혀 다른 결과를 얻을 수 있고, 때로는 당신의 인생이 완전히 바뀔 수 있다.

당신이 잘못된 판단을 하거나 불필요한 생각과 행동을 한다면 시간을 낭비하게 된다. 훌륭한 멘토는 당신이 목표를 달성하기까지 걸리는 노력과 시간을 앞당기도록 도와준다. 쉬운 말로 당신이 10년 걸려야 해낼 수 있는 일을 5년으로 줄일 수 있다. 멘토에게 고민을 말하며 구체적인 조언과 상담을 받을 수 있다. 훌륭한 멘토는 당신이 가고자 하는 분야에서 이미 많은 경험을 축적했기에 당신에게 없는 관점을 통해서 문제를 해결할 수 있는 다양한 조언을 해줄 것이다.

또한, 멘토의 인맥을 소개받을 수도 있다. 멘토와의 관계가 돈독해지면, 그는 당신에게 자기 주변의 능력 있는 사람들을 소개해 줄 것이다. 멘토를 통한 새로운 인맥은 당신의 반경을 더욱 넓혀줄 수 있다. 그들에게 투자 경험이나 방법에 대해서 듣는다면 시행착오를 줄이고 보다 빨리 성공의 방법을 배울 수 있다.

당신의 인생에 있어서 훌륭한 멘토가 진심 어린 조언을 해준다면 성공한 인생이라고 느낄 것이다. 그만큼 훌륭한 멘토를 만난다는 것은 큰 행운이다. 간혹 조언이란 명목으로 비난이나 잔소리를 하는 사람들도 있으니 멘토를 찾을 때 신중해야 한다. 그러므로 주의할 점은 당신이 추구하는 분야에 적합한 멘토를 찾아야 한다.

한 사람이 모든 것을 전부 다 잘할 수는 없다. 어떤 사람은 사업에 있어 오랜 경험과 통찰력이 있고, 또 어떤 사람은 음악이나 스포츠 분야에서 특출난 재능이 있다. 따라서 당신이 원하는 특정 능력을 지닌 멘토를 만나야 한다. 모든 분야에서 조언해주는 '만능 멘토'가 아닌 당신이 배우고 싶은 분야에 '전문화된 멘토'를 찾는 게 핵심이다.

질문이 정답보다 중요할 때가 있다

성공한 사람들은 열정적이고 늘 에너지가 넘친다. 힘든 일이 생겨도 해결 방안을 찾아내며 그 상황을 즐긴다. 게다가 그들은 남을 돕는데 망설이지 않는다. 당신의 진심을 담아 그들에게 적절한 도움을 요청하면 대부분 도움을 받을 수 있다는 의미다. 단 적절한 도움을 요청한다는 의미는 '고기를 잡는 법을 알려 달라'고 요청하는 것이지, 그 사람에게 '잡은 고기를 달라'는 것이 절대 아님을 명심하자. 멘토는 당신에게 길을 보여줄 뿐, 당신의 일을 해주는 사람이 아님을 기억해야 한다.

실제로 당신이 멘토로 삼고 싶은 사람을 만나게 된다면, 그 사람의 성공 스토리를 물어보라. 대부분 사람은 자신의 성공 스토리를 나누는 것을 좋아한다. 그 사람의 성공 스토리를 집중하여 들으면서 어떤 방법으로 문제를 극복했고, 지금의 자리에 오르기까지 어떠한 노력을 했는지 등 구체적인 질문을 하는 것이 좋다. 이때 질문의 주체는 당신이 아닌 그 사람이 되는 것이 훨씬 좋다.

예를 들어 "저는 지금 있는 '이곳'에서 제가 원하는 '저곳'으로 가고 싶은데, 어떻게 하는 게 좋을까요?"라고 묻는 것보다 "당신의 이야기에 큰 감명을 받았습니다. 당신은 어떻게 문제를 극복했고, 지금의 위치에 오르기까지 어떤 노력을 하셨나요?"라고 묻는 것이다. 이런 방법으로 얻은 조언을 당신의 현재 상황에 적용해보면 자연스럽게 당신의 생각도 정리되고, 더욱 명확한 방법을 찾을 수 있을 것이다. 또 운이 좋다면 그 사람을 당신의 멘토로 만날 수도 있다.

당신이 찾는 멘토가 반드시 직접 만나 소통할 수 있는 대상이 아니어도 상관없다. 당장 당신의 주변에 배울만한 멘토가 없다고 느껴지면 책을 읽는 것도 방법이다. 좋은 책을 읽는다는 건 시대를 통틀어 가장 현명한 사람과 대화하는 것이나 마찬가지다. 워런 버핏과의 점심은 246억 원이 들지만, 워런 버핏의 책을 사 읽는 것은 2만 원이면 가능하다.

성공한 사람은 자신의 발자취를 남긴다. 이미 세상을 떠난 사람 중에서도 당신의 멘토가 될 수 있는 이들은 많다. 그들이 남긴 영상이나 책 등을 통해 조언을 얻을 수 있다.

우리의 시간은 한정적이며 언젠가는 기회조차 사라질 수 있다. 그래서 우리는 효율적으로 이른 시간 안에 목표를 이루고 성공할 수 있는 방법을 찾아야 한다. 당신 혼자서도 길을 갈 수 있다. 그러나 당신 곁에 훌륭한 멘토가 있고 그들의 조언을 듣는다면 보다 빨리 성공할 수 있을 것이다.

11
돈을 관리하는 게 버는 것만큼 중요하다

지금 시대는 모든 게 돈에 의해 움직인다고 해도 과언이 아니다. 현대 자본주의에서 사는 우리에게 돈은 더 나은 삶의 방식을 제공한다. 물론 돈이 가장 중요한 것은 아니며 돈으로 행복을 살 수는 없다는 말도 사실이다. 하지만 돈은 우리를 더 편안하게 만들고, 더 좋은 기회를 많이 얻게 하며 건강, 가족, 친구 등 우리 인생에서 가장 중요한 것을 더 좋게 만들 수 있다.

이처럼 돈을 부정하지 않고 힘이라고 여기는 다른 한편에는 돈을 안 좋게 여기는 사람들도 많다. 특히 돈이 없는 사람들이 '돈은 악의 근원'이란 생각으로 돈을 바라보는 경향이 크다. 이들은 돈을 경멸하면서 돈이 우리 마음속에 가장 가까이 두고 있는 것들을 파괴한다고 주장한다. 전쟁, 불륜, 가족 문제, 인간관계 등 모든 문제의 근원을 돈으로 삼고 비난한다.

돈의 나쁜 면을 부각하면서 자신이 부를 추구하지 않는 것을 정당화한다. 이들의 주장처럼 돈이 악의 근원이라면 부를 창출하는 경제활동을 어떻게 받아들일 수 있겠는가?

헨리 포드는 이렇게 말했다.

"돈이 사람을 바꾸지 않는다. 단지 그 사람의 가려진 본성을 드러낼 뿐이다. 만약 누군가 천성적으로 이기적이거나 오만하거나 탐욕스럽다면 돈은 그런 본성을 전부 끌어낸다."

결국 선과 악이란 개인이 추구하는 가치와 관련 있으며, 돈은 각자의 도덕성 상실에 대한 핑계를 제공할 뿐이다. 따라서 돈을 부정적으로 여기는 말은 들을 필요가 없다. 돈의 속박으로부터 자유로워지고 싶은가? 가장 확실한 방법은 '필요한 만큼 돈을 버는 것'이다.

현명하게 돈 관리하는 습관을 길들여라

돈 관리 능력은 배울 수 있는 기술이자 습관이다. 그리고 습관은 시간을 두고 꾸준히 했을 때 형성된다. 습관이 형성되는데 최소 14일의 꾸준함이 필요하고, 90일의 꾸준함은 삶의 방식을 바꾼다고 한다. 이런 규칙은 일상 활동의 습관에 적용할 수 있지만, 돈 관리는 이와 다르다. 일반적으로 우리는 매일 돈을 받지 않고 한 달에 한 번 급여를 받는다. 따라서 돈과 관련된 습관은 형성되기까지 최소 6개월에서 2년 정도 소요된다.

따라서 돈 관리를 최대한 빨리 시작하고, 올바른 습관을 만드는 것이 중요하다. 대부분 사람은 "돈을 더 벌면 저축과 투자를 하겠다"라고 말한다. 그런데 '얼마를 버는지'는 중요하지 않다. 애초에 없었던 저축과 투자 습관이 갑자기 큰돈이 생겼다고 해서 형성되지는 않는다. 오랫동안 유지해오던 소비 습관이 있기에 대부분 늘어난 수익만큼 더 소비하면서 저축이나 투자는 하지 않는다. 적은 돈을 관리하기도 어려운데 큰돈을 관리할 수 있다고 생각한다면 큰 착각이다.

세계적인 베스트셀러 《부자 아빠, 가난한 아빠》의 저자 로버트 기요사키는 돈 관리 능력에 대해 이렇게 말했다.

> "금융지능은 돈을 얼마나 버는가 보다는 얼마를 보관하고, 돈이 우리를 위해 얼마나 열심히 일하고, 얼마나 많은 세대 동안 그것을 보관하는가의 문제이다."

나는 《부자 아빠 가난한 아빠》를 읽은 후 중요한 교훈을 배웠다. 돈 관리에서 가장 기본적인 규칙 중 하나인데 바로 '자신에게 먼저 지출하라'이다. 매달 급여를 받는 직장인, 프로젝트마다 작업비를 받는 프리랜서, 업체를 운영하는 사업가 등 어떤 식으로 돈을 버는지는 상관없다. 자신에게 먼저 지출해야 한다. 즉 매달 월세, 요금, 음식, 생필품 등에 지출하기 전에 긴급한 상황이나 새로운 기회를 위해 수익의 5~20% 정도를 저축하거나 투자하는 것을 말한다.

부유한 사람들은 자산 구축에 집중한다. 금융자산 대신 자동차나 집과 같은 부채에 집중하는 것은 돈 문제에서 벗어나기 더욱 힘들게 한다. 반면 금융자산은 계속 시간을 들여 일할 필요 없이 저절로 돈을 벌어준다. 돈을 버는 것은 중요하지만, 돈을 관리하는 방법이 더욱 중요하다. 돈을 관리한다는 것은 자기 욕망을 관리하고 자제한다는 의미이기 때문이다.

현명하게 돈 관리하는 습관을 길들여라

돈 관리는 간과되는 기술 중 하나이며 학교에서는 가르치지도 않는다. 그래서 대부분 사람은 돈을 벌고, 저축하고, 투자하고, 자산 증식을 위한 적절한 금융지능을 모른 채 살아간다. 자신에게 먼저 지출하는 습관은 나중을 위한 돈을 마련해주기도 하지만, 고정 비용의 부담과 과소비를 줄이고 자제를 통한 자기 통제도 배울 수 있다. 자신에게 먼저 지출하는 습관을 형성할 때 다음 5단계를 적용하면 더욱 성공적일 수 있다.

(1) 나의 수익과 지출을 이해한다.

올바른 돈 관리를 시작하려면 먼저 '월 지출'을 이해해야 한다. 이를 통해 '어떤 비용을 더 절감할 수 있는지'와 '자신에게 먼저 지출할 수 있는 금액'이 정확히 얼마인지 알 수 있다. 이렇게 하면 '한 달에 얼마나 절약해야 하는지'를 알 수 있다.

(2) 자신에게 얼마를 지출하고 싶은지 결정한다.

일반적으로 20%를 목표하고, 여기서부터 조정하는 걸 추천한다. 만약 20%를 달성할 수 없다면, 지출을 줄이거나 수익을 늘리는 방법을 찾을 가치가 있다. 예를 들어 월 수익이 300만 원이면 최소 60만 원을 저축하거나 투자하는 것이다. 매달 지출하는 최소비용이 140만 원이면 60만 원은 부담 없는 금액일 것이다. 심지어 100만 원이라는 추가 금액이 생겨 소소한 행복을 누릴 수 있을 것이다. 물론 더 공격적으로 저축해도 좋다.

(3) 지출하는 돈을 어디로 보낼지 결정한다.

매달 얼마의 돈을 자신에게 지출할지 정했다면, 그 돈을 어디에 쓸지 정해야 한다. 단기, 중기, 장기적인 목표를 갖고 분배할 수도 있고. 비상금, 퇴직금, 자산 투자 등을 고려해 볼 수 있다.

(4) 자동화한다.

모든 금액이 결정되었고, 어떤 용도로 사용할지도 결정했다면, 이제 당신의 은행 계좌에서 원하는 계좌로 자동이체를 설정한다. 돈이 알아서 옮겨지니 따로 고민하지 않아도 되고 시간도 절약된다. 날짜는 수익이 발생하는 즉시로 하는 것을 추천한다. 만약 신용카드나 대출로 고금리 부채를 지고 있다면, 빚을 상환하거나 상당 부분을 갚고, 자신에게 먼저 지출하는 것을 시작해야 한다. 그렇지 않으면 저축으로 버는 돈보다 부채에 대한 이자를 더 많이 지출할 수도 있다.

(5) 재무 지식에 투자한다.

당신만큼 당신의 재정에 관심을 둔 사람은 없다. 소득을 극대화하고 싶다면, 그 방법 또한 스스로 배워야 한다. 어떤 사람들은 자산관리 전문가를 고용하기에 몰라도 된다고 말할 수 있다. 하지만 이건 큰 실수이다. 모르는 것은 통제할 수 없다. 금융 전문가를 고용할 시간과 여유가 있을지 모르지만, 결국 모든 결정을 내리는 건 전문가가 아니라 당신 자신이다. 게다가 '금융 용어'조차 모르면 쉽게 이용당할 수도 있다.

***

인생의 큰 목표를 설정하고 하나씩 작은 성취를 이루는 시스템을 유지한다면 어느 순간 엄청난 성장을 경험하게 된다. 그리고 그러한 인생 성장을 통해서 우리의 수입 또한 자연스럽게 증가하게 된다. 어느 정도 자산이 있다면 전문가의 투자 조언을 듣고 관리를 맡기는 것도 방법이다. 단, 관리만 하는 것이지 결정은 당신 스스로 해야 한다. 결국 준비된 사람에게만 기회가 온다. 돈 버는 방법도, 그 관리도 스스로가 해야 한다. 그래야만 돈의 소중함과 그 원리를 알 수 있다. 그리고 돈의 소중함을 아는 사람이 된다면, 돈은 스스로 우리에게 다가올 것이다.

에필로그

이제 당신의 성공 여정을 떠나라

성공(成功)의 사전적 정의는 '목적하는 바를 이룸'이다. 즉 무엇이든 각자가 원하는 삶을 살아간다면 성공한 삶이라고 말할 수 있으며, 성공의 정답도 오답도 없는 셈이다. 그렇다면 당신에게 성공이란 무엇을 의미하는가? 당신이 생각하는 성공이 무엇이든지, 당신이 할 수 있다고 생각하든, 할 수 없다고 생각하든 당신의 생각은 옳다.

돈을 많이 벌고 부자가 되어 경제적 자유를 얻기 원하는 것도, 유명한 인물이 돼서 명예를 원하는 것도, 또는 부와 명예가 아닌 다른 가치 있는 것을 좇는다면 그것 또한 당신의 생각이 옳다. 성공에 대한 정의는 우리 각자가 다르기에 성공에 대한 '나만의 정의'가 필요하다. 사회는 그들이 만든 '규칙'을 당신이 따르기를 원한다.

그렇기에 당신이 원하는 성공을 이루는 데에는 많은 어려움이 따를 수 있다. 만약 당신이 다른 사람들과 다르게 행동하고 평범함의 틀에서 벗어나겠다고 결정한다면, 많은 비판을 받기도 할 것이다. 하지만 사회가 정해놓은 규칙을 따르는 것이 인생에서 그렇게 중요한 것은 아니다. 그리고 사회가 당신의 성공을 보장해주지도 않는다.

세상에 굴복하면서 그저 다른 사람들을 따라가다 보면 당신이 원하는 성공을 찾기 어렵다. 남들처럼 사는 게 성공이라고 말하는 것은 분명 우울하고 슬픈 일이다. 우리는 모두 언젠가 죽는다. 그리고 우리에게 주어진 이 인생의 기회는 오직 한 번뿐이다. 나답지 않은 삶을 살고, 내 인생에서조차 내가 주인공이 아닌 삶을 산다는 것은 상상조차 하고 싶지 않다. 그리고 그것을 절대 성공이라고 정의하고 싶지 않다.

우리는 성공을 '자기 주도적인 삶을 사는 것'이라고 정의하고 싶다. 성공이란 자신이 원하는 시간에, 원하는 사람과, 원하는 만큼, 원하는 것을, 원하는 장소에서 하는 것이며, 더 나아가 이러한 삶 속에서 의미와 목적과 가치를 느낄 수 있는 삶이다. 물론 누군가는 돈이 필요하고, 누군가는 시간이 필요할 것이다. 또 누군가는 건강이 필요하고, 누군가는 마음의 평안함이 필요할 것이다.

사실 우리는 모두 알고 있다. 당신이 원하는 삶을 살기 위해 매일 무엇을 해야 하는지를 말이다. 그러므로 우리가 노력해야 할 것은 더 밝은 미래, 우리의 꿈, 미쳤다고 생각할 정도로 크고 대담한 목표, 그리고 우리의 무한한 잠재력을 성취하는 데 더 가까이 가는 것이다. 사회는 그런 우리의 모습을 원하지 않을 수 있다. 따라서 어느 정도의 반란은 자신만의 성공을 향해 가는 데 있어 적절하게 필요할 것이다.

또한, 성공하는 사람은 따로 정해져 있다는 생각도 버려야 한다. 운명은 다른 누군가에게 맡기는 것이 아닌, 자기 스스로 만드는 것이다. 성공을 향해 매일 움직이는 사람이 결국 성공하는 것이다. 당신을 나태하게 만드는 편안함, 게으름, 좌절, 두려움에서 벗어나야 한다.

매일 카메라가 당신을 쫓아다니면서 당신의 성공 스토리를 담고 있다면, 당신은 지금 무엇을 할 것인지 상상해보라. 영화같이 멋진 당신의 삶을 담기 위해 눈앞에 카메라가 있는데 당신은 감자칩을 먹으며 소파에 누워 TV만 보고 있거나, SNS에 남을 비난하며 시간을 보내고 있지는 않을 것이다.

당신이 원하는 삶을 사는 것은 오로지 당신의 결정에 달려 있다. 외부의 그 어떠한 것도 당신이 원하는 삶을 가져다주지 않으니 더 이상 망설이거나 기다리지 않아도 된다. 매일 당신이 내리는 결정이 당신이 원하는 그 삶으로 더 가까이 데려다줄 것이다. 당신의 옆에 있는 사람들을 신경 쓸 필요도 없다. 그저 당신이 원하는 삶만 보고 한 발짝씩 매일 다가가는 것에 집중하라.

어두운 터널의 끝에는 반드시 빛이 있다. 천천히 그리고 꾸준히 가다 보면, 당신만의 삶을 향해 걸어가는 자신을 발견하게 된다. 그 여정은 고통스럽겠지만, 후회하면서 시간을 보내는 것이야말로 훨씬 더 고통스럽다. 먼 훗날 당신이 생을 마감할 때 그 어떤 후회도 없었으면 한다.

한밤중 침대에 누워 '내가 만약 100% 최선을 다했다면 결과가 달라졌을까'라고 후회하는 것은 평생토록 악몽이 되어 잠을 설치게 할 것이다. 그러니 당신의 꿈을 절대 포기하지 마라. 인도의 철학자 오쇼 라즈니쉬(Osho Rajneesh)의 말로 정리하겠다.

"사람들은 오직 한 가지 방법으로만 행복할 수 있다. 진정 그들이 그들 자신일 때이다. 그러면 행복의 샘이 흐르기 시작한다. 더 살아나고, 보는 기쁨이 되고, 함께 하는 기쁨이 된다."

제로섬 게임

초판 1쇄 인쇄 2023년 3월 08일
초판 1쇄 발행 2023년 3월 21일

지은이 성공한스푼(김윤동, 김준기)
펴낸이 떠오름
기획 떠오름
편집 권희중, 권기우
디자인 당아
마케팅 고경표, 이민지, 김하나
영업관리 박현정, 강윤지

펴낸곳 ㈜떠오름코퍼레이션
출판등록 제2021-000002호(2020년 4월 28일)
주소 서울특별시 성동구 왕십리로4길 23-1, 3층 301, 302호
전화 070-4036-4586 팩스 02-6305-4923
홈페이지 www.risebooks.co.kr
이메일 tteoreum9@nate.com

값 18,500원

ISBN 979-11-92372-31-0 03190

넘어질 것인가
넘어설 것인가

안규호, 한진우, 신한국, 양유준
이동호, 강 철, 황정환, 안흥도

급변하는 세상을 꿰뚫어 본다.

이 시대의 대표 리더 8인이 밝히는
반드시 이뤄지는 부와 성공의 법칙!

RISE

목차

Chapter 3.

한계를 넘어 최고의 결과를 만들어라

_신한국

Chapter 4.

성장을 통해 진정한 성공을 이루어라

_양유준

Chapter 5.

어떻게 실패가 성공을 부르는가?

_이동호

Chapter 6.

욕망의 크기가 성공의 크기를 결정한다

_강철

Chapter 7.
성장 속에 새로운 성공이 담겨있다
_황정환

Chapter 8.
성공을 위해선 두려워 말고 부딪혀라
_안흥도

프롤로그

인류의 역사는 끊임없는 발전과 성장을 거듭해 왔고, 변화와 도전의 무대에 서 왔다. 지금 이 순간에도 수많은 경제, 문명, 과학, 인문학, 형이상학, 이념 등의 복잡한 개념들과 함께 우리는 살아가고 있다. 여기서 알아야 할 건, 이 모든 것은 인간의 두뇌와 마음에서 태어난 창조물에 불과하다는 사실이다. 우리는 스스로가 만들어 낸 문명 위에 올라섰고, 이를 통해 더 큰 세계를 만들어 가고 있다.

하지만 이러한 발전 속도의 부작용으로 개개인이 이 속도를 따라잡기에 한계를 많이 느끼고 있는 것 같다. 그렇기에 '누구나 잘 살 수 있다'라는 말과 '성공할 수 있다'라는 말은 무책임한 말처럼 들릴 수 있을 것이다. 특히 자본주의 사회에서는 살아남기 위해 끊임없는 경쟁을 벌여야 한다. 더 높은 이익, 더 큰 성공을 위해 무릎을 꿇지 않고 투쟁하는 것이 선사 시대의 경쟁 사회와 다를 게 무엇이 있겠는가. 단지 시대만 바뀌었을 뿐, 인간은 여전히 치열하게 살 수밖에 없다.

이러한 세상에서 우리는 어떻게 살아남을 것인가? 여기서 중요한 건 세상이 존재하기에 사람이 존재하는 것이 아니라, 사람이 존재하기에 세상이 존재한다는 것이다. 그렇다면 우리는 이 세상에서 단순히 존재하기만 하는가? 그렇지 않다. 마냥 시시한 인생이라고 정의 내리기에 우리는 세상 앞에 보여줄 수 있는 것들이 무궁무진하다.

나는 당신이 '영웅'이 됐으면 한다. 꼭 세상에 큰 기여와 선한 영향력을 끼치는 것만을 뜻하는 게 아니다. 내가 책임져야 할 가정을 지킬 힘을 갖는 것, 존경하는 부모님을 모실 수 있는 것, 사랑하는 사람들에게 맛있는 식사 한 끼라도 더 대접할 수 있는 능력을 갖추는 것, 더 나아가 소중한 사람과 함께 온전히 시간을 보낼 수 있는 것 등 당신 한 사람으로 인해 앞에 나열한 것을 할 수 있다면, 그야말로 세상에 살아 숨 쉬는 영웅이라고 생각한다.

영웅에게는 인생의 기승전결, 밟아가는 인생의 서사가 존재한다. 이 책에서 자신의 이야기와 솔루션을 제공하는 8명의 작가도 독자님들과 같은, 혹은 더 한 가시밭길을 지나 당당히 우뚝 섰다. 이들은 자신의 분야에서 상위권에 속하는 리더라 불리기에 손색이 없다. 오히려 책을 만드는 과정에서 내게 더 큰 간절함과 처절한 몸부림이 필요했음을 뼛속 깊이 깨닫도록 해주었다.

본격적인 이야기에 들어가기 전에 인사이트를 공유하고자 한다. 이 책에서는 유독 저자들이 '실행-수정-보완-재실행'에 대해 강조한다. 이 말은 실행과 경험, 지속적인 개선을 반복하며 개인이 성공하는 데 있어 반드시 필요한 성장 과정이라는 것을 강조한다.

· **실행 : 브레인스토밍 됐던 여러 아이디어 중 몇 가지를 실행한 다. 즉 가설을 세우고 이것이 맞는지 아닌지 실제로 행동 에 옮기는 것이다. 이 시도를 통해 문제점을 발견할 수 있다. 더 나은 것을 찾기 위해 개선점을 찾는 건 기본적 인 일이다.**

· **수정 및 보완 : 결과를 통해 어떤 문제점이 있었는지, 어떻게 해야 개선할 수 있는지 평가한다. 그다음 수정하고, 기존 아이디어를 보완하는 것이다.**

· **재실행 : 빌드업된 아이디어를 다시 실행에 옮기며 반복하는 것이다. 이 과정을 통해 처음에 나왔던 아이디어는 점점 완성도가 높아지고. '나'라는 사람 역시 성장하게 된다.**

이 단순한 방법을 통해 '나'라는 인간이 DB를 쌓으면 쌓을수록 실패할 확률은 낮아지고, 하는 일마다 성공할 수밖에 없게 될 것이다. 우리가 하는 일이 잘 안되고 매번 실패한다면, 그건 아직 성공과 실패의 표본이 부족한 것이다. 내게 알맞은 표본을 누적해서 나가면 된다.

세상은 공평하지 않다는 불평등만 있을 뿐이라는 말이 있다. 특히 '부의 불평등'은 시간을 거슬러 로마 시대, 선사 시대뿐 아니라 지금 시대도 그렇고, 앞으로도 계속 그럴 것이다. 시장의 수요와 공급에 따라 정해지는 나의 몸값은 불평등하기에 절망스럽다. 하지만 반대로 기회의 문은 여전히 누구에게나 열려있다. 단지 보고도 못 본 척하거나 알면서도 하지 않는 개인의 나태함과 합리화만 존재할 뿐이다.

당신의 가치는 스스로 정하라! 잔인한 자본주의 사회에서 이루고 싶은 목표를 관철하고자 하는 이들에게 필요한 건, 일시적으로 하는 달콤한 말이 아니다. 넘어질 것인가, 넘어설 것인가? 당신은 이미 답을 알고 있다.

떠오름 출판사 손힘찬

Chapter 1.

불가능을 깨고 최고의 성과를 올려라

안규호

노숙자에서 상위 1%, 3년 만에 연봉 10억을 달성한 영업계의 전설, '안대장'

'영업만큼 평등한 것은 없다.
내가 했다면 당신도 할 수 있다!'

'영업계의 전설'로 불리는 영업인으로 ㈜한국세일즈성공학협회 대표, ㈜HNC비즈니스지원센터 대표이다. 2018년 대한민국 미래를 여는 경제인 부문 대상을 수상했다. 돈을 많이 벌겠다는 생각에 고등학교를 자퇴, 24살에 처음 영업을 시작해서 1년 만에 억대 연봉을 달성했다. 이후 '성공한 CEO' 소리를 들으며 각종 방송 출연과 매스컴 소개로 명성을 얻었고, 재차 사업을 벌였으나 실패, 29살에 신용불량자가 되었다. 인생을 포기하고 싶었지만, 가족을 지키고자 다시 영업의 세계에 뛰어들었고 3년 만에 연봉 10억을 달성했다. 유튜브 채널 〈안대장TV〉를 통해 영업인들의 멘토 역할은 물론 《더 보스》, 《어서 와, 영업은 처음이지》, 《멘트가 죄다》 등의 책을 썼다.

E-mail : dream_walker85@naver.com

죽기 살기로 3년만 살아보자

나는 성과 제일주의를 모토로 삼아 실천하며 살아가고 있다. 처음 휴대전화 판매 영업을 시작으로 현재 1백 개가 넘는 프랜차이즈 회사의 대표와 법인교육 시장 일등인 '세일즈랩'이라는 회사를 안정적으로 운영하기까지 내가 추구한 방식은 딱 하나이다. 바로 '성과 제일주의'이다. 생각해 보자. 사업가에게 '나는 열심히 노력했다'라는 말이 과연 무슨 의미가 있을까? 결국 성과를 내지 못했다면 아무것도 하지 않은 것과 다를 바 없다.

자신의 노력을 말로 설명하는 건 아무 의미가 없다. 아마 세상 모든 사람이 똑같이 말할 것이다. '나는 정말로 열심히 살았다', '열심히 노력했다'라고 말이다. 물론 대부분 사람은 열심히 산다. 그러나 이 사회는 열심히 사는 사람이 아닌 '잘하는 사람', 그리고 성과를 내어 '성공하는 사람'을 원한다.

지금 당신은 어떤 모습으로 살아가고 있는가? 매일 노력이라는 이름으로 그저 하루를 버티는 삶을 살고 있는가? 아니면 날마다 조금씩 앞으로 나아가며 성과를 만들어 가고 있는가? 한때 유행했던 신조어로 '존버(힘들어도 끝까지 버틴다)'란 말이 있다. 존버라는 유행어가 나올 정도로 '버티는 삶'에 대해 많은 사람이 공감하며 "인생은 버티는 거야, 버티면 다 되는 거야"라고 말한다. 정말 버티면 다 되는 걸까?

한 사람이 있다. 부잣집에서 태어난 그는 외모도 뛰어났고, 타고난 노래 실력으로 가수로서 성공을 이루었다. 언뜻 보기에 이 사람은 순탄한 삶을 살아왔을 것 같지만, 그가 지금의 성공을 유지하기 위해 하루하루를 지옥처럼 살아야 하는 것을 다른 사람은 알까? 아니 단 하루라도 살 수 있을까? 버티는 인생의 끝이 어떻게 되는지 알긴 할까? 의문이다. 누구라도 한 사람의 인생을 감히 판단할 수 없는 것이다.

나는 인생이란 절대로 버티면 된다고 생각하지 않는다. 복싱 경기에서 가드만 올린 채 코너에서 맞고 있는 선수에게 승리가 존재할까? 절대 아니다. 어떻게든 주먹을 휘두르며 앞으로 나아가고, 상대를 코너에 몰고 가야 승리라는 결과물을 얻을 수 있다. 지금 당신이 주먹을 내지르며 앞으로 나아가는 모습이라면 진심으로 축하와 더불어 응원하고 싶다.

크든 작든 매일 성과를 만들어 앞으로 나아간다면, 결국에는 원하는 모든 것을 이룰 테니까 말이다. 설령 버티고 있는 전자가 당신의 모습이어도 실망할 필요는 전혀 없다. 지금부터라도 이 책을 읽고 달라지면 되니까 말이다.

자신감과 자만심을 구분하라

나는 가난한 집의 아들로 태어나 17살 때 학교를 자퇴했다. 그때부터 죽어라 일만 하면서 살았다. 대부분의 열심히 인생을 살아가는 '흙수저'들의 삶처럼 말이다. 어떻게 보면 건방진 말처럼 들릴 수 있겠지만, 월에 1천만 원 정도의 수익을 내는 것은 '열심' 문제라고 생각한다. 내 주변에도 그렇고, 지금은 월에 1천만 원 버는 것은 노력의 영역이라는 것을 충분히 증명한 사람들이 너무나도 많다.

나 역시 그랬다. 24살에 시작한 캐피탈 영업으로 금방 돈을 벌었다. 2008년에는 한 달에 적으면 1천만 원, 많게는 2천만 원 가까운 수익을 올릴 만큼 금방 돈을 모을 수 있었다. 그렇게 돈을 벌다 보니 '폼나게' 살고 싶었다. 당시만 하더라도 드라마 속 남자 주인공들의 직업은 레스토랑 CEO가 많았다. 그래서 나도 레스토랑을 차렸다. 드라마 속의 주인공들처럼 살고 싶어서 말이다. 그때 나는 25살이었고, 지방의 작은 도시인 천안에서 살았다. 그러다 보니 25살의 젊은 레스토랑 사장은 지역에서 금방 이름을 알릴 수 있었다.

장사도 초대박 집까지는 아니어도 영업할 때 버는 수익 정도는 충분히 벌 수 있었다. 그리고 케이블 방송에서 진행하는 〈러브스위치〉라는 미팅 프로그램에도 나가고, 공중파 방송인 〈생방송투데이〉에도 출연했다. 이때만 해도 내 인생은 KTX 열차처럼 쭉쭉 뻗어나갈 것만 같았다.

성공에 힘을 얻어 이자카야 해물포차 가게를 운영하며 지점도 하나둘씩 늘려나갔다. 그러다 보니 슬슬 어깨에 뽕이 잔뜩 들어가기 시작했고, 자만감도 하늘을 찌를 듯 높았다. 어디를 가더라도 지갑을 열었고, 소주 대신 값비싼 양주를 더 즐겨 마셨다. 그런데 이때부터 소비는 날이 갈수록 커졌지만, 장사는 점점 내리막을 걷게 되었다. 하기야 사장이라는 사람이 총책임자의 역할을 하지 않은 채 매일 '사장 놀이'에 빠져있으니, 장사가 잘될 리 만무했다.

내가 정신을 차렸을 때는 이미 늦어버렸다. 게다가 지금의 '안대장'이 아닌 13년 전의 '안규호'에게는 이런 문제를 해결할 능력이 없었다. 멘토도 없었고, 장사를 배운 적도 없었다. 그저 노력한 결과와 행운으로 얻어낸 '작은 성공'이었다. 그 성공에 도취한 나는 '내가 최고'라는 어처구니없는 자만심을 부렸다.

자신감과 자만심은 크게 다르다. 나는 실력을 갖춰 당당한 자신감이 아닌 그저 혼자만의 착각 속에 살았다. 게다가 더욱 최악이었던 것은 내가 자초한 일에 대해서 책임질 용기도 없었다. 28살의 안규호에게는 말이다. 그리고 이렇게 생각했다.

'오케이, 지금 한국에서 장사해서는 답이 없다. 중국에 가서 사업으로 한방에 뒤집어야지!

당시는 '한류'의 열기가 뜨거웠다. 중국에 진출하는 많은 한국식당이 성공하고, 또 중국에서는 한국의 미용에 관심이 많아서 뉴스에 종종 성형 브로커들의 이야기도 나왔다. 둘 중 어떤 것을 하더라도 자신 있었다. 나는 '뭘 해도 성공하겠지'라는 마음으로 무작정 돈을 벌겠노라 다짐하며 중국으로 떠나버렸다. 모든 가게를 다 정리하고 말이다.

사실 말이 중국으로 돈을 벌겠다고 간 것이지, 지금 생각하면 나는 도망쳤던 것이나 다름없다. 그때는 내 현실을 받아들이고, 스스로 책임질 용기가 없었다. 비겁했고, 치사했으며, 멍청하기까지 했다. 그렇게 4개월 정도를 중국에서 혼자 살았다. 이리저리 통역도 끼고, 여러 가지 시도를 해봤지만, 결국 아무것도 얻지 못했다.

중국 생활을 마무리하고 한국에 돌아왔을 때는 수중에 10만 원도 남지 않았다. 신용불량자가 되어서 통장 거래도 할 수 없었고, 살 수 있는 집마저 없었다. 이렇게 나는 대한민국 하류 인생의 나락으로 떨어졌다. 그때 내 나이 29살이었다. 이후로 나는 가난이라는 지옥 속에서 내 가족을 지킬 힘은커녕 날마다 매 끼니를 걱정해야 했다. 21세기, 세계 10대 경제 강국 대한민국에서 말이다.

당시의 내 일과는 사람들에게 돈을 빌리러 다니는 것으로 시작했다. 그때마다 무시당하고, 더러운 꼴도 수없이 봐야 했으며, 내가 사랑하는 사람들의 웃음을 보는 날보다 눈물을 봐야 하는 날이 더욱 많았다. 무엇보다 끔찍했던 것은 가난이라는 지옥은 나의 정신까지 집어삼켰다. 자포자기에 빠져 '아무것도 할 수 없다'라는 좌절감에 그저 숨만 쉬면서 술만 퍼마시는 나날이었다. 이 지옥에서 벗어날 수 있다면 악마에게 영혼이라도 팔겠노라고 매일매일 기도했지만, 그런 일은 일어나지 않았다. 악마조차도 유능한 사람을 원한 것인지 '인간 폐인' 따위는 필요로 하지 않았다.

그러나 지금의 나는 대한민국 상위 1%의 삶을 살고 있다. 좋은 집과 좋은 차를 갖고 있으며, 내가 떠나고 싶을 때는 언제든지 해외로 나가고, 먹고 싶은 것, 사고 싶은 것, 하고 싶은 것을 마음껏 누리면서 자유롭게 살고 있다. 딱 3년이 걸렸다. 내가 가난에서 벗어나서 부자라는 소리를 듣게 되기까지 말이다.

나의 신념은 '성과 제일주의'이다. 높은 성과는 자기 일에 집중화된 삶을 살아갈 때 만들어진다. 지금부터는 성과를 내고, 성공적인 삶을 사는 방법들을 알려주겠다.

내게 사인을 해달라는 분들에게 꼭 써주는 말이다.

'죽기 살기로 3년만!'

변화에는 고통이 따르기 마련이다. 그 고통을 피한다면 변화할 수 없고, 결국 자멸하고 만다. 이 책에 있는 내용대로 딱 죽기 살기로 3년만 살아보자. 세상 사람 모두가 성공할 수는 없다. 그러나 특별한 사람만 성공하는 것은 아니다. '아무나' 성공할 수는 없지만, '누구나' 성공할 수 있다. 그 '누구나'가 당신과 내가 되지 말라는 법은 없으니까!

반복에 지치지 않는 자가 성공한다

사람들이 나에게 정말 많이 물어보는 질문이 있다.

"대장님, 인생을 바꿀 수 있는 책 한 권만 추천해 주세요!"

그들에게 나는 항상 이렇게 답한다.

"그런 책은 세상에 없습니다."

과연 세상에 지독하게 오랜 시간을 실패로 살아왔던 사람의 인생을 바꿀 수 있는 단 한 권의 책이 존재할까? 아니 그런 기적이 존재할까? 나는 없다고 본다. 그런데도 책을 추천해 달라고 하면, 나는 내가 쓴 책이 가장 좋을 수밖에 없는 것도 사실이다. 책 한 권으로 인생을 바꾸고 싶으면 방법은 딱 하나다. 그 한 권의 책을 100번 읽어라. 그리고 그 책에 있는 내용을 그대로 실행하면 된다.

나는 책을 읽기 위해서는 '독서 근육'이 필요하다고 생각한다. 누구나 책 읽기를 결심하지만, 작심삼일(作心三日)로 끝나는 일이 많아서다. '좋은 책'을 한 권 읽으면, 앞으로 내가 어떤 것들을 해야 하고, 또 하지 말아야 할지를 알 수 있으며, 더 열심히 살아야겠다는 의지가 솟구친다. 그런데 문제는 그 열정이 너무 쉽게 사그라진다는 것이다. 따라서 책은 읽고, 또 읽고, 계속 반복해서 읽어야 한다.

한 권의 책으로 인생을 바꾸겠다는 말이 내게는 이렇게 들린다.

'딱 한 번의 양치질로, 영원히 깨끗한 치아를 만들 수 있는 치약은 없나요?'

'딱 한 번의 샤워로, 영원히 깨끗한 몸 상태를 유지할 수 있는 비누는 없나요?'

누구나 기적을 바라지만, 기적은 일어나지 않는다. 세상에 동화는 없다. 이것이 나의 지론 중 하나이다. 나에게 엄청난 기적 같은 정보나 기적 같은 요행이 찾아올 것으로 생각하지 않는다.

예전에 유튜버 '중파(중고차 파괴자)' 님에게 카니발 차량을 구매하며 인터뷰를 했다. 중고차를 5번 이상 구매했는데, 어떻게 한 번도 사기당하거나 속 썩어 본 일이 없는지 물었다. 곰곰이 생각해 보니 정말 신기했다. 어떻게 그럴 수가 있었을까? 내가 내린 결론은 동화를 꿈꾸지 않았기 때문에 가능했던 일이다.

나는 지금껏 중고차를 사면서 한 번도 '싸고 좋은 차'를 찾은 적이 없었다. 갖고 싶은 모델의 차가 있으면 가장 비싼 순으로 설정하고, 그 가격대에 맞는 퀄리티의 차를 구매했다. 내가 구매한 가격만큼의 퀄리티를 바랐기에 사기당할 일도 없었다. 대개 사기당하는 가장 큰 원인은 주체하지 못하는 욕망 때문이다.

싸고 좋은 물건을 바라는 건, 적은 금액으로 말도 안 되는 수익률을 바라는 것과 같다. 지금이야 금리가 많이 올라갔지만, 연 금리 5~6%로 사기를 치지는 않는다. 일 금리 1%, 연 금리 365%로 사기를 친다. FX 마진(외환 차액) 거래의 피해액이 수천억이라고 한다. 일 금리 2%라고 광고했다. 복리로 따지면 원금 1백만 원이 3년 후에 220억이 되는 '기적 중 기적'이다. 그런데 사람들은 그 비상식적인 욕망에 기대었고, 결국 수천 명의 피해자가 발생했다.

1백만 원을 가지고 시작한 사업이 220억 원이 될 수는 있다. 하지만 1백만 원의 투자금으로 220억 원을 만들 수는 없다. 아무것도 하지 않은 채 누군가에게 1백만 원을 맡겨서 220억 원을 받게 해준다면, 그것은 아마도 타임머신을 타고 미래에서 온 사람이거나 신이 아니라면 불가능한 영역일 것이다.

지금부터는 상식과 이성적인 판단에 입각하길 바란다. 성공하고 싶다면 양치질하듯이 살자. 양치질하면서 즐거운 사람이 몇 명이나 될까? 어쩔 수 없이 하는 것이다. 해야 하는 일이니까 하는 거다. 그것도 하루에 3번씩이나 말이다. 매일매일 지루하게 살자. 그리고 그 지루함을 꾸준히 하자. '될 때'까지말이다.

나 역시 매일매일 똑같은 패턴의 아침이다. 아침을 알리는 알람 소리가 시끄럽게 울리면 마음속으로 '자! 오늘도 파이팅하자. 아자아자!' 외치고는 기지개를 켜며 힘차게 일어난다. 물론 나도 좀 더 자고 싶다. 아무것도 하고 싶지 않다. 매일매일 술 마시고, 여행도 다니면서 친구들과 놀고 싶다. 하지만 그러면 내가 원하는 삶을 살 수 없다. 그래서 나는 피곤한 몸을 파이팅 넘치게 깨우며 잠자리에서 일어난다.

일어나자마자 먼저 이불을 갠다. 벌써 8년째인데, 이불을 개야 하는 이유는 정확히 모르지만, 습관적으로 갠다. 자기 계발서에 '일어나면 이불부터 개라'라는 말이 있다. 사실 예전의 나는 이렇게 생각했었다. '이것도 책이라고 쓴 건가? 정말 돈 쉽게 버네.' 이불을 개면 성공할 수 있다는 건지 처음에는 무시했지만, 막상 신용불량자가 되고 나니 뭐라도 해야만 했다. 그때 결심했다.

'이 잘난 양반들이 시키는 대로 딱 3년만 살아보자. 그리고 안 되면 그때 원 없이 욕하자!'

그때부터 내 생각을 버리고, 시키는 대로 실행하며 살았다. 내 생각이 잘못되었다는 점을 인정하고, 머리가 나쁜 '안규호'가 자꾸 머리를 써서 망한 것으로 여겼다. 그래서 다른 사람들의 머리를 빌리기로 했다. 나는 강의할 때 이런 말을 자주 한다.

"머리 쓰면 안 되는 사람들이 자꾸 머리를 써서 인생이 꼬여요. 머리 나쁜 사람은 잘 되는 사람의 머리를 배워야 해요. 잘 되는 사람의 생각을 내 머리로 옮겨 잘 되는 이유를 찾아야 해요!"

말과 행동을 일치시켜라

지금 돌이켜보면 '이불을 개라'는 건 '자신과의 약속을 매일매일 하루도 빠짐없이 지키라'라는 뜻이 아닐까 싶다. 즉 아침에 일어나 이불부터 개는 사소한 약속도 못 지키는 사람은 큰 뜻을 이루기 어렵다는 의미라고 스스로 해석했다. 이불을 갠 나는 곧장 욕실로 달려가 거울을 보며 외친다.

'규호야, 할 수 있어! 오늘도 파이팅하자! 아자아자!'

아침마다 명상과 긍정 확언으로 기분 좋게 하루를 시작한다. 매일매일 30초 정도 거울을 보면서 그냥 웃는다. 전날 마신 술로 머리가 깨질 것 같은 날에도 웃고, 또 웃는다. 그다음 따뜻한 물로 샤워하고, 마지막에는 찬물로 샤워하면서 머리를 맑게 하려고 노력한다. 사실 나는 찬물로 씻고 싶지 않았다. 그런데 어느 책에서 '콜드 샤워(Cold Shower)'를 하면 머리가 맑아진다고 해서 한다. 역시 그냥 한다.

또 하나 중요한 내 아침 루틴으로 똑같은 노래를 들으며 하루를 시작한다. '돌덩이', '말하는 대로', '일어나', '남자의 인생', '할 것', '오르막길', '그대라는 사치', '시작' 등 나만의 맞춤 플레이리스트가 있다. 준비하는 시간에 따라 다르지만, '돌덩이'는 무조건 첫 곡으로 들으며 나의 오늘 하루에 파이팅을 불어넣는다.

그다음 머리를 단정하게 매만지고, 손톱을 정리한 후 전날 준비해 놓은 정장을 입는다. 셔츠 색상은 딱 하나다. 흰색 셔츠만 수십 벌을 가지고 있다. 이것도 동기부여 영상을 보고 배운 것으로, 옷 입는 에너지조차 아끼고 싶어서 똑같은 옷을 매일 입는 CEO들의 이야기를 듣고 기존에 있던 셔츠들을 다 쓰레기통에 갖다 버렸다.

똑같은 영상을 봤어도 누군가는 '이렇게 사는 사람들도 있구나, 저렇게까지 해야 하나? 그래서 성공했구나!' 생각하겠지만, 나는 그날로 내 옷을 다 갖다 버렸다. 셔츠 입는 시간이라도 아껴보려고 말이다. 일단 뭐든지 좋은 건 해보고 판단해도 늦지 않을 테니까! 그리고 집을 나서기 전에 다시 한번 거울을 보면서 주문을 외운다.

'오늘 다 뒤졌어!'

누가 죽는지는 모르겠지만, 오늘 하루도 미친 듯이 '파이팅'하자는 나만의 주문이다. 출근해서는 가장 먼저 8년째 쓰고 있는 수첩을 꺼내서 '오늘 할 일'을 중요한 순서대로 적는다. 또 퇴근해서는 오늘 나의 하루를 스스로 평가하고, 수첩에 점수를 매긴 후 일기를 쓴다.

매일매일 똑같은 하루의 루틴이다. 반복되는 아침 시작과 저녁 끝맺음이 지겨울 정도로 똑같지만, 언제나 '오늘 하루'를 감사하게 여기면서 '파이팅' 넘치게 살아간다. 가장 중요한 것은 규칙적으로 산다는 것이다. 그리고 내가 스스로 만든 시스템을 붕괴시키지 않는다. 지금까지 이 루틴을 지키면서 살아왔다. 지독할 정도로 말이다.

요즘은 회사의 규모가 커진 후 시스템에 의해 움직여지고 있다. 즉 이제는 영업할 때처럼 계속해서 내가 움직이지 않아도 된다. 그래서 요즘은 집에서 쉬는 날도 종종 있다. 내가 없어도 우리 회사는 잘 돌아가니까 말이다. 하지만 절대로 지치거나 자만하지 않고, 앞으로 딱 1년만 더 지금의 루틴을 지키려고 한다.

내가 신용불량자에서 벗어나겠다고 마음먹고 바꾼 휴대전화 번호의 뒷자리는 '2025'다. 즉 2025년, 내 나이를 만으로 계산했을 때 40살이 되는 해였다. 신용불량자였던 29살 때 12년의 장기 플랜을 세웠다. 그런데 계획보다 훨씬 더 빨리 목표를 달성했고, 내년이면 아마도 은퇴 시점이 되지 않을까 싶다. 내가 처음 계획했던 것들은 모두 이뤘으니 말이다. 내가 이렇게 빠른 기간에 목표를 달성할 수 있었던 첫 번째 비결은 바로 '매일매일 똑같은 하루'를 살아간 것이다.

평범한 일을 평범하게 하지 않는 사람은 반드시 성공한다. 즉 '반복에 지치지 않는 사람'만이 성공한다. 이 좋은 말을 모르는 사람이 과연 존재할까? 하지만 이 말을 실천하는 사람은 많지 않다. 당신은 어떤 사람이 되고 싶은가? 말로만 성공하고 싶은 사람이 되고 싶은가? 하나씩 하나씩 목표를 이루면서 원하는 모든 것을 이루는 사람이 되고 싶은가? 스스로 생각해 보라.

다시 묻겠다. 당신은 말로만 떠들 것인가? 지체 없이 행동할 것인가? 선택은 오로지 당신의 판단이고, 당신의 행동에 달려있다. 시간은 지금, 이 순간에도 흐른다. 눈앞에 놓인 장애물 앞에 이대로 넘어질 것인가, 이대로 넘어설 것인가. 나의 미래는 내가 개척하는 것이다.

당신의 '열심히'는 잘못되었다

누구나 학창 시절에 여름방학 생활계획표를 세운 적이 있을 것이다. 하루를 시간 단위로 나눠 알차게 보내고 싶은 마음에 계획표를 짜지만, 일주일도 채 못 지키는 일이 많았을 것이다. 아무 경제활동도 필요 없고, 큰 제약도 없는 여름방학의 생활계획표조차 못 지키는 게 99%의 평범한 사람이다. 그러니 성인이 되어 더 복잡한 환경에 노출되고, 더 많은 제약과 할 일들이 생긴 지금 과연 계획대로 살 수 있는 사람이 얼마나 될까? 아마도 거의 없을 것이다.

나는 지금까지 1천여 명의 제자들을 가르쳤는데, 내 하루 강의를 들은 사람들까지 더하면 최소한 몇천 명은 족히 넘는다. 내가 가르친 제자 중의 20%는 인생 역전에 성공한다. 그러면 나머지 80%의 사람들은 뭘까? 내가 지금까지 본 사람 중에서 '이 사람은 진짜다! 성공할 수밖에 없다'라고 인정하는 사람은 딱 10%다. 이 사람들은 대부분 성공한다. 나머지 10%는 정말 천부적인 재능을 타고 태어난 사람들이었다. 하나를 가르치면 둘을 알고, 스스로 응용하며, 뛰어난 센스와 소질을 갖춘 사람들이었다.

그런데 내 강의를 듣는 사람들 중에서 절반 이상은 열심히 하지 않는다. 지금까지 살아왔던 그 모습 그대로 살면서 기술 하나 습득하여 성공하고 싶어 한다. 비싼 수업료를 내고도 열심히 하지 않으며, 바뀌려고 하지도 않는다. 물론 각자 이유는 다 있다. '바빠서, 무서워서, 몰라서, 열심히 하는데 안 돼서, 이런 일이 있어서, 저런 일이 있어서' 등 자신이 실패해도 되는 명확한 이유를 아무렇지도 않게 말한다. 죄다 핑계일 뿐이다.

실패하는 사람들의 절반 이상은 스스로 열심히 노력하지 않는다. 그러면서 꼭 자기는 정말 열심히 노력했는데 안 된다고 말한다. 정말로 안타까운 일이다. 자기 스스로 열심히 노력했다고 말하는 사람들에게 들려주고 싶은 이야기가 있다. 예전에 내 강의에 참석한 여성분이 있었다. 강의가 끝나고 모든 사람이 나갈 때까지 퇴장하지 않았다. 의아한 마음에 물었다.

"왜 안 가고 있으신가요?"

"저, 잠시 대장님이랑 얘기 좀 하고 싶어요."

"네, 말씀하세요!"

그랬더니 갑자기 여성분은 울음을 터트렸다. 그러면서 자신은 지금 하는 일이 정말 좋고 재미있지만, 아무리 열심히 해도 실적이 나오지 않는다고 말했다. 일을 위해서 고향을 떠나 서울에 왔는데, 다시 돌아가야 할 상황이라서 너무 힘들다는 것이다. 아마도 여성분은 나의 위로와 해답을 바랐을 것이다.

나는 여성분에게 이렇게 답해줬다.

"혹시 저를 아세요? 저를 언제 봤다고 울어요? 처음 보는 사람 앞에서 이렇게 서럽게 울 정도면 뭔가 잘못됐다는 생각은 안 해

봤어요? 제가 함께 울면서 고민 상담 들어줄 만큼 우리가 친한 사이도 아니고, 제게 돈을 준 것도 아니잖아요. 지금까지 누구보다 열심히 했다고 하시니, 본인이 뭘 그렇게 열심히 했는지 노트에 한 번 적어보세요."

그러자 여성분은 눈물을 뚝 그쳤다. 본인의 생각대로 내가 반응하지 않았기 때문이다. 그리고 노트에는 단 하나의 노력한 일도 쓰지 못했다. 내가 생각해도 냉정하게 대했지만, 어쩔 수 없었다. 그나마 이것이 울고 있는 여성분을 위한 길이라고 믿어서다. 내가 아무런 영혼 없이 잠깐 해주는 위로는 오히려 독이 될 테고, 그 독에 취하는 사람들은 위로만을 바라며, 기댈 곳을 찾아 영원히 떠돌아다닐 테니 말이다. 물론 이 여성분도 나중에는 내 강의를 다시 제대로 들었고, 지금은 이전보다 2배 이상 되는 연봉을 받으며 훨씬 더 잘살고 있다.

'열심히'와 '잘하는 것'의 차이

안타까운 건 대부분 사람은 이 여성분처럼 생각한다. 본인은 열심히 노력했다고 말이다. 하지만 본인 스스로 열심히 노력했다고 생각하는 것은 아무런 의미가 없다. 왜? 세상은 나 혼자 사는 것이 아니기 때문이다. 세상은 경쟁이기 때문에 나의 경쟁자보다 더 열심히 일하고, 그들과는 다른 차별성을 두어야 성과를 만들어 낼 수 있으며, 결국 성공하기 때문이다.

서바이벌 프로그램을 한 번도 보지 않은 사람은 없을 것이다. 아무리 잘해도 떨어지는 사람들이 수두룩하다. 경쟁이기 때문이다. 잘하는 사람을 뽑는 것이 아니라 '더 잘하는 사람'을 뽑는 것이 경쟁이다. 그런데 많은 사람이 지금 경쟁하고 있다는 사실을 제대로 인지하지 못한다. 예로 식당을 하는 사람들은 옆집과의 경쟁을 생각하는 것이 아니라 혼자 자신의 식당에 갇혀 '우리가 왜 안 되지, 이렇게 맛있는데'라고 생각한다.

물론 음식은 맛있을 것이다. 식당을 차릴 정도의 수준이면 음식은 대개 맛있다. 하지만 가장 중요한 건 내 옆에 있는 식당들보다 더 맛있어야 하고, 더 친절해야 하며, 가성비를 갖춰야 하는 것인데, 본인의 식당만을 생각하니 답이 나올 리 없다. 영업이든 사업이든 장사든 다 경쟁이다. 그래서 남들보다 더 열심히 하는 사람만이 성공할 수 있는 것이다. 본인 스스로 '열심히' 따위는 아무 소용이 없는 자기 위로와 정신 승리밖에 되지 않는 이유가 바로 이것이다. '열심히'와 '잘하는 것'의 차이를 알아야 한다.

그렇다면 '열심히'만 하면 모두가 성공할 수 있을까? 아니다. 왜? 이것 또한 경쟁이기 때문이다. 어떤 사람은 열심히도 하는데 머리까지 좋은 사람들이 있다. 적어도 몇억 단위의 연봉으로 넘어가기 위해서는 잘해야 한다. '열심히'를 뛰어넘어야 하는 것이다. 열심히 죽도록 노력해도 실패하는 사람들도 많다. 내 지인 중에 딱 들어맞는 표본 모델이 있다. 바로 중학교 때부터 내 영혼의 단짝이자 함께 학교를 자퇴했고, 지금까지 내가 본 사람 중에 가장 성실의 아이콘인 '완미 족발'의 공동 창업자 장형희 대표이다.

어렸을 때부터 나는 이 친구와 많은 일을 했다. 사실 어린 시절의 나는 일할 때 전날 마신 술로 지각할 때가 많았다. 그때는 인생을 막살았던 시절이니까. 그런데 이 친구는 나와 똑같이 술을 마셔도 지각 한 번 하는 것을 본 적이 없다. 심지어 가장 일찍 출근해서 가장 늦게 퇴근한다. 쉬는 날도 없이 나와서 일하는 게 취미인 친구다. 내가 신용불량자가 되어 힘들어하며 단칸방 하나라도 얻으려 할 때 유일하게 돈을 빌려준 친구이기도 하다.

나는 30살 때 경영 컨설팅이라는 영업을 하면서 많은 돈을 벌 수 있게 되었다. 3개월 동안은 급여가 하나도 없었지만, 4개월 차부터 1,500만 원 정도의 급여를 받게 되었다. 그 후로 계속 그 정도 급여를 유지했다. 대박이었다. 인생 역전이 눈에 보였다. 그래서 이 친구에게 함께 일하자고 제안했고, 우리는 또다시 같은 일을 시작했다.

그러다가 친구가 입사하고 2달 후, 나는 독립해서 혼자 회사를 차렸다. 친구에게 같이 나가자고 했지만, 친구는 지금 회사가 좋다고 했다. 간절히 부탁했으나 친구는 이제 막 시작한 나보다는 오래된 회사를 믿었다. 아마 굳이 모험하고 싶지 않았을 것이다. 물론 이해한다. 당시의 나는 워낙 개차반이었으니까 말이다.

그때부터였다. 거짓말처럼 우리 둘의 인생은 완전히 정반대로 흘렀다. 누구의 도움도 없이 혼자 독립한 나는 그 후로 거짓말처럼 쭉쭉 성장했다. 당시 고향에 살긴 했으나 친구들을 다 끊고, 서울에 가서 수많은 멘토와 사업가들을 찾아다녔다. 시간이 남아서가 아니라 어떻게든 시간을 만들어 찾아다니며 배우러 다녔다. 그렇게 점점 나는 '나만의 시스템'을 만들었고, 기존의 나를 버리면서, 내가 되고 싶은 '새로운 나'를 만들어 나갔다.

그런데 친구는 계속해서 내리막을 걸었다. 1년 후, 친구는 다른 영업 조직으로 이직했지만, 그곳에서도 실패했다. 얼마 후 또 다른 영업 조직으로 옮겼으나 결과는 마찬가지였다. 거듭된 실패로 친구의 빚은 쌓여만 갔고, 오래 사귄 여자 친구와도 헤어지며 방황했다. 설상가상이라더니 전세 사기까지 당했다. 결국에는 이 친구도 신용불량자가 되고야 말았다.

그렇게 6년쯤 지났을까? 서울로 이사한 나는 대한민국 상위 0.1%가 사는 '시그니엘'에 살았고, 친구는 일용직을 전전하며 비참하게 하루하루 버티는 삶을 살았다. 그러다가 친구는 내게 사업 아이템을 제안했다. 나는 친구에게 돈을 투자하면서 이렇게 말했다.

"이 돈 날리면 그때는 서울로 올라와. 그래서 내가 죽으라면 죽고 살라면 살겠다는 각오로, 내가 시키는 대로 살겠다고 약속하면 투자할게!"

나는 친구에게 몇천의 돈을 투자했지만, 단 5개월 만에 그 돈은 전부 허공으로 사라졌다. 이후 나는 친구의 빚 2천만 원을 갚아주고, 차와 원룸을 얻어주었다. 친구를 내 곁으로 이사시킨 후 함께 '완미 족발'이라는 브랜드를 만들었다. 그 결과는 코로나 시국에도 25평 매장에서 월 매출 1억을 넘기고, 신논현에서 가장 웨이팅이 긴 매장을 탄생시켰으며, 1년 만에 가맹점 100개라는 엄청난 기록을 세웠다. 서론이 조금 길었다. 이 이야기를 하기 위해서이다. 한번은 친구에게 물었다.

"형희야, 예전의 너는 계속 실패만 했는데, 지금은 어떻게 이렇게 성공할 수 있었던 것 같아?"

공동 창업자라고 말하지만, 사실 이 친구가 거의 모든 일을 한다. 나는 기획만 하고 가끔 보고만 받을 뿐이다. 일을 전부 실행하는 것은 이 친구의 몫이다. 더군다나 코로나 사태 시절에 창업해서 지옥을 봤다. 친구는 서울에 온 지 6개월 만에 15kg이 빠졌고, 1년 넘게 하루도 쉬지 않는 진정한 스파르타의 삶을 살아야 했다. 그 덕분에 지금의 성공 가도를 달리고 있지만 말이다.

친구가 내 물음에 답했다.

"열심히는 당연한 건데, 나는 지금까지 '열심히'만으로 다 될 줄 알았어. 그런데 네게는 내게 없는 '시스템'이라는 게 있더라."

다시 한번 말하지만, '열심히'가 전부는 아니다. 노력이라는 기초요소에 중독되어서는 안 된다. 노력은 너무나 당연한 거다. 노력조차 안 하는 사람은 더 이상 말할 가치도 없다. 물론 노력 없이 성공하는 사람들도 충분히 있다. 뛰어난 재능을 가진 사람, 또는 뛰어난 환경을 가진 사람처럼 말이다. 그런데 재능과 두뇌, 엄청난 환경을 타고 태어나는 사람들이 몇이나 될까? 우리와는 전혀 상관없는 소수의 이야기일 뿐이다.

그래서 노력이라는 기초적인 요소에 나만의 차별성과 시스템이라는 핵심 요소가 더해져야 진정한 성장을 할 수 있다. 그런데 많은 사람이 기초적인 부분에서 포기하고 만다. 또는 너무 기초적인 것에 매몰된다. 예로 영업사원이 전단지를 열심히 뿌리는 건 노력이 아니라고 말하고 싶다. 오히려 그런 것은 미련한 방법이고, 시대를 역행하는 것이다. 하지만 온종일 전단지를 뿌린 영업사원은 오늘 하루 본인이 보람차게 열심히 살았다고 흐뭇해 할 것이다. 다음 날 고객의 전화를 기다리면서 말이다.

이런 식의 단순한 '열심히'로 성공할 수 있을 만큼 우리가 사는 세상과 경쟁자들은 만만하지 않다. 이 사실을 모르는 사람은 없겠지만, 현실에서 자꾸 잊어버리게 된다. 당장 내가 뭔가를 했다는 액션페이킹(Action Faking, 가짜 노력)에 빠져서는 안 된다. 지금 내가 하는 일들이 장기적으로 얼마나 성과를 만들 수 있는지, 그리고 경쟁자들과 차별성을 지닌 나의 핵심 요소가 될 수 있는지 생각하고, 또 생각해야 한다. 그래야 우리는 이 치열한 경쟁에서 이길 수 있는 것이다.

'열심히'의 늪에 빠져서 인생을 낭비하고 싶지 않다면 찾아내고 만들어내라. 당신의 핵심 요소가 무엇인지 말이다. 그리고 그 핵심과 노력이라는 기초적인 요소가 만났을 때, 당신의 목표는 곧 이루어질 것이다.

작지만 강력한 디테일의 힘을 배워라

글로벌 초일류 기업으로 성장한 삼성 그룹은 호불호는 있지만, 단언컨대 우리나라 최고의 기업이자 대한민국의 자랑이라고 생각한다. 물론 삼성이 지금의 위치에 오르기까지 편법과 불법도 존재했을 것이고, 많은 사건과 사고들이 있었던 것도 사실이다. 하지만 이 정도 위치까지 오는 과정에서 어떻게 '꽃길'만을 걸을 수 있었겠는가? 많은 사람의 손에 흙도 묻히고, 똥도 묻혔을 것이다. 그러나 누가 뭐라고 해도 삼성은 대한민국의 자랑이다. 나 역시 삼성이라는 기업을 롤 모델로 삼을 만큼 존경하며, 더 공부하고 배우고자 노력하고 있다.

삼성의 경영철학 중 '디테일 경영'이라는 것이 있다. 이건희 회장은 1980년대부터 공장을 방문할 때마다 화장실을 점검했다고 한다. 한 번은 수원에 있는 공장을 방문해 화장실을 둘러보던 중 곳곳에 신문지가 널브러져 있고, 위생 상태가 불량한 걸 보고는 "용변은 인간의 가장 기본 욕구인데, 이것 하나도 제대로 해결해

주지 못하면서 어떻게 세계 최고의 품질을 바라겠느냐"라고 말하며 불같이 화를 냈다고 한다.

이후 일본의 오쿠라 호텔 수준만큼 최고급 화장실을 만들라는 지시를 내렸는데, 이때부터 삼성 전 계열사 사업장의 화장실은 비데가 설치되는 등 고급화를 시작했다고 한다. 당시 대부분 CEO들은 아무 관심이 없던 화장실 환경조차 가볍게 지나치지 않았고, 직원들의 인간적인 삶을 보장해 줘야 제품의 품질 역시 좋아질 수 있다는 이건희 회장의 디테일 경영 철학이 드러나는 사례다. 그 후로 이런 작은 부분에도 신경을 쓰는 디테일 경영은 많은 회사의 본보기가 되었다고 한다.

내가 강의하는 〈성과 제일주의 리더십의 비밀〉이라는 클래스에서 처음 나오는 내용이 바로 '목표의 디테일'이다. 목표를 쪼개고, 또 쪼개라. 리더에게 가장 중요한 것은 큰 흐름을 볼 수 있는 능력이지만, 디테일을 잡는 것 또한 리더의 안목일 수밖에 없다.

천억대의 기업가이자 내가 가장 존경하는 회장님이 있다. 그분의 사옥에 갔을 때, 정말이지 그 디테일에 놀라지 않을 수 없었다. 화장실에 있는 갑티슈 케이스조차 회장님이 직접 대리석으로 자체 제작을 했다고 한다. 구내식당의 메뉴 구성부터 시작해서 직원들이 앉는 의자와 식탁 역시 최상급의 외국 가구를 배치했다. 그런 디테일을 보면서 '이처럼 작은 부분 하나까지도 놓치지 않으니, 이렇게 성공할 수 있었구나'라고 생각하며 존경을 표할 수밖에 없었다.

디테일이 성패를 좌우한다

나 역시 디테일 경영 철학을 공부했기에 사업에서 계속 승승장구할 수 있었다. '완미 족발'을 오픈했을 때 일이다. 우리는 3개의 매장이 같은 화장실을 쓰는 건물에 임대를 들어갔는데 화장실이 최악이었다. 외국인들이 보면 중국의 화장실만큼 미개하게 여긴다는 남녀 공용 화장실이었고, 어두컴컴한 조명에 그것도 모자라 쭈그리고 앉아서 변을 보는 재래식 화장실이었다. 당장 여기서 성범죄가 일어나도 전혀 이상하지 않을 정도로, 화장실에 들어가자마자 입맛 뚝 떨어지게 만드는 최악의 화장실이었다.

즉시 화장실을 바꾸기로 결심했으나 워낙 오래된 건물이다 보니 공사비용이 꽤 많이 측정되었다. 1,500만 원의 공사비가 나왔고, 옆에 있는 두 매장의 사장님을 만나서 말했다.

"여기 화장실은 너무 심각합니다. 제가 절반을 낼 테니, 두 분이 25%씩만 내서 공사 진행하시죠. 공사비가 비싸다고 느껴지시면 아시는 업체 부르셔도 됩니다."

하지만 돌아온 대답은 기가 막혔다.

"지금까지 여기서 5년 넘게 장사 잘하고 있습니다. 괜히 새로 와서 불편하게 하지 마세요."

5년 넘게 적자 보면서 하루하루 먹고살기 바쁜 게 장사를 잘하고 있는 건가! 그들의 말에 '이런 마인드로 살아가니 이렇게밖에 못 살지'라고 생각할 수밖에 없었다. 술에 잔뜩 취한 채 먹는 술집도 아니고, 도대체 얼마나 맛있는 음식이어야 저런 화장실을 감당하면서까지 이 집을 다시 찾아야 하는 걸까? 결국 나는 혼자서 화장실 공사를 진행해야 했다. 그런데 공사를 하려고 하니 건물주도 반대하기 시작했다. 이게 더 어이가 없었다.

'아니, 내 돈 들여서 건물을 좋게 만들어 준다는데, 왜 반대를 하는 거지?' 도무지 이해할 수 없었다. 하긴 내가 어떤 사람인지 전혀 모르니 불안할 수도 있고, 지극히 나이가 많으신 건물주 할머니였기에 지금의 화장실이 아무렇지 않았을 수도 있다. 급기야 공사를 해서 이상하게 나오면 내가 원상 복귀시킨다는 말도 안 되는 조건으로 나는 혼자서 화장실 공사를 진행했다.

그 결과, 지금 우리 매장의 화장실을 사용하는 사람들은 화장실이 너무 깨끗해서 좋다며 만족해한다. 뉴욕의 사례도 있지 않은가? 1980년대 중반, 지하철 차량과 건물 벽을 깨끗하게 청소하자 다시 더럽히려고 하지 않았고, 범죄율 역시 75%나 감소했다고 한다. 인간은 환경에 어느 정도 적응하기 때문이다.

당시 공사를 진행할 때 내가 들은 말이다.

"젊은 사장이라 아직 잘 모르는 것 같은데, 여기 손님들은 다 술에 취한 사람들이에요. 새로 화장실 공사해 봤자 일주일 안에 무조건 문 박살 내고, 변기 뚜껑 박살 냅니다. 아직 이 동네를 몰라서 그래요."

일 년이 지난 지금까지 화장실 문과 변기는 한 번도 박살 난 적이 없다. 더러워서 박살을 내는 것이다. 깨끗하면 박살 내지 않는다. 공사 현장에 흰옷 있고 나가는 사람은 절대로 없다. 더럽히고 싶지 않으니까. 하지만 이미 오염된 옷에는 이물질이 묻어도 크게 신경 쓰지 않는 것이 사람이다. 왜? 이미 더럽기 때문이다. 이전에 있던 사람들은 그저 이런저런 핑계로 시도하지 않았을 뿐이다.

망하는 식당은 음식만 신경 쓴다. 그러나 청소 상태, 인사, 친절, 서비스 정신, 마케팅, 가격, 분위기 등 그 어떤 것 하나 신경 쓰지 않을 것이 없다. 결국 이런 디테일에서 성과가 갈린다고 생각한다. 작은 차이가 명품을 만든다고 하지 않던가! 사업은 하나만 가지고 성공할 수 있는 것이 아니다.

내가 경영 컨설팅 영업으로 많은 기업을 찾아보며 느낀 건, 대한민국에 기가 막히게 좋은 기술을 가진 회사들은 널리고 널렸다는 사실이다. 그런데 그 회사들이 3년을 못 버티고 폐업한다. 작은 회사는 상품성과 시장성은 물론 시장에 이를 알릴 수 있는 기술까지 모두 갖춘 멀티플레이어가 되어야만 성공할 수 있다는 것을 그때 깨달았다.

영업하면서 생긴 습관들이 있다. 아침마다 손톱과 코털을 자른다. 행여나 지저분한 사람으로 보일까 봐서 매일 아침 신경 쓴다. 출근할 때는 깨끗하게 구두를 닦고, 항상 빳빳한 셔츠를 입는다. 또 하루에도 수십 번 구강청결제로 입안을 헹군다. 오죽하면 아내가 "그 정도면 중독이야"라고 말할 정도로 향기에 신경을 썼다.

아무리 좋은 상품을 팔아도 그것을 판매하는 메신저가 별로라면, 그 상품을 사는 사람은 현저히 떨어질 수밖에 없다. 아무리 좋은 상품이라도 악취를 풍기는 사람, 자기 관리도 못 해서 지저분해 보이는 사람과 계약하고 싶은 사람은 아무도 없을 테니까 말이다.

한 번은 집중해서 책을 쓰려고 '에어비앤비'라는 숙박 사이트를 통해 아무도 없는 조용한 시골 마을의 작은 숙소를 예약한 적이 있다. 처음 숙소에 도착했을 때 '배고프실까 봐 간식을 조금 준비했습니다'라는 메모와 함께 베이글과 우유를 준비해 주셨다. 또 에어비앤비 숙소임에도 불구하고 호텔처럼 침대에는 예쁜 꽃이 있었다. 화장실과 모든 방마다 놓인 캔들로 인해 어느 곳에 머물러도 좋은 향기가 풍겼다.

그렇게 3일째 숙박을 하던 날, 나와 아내도 잊고 있었던 빼빼로 데이였다. 그날, 사장님께 카톡이 왔다.

'빼빼로 데이라서 시내 나간 김에 빼빼로와 와인 한 병 사서 문 앞에 놓고 갑니다. 행복한 시간 되세요.'

덕분에 나는 그 숙소에 머무르는 내내 행복했고, 그 사장님의 센스에 반하고, 또 반했다. 지금은 그 숙소의 완전 단골이 되었고, 그곳을 유튜브에 소개할 만큼 나는 자청해서 최고의 영업사원이 되었다. 그 숙소의 사장님은 가만히 앉아 있어도 많은 사람에게 그곳을 알릴 수 있는 '안 대장'이라는 최고의 영업사원을 얻은 것이다. 덕분에 정작 나는 내가 가고 싶을 때 그곳을 갈 수 없을 만큼 잘되는 대박집이 되었다.

목표를 쪼개고, 또 쪼개라. 지금 내가 하는 방식과 나의 상품을 보면서 '이 정도면 되겠지'가 아니라 작은 소품 하나, 디테일에 목숨을 걸어라. 그 작은 차이들이 모여서 당신을 명품으로 만들고, 당신의 회사를 명품 기업으로 만들어 줄 테니까 말이다.

삶을 지배하고 돈과 성공을 얻어라

평소에 내가 좋아하는 말이 있다.

'금에 취하면 별이 보이지 않고, 장미에 취하면 가시가 보이지 않는다.'

항상 초심을 잊지 말고, 맹목적으로 돈만을 좇지 말자는 의미에서 내가 만든 말이다. 나는 가난에서 벗어나고자 지금까지 이를 악물고 달려왔다. 많은 이들이 스스로 열심히 살았다고들 말하지만, 나 역시 어디 가서 빠지지 않을 만큼 많은 고난과 역경을 이겨냈고, 또 힘든 시간을 보내왔다. 그 결과가 지금의 '안 대장'인 것이다. 내가 지금도 새로운 도전을 하며 계속해서 움직이는 이유는 더 많은 힘을 얻고 싶어서다. 맹목적인 돈이 아니라 '힘'이다.

자본주의 사회에서는 돈이 깡패다. 돈은 엄청난 힘을 발휘한다. 몇 가지 예를 들겠다. 사실 나는 돈이 없어서 결혼식을 올리지 못했고, 아이를 낳고도 그냥 살았다. 그러다 보니 나중에는 돈이 있어도 바빠서 미루었고, 그렇게 시간을 보내다가 아내와 함께 산 지 8년

만인 2021년에 결혼식을 올렸다. 그런데 당시 엄청나게 나를 괴롭히던 스토커가 한 명 있었다. 결혼식 때도 분명히 나타날 것 같아서 경호업체에 돈을 주고 경호원 6명을 붙였다. 결국 그 스토커는 정말 나타났지만, 1분 만에 경호원들의 손에 의해 끌려 나갔다.

내 어머니는 원래 봉고차를 타고 다니셨다. 그게 싫어서 몇 년 전에 어머니에게 BMW 차량을 선물했다. 어머니는 당연히 주변에 자랑하고 싶으셨을 것이다. 그래서 친구들을 태우고 여행을 가셨는데, 주차 과정에서 기둥에 차를 박는 사고를 내셨다. 차에 탄 어머니의 친구들이 차 걱정을 하며 "큰일 났다. 비싼 차인데 어떻게" 라고 말할 때, 어머니는 친구들에게 이렇게 말씀하셨다고 했다.

"너희가 안 다쳤으면 됐어. 차는 우리 아들이 또 사주면 돼."

어머니는 이 이야기를 하시면서 돈이 있으니 차가 아닌 사람을 걱정할 수 있어서 너무 행복했다고 말씀하셨다.

언젠가 도로에서 폭행 동영상을 봤다. 두 대의 차가 도로에서 시비가 붙었는데 신호에 걸렸을 때 한 남성이 차에서 내려 신호대기 중에 있는 차 문을 열고, 운전석에 있던 여성을 폭행하는 동영상이었다. 그때 생각했다. '만약 저 차가 롤스로이스나 벤틀리였다면, 과연 저 남자가 벌컥 문을 열 수 있었을까?' 나는 절대 아니라고 생각한다. 그래서 아내의 안전을 위해 벤츠 G바겐이라는 좋은 차를 선물했다.

우리 아이는 치안이 보장되는 공간에서 이모님의 보살핌을 받으며 산다. 위험에 노출될 일이 급격히 적다. 또 일주일에 한 번씩은 청소회사의 직원 7분이 나와서 우리 집을 완전히 새집으로 만들어 놓고 가신다. 덕분에 아내와 나는 청소나 집안일의 문제로 서로 감정 상할 필요가 없어졌다.

한번은 회사에 출근했는데 내가 너무나 아끼는 여직원이 복도에서 울고 있었다. 너무나 놀란 나는 무슨 일이냐고 물어봤더니 아랫집과의 층간소음으로 계속 분쟁이 있었는데, 아침 출근길에 아랫집 사람이 본인의 어머니를 때렸다는 것이다. 그래서 어머니는 경찰서에 갔고, 내게 아는 변호사가 있으면 도와 달라는 것이었다. 고소할 것이라며 말이다.

나는 여직원에게 말했다.

"고소는 얼마든지 할 수 있지만, 그렇다고 층간소음 문제가 해결되는 게 아니잖아요? 지금 문제의 본질은 층간소음이고, 고소해 봐야 일만 더 커질 수도 있어요."

나는 그 여직원에게 우리 집과 똑같은 5백만 원짜리 층간소음 매트리스를 선물했다. 그 후로 단 한 번도 층간소음 분쟁이 난 적이 없다고 한다. 보통 사람들은 위로해 줬겠지만, 나는 그 친구의 문제를 해결해 줬다. 돈이라는 아주 간단한 방법으로 말이다. 앞으로 그 여직원은 적어도 층간소음 문제로 스트레스를 받지는 않을 것이다.

포기만 하지 않으면 길은 있다

내가 이 이야기들을 하는 이유는 단 하나다. 돈은 나는 물론 내가 사랑하는 가족과 사람들을 지키는 힘이다. 그래서 나는 지금도 컴퓨터 앞에 앉아 글을 쓰는 것이다. 그리고 맹목적인 돈이 아닌, 돈을 벌어야 하는 본질적인 이유를 잊지 않기 위해서 항상 앞에 말한 글귀를 마음에 새기는 것이다. 이유도 모르고 맹목적으로 돈을 좇기 시작하면, 언제든지 악(惡)으로 돌변할 수 있다.

또한 비정상적인 욕망으로 인해 큰 실수와 실패를 겪을 수도 있다. 그래서 본질의 의미를 절대 잊어서는 안 된다고 마음속에 각인하고, 또 각인한다. 돈 좀 벌었다고 가족들을 무시하고, 또 주변 사람들을 업신여기며 안하무인(眼下無人)으로 사는 사람들을 꽤 많이 봤다. 본질을 잊은 채 자신만을 위해 사는 사람들과 돈이 최종 목적인 사람들이 그렇게 되는 것 같다.

당신에게 당부하는 건, 지금 이 순간에도 우리가 열심히 살아가는 이유와 돈을 버는 이유를 절대로 잊지 않길 바란다. 분명히 당신에게도 꿈이 있을 것이다. 원하는 삶이 있을 것이다. 또 지키고 싶고, 사랑하는 사람들이 있을 것이다. 우리는 그들을 위해서 이를 악물고 노력해야 한다. 될 때까지 해내고, 반드시 되게 만들자. 안 되는 건 불가능이 아니라 무능력함이라는 것을 절대 잊지 않으면서 말이다.

그리고 꿈을 향해 가는 과정에서, 그들과 함께 성장하면서 앞으로 나아가자. "여보, 뭐 하는 거야? 당신도 할 수 있지?"라고 말하며 내 배우자에게 본인의 꿈을 이루게 강요하지 말자. "공부해서 좋은 대학에 가고 의사, 판사 돼야지!"라고 내 자식에 미루지 말자. 자기 스스로 존경받는 부모가 되자. 또 부모님을 원망하지 말고, 부모님에게 자랑스러운 자식이 되자.

누군가에게 기대고, 그 사람에게 꿈과 성공을 강요하지 말자. 우리 스스로가 멋진 사람이 되고 존경받는 사람이 되어서, 나는 물론 내가 사랑하는 사람들을 지키고 행복하게 만들어 주자. 그것이 진정으로 세상에서 가장 멋진 삶이 아닐까 싶다.

절대로 포기하지 말자. 인생은 어떻게 될지 아무도 모르니까 말이다. 이 책을 읽는 당신과 정상에서 만나 "당신 책 진짜 재밌었고,

나에게 또 하나의 길을 보여주고 힘을 줬습니다"라고 말할 수 있기를, 나중에 웃으면서 소주 한잔할 수 있는 날이 오기를 진심으로 기다리겠다.

후회할 시간도 아깝다!

후회하는 일이 계속되면 인생을 망친다.
후회를 반복하지 않으려면 일해야 한다.
'오늘 할 일은 오늘 하라'는 말이 있다.
할 일을 미루면 몸은 편하지만,
마감일이 다가올수록 압박감은 커지고
나중에는 자포자기 상태가 된다.

나는 이렇게 말하고 싶다.
"지금 할 일은 지금 하라!"

Chapter 2.

목표를 확실히 알면 성공이 보인다

월 매출 300만 원에서 매달 부동산 100건 이상 계약!

한진우

'은평구 문제아에서 16만 유튜버로, 부동산 임대 부문 구독자 1위 달성!'

1년에 1천 건 이상의 계약을 성사한 부동산 중개인이자 유튜브 채널 〈집공략〉의 운영자로, 전국 급상승 1위와 임대부동산 부문 구독자 1위를 달성했다. 학창 시절, 월 1백만 원이 넘는 영어 학원과 일대일 과외, 학원 3곳을 다녔으나, 중간고사 영어시험은 8점, 중학교 내신 96%, 고등학교 내신 8등급 등 소위 '머리 쓰는' 것은 최하위였다. 심지어 20대에 6개의 사업을 했지만, 모두 망하고 2억의 빚이 생겼다. 그러나 모두 극복하고 다시 일어나 자신만의 성공법을 찾았다. 이 책은 막연히 성공하고 싶지만, 무엇을 해야 할지 모르는 사람들에게 '열심히, 끊임없이 하라'라는 추상적인 이야기가 아닌 구체적이고 방법론적인 내용을 자세하게 설명한다.

E-mail : munleehan333@naver.com

자신의 피해의식과 약점을 강점으로 바꿔라

갑자기 휴대전화가 '지잉~' 울렸다. 친구가 보낸 카톡이다.

"진우야, 네 유튜브가 구독자 급상승 전국 1위가 됐어!"

"무슨 말이야? 내가 무슨 구독자 급상승 전국 1위야?"

"내가 사이트 하나 보내줄 테니까 들어가서 확인해 봐!"

친구의 말은 사실이었다. 정확히 2021년 12월 17일, 심지어 내 생일에 나는 '구독자 전국 급상승 1위'를 하였다. 어제의 구독자 수보다 무려 138.9%나 오른 큰 수치였다. 마치 내 유튜브를 알고 있는 모든 분이 내 생일을 축하하는 기분이었다. 지금까지 이런 행복감은 느껴본 적이 없었다. 내 30년 인생 최고의 선물이었다.

내 유튜브 채널이 터지기 시작하면서부터 많은 대형 유튜버와 인플루언서(Influencer)들을 만나는 계기가 생겼다. 그런데 그들이 나에게 공통으로 묻는 질문이 있다.

"어떻게 이렇게 빨리 유튜브를 키웠어요?"

"저는 유튜브가 빨리 큰 게 아니에요. 자그마치 4년을 했어요."

〈집공략〉 구독자가 1천 명도 안 됐을 때, 많은 대형 회사에서 부동산 유튜브 채널을 만들었다. 나는 그런 채널을 볼 때마다 '이런 회사에서 채널을 만드니까 내가 못 크지!'라고 변명하며 피해의식이 가득 차 있었다. 나는 지금처럼 유튜브가 성장하기 전까지 4번이나 채널을 바꿨고, 영상도 100개를 올렸다. 이 책을 통해서 내가 실패를 딛고 성공할 수 있었던 나만의 노하우를 모두 알려주겠다. 평소에 유튜브를 하고 싶다고 생각한 적 있는 분들은 이 책을 꼭 끝까지 읽기 바란다.

나는 유튜브를 키운 이 방법을 내 사업에도 적용하고 있다. 본격적인 이야기에 앞서 한가지 말하고 싶은 것은, 이 책을 읽는 누군가는 내가 유튜브도 잘하고, 사업도 많이 해봤고, 지금 책도 쓰고 있으니 내가 특별히 잘 나고 똑똑해서라고 생각하는 사람들이 있을 수 있겠다. 내 대답은 전혀 아니다. 반대로 나의 인생은 그다지 내세울 만한 게 없다. 중학교 내신 96%, 고등학교 내신 8등급이 나의 성적표다.

물론 어렸을 때 공부를 안 한 게 아니다. 시험 기간에 독서실도 다녔고, 어머니가 한 달에 100만 원이 넘는 영어 학원도 끊어줬다. 심지어 일대일 과외도 받았지만, 내 성적은 뒤에서 1~2등을 다투는 꼴찌였다. 태생이 산만한 놈이라 어렸을 때부터 1시간 이상 앉아있지 못했다. 그래서 선생님들이 아무리 열심히 가르쳐도 '뭐라는 거야, 나는 모르겠으니 실컷 떠들어라!'라는 식이었다. 이러니 한 달에 100만 원짜리 학원에 다녀도 중간고사 점수가 8점이 나올 수밖에 없었다.

약점을 보완하면 성공 요소가 된다

학창 시절의 나는 공부라는 벽에 얽매이진 않았지만, 중요하게 생각한 두 가지가 있다. 바로 '가정'과 '돈'이다. 나는 소위 말하는 평범한 삶을 살았었다. 평범한 가정에서 태어나, 평범한 학생으로 지내다가 중학생 무렵 아버지의 일이 잘 풀리지 않았고, 급기야 부모님이 이혼하게 되었다. 이혼의 가장 큰 원인은 돈이었다. 그때부터였을까? 나도 모르게 돈에 대한 피해의식이 생겼다. 어린 시절부터 지금까지 죽마고우로 친하게 지내는 친구가 있다. 이 친구는 우리 집 바로 옆 건물에 사는 친구다. 가끔 우리 부모님이 집에서 싸운 다음 날, 같이 등교할 때면 물었다.

"너희 아버지와 어머니, 또 싸우셨냐?"

"몰라, 아무 말도 하지 마."

이때마다 나는 억누르기 힘든 분노가 계속 쌓였고, 학교에서 가정 환경 설문을 할 때, 이혼 가족을 표시하는 곳이 있으면 거짓말로 표시하지 않을 때도 있었다. 당시에 나는 내가 돈을 많이 벌면 부모님이 재결합할 수 있겠다고 생각했다. 그러던 어느 날, 전학을 간 친구를 오랜만에 만났는데 이 친구가 승현이라는 친구를 소개해 줬다. 나와 승현이는 함께 노래방에도 가고, 카페에서 이야기도 하며 만난 지 하루밖에 되지 않았음에도 굉장히 친해졌다.

하루는 승현이의 초대로 집에 놀러 간 적이 있다. 승현이네 집은 평창동에 있는 고급 단독주택이었다. 중학생이었던 나는 내 눈을 의심했다. 반지하에서 바퀴벌레나 돈벌레 등 온갖 벌레와 같이 살던 나는 세상에 이런 집이 있다는 게 믿어지지 않았다. 승현이네 집은 TV에서나 보던 성처럼 높은 벽이 둘러싸여 있었고, 운동장처럼 넓은 마당에 4층으로 된 건물이었다. 방은 20개가 넘었는데 지하 1층에는 주차장과 골프장, 헬스장이 있었다.

하루 동안 승현이네 집을 다 구경하는 건 불가능할 정도였다. 또 잠시 머물렀을 뿐이지만, 승현이네 집은 웃음이 메마르지 않았다. 나는 승현이네 집을 다녀와 다시 한번 더 느꼈다.

"돈이 있으면 행복하구나. 이제부터 돈을 벌 거야!"

물론 돈이 인생의 전부는 절대 아니다. 돈을 적게 벌어도 행복하게 사는 사람도 세상에 있다. 하지만 나는 이렇게 생각한다. 돈으로 모든 걸 채울 수는 없지만, 10중에 9는 돈으로 해결할 수 있다. 만약 돈이 필요 없다는 사람들이 있다면 이렇게 말하고 싶다.

"돈이 필요 없으면 일하지 말고 침대에 누워 잠만 주무세요."

"돈이 필요 없으면 로또는 왜 사는 거죠?"

어렸을 때의 피해의식이 지금의 나로 성장하는 발판이 되었다. 누구나 피해의식이 있다. 어렸을 때 장난감을 갖지 못한 사람 중에 나이가 들어서 피규어(Figure) 수집을 하는 사람도 있지만, 반대로 장난감을 보면 치를 떠는 사람도 있다. 또 아버지가 가정폭력을 행사했다면 누군가는 "아빠도 폭력을 행사했으니 나도 때려도 돼"라고 생각하는 반면에 "내가 폭력으로 피해를 봤으니 절대로 폭력을 행사하지 않겠어"라는 사람도 있다.

나 역시 돈 때문에 우리 가족이 안 좋아졌다고 생각하지만, 오히려 가난을 대물림하지 않기 위해 오늘 하루도 더 열심히 일한다. 지금 이 책을 읽는 여러분도 당연히 피해의식이 있을 것이다. 당신은 그 피해의식을 어떻게 대처하고 있는가? 어린 시절의 두려움에 도망칠 것인가? 아니면 문이라도 두들겨 볼 것인가? 자신의 피해의식과 약점을 강점으로 만들어라.

이 책을 읽는 당신 또한 우여곡절 끝에서 얻은 모든 경험은 반드시 성공의 밑거름이 된다. 먼 훗날 모두를 놀라게 할 압도적인 성과를 거두었을 때, 그 과정을 사람들은 들어줄 것이다. 어중간한 결과로는 그 누구도 당신의 과정을 들어주지 않는다. 도망가지 마라. 자본주의 사회에서 맞서 싸워라. 세상은 결과 없이는 그 과정을 들어주지 않는다.

이것만 알면 상위 3%까지는 될 수 있다

22살에 휴대전화 판매를 한 적이 있다. 아버지가 오랫동안 영업 일을 하셨는데, 나도 아버지의 유전자를 물려받은 탓일까? 강북지점 1위 매장에 입사한 지 3달 만에 판매 1등 달성을 시작으로 그만두는 날까지 한 번도 빠지지 않고 '판매왕'을 차지했었다. 1년 정도 휴대전화를 판매했는데, 매번 1등이니 나와 견줄 사람은 없었고, '내가 최고'라는 자만심에 빠져있었다.

그러다가 2014년에 단통법이 시행되었는데 핵심은 지원금 과다 지급을 규제한다는 내용이었다. 간단히 말해서 내가 휴대전화 한 대를 팔아서 가져갈 수 있는 금액이 반 이상으로 준다는 얘기였다. 나는 매장 차릴 생각을 접고 주위 아는 형을 따라 부동산 일을 시작했다. 주로 원룸 거래를 했는데, 2달 만에 월 7백만 원이라는 순수익을 갖게 되었다. '역시 나는 대단해!'라고 자만했던 나는 자기도취에 취해 스스로 '영업의 신'이라고 생각했다.

그렇게 1년 후, 나는 어린 나이에 최연소 부장이 되어 부동산 3곳을 관리했다. 20대 초반, 친구들은 군대에 있거나 대학 생활을 하는데, 나는 일찍 사회에 뛰어들어 매달 1천만 원씩 벌다 보니 세상이 다 내 것만 같았다. 하지만 내 자만심은 오래가지 않았다. 3년 후, 나태한 탓이었을까? 부동산 원룸 시장의 진입장벽이 낮아서였을까? 내가 관리하던 부동산은 모두 망하게 되었고, 새로운 사업이랍시고 무리수를 던지며 캐피탈 대출로 하루하루를 지내다 보니 남은 건 빚 2억뿐 이었다.

'내가 왜 망했다고 생각하는가?'라고 묻는다면 대부분 사람은 "겸손하지 못해서요", "나태해서요"라고 얘기할 것이다. 하지만 모두 틀렸다. 내가 망한 것은 새롭게 도전하지 않았고, 새로운 방법을 찾지 않아서였다. 당시의 나는 출근해서 직원들이 뭘 하는지 체크만 하고, 남들이 하는 방식을 똑같이 했다. 누구나 다하는 '직방, 다방, 네이버부동산' 등의 마케팅만 했다. 이게 내가 망한 이유다. 이러한 실패를 통해서 지금은 부동산 매물 중개 유튜버로서 조회 수 전국 1위를 달성했다. 그리고 나는 무엇을 하든 100명 중에 3등은 하는 방법을 알게 되었다.

상위 3%가 되는 5가지 방법

1) 마케팅 트렌드를 살펴보라

첫 번째는 마케팅이다. 예를 들어 설명하겠다. 과일가게에서 사과를 한 개라도 더 팔려면 어떻게 해야 할까? 큰 목소리로 "과일 사세요! 맛있는 꿀사과!"라고 외치면 잘 팔릴까? 물론 가만히 있는 것보다는 낫다. 하지만 365일 날마다 소리만 지르며 장사를 할 수는 없다. 그렇다면 확성기로 "맛있는 꿀사과 사세요"라고 녹음해서 봉고차를 타고 돌아다녀야 하나? 그것도 아니다. 확성기를 틀어 사과를 사달라고 하는 게 무슨 행위인가? "우리 사과는 맛있어요. 한번 드셔보세요!"라고 하는 마케팅이다.

내가 만약 사과를 판다면 블로그는 물론 쿠팡, 유튜브, 인스타그램 등을 모두 활용할 것이다. SNS를 통해서 내가 파는 사과를 얼마나 정성스럽게 재배했는지, 또 어떤 사과를 먹어야 하고, 어떤 사과는 먹으면 안 되는지 등을 세상에 알리는 것이다. 확성기에 녹음해서 100명에게 사과를 어필하는 것보다 블로그와 유튜브 등 SNS에 '우리 사과 맛있어요' 글 하나 올리는 게 효과는 10배 이상일 것을 확신한다.

2) 첫 느낌이 중요하다

"그래, 유튜브나 인스타그램 등 SNS 마케팅하면 좋은 거 알아. 그런데 어떻게 해야 하는지 모르겠다고!" 많은 대표님이 마케팅에 대해 엄청난 고뇌를 한다. 나는 제일 중요한 게 뭐냐고 물어본다면 '3초 이내 드는 첫 느낌'이라고 얘기하고 싶다. 예를 들어 사과를 사러 과일가게에 갔다고 가정하자..

A 가게 : 사과 3,000원

B 가게 : 꿀벌도 탐내는 사과 3,000원

당신이라면 어느 가게의 사과를 먹고 싶은가? 또 다른 예시를 들어보겠다. 당신이 애인에게 꽃을 선물하기 위해 꽃집에 갔다.

A 꽃집 : 장미꽃 사세요.

B 꽃집 : 사랑을 선물하세요.

당신이라면 어디서 꽃을 살 것인가? 두말하면 잔소리 B 꽃집에서 산다. 이렇게 단어 하나만 바뀌어도 첫 느낌이 바뀐다. 마지막으로 하나 더 예시를 들겠다.

A 가게 : 저희 삼겹살은 지방이 20%가 있어요.

B 가게 : 저희 삼겹살은 살코기가 80%나 있어요.

모든 마케팅은 첫 느낌이 가장 중요하다. 유튜브는 섬네일, 블로그는 제목, 인스타그램은 사진 등 처음 게시물을 접했을 때 제일 크게 보이는 것, 즉 처음 후킹이 매우 중요하다. 빼빼로 데이에 애인에게 선물할 빼빼로를 사러 가면 포장이 예쁜지를 보지 내용물을 열어 보고 구매하는 사람은 없지 않은가?

3) 과감히 위임하라

만약 당신이 운영하는 회사가 마케팅이 잘 되고, 본질도 나쁘지 않다면 이제 위임을 해야 한다. 지금 머릿속으로 '아니 무슨 위임을 해? 이제 겨우 다 키워놓았는데!'라고 생각할 수 있다. 하지만 앞서 말했던 것처럼 나는 새로운 도전을 하지 않았기에 망했었다. 많은 사람이 이렇게 생각하는 것 같다. '아! 이 정도면 됐어! 이제 가만히 있어도, 이 정도만 해도 평생 먹고살 거 같아!' 가만히 있는 건 그 자리에 멈춰있는 게 아닌 퇴보하는 것이다. 후배들이 치고 올라오고, 날마다 새로운 경쟁자들이 등장하는데 어떻게 그 자리에 머물 수 있겠는가?

그러면 어떻게 위임해야 하는가? 첫 번째, 만 원짜리 사업을 시작했다고 치자. 만 원짜리 사업이 어느 정도 수준과 레벨에 도달했으면 자신과 함께할 동업자를 찾는다. 자신 밑에 팀장이나 부장이어도 좋다. 그에게 일을 위임하고 매출의 70% 정도만 가져간다. 그러고 나서 두 번째, 3만 원짜리 사업을 시작한다. 나는 이런 식으로 파이프라인(Pipeline, 효율을 높이는 프로세스)을 만들고 있다.

첫 번째 사업이 본인이 없으면 안 굴러간다고? 한 달만 손을 놔 봐라. 믿고 같이 갈 사람이 있어도 수익은 조금 떨어지겠지만, 회사는 잘 돌아갈 것이다. 많은 대표와 직원이 착각하고 있는 게 있다. 바로 '우리 회사는 나 없으면 안 돼'라는 말도 안 되는 생각이다. 회사는 모든 직원과 대표가 같이 키운 것이지 혼자 잘해서 성장할 수 없다. 그래서 나는 절대로 나와 함께 하는 팀원들을 어디 가서 직원이라 하지 않고 팀원이라 부른다. 상위 3%가 되려면 자신이 잘하는 것만 하는 게 아니라 남도 잘하게 만들어야 한다.

4) 벤치마킹을 활용하라

자신이 아무리 좋은 아이디어를 낸다 해도 과거에 남들이 이루었던 것을 모방하는 것보다 더 빠른 것은 없다. SKY대학교에서 난다긴다하던 사람들, 사업에 천재라는 사람들도 스타트업을 할 때 다른 회사의 대표들은 어떻게 마케팅했고, 어떤 식으로 성장했는지 확인하면서 벤치마킹한다. 나는 과거 부동산 유튜브를 4년간 운영하며 100개의 영상을 올렸을 때 벤치마킹하지 않고 내 마음대로 올렸다. 그래서 망한 것이었다.

잘 되는 곳을 모방하고 벤치마킹하라. 나도 콘텐츠 소재가 떨어지면 책을 읽거나 유튜브에 들어가 요즘 어떤 유튜버가 급상승하는지, 어느 채널 영상의 조회수가 많이 나오는지 확인한다. 그리고 나만의 방식으로 영상을 제작해서 올린다. 벤치마킹이라는 것을 알게 된 후 나는 400만 조회 수를 넘은 대박 콘텐츠도 만들었고, 낮게는 50만 조회 수 영상을 만들었다. 게다가 유튜브뿐만이 아닌 내가 속해 있는 부동산, 분양 대행 등 모두 벤치마킹하고 모방해서 일하고 있다. 당신이 벤치마킹하고 싶은 사람을 누구로 정하는지가 당신의 미래를 결정한다.

5) 모임에 참석하라

지금 이 책을 읽는 당신은 당신이 속해 있는 무리에서 1등인가? 그렇다면 안타깝다. 나 역시 어떤 영업을 하든 매번 회사에서 1등을 했기에 엄청나게 자만했었다. 만약 그 우물 안에서 자신이 1등이라면 잘못된 곳에 들어와 있는 것이다. 우물 안 개구리는 빨리 우물 밖을 나와 봐야 세상에는 두꺼비도 있고, 황소개구리도 있다는 걸 알 수 있다.

"나는 아무 지인도 없고, 인맥도 없고, 회사에서도 그냥저냥 하는 사람인데요?"라고 말한다면 어플 소모임이나 트레바리 등을 알아본 후 돈을 내서라도 일단 모임에 참석해 봐라. 세상이 다르게 보일 것이다. 모임을 통해서 부동산을 하는 사람, 영업을 하는 사람, 스타트업을 하는 사람, 월 천만 원 버는 사람 등 수많은 사람을 만날 수 있다. 그들을 만나 새로운 영감을 얻고, 그들은 어떻게 회사를 운영하는지 직접 듣고 배워라.

만약 자신은 그런 모임에 참석하는 것이 두렵거나 성격에 맞지 않는다면 자기가 알고 싶은 분야의 책을 읽어라. 나도 유튜브를 시작하며 '유튜브 키우는 법' 영상을 50개 넘게 봤고, 유튜브 관련 책을 10권 가까이 읽었다. 만약 모임에도 나가기 싫고, 책 읽는 것도 싫다면? 당신이 만나고 싶은 사람에게 이메일을 보내라. 나는 유튜브를 키우기 위해 모임에 참석했고, 책도 수십 권 읽었으며, 강의도 들었다.

그것으로도 부족해서 나중에는 유튜브 〈직업의 모든 것〉에 이메일을 보냈다. 이메일도 남들과 다르게 '나는 어떤 방을 찍을 수 있고, 나의 경력은 어느 정도며, 나는 어떤 사람이고…' 식으로 조금 과장해서 거의 논문처럼 작성하여 보냈다. 당신이 나와 함께 영상을 찍어준다면 어떤 방을 찍을지 직접 동영상으로도 찍어 보내줬다. 나의 간절한 마음은 전달이 됐다. 〈직업의 모든 것〉 채널과 촬영한 영상은 모든 SNS와 심지어 뉴스 기사에도 실렸다. 이 영상의 조회 수는 최소 1천만이 훌쩍 넘는다.

이처럼 만약 자기 능력이 부족하다면 그 분야의 전문가에게 물어보고 배워라. 나는 〈직업의 모든 것〉 덕분에 내 인생이 바뀌었다. 내 몸값은 기존보다 20배 넘게 올랐고, 나의 〈집공략〉 유튜브 채널은 전국 구독자 급상승 1위를 했다. 부동산 중개 매물 유튜브 중에서는 〈집공략〉 조회수를 따라올 수 있는 채널이 없다.

결코 내 자랑을 하려는 게 아니다. 당신도 방법을 알면 된다. 열심히 공부하고 아무리 실행해도 되지 않는다면, 당신의 방법이 잘못된 것이다. 그 분야의 전문가를 찾아가서 도움을 구하면 답은 하루아침에 나올 수 있다. 자기 혼자 공부하는 것보다 모임에 참석해서 선배들에게 배우는 게 수십 배 좋다. 당신은 자신이 가장 많이 만나는 사람 5명의 표본이다. 당신이 만나는 사람들이 깡패라면 깡패가 될 것이고, 사업가라면 사업가가 될 것이다.

통장에 1백만 원도 없다면 뭘 해야 할까?

30살 무렵, 오랜만에 친구의 연락이 왔다.

"오늘 뭐 하냐? 술이나 한잔할래?"

"응, 그래. 오랜만에 소주나 마시자."

당시의 나는 여전히 '3년 전, 3개 매장의 최고 관리자였다'라는 타이틀에 묶여 살고 있었다. 계속 과거에 연연해하며 '월 1천만 원 이상 못 벌 바에는 일을 안 한다'라는 우월감 콤플렉스에 빠져있었다. 사실 현실은 쥐뿔도 없는 백수였지만, 친구들 앞에서는 사업 얘기를 논하며 "나, 곧 엄청난 사업을 할 거야"라는 말을 떠들고 다녔다.

친구와의 술자리는 길어졌고, 술병이 서너 병 쌓일 때쯤 친구 A가 떠올랐다. 함께 동업하다가 좋지 않게 갈라선 사이였는데, 내 열등감 때문이었을까? 지금은 그 친구가 어떻게 사는지, 또 무슨 일을 하며, 돈을 얼마나 버는지 궁금했다.

"예전에 나와 동업하던 A는 지금 잘 살아?"

"지금 A는 엄청나게 잘 나가! 월 2억씩 벌고, 차도 슈퍼카에 장난 아니야!"

30살 시절의 난 부동산 일을 하고 있었지만, 고작 생계유지 정도의 수단이었다. 일은 하기 싫어도 돈은 벌어야 하니 일주일에 서너 번 출근하며 살았었다. 그때는 유튜브에 내 얼굴이 몇 번 노출되어서 '사람들은 내가 돈 많이 버는 줄 알겠지?'라는 생각에 친구들 앞에서 허세도 많이 부릴 때였다.

A의 소식에 놀랐지만, 애써 별것도 아니라는 무덤덤한 표정을 지으며 다시 물었다.

"그래? A는 무슨 일을 하는데?"

"무슨 사이트 만들어서 운영한다던데? 불법인지도 모르겠네."

"불법으로 일하면 나중에 잡혀가. 그렇게 돈 버는 건 난 안 해."

"모르겠어. 나도 열심히 사는데 이게 맞는 건지 모르겠다."

"우리 아직 30살이야. 엄청 젊어. A를 부러워하지 말고 하던 거 해!"

사실 친구에게 말은 그럴듯하게 했지만, 이야기하는 내내 가슴이 찢어질 것 같았다. 함께 동업했던 A가 월 2억을 벌고 있다니…, 나는 백수로 살고 있는데…. 내 신세가 더 처량 맞아 보였다. 그날도 여느 날과 다를 바 없이 내일이 없는 것처럼 술을 마셨다. 하지만 그날은 집에 도착해서 잠자려 해도 쉽게 잠이 오지 않았다.

그날 이후로도 나는 정신을 차리지 못했다. 대출이자와 한 달 겨우 생계유지하는 정도의 돈을 벌면서 친구들과 일주일에 3~4번 술을 마셨고, 술 마신 다음 날은 출근하지 않는 일상을 반복하였다. 그러다 돈이 없으면 이자 10%가 넘는 캐피탈에 연락해서 돈을 빌린 일도 한두 번이 아니다.

부동산 중개업을 7년 넘게 하다 보니 중개는 하기 싫고, 다른 일을 하고 싶은데 마땅히 할 만한 일은 없었다. 유튜브로 조금 유명해졌으나 내 채널이 유명한 건 아니고, 돈은 벌어야 하는데 일은 하기 싫고. '아 모르겠다. 일단 술이나 먹자'라는 생활을 반복할 때쯤, 캐피탈에서도 내게 빌려줄 수 있는 최대 금액이 100만 원인 상황이 되었다. 대출이자, 생활비, 월세 등 한 달에 4백만 원은 나가는데 말이다.

'아, 내가 지금 굉장히 잘못된 길을 걷고 있구나!' 그제야 내 현실을 깨닫고, 처음으로 나의 재정 상태를 확인하였다. 통장에는 20만 원 정도 있었고, 빚은 1억이 넘었다. 대출도 너무 많이 받아서 이자도 제각각이었다. 3천만 원을 빌린 어느 캐피탈은 이자가 19%나 됐었다. 뭐부터 처리해야 할지 아무런 감도 잡히지 않았다. 누구에게라도 이야기해야 할 것 같아서 바로 아는 형에게 연락해 커피 한잔하자고 했다. 사실 그 형도 딱히 뾰족한 수는 없었지만, 그때는 내 이야기를 들어줄 말동무라도 필요했다.

그렇게 카페에서 형과 대화를 나눴다.

"아, 모르겠다. 지금 캐피탈로 받을 수 있는 돈 100만 원이 전부거든? 나 '안 대장님'에게 한 번만 만나서 상담해달라고 하려고."

사실 예전에 안 대장님의 강의를 들은 적이 있었는데, 강의가 끝난 후 인사를 나누던 중 안 대장님이 〈직업의 모든 것〉 채널에서 나를 봤다며 서로 연락처를 교환했었다. 이미 내 자존감은 바닥에 떨어져 있었고, 더 이상 가진 건 아무것도 없었다. 답답하기만 현실에 막막한 미래를 생각하자니 눈앞이 깜깜했다. 결국 미리 연락드리지도 못한 채 무작정 안 대장님의 전화번호를 눌렀다. '띠리리링~' 신호음이 길어질 때마다 내 심장은 더 터질 것 같았다. 그 순간 안 대장님의 목소리가 들려왔다.

“여보세요?”

“안 대장님 안녕하세요. 기억하실지 모르겠지만, 〈집공략〉 유튜버 한진우입니다.”

“네, 안녕하세요. 물론 잘 기억하고 있죠! 우리 인스타그램도 친구잖아요.”

“안 대장님, 저 요즘 고민이 있습니다. 제가 지금 가진 돈이 정확히 100만 원 있습니다. 한 번만 만나 뵙고, 1시간만 제 이야기를 들어주실 수 있나요..?”

“하하하, 요즘 고민이 많으신가 봐요. 네, 알겠어요. 제가 직원 시켜서 날짜 잡을게요.”

아무것도 없는 나를 이토록 살갑게 반겨주는 안 대장님이 감사할 따름이었다. 그날 바로 안 대장님의 직원에게 문자가 왔고, 나는 마지막 캐피탈 100만 원을 빌려 안 대장님을 만나러 갔다. 그리고 내 모든 이야기를 안 대장님에게 거침없이 털어놓았다.

“지금 너무 고민입니다. 저와 같이 동업했던 친구는 불법적인 일이지만, 한 달에 2억씩 벌고 있습니다. 저도 차라리 불법적인 일을 할까요? 아니면 부동산 유튜브를 계속할까요?”

‘영업의 신’이라 불리는 안 대장님은 내 눈빛과 제스처, 말투 등을 하나하나 모두 분석하고 체크하면서 나의 이야기를 끝까지 듣더니 많은 이야기를 해주셨다. 그리고 나는 마음먹었다.

“절대로 불법은 하지 않겠다. 합법적인 일을 해서 나의 가치를 실현하겠다. 무조건 돈만 따라가지 않겠다!”

마지막으로 안 대장님이 한 말이 있다.

“한진우 대표님, 유튜브 구독자 2만 넘으면 연락해요. 우리 소주 한잔해요.”

그로부터 3달 후, 내 〈집공략〉 유튜브는 전국 구독자 급상승 1위가 되었고, 유튜브 수익으로 1천만 원이 들어오고 있다. 그리고 지금은 16만 구독자에 전국 부동산 중개 매물 동영상 유튜브 채널 1위를 하게 되었다.

자신의 그릇을 키워 성공으로 채워라

지금 이 책을 읽는 독자분들 중에 어떤 일을 해야 할지 모르겠고, 앞날이 아무것도 보이지 않는 사람이라면, 만약 통장에 1백만 원도 없는 사람이라면, 그 돈을 자신에게 투자해라. 1백만 원을 주식 투자나 비트코인, 장사 등으로 대박을 노리는 것보다 '자신의 그릇'을 더 키워라! 나 자신에게 투자한 것은 어디 사라지지 않는다. 그 누구도 뺏어갈 수 없다.

내가 앞으로 나아가는 데 있어 인생의 기복은 생길 수 있을지언정, 점진적으로 쌓아온 경험과 실력은 결국 세상을 놀라게 하는 존재로 나를 만들어 준다. 다른 것에 투자하며 요행을 바라지말고 자신의 그릇을 키워라. 그러면 무슨 일이든 잘할 수 있는 능력과 무엇이든 해낼 수 있다는 자신감을 얻을 수 있다.

내가 직접 부딪혀 경험하고 배운 3가지 노하우를 소개한다.

1) 롤 모델을 직접 만나라

자신과 레벨이 비슷한 사람과 대화하지 말고, 자신보다 훨씬 더 레벨이 높은 사람에게 돈을 내서라도 배워라. 과거의 나처럼 무턱대고 연락해도 좋다. 그것도 하나의 경험이 될 것이다. 그럴만한 인맥이 없다고? 당장 유튜브 채널에 들어가 이메일을 확인해 연락하든, 인스타그램 DM을 보내든 뭐든 해봐라. 그렇다고 '너무 힘들어요. 한 번만 도와주세요'라는 식의 진정성이 없는 글을 보내면 아무도 받아 주지 않는다.

앞에서 말했다시피 나는 〈직업의 모든 것〉 채널 출연을 위해 '나는 어떤 사람이고, 부동산 일을 얼마나 했고, 지금 상황이 어떠며, 당신과 내가 촬영하게 된다면 어떤 영상을 찍고, 어떻게 행동할 것이다' 등 상세한 내용을 작성해서 보냈다. 또 어떠한 집을 찍을 것인지, 그 집에 가서 리허설 동영상을 찍어 보냈다.

만약 상대방의 니즈를 찾기가 어렵다면 그냥 많이 보내라. 보낼 수 있는 모든 것을 다 보내라. 즉 당신의 간절함을 보여줘라. 그러면 채택될 수밖에 없다. 하지만 이렇게 해도 모두 실패한다면? '연락했는데 나를 이상한 사람 취급하면 어떡하지?'라고 생각하는 사람도 있을 것이다. 그럼 과연 어떻게 해야 할까?

2) 간접적으로 만나라

자신이 원하는 롤 모델이나 멘토를 직접 만나지 않고 간접적으로 배우는 방법도 있다. 바로 책을 읽으면 된다. 작게는 200쪽에서 많게는 500쪽 분량의 책 한 권에 그 사람의 인생과 경험담, 또 '어떻게 성장했는지'가 모두 담겨있다. 롤 모델을 직접 만나 10시간을 같이 있어도 그 사람의 모든 노하우와 성공 스토리를 듣는 건 쉽지 않다. 아니 10%도 알 수 없을 것이다.

최소 2~30년을 산전, 수전, 공중전 다 겪은 사람의 인생 이야기를 어떻게 10시간 안에 다 들을 수 있겠는가? 그러나 책 속에는 100%는 아니어도 80% 이상은 녹아있다. 나도 지금 책을 쓰지만, 나의 과거를 회상하며 '어떻게 하면 이 책을 읽는 독자들에게 최상의 가치를 줄 수 있을까?'를 고민한다.

그런데 '책을 읽어도 다 까먹는데 어떡하지?' 걱정하는 사람들도 많을 것이다. 방법이 있다. 내 경우에는 400쪽 분량의 책이라면 책을 읽으며 하단을 접어놓는다. 그리고 좋은 문구나 다시 읽어봐야 할 문구, 어려웠던 내용을 체크 한다. 나중에 필요할 때나 생각이 나지 않을 때 다시 읽기 위해서다. 400쪽 분량의 책을 처음부터 다시 읽기에는 너무 힘들지 않은가. 많은 사람이 책을 사서 깨끗하게 읽는다. 이유는? '다시 팔려고!' 당신의 지식이 중고 서점에서 1만 원도 안 되는 가격이라면 팔 수 있겠는가?

만약 '책도 싫다. 책만 보면 잠이 온다'하는 분이 있다면, 또 다른 방법이 있다. 강의를 들으면 된다. 코로나 시대 이후 오프라인 강의보다 온라인 강의가 엄청난 붐을 일으키고 있다. 클래스 101, 클래스 유, 라이프해킹스쿨 등 수많은 강의 플랫폼이 자리 잡고 있다. 책 읽기가 힘들다면 온라인 강의를 들으면 된다. 강의 영상을 1.5배속으로 보면서 중요한 것만 캐치하는 것도 방법이다. 나도 수십 개의 강의를 들었지만, 모두 다 머릿속에 넣지 못한다.

강의 영상이든 책이든 무엇이든 다 좋다. 하나라도 배웠다면 성공한 것이다. 나보다 머리가 좋지 않다면 더 이상 말하지 않겠다. 중학교 내신 96%, 고등학교 평균 8등급, 영어 8점인 나도 하지 않았는가? 생각해 보자. '1 더하기 1은 2'다. 이렇게 쉬운 것 하나조차 우리는 독학한 게 아니고, 학교에서 선생님에게 배웠다.

3) 자신을 남들에게 알려라

많은 사람이 유튜브를 할 때 자신이 잘하는 것보다 자신이 많이 보는 채널을 따라 한다. 예를 들어 '요즘 몰카 유튜브 영상이 재밌는데, 나도 몰카 유튜버나 해볼까?', '남들보다 음식도 잘 먹고 주변에서도 맛있게 먹는다는데, 먹방 유튜버나 해볼까?'처럼 말이다. 이런 식의 유튜브 주제 선정은 시작부터 잘못되었다. 유튜브는 자신이 '잘하는 것'을 하거나 자신의 직업과 관련한 이야기를 해야 한다.

예전에 만났던 여자 친구는 한국무용을 전공했다. 한창 놀 나이인 25살이었지만 나이답지 않게 자기 일에 자부심을 지닌 사람이었다. 매일 하루도 빠지지 않고 꾸준히 연습했으며, 공연이란 공연은 주저하지 않고 모두 나갔다. 아직 어린 나이였음에도 열심히 노력하는 모습을 보면 나보다 더 어른스러울 정도였다. 하지만 이토록 자기 일에 철저한 친구도 미래에 대한 고민이 무척 많았다. 물론 나는 예술 분야는 무지했지만, 대화하려 고민을 들어줬다.

"오빠, 나는 나중에 어떻게 살아야 할까?"

"네가 하고 싶은 게 뭐야?"

"나는 어렸을 때부터 지금까지 20년 가까이 무용만 했어. 무용 말고는 할 줄 아는 게 없는데, 사실 무용할 때가 가장 행복해!"

"그래? 그러면 계속 무용하면 되겠네!"

"내가 나중에 잘 될지 안 될지 모르겠어. 무용하는 사람들은 대회 경력도 많아야 하고, 대학교뿐 아니라 대학원도 나와야 해. 그래야만 교수든 강사든 할 수 있거든."

대개 사람들은 이런 말을 듣고 어떻게 얘기할까? 아마 "계속 꾸준히 하면 잘될 거야"라는 식의 평범한 대답을 할 것이다. 하지만 내가 지금까지 봐왔던 차별화를 이뤄낸 부자들, 인플루언서들은 많은 사람이 하는 방법을 그대로만 따르지 않았다. 나는 이 친구에게 이렇게 말했다.

"너는 안무도 한번 보면 다 외울 수 있잖아? 그건 엄청난 능력이야! 너는 다른 사람들과 다르게 무용도 하면서 장구, 징, 소구 등 국악기도 다룰 수 있잖아? 그걸 살려 보는 건 어때?"

"그래서 면접을 보거나 대회에 나가려고 지금 배우고 있는 거야."

"내 생각은 다른데? 꼭 전문가에게만 선택받아야 할 수 있는 건 아니잖아? 네가 세상에 너를 직접 알려봐! 하던 것은 계속하되 남들과 다르게 세상에 너를 알리는 거지!"

"어떻게 나를 알리는데?"

"유튜브 해봐. 사실 나 정도 부동산에 대한 지식은 많은 사람이 알고 있어. 하지만 남들이 '좋은 방 구하세요'라는 영상을 찍을 때 나는 '이런 집 들어가지 마세요'라는 영상을 찍어서 잘 됐잖아? 너도 무용에 대한 기존 인식과 반대로 해봐!"

'한국무용' 듣기만 해도 재미없지 않은가? 케이팝(K-pop)이 전국을 떠들썩하게 만드는 시대, '스우파(스트릿 우먼 파이터)'의 파워풀한 댄스가 전 세계를 열광시키는 시대에 한복을 입고 몸을 바람에 맡겨 살랑거리며 춤을 춘다고? 한국무용을 비난하는 게 아니다. 남들과 똑같이 하면 사람들이 보지를 않는다.

나는 여자 친구와 함께 한국무용을 하는 유명한 유튜버나 높은 조회수가 나온 영상을 찾아봤다. 고작 해봐야 조회수 1,000 정도에 불과한 영상들이었고, 오히려 제일 높은 250만 조회수의 영상은 초등학생이 장구를 치며 로커처럼 머리를 흔드는 영상이었다. 조회수 250만의 초등학생이 장구를 잘 칠까? 경력이 20년 가까이 된 내 여자 친구가 장구를 잘 칠까? 장구를 잘 치는 것은 중요하지 않다. 자신을 알리려면 '차별화'가 되어야 한다. 사람들이 좋아하는 것, 색다른 것을 해야 한다.

우리는 30분도 되지 않아 콘셉트를 잡고, 콘텐츠를 만들었다. 먼저 장구, 징, 소구 등 국악기를 드럼처럼 배치하고, 여자 친구에게 한복에 선글라스를 쓰게 했다.

"블랙핑크 노래를 연주하면서 로커처럼 머리를 흔들어. 꼭 음악에 미친 것처럼!"

"말도 안 돼. 너무 웃긴 데? 남들은 그렇게 하지 않아!"

"남들과 다르게 해야 해!"

얌전하게 한복을 입은 여자가 선글라스를 쓴 채 국악기로 블랙핑크의 노래를 연주한다니, 이야기만으로도 웃기고 참신하지 않은가? '차별화'라는 건 너무 쉽다. '반대로'만 해도 차별화가 된다. 임요환이나 페이커 같은 사람들만 게임 유튜버를 해야 하는가? 상위 0.1%가 아닌 하위 0.1%의 게임 실력으로 10만 구독자, 억대 연봉이 넘는 유튜버들도 많다.

나 역시 남들이 좋은 집을 보여줄 때, 반대로 사람이 살 수 없는 집을 보여줬고, 유명한 중고차 유튜버 '중고차 파괴자'도 남들이 가성비 좋은 차를 영상으로 찍을 때 탈 수 없는 차를 보여줬다. 〈직업의 모든 것〉 채널도 수백 개의 직업을 리뷰할 때, '자기 직업이 최고'라는 자부심을 품는 것과 반대로 '해당 직업을 갖지 말라'는 얘기도 서슴없이 한다. 그 속에 일반인들이 알 수 없는 비하인드 스토리와 웃음이 녹아있다.

그러나 반대로 한다 해도 '기본기'는 베이스로 깔려있어야 한다. 즉 '본질'이 우선이다. 자신이 제일 잘하는 것, 또는 자기 직업의 기본을 갖춘 후 남들과 반대로 하는 게 좋다. 지금은 '자기 PR 시대'이다. 먼저 자신의 그릇을 키운 후 남들에게 알려야 한다!

동물이 될 것인가,
사람이 될 것인가?

'서커스단의 코끼리' 일화를 아는가? 서커스단 코끼리는 무대에 올라갈 때 말고는 항상 밧줄에 묶여 있는데, 그 밧줄은 코끼리의 힘이라면 쉽게 벗어날 수 있다. 하지만 어린 시절부터 밧줄에 묶인 새끼 코끼리는 도망가려고 수많은 시도를 했으나 힘이 부족했고, 결국 어느 순간부터 포기한다. 이후 어른이 된 코끼리는 발목에 밧줄만 채우게 되면 아무런 행동을 하지 않는다고 한다.

또 다른 일화로 〈이솝 이야기〉 중 '여우와 신포도' 우화가 있다.

길을 가던 여우는 허기가 졌다. 마침 주위를 둘러보니 포도밭이 었고, 높은 가지에 매달린 포도를 보았다.

"참 맛있겠다!"

여우는 포도를 먹고 싶어서 펄쩍 뛰었지만, 포도가 너무 높이 있어서 여우의 발이 닿지 않았다. 여우는 여러 차례 있는 힘을 다해 뛰어보았지만, 번번이 실패했다. 결국 여우는 포도를 먹지 못하고 돌아가야 했다. 돌아가면서 여우가 말했다.

"저 포도는 분명 신맛이 강해서 먹을 수 없을 거야. 차라리 안 먹는 게 나아!"

두 일화를 읽고 어떤 생각이 드는가? 새끼 코끼리가 자라나 어른 코끼리가 됐을 때 밧줄 따위야 발길질 한 번이면 풀 수 있을 것이다. 하지만 어른 코끼리는 '나는 밧줄에서 벗어날 수 없어'라는 고정관념이 생긴 후 죽을 때까지 밧줄을 풀 생각조차 하지 못한다. 또 여우는 어떠한가? 몇 번 도전해 봤으나 포도를 먹지 못하니 자기 위안을 하게 된다. "저 포도는 맛이 없을 거야" 등 자기 실패를 인정하지 않고 핑계를 외부로 돌릴 뿐이다.

그런데 만약 어른 코끼리가 고정관념을 깨고 단 한 번만 더 힘을 냈다면, 스스로 포기하지 않고 단 한 번만 실행해 봤다면 어떠했을까? 또 여우가 실패를 인정하고 점프가 아닌 다른 방법을 썼다면 그 결과는 어땠을까? 무슨 일이든 간단하다. 모든 것은 방법을 찾아서 실행하면 된다.

실행하고, 분석하며, 수정하라!

내가 지금까지 만나본 많은 억대 연봉자와 자수성가한 분들은 무엇이든 실행하고 분석했으며, 실패했을 때 성공을 위한 방법을 찾았다. 우리는 동물이 아닌 사람이다. 즉 사람은 생각 한 번으로 고정관념을 벗어날 수 있고, 행동에 옮길 수 있으며, 언제 어디서든 배울 수 있다. 아이디어만 무궁무진하다고 성공하지 않는다. 그것을 직접 실행하고, 분석하며, 수정하면 이루어질 수 있다.

길거리에서 붕어빵을 팔더라도 먼저 길거리에 노점을 내놓고 붕어빵을 팔아 봐야 한다. 당신이 '머스타드 붕어빵'을 아이디어로 냈을 때 실행, 분석, 수정을 예로 들겠다.

[실행]

팥 붕어빵은 남들이 다 팔지 않는가? 일단 똑같이 팥 붕어빵을 팔면서 '머스타드 붕어빵'을 팔아 본다.

[분석]

만약 잘 팔리지 않는다면, 왜 '머스타드 붕어빵'이 많이 팔리지 않았을까 분석하며 다른 맛의 붕어빵을 찾는다.

[수정]

요즘 빵집에서 '슈크림 빵'이 인기라는데, '슈크림 붕어빵'을 만들까?

이런 식으로 계속 '실행→분석→수정'하라. 글로벌 초일류 기업인 애플과 삼성에서 출시되는 상품이 전부 흑자일까? 아니다. 천재들이 모여있는 집단, 세계를 움직이는 그들 또한 실패하면 분석하고, 수정한 후 다시 시장에 내놓는다. 삼성 이건희 회장의 명언이 있다. '들어온 떡만 먹으려 말라. 떡이 없으면 나가서 만들어라.'

'왕년 이론'은 자신감이 아닌 자만심이다

누구나 한 번쯤 경험해 봤을 것이다. "내가 왕년에는 말이야~"로 시작해 소위 '잘 나갔던' 시절을 떠들거나 "어차피 나는 옛날에 해봐서 잘해"라고 목소리를 높이는 경우 말이다. 도대체 '왕년 이론'이라는 건 뭘까? 예를 들어보겠다.

[데드리프트 180kg, 벤치프레스 120kg, 스쾃 150kg]

내가 한창 운동할 때 들던 무게이다. 헬스를 해본 사람이라면 이 무게가 얼마나 무거운지 알 것이다. 아니 헬스를 안 해본 사람들도 짐작은 할 것이다. 참고로 나는 운동을 취미 이상으로 해본 적이 없다. 운동을 1년 가까이 하지 않았다가 다시 운동을 시작한 계기는 곧 여름이고, 반팔 옷을 입어야 할 때라 몸매 관리를 위해 헬스장 등록을 했다. 사실 매년 등록은 했어도 잘 가진 않았다. 그런데 이게 무슨 일인가? 예전에는 운동을 2시간씩 해도 아무렇지 않았는데, 이제는 30분만 해도 죽을 것 같다. 100kg 정도는 가볍게 들던 예전의 한진우를 생각하며 운동을 했다.

하지만 지금은 40kg만 들어도 지구를 드는 것처럼 무겁다. 나는 일반인보다 덩치도 꽤 크고, 좋은 몸을 갖고 있다고 생각했다. 그런 자만심 때문에 근 1~2년간, 주 3회 이상의 음주를 했고, 운동은 당연히 안 했다. 이유는 '어차피 일반인보다 몸이 좋아'라는 자만심 때문이다. 그러다가 오랜만에 만난 친구들과 담소를 나누었다.

"야, 진우야. 왜 이렇게 살쪘어?"

"요즘 운동 안 했어. 이제 다이어트해야지. 다시 운동하면 예전으로 금방 돌아갈 수 있어."

"그래, 너는 조금만 하면 될 거야."

친구들의 이런 칭찬 때문이었을까? 나는 '예전에 해 놓은 게 있어서 운동하지 않아도 상관없어'라는 생각을 버리고, 꾸준히 운동하려 했지만, 역시 게으름을 극복하기란 어려웠다. 그러던 어느 날 거울을 봤다. 내 옆구리와 배는 수영장 튜브처럼 컸고, 얼굴은 매일 술에 찌들어 붉어 있었으며, 거의 추리닝만 입다 보니 예전에 입던 정장과 청바지 등 모든 옷이 맞지 않았다.

그제야 나는 마음을 굳게 먹었다. '그래 오늘부터 다시 운동하자. 다시 예전처럼 되려면 1달이면 돼!' 하지만 현실은 절대로 만만하지 않았다. 물론 처음 운동을 시작하는 사람보다야 다이어트 속도감이 있겠지만, 다시 초보 운동자가 된 나는 '살찐 돼지'에 불과했다.

다시 한번 질문하겠다. '왕년 이론'이라는 건 뭘까? 여기까지 글을 읽은 사람들은 당연히 눈치챘을 것이다. "내가 왕년에~"라고 말하는 사람들의 이론(특징)을 말하려는 것이다. 때로는 술자리나 사람들이 많이 모인 장소에서 사람들을 웃기려는 언어유희일 수도 있다. 하지만 절대로 쉽게 말하면 안 되는 얘기 중 하나이기도 하다. 아니, 생각도 하면 안 된다. 생각은 말로 가고, 말은 행동으로 옮겨지며, 행동은 곧 습관이 되고, 습관은 나의 정체성이 되기 때문이다.

진심과 간절함으로 살아라

나 역시 최근까지 '왕년 이론'을 펼쳤다. 운동뿐만이 아닌 사업에도 왕년 이론을 펼쳤다. 가진 것도 없고, 딱히 하는 것도 없던 예전에 나는 "다시 하면 월 천만 원은 금방 벌어", "예전에 다 해봤는데 또 하면 못하겠어?", "내가 왕년에 이랬는데" 등 지나온 과거의 이야기를 반복하며 스스로 인생의 업적을 이뤄낸 것처럼 떠들고 다녔다.

10년이면 강산도 변한다는 말이 있다. 아니다. 지금은 1~2년이면 강산이 바뀐다. 당신이 많이 다녔던 동네를 1~2년 만에 가봐도 눈으로 확인할 수 있다. 주변 상가는 물론 건물도 바뀌었고, 새로 난 길에 횡단보도까지 생겨났다. 심지어 지하철역이 생긴 곳도 있을 것이다.

나의 '왕년 이론'에 따르면 '왕년에~' 말하는 사람치고 잘난 사람은 한 명도 없었다. 또 '왕년'을 얘기하지만, 실제로 그만큼 잘나갔던 사람도 없었다. 그저 어쭙잖게 자기만족에 도취해 자기 위로하는 사람이 99%다. 왕년에 잘 나갔다는 얘기를 절대로 하면 안 되는 이유 한 가지를 더 말하겠다.

왜, 지금 과거에 얽매여 사는 것인가? 예전에 잘났는데, 그러면 현재는 어떠한가? 멍청하게 과거의 망상에 빠져 현재 아무런 배움도 없고, 뚜렷한 미래의 목표도 없기에 그저 현실을 부정하며 과거를 회상하며 사는 것이다. 사기를 당했다고? 피치 못할 사정이 있다고? 그런 건 누구나 다 있다. 단순히 자기의 문제일 뿐이다. 사기를 당했으나 자신이 은행 계좌이체를 했을 것이고, 우연히 찾아온 피치 못할 사정도 자신이 헤쳐 나가야 한다.

냉정하게 들리겠지만, 단 1%만 잘못해도 자기 잘못이고, 1%의 결정도 자기 의사가 들어간 것이다. 그러니 이제 과거 얘기는 그만하고, 지금 못하면 못 한다고 인정하며, 새롭게 배우면 된다.

내가 만나온 성공한 많은 사람이 한결같이 하는 말이 있다.

"과거가 너무 힘들었고, 다시 돌아가기 싫어요."

다시는 '왕년 이론'을 펼치지 말고, 스스로 생각했을 때 부족하다면 부족하다고 솔직히 말하라. 그리고 도움을 청해라. 가장 중요한 건 열심히 배워라. 오히려 자기 자신을 속이는 것이 장기적으로 봤을 때 내게 독이 된다. 차라리 솔직하게 털어놓고 마주하면 적어도 과거의 영광에 빠져 사는 사람처럼 보이는 게 아닌, 지금부터 전진하려 하는 정직한 나의 모습에 진심과 잘하고자 하는 간절함이 타인에게 전달될 것이다.

진심과 간절함은 어디서든 먹힌다. 과하게 부풀리지 말고 과거의 영광에 도취하지 말자. 문제를 있는 그대로 받아들이고 노력하는 건 부끄러운 일이 아니다. 오히려 시간이 갈수록 압도적인 성공의 상승 곡선을 그려주는 기반이 되어줄 것이다.

포기하는 것에도 용기가 필요하다

어느 날, 동대문에서 '스타트업 페스티벌'을 한다는 소식을 들었다. 구글, 현대, 네이버, 배달의민족 등 이름만 대도 누구나 알법한 기업의 경영자들을 멀리서나마 볼 기회가 생긴 것이다. 사실 나는 22살, 처음 휴대전화 판매 영업을 시작했을 때부터 '전 국민이 내게 휴대전화를 사면 좋겠다'라고 생각했었다.

이후 부동산 중개업을 하면서도 '모든 자취생과 신혼부부들이 내게 집을 사면 좋겠다'라는 생각도 했다. 그러다가 전국에 있는 모든 사람이 나에게 휴대전화도 집도 살 수 없으니 '시스템'을 만들어야겠다고 생각했고, 지금까지 4개의 애플리케이션(Application)을 만들어봤다. 결과적으로 모두 실패했지만, 나는 정말 많은 경험을 했다.

나는 확실한 목표와 야망이 있었기에 스타트업 페스티벌에 참가 신청을 했다. 무엇보다 내 가치관을 좀 더 확실하게 하고 싶어서 참가한 것이다. 입장부터 참신한 아이디어가 돋보였는데, 신청하지 않은 사람들과 문자를 받지 않은 사람들은 들어올 수 없도록 보디가드가 있었고, QR코드를 찍어 바로 입장할 수 있었다. 스태프도 반은 한국인, 반은 외국인이었다. 페스티벌이라고 해서 여기저기 시끄럽고 소란스러울 것 같았는데, 질서정연한 분위기에 엄청난 무게가 느껴지는 공간이었다.

내가 입장했을 때는 마침 무대에서 네이버 경영자분의 발표 차례였다. 50대 정도의 한국 사람이었는데, 나는 제대로 알아들을 수 없는 영어를 능숙하게 사용했다. 아마도 스타트업과 관련해 경영자들이 많이 나누는 용어 같았다. 그분은 네이버가 어떠한 가치관을 지녔는지, 또 네이버가 스타트업에 투자한다면 어떤 운영방식으로 할 건지 등 많은 이야기를 했다.

이후 구글을 비롯한 여러 회사 경영자분들의 발표가 이어졌고, 각자 자신의 회사 소개와 어필을 하였다. 사실 모든 경영자분의 발표 내용은 모두 굉장했고, 내게도 매우 유의미한 시간이었다. 심지어 나는 망치로 머리를 세게 얻어맞은 기분이었다. 단순히 '우리 네이버 유명해요', '우리 구글 좋아요' 식의 발표가 아닌 A부터 Z까지의 모든 질문과 해답, 고객들의 문제, 세상을 어떻게 변화시킬 것인지 등의 발표를 들으며 많은 걸 배울 수 있었다.

한편으로는 발표를 들을 때 "나라면 이렇게 할 것 같은데"라는 반발심이 들 수도 있는데, 그런 생각이 전혀 들지 않을 만큼 훌륭한 발표였다. 모든 발표가 끝나고 많은 스타트업 대표들이 자기 회사를 세상에 알리기 위해 열심히 홍보 중이었다. 로비에서는 "우리 제품 써보세요", "세상은 이렇게 바뀔 것입니다", "당신의 불편함은 애플리케이션 하나면 해결할 수 있습니다" 등 많은 목소리가 들렸다.

빨리 성공하고 싶다면, 실패와 포기도 필요하다

집으로 돌아와 나는 한참을 멍하니 의자에 앉아 깊은 고뇌에 빠졌다.

'정말 내가 고객들을 편하게 하려고 앱을 만들었는가?'

'세상을 최적화하기 위해 스타트업을 한다고 했는가?'

'남들에게 가치를 주는 회사를 만들고자 스타트업을 한다고 했는가?'

정답은 모두 아니었다. 내 솔직한 심정은 이러했었다.

'직방이나 다방이 이만큼 버니까 조금 따라 하면 그것의 반은 벌 수 있겠다.'

'스타트업! 멋있는데? 남들이 안 하는 걸 하네? 나도 해봐야지.'

이런 관점으로 다가갔었다. 당연히 스타트업을 포함해 모든 사업의 목적은 돈을 버는 것이다. 페스티벌에 참여한 대표님들 대부분이 SKY대학교, 카이스트, 외국 명문대학교를 졸업했고, 실리콘밸리에서 오신 분도 있었다. 다들 일찍부터 스타트업과 관련한 많은 일을 해보신 분들이었다.

한참 생각하던 나는 드디어 결단을 내렸다. '스타트업? 과감히 포기하자!' 물론 앱을 만들어서 사업하는 건 어렵지 않다. 하지만 더 깊게 들어가 보니 나와의 '핏'도 잘 맞지 않았고, 차라리 지금 하는 사업에 집중하는 게 더 빠르게 성장할 수 있겠다고 생각했다. 지금 내 이야기를 통해 어떤 생각이 드는가? 내가 도망치는 것으로만 보이는가? 나는 절대로 아니라고 생각한다.

나는 지난 몇 년간 1억 원 가까이 돈을 들여 4개의 앱을 만들었다. 물론 모두 실패했지만, 그 노하우와 경험치는 고스란히 내게 축적되어 있었다. 또 오랜 고뇌 끝에 스타트업 목표를 지울 수 있는 계기도 얻었다. 그러니 앞으로는 꼭 스타트업에 목메지 말고, 또 다른 새로운 도전을 하겠다고 다짐할 수 있었다.

많은 사람이 자신이 세운 목표와 그 결과 앞에서 이런 생각을 한다.

'내가 얼마나 많은 시간과 돈을 할애했는데…'

'지금까지 한 게 아까워서라도 포기 못 해!'

도전하는 것도 용기지만, 포기하는 것도 용기다. '안 되는 것'과 '못하는 것'을 끝까지 잡을 필요가 없다는 말이다. 무엇이든 도전하고, 설령 실패해서 포기하더라도 결국 성공하는 과정에서 많은 경험치가 쌓일 것이다. 내가 만약 아무것도 하지 않고 포기만 했다면 어땠을까? 아마 죽을 때까지 아쉬운 소리만 늘어놨을 것이다. 단언컨대 포기해도 좋고, 실패해도 좋다. 무엇이든 도전하라!

인성이 실력이자 성공의 핵심이다

뉴스를 보다 보면 한 달에 1번, 짧게는 일주일에 1번씩 연예인이나 유튜버, BJ 등이 인성 논란에 휩싸인다. 별 볼 일 없던 일반인이 스포트라이트 몇 번 받았다고 '연예인 병'에 걸려 남들을 무시하다가 지옥 밑바닥까지 떨어지는 일도 수없이 봐왔다.

나 역시 매스컴의 주목을 받은 적이 있고, 16만 구독자의 유튜버이기에 뉴스가 남의 일 같지 않다. 일반적으로 3년, 더 길게는 10년 넘게 공들여 쌓은 노력이 단 5분 만에 무너지고, 우울증에 걸리는 건 기본에다가 스스로 극단적 선택을 하는 사람들도 있다.

마지막으로 당부하고 싶은 말이 있다. 이 책을 읽는 많은 분이 큰돈을 버는 방법, 상위 1%가 되는 비결, 자수성가 등 많은 것을 이루고 싶을 것이다. 당연하다. 목표를 이루고 성공하는 건 정말 중요하다. 그러나 가장 중요한 건 '인성'이라고 생각한다.

'나는 유튜버 될 생각도 없고, 유명해지고 싶지도 않은데?'라고 생각할 수 있다. 앞에서 말한 '모임, 위임하기, 롤 모델 만나기' 등 우리가 사는 세상의 모든 것은 '사람'을 통해서 이뤄진다. 또한, 당신이 만약 사업을 하게 된다면 직원이 필요할 것이고, 인터넷에서 유통한다고 해도 거래처가 필요할 것이다.

그런데 당신의 인성이나 성격이 좋지 못하다면, 미안하지만 어느 곳에서도 당신을 받아 주지 않는다. 계약했다고, 판매를 많이 했다고, 돈을 좀 벌었다고 어디 가서 절대로 큰소리 내지 말아야 한다. 벼는 익었을 때 고개를 숙인다고 하지 않는가? 다시 한번 말하지만, 자기 주위에 자신이 제일 잘 났으면, 지금 잘못된 무리에 속해 있는 것이다. 우물 안 개구리가 밖으로 나와야 두꺼비도, 황소개구리도 있는 줄 안다.

당신이 돈을 좀 벌고 있는 사장이라면 오만함과 자만심에 빠져 직원들을 '돈 벌어주는 기계'라는 식으로 생각해서는 안 된다. 만약 마음속에 그러한 감정이 있다면 겉으로 티가 날 것이고, 직원들은 모두 격성(激聲)을 터트리며 사장을 미뤄낼 것이다. 사장을 내치고 직원들이 합심하여 회사를 차린 사례는 비일비재하다.

인성은 최고의 경쟁력이다

나는 중고등학교 시절 다혈질의 성격이라서 쉽게 흥분하곤 했었다. 심지어 군대 훈련소에서 감정을 주체 못 해 날뛰고, 자주 욕을 해서 '왕따'를 당한 적도 있다. 또 비교적 어린 나이에 처음 사업을 할 때는 '세상의 중심은 나'라는 생각에 겸손하지도 않았다. 그러나 과거의 나와 다르게 지금 나를 만나는 모든 분은 감사하게도 내 성격이 너무 좋다고 말한다.

당신에게 '연기'를 하라는 얘기가 아니다. 싫으면 안 만나면 된다. 싫으면 싫다고 해라. 거절하는 게 어렵다고? 거절을 못 해서 얼버무리다가 뒤늦게 싫다고 하는 게 더 기분 나쁘다. 오히려 안 좋은 모습만 머릿속에 각인될 뿐이다. 좋다면 더 보답하고, 위해주면 된다. 싫든 좋든 나의 말과 행동으로 상대에게 절대 피해를 주지 않아야 한다. 기본적인 요소라고 생각하겠지만, 세상에는 이 기본을 지키지 않는 사람들이 너무 많다.

잊지 말자! 성격이 좋지 않으면, 모든 건 격성이 되어 돌아온다. 결국 인성이 좋지 않으면 모든 이야기는 와전되고, 과장되며, 크게 격성 되어 돌아온다. 이 책은 한 때 세상의 왕이 자신인 줄 알았던 '우물 안 개구리'가 처음 밖으로 나와 세상을 바라본 시선을 담은 책이다. 이 책을 읽은 모든 분이 단 하나의 가치라도 얻기를 바라며 마무리 짓는다.

Chapter 3.

한계를 넘어 최고의 결과를 만들어라

신한국

개인 컨설팅 고객 1천여 명!
대한민국 1% 보험회사 사업단장

‘어디든 레드오션은 없다.
블루오션이라 여기면 블루오션이다.’

경남 거창의 시골에서 태어나 ‘우물 안 개구리’로 살다가 고등학교 졸업 후 처음 우물 밖을 나왔다. 부산 부경대학교에서 경영학을 전공, 육군 장교(ROTC)로 복무했다. 어린 시절에는 겁 많고 일을 미루는 습관이 있었지만, 대학교 학생회 활동과 군 장교 생활을 통해 소위 ‘성공한 인생’을 경험한다. 하지만 주식 투자 실패와 사기를 당하며 인생의 변화를 맞는다. 스스로 인생과 자신을 리셋하기로 결심하고, 6년 간의 장교 생활을 마무리 후 한국자산관리법인에 입사해 보험 일을 시작한다. 1년 만에 지사장 승진과 함께 연봉 2억을 달성했으며, 2023년 현재 사업단장으로서 개인 컨설팅 고객 1천여 명과 연봉 3억을 달성했으며, 연봉 5억에 도전 중이다. ‘인생은 영업의 연속’이라는 모토 아래 지나온 날보다 훨씬 발전된 하루, 멋진 인생을 목표로 살고 있다.

E-mail : korea1asset@naver.com

평범한 삶이 가장 어렵다

'우물 안 개구리'라는 말이 있다. 지금의 나는 연봉 3억에 1천 명의 고객들을 관리하는 대한민국 1%의 보험회사 사업단장이지만, 나도 과거에는 우물 안 개구리였다. '개천에서 용 난다'라는 속담이 있다. 변변찮은 환경에서도 빼어난 인물이 나는 경우를 이르는 말인데, 정말 개천에서 용이 날까? 나는 경상남도 거창의 시골 마을에서 태어났다. 그 흔한 마트조차 없는 인구 6만의 작은 도시였다. 내가 시골 출신이라고 하면 다들 물어본다.

"정말 농사도 짓고, 밭도 갈고 그래?"

"어렸을 때 할아버지 벼농사를 도와드렸어. 집 앞에 있던 강에서 물놀이하며 놀기도 했고."

내 대답에 모두 신기해하곤 했다. 사실이다. 내 출생은 물론 내 인생의 시작은 '평범'한 것도 아닌 시골 촌놈으로 태어나 순진무구하게 살았다. 내가 시골이라는 우물 밖을 처음 나온 건 고등학교 3학년 때였는데, 대학입시 면접을 보려고 난생처음 서울에 올라왔다. 서울에 도착해서 수많은 고층 빌딩과 도로인지 주차장인지 모를 만큼 늘어선 수천 대의 자동차를 처음 본 나는 무서웠다. 코를 찌르는 퀴퀴한 매연과 아스팔트 냄새, 먼지로 가득 찬 뿌연 하늘에 바짝 졸아 있었다. 당연히 입시 면접 자리에서도 초긴장 상태였는데, 교수님의 첫 질문은 가벼웠다.

"멀리서 오셨네요. 뭐 타고 오셨어요?"

"예, 저는 경부고속도로 타고 왔습니다."

당연히 전철이나 버스, 택시 등의 답변을 하는 게 정상인데 너무 긴장했던 터라 엉뚱하게 대답한 것이다. 나는 대답과 동시에 '아차' 싶었지만, 예상치 못한 내 대답에 교수님의 눈빛이 말해줬다. '정상 아닌 놈이 왔네.' 이렇게 나의 첫 서울 방문은 두려움과 대실패로 끝이 났다. 이후 서울은 아니지만, 대도시인 부산에 있는 국립대학교에 진학했고, 시골 촌놈치고는 나름 성공적으로 대학 생활을 보냈다. 학생회 활동도 하고, 성적도 나쁘지 않았다. 하지만 나의 최대 단점이 있었는데 바로 겁이 많았고, 일을 미루는 습관이다. 어느덧 군대에 갈 시기가 되었고, 친구들도 하나둘 입대를 했다. 군대 가기가 겁났던 나는 이런저런 핑계로 미루다가 우연히 알게 된 ROTC(학군단)에 지원했다.

그런데 핑계로 지원한 ROTC가 의외로 내 적성에 맞는 게 아닌가? 힘든 훈련과 임관시험을 통과했고, 24살에 장교가 되었다. 군 생활도 탄탄대로였다. 좋은 상급자와 동료들, 좋은 부하들을 만난 덕분에 하는 일마다 잘 됐다. 게다가 '장교'라는 타이틀로 나의 자존감도 커졌다. 문제는 자존감뿐만 아니라 자만심도 알게 모르게 커지고 있었다. 그때는 여전히 세상 물정 모르는 놈이었지만, 세상을 다 안다는 착각에 까불기 시작했다.

당시 내 주위에는 주식으로 큰돈을 벌었다는 사람들이 많았는데, 자만심이 극에 달했던 나는 '나도 주식을 하면 큰돈을 벌 수 있어' 라고 생각했다. 월급을 모아 약 1천만 원의 시드머니를 마련한 나는 바로 주식 투자를 시작했다. 처음에는 금방 부자가 될 것 같았다. 1주당 16,000원 하던 주식은 일주일 만에 30%가 올랐고, 1주당 가격이 20,000원이 넘어갔다. '나는 성공한 인생이야! 하는 일마다 잘 풀리네. 이 돈으로 뭘 할까?' 생각만 해도 기분이 너무 좋았다.

올라가기는 어렵지만, 내려오는 건 한순간이라는 말이 있다. 나는 서서히 내리막길을 향해 가는 중이었다. 약 21,000원 정도까지 올랐던 주식이 하루 만에 갑자기 마이너스 20% 넘게 떨어졌다. 다음날 또 마이너스 20%를 찍었다. 사실 그때까지 나는 주식을 사본 적은 있어도 팔아본 적이 없었다. 그때야 처음으로 매도 버튼을 찾기 시작했다. 아니나 다를까? 팔 수 있는 타이밍을 맞추지 못했고, 마이너스가 계속되는 것을 지켜볼 수밖에 없었다.

내 손은 너무 느렸고, 아무것도 할 수 없었던 나는 내 의지와는 상관없이 장기전에 돌입했다. 주식은 1년 만에 5,000원이 되었다가 3년이 지나니 700원까지 떨어졌고, 결국 거래정지 종목이 되면서 상장폐지가 되었다. 내 인생의 첫 주식 투자는 대실패로 막을 내렸다.

실패는 성공의 반대가 아니다

인생을 살면서 보통 3번의 기회가 찾아온다고 한다. 당시 전 재산을 주식으로 날리고 하루하루가 지옥이었던 나에게 빛의 손길이 내려왔다. 어느 날, 친한 군대 동기가 찾아와 말했다.

"아는 부자 형이 있는데, 지금 사업 때문에 자금이 필요하대. 돈을 빌려주면 한 달 이자를 백만 원씩 준대."

주식 실패로 제정신이 아니었기에 한 달 이자가 백만 원이면 내가 손실 본 천만 원을 금방 회복할 수 있겠다고 생각했다. 게다가 차용증을 써준다기에 당연히 다시 받을 수 있을 줄 알았다. 보통은 의심하는 게 정상인데, 나는 제정신이 아니었다. 주식 실패가 사람을 바보처럼 생각하게 만든 것이다. 직업군인이라 대출은 잘 나왔는데, 대출 이자마저 부자 형이 내준다기에 덜컥 6천2백만 원을 대출받았고, 그 돈을 부자 형에게 송금했다.

사기를 당하기 전에는 항상 징후가 있다. 일이 너무 술술 잘 풀린다는 것이다. 처음 3개월은 백만 원씩 제대로 이자를 받았지만, 슬슬 연락이 안 되더니 연체가 시작되었다. 그런데도 '설마 못 받겠어? 사정이 있겠지'라고 바보 같은 생각을 했다. 하지만 나는 진짜 바보였다. 부자 형은 잠적했고, 그 후 만날 수 없었다.

내 인생은 탄탄대로에 지극히 평범한 삶을 살 줄 알았다. 그러나 현실은 25살의 젊은 나이에 천만 원 주식 실패와 6천2백만 원의 빚쟁이였다. 자랑거리도 아닌 내 지난 이야기를 하는 이유가 있다. 이 책을 읽는 분 중에 지금 '평범하게 살고 있다'라고 생각하는 분들이 있을 것이다. 나도 그랬었다. 미안하지만, 그건 당신만의 착각일 수 있다. 인생은 내 뜻대로 되지 않고, 언젠가는 내 의지와 상관없이 고난과 시련이 찾아오게 되어있다. 단지 '언제 찾아오느냐'의 문제일 뿐이다.

이런 사실을 미리 알고 잘 대비하는 것이 현명하다. 나중에야 특히 늙어서 고난과 시련이 찾아오면 회생 불가할 수 있다. 명심해라. 평범하게 살기는 정말 어렵다. '난 아닐 거야'라는 생각을 버려라. 무조건 찾아오니까! 그때를 위해 준비하고, 또 준비하라!

목표가 있다면 반드시 떠벌려라

주식 실패와 사기로 내 인생은 송두리째 바뀌었다. 빚쟁이의 삶, 돈 갚을 일이 걱정되어 하루도 마음 편한 날이 없었다. 지금까지 학생회니, 장교니 떵떵거리며 살았기에 빈털터리로 망해버린 내 상황을 아무에게도 말할 수 없었다. 나를 '자랑스러운 아들'이라고 믿는 부모님에게는 더욱 말할 수 없었다. 반드시 나 혼자 해결해야 했고, 당시의 내 목표는 그저 '평범한 삶'을 사는 것이었다.

'죽고자 하면 살 것이고, 살고자 하면 죽을 것이다'라는 이순신 장군의 명언이 있다. 나는 마지막이라는 각오로 살기 위해 뭐든 했다. 다시 처음부터 돈을 모으기 시작했다. 당시 군인 월급이었던 170만 원에서 130만 원 이상을 저축했다. 수입을 늘릴 수 없으니 최대한 지출을 줄여야 했다. 있는 힘껏 허리띠를 졸라맸다. 담배도 끊었고, 한 달에 한 번 치킨을 먹는 건 축복이었다. 물론 주변에 절대 티를 내지 않았다.

하루는 장교 동기들과 선배들의 회식이 있었다. 내 주머니에는 돈이 없었기에 피곤하다는 거짓말로 숙소에 남았다. 회식비 2만 원에 교통비 2만 원, 총 4만 원의 지출을 걱정하는 삶, 거짓말을 하고 숙소에 숨어 있는 삶이 꼭 하루살이와 같다고 느껴졌다. 동기들과 선배들은 계속 나오라며 전화가 왔고, 사실을 실토했다.

"나 돈이 없어. 이번 달에 지출한 곳도 있고."

"그랬으면 진작 말하지. 우리가 줄 테니까 그냥 와!"

정말 고마웠지만 내 신세가 초라했다. 또 내가 망했다는 걸 남들에게 밝히고 그들이 받아들이는 시간 동안, 나는 아무것도 하지 못했다. 회식 이후 일주일 정도 멍하니 지냈다. 누군가 그랬다. 일이 잘 안 풀리면 처음부터 다시 하라고. 아무것도 모르고 주식 실패를 한 나 자신이 너무 바보 같고, 한편으로는 너무 억울했지만 천만 원짜리 주식 공부를 했다고 스스로 위안했다.

또 차라리 어린 나이에 이런 일을 겪은 게 천만다행이라고 생각했다. 내가 더 많은 돈이 있었을 때 지금과 같은 실패를 했다면 그때는 완전히 일어서지 못했을 수도 있으니까. 나는 그제야 '실패도 젊을 때 해보라'라는 옛말을 이해했고, 큰 교훈을 얻었다.

'망하면 정말 죽는 줄 알았는데, 망해도 안 죽더라.'

인생에서 저지를 수 있는 가장 큰 실수는 실수할까 봐 끊임없이 두려워하는 일이라고 한다. 나는 망하면 죽는 줄 알았고, 실패하면 끝나는 줄 알았다. 산전수전 겪었지만, 그 모든 경험이 오늘날의 내가 되는 바탕이 되었다. 시간이 지날수록 다시 일어설 수 있다는 용기도 생겼고, 비로소 우물 안 '장님' 개구리였던 나는 눈을 떴다.

성공을 부르는 말의 힘

나는 내 인생과 나 자신을 '리셋(Reset)'하기로 마음먹고 전역을 결심했다. 전역 결심을 실행하기가 쉽지는 않았지만, 주변 모든 사람에게 말하기 시작했다. "무조건 전역할 겁니다!" 말은 뱉으면 주워 담을 수 없고, 이미 말한 것을 지키기 위해서 억지로라도 행동해야 했기에 사용한 전략이다. 목표가 있으면 말을 하고, 주위 사람에게 알려야 한다.

혼자만 생각만 하는 목표는 이룰 수 없다는 것을 나는 알고 있었다. 그렇게 6개월 정도 지났을까? '떠벌리기' 전략이 통했는지 내 전역 소식을 듣고 연락이 왔다. 나보다 먼저 전역한 군대 동기였는데 ○○생명보험 부지점장이었다. 내게 함께 일하자고 제안하며 천만 원이 찍혀있는 자기 급여명세서를 보여줬다. 나는 동기가 무척 고마웠고, 제안받은 자체가 행운이라고 생각한다. 아마 인생을 살면서 단 한 번도 누군가의 제안을 못 받아 본 사람도 많을 것이다.

나는 전역할 것이라고 떠벌리며 다녔기에 좋은 제안을 받을 수 있었다. 동기 덕분에 큰돈을 벌 수 있는 직업을 알게 되었고, 나의 진로 방향을 어느 정도 정할 수 있었다. 하지만 두 번 다시 실패하고 싶지 않았고, 새로운 도전을 제대로 하고 싶었다. 제안한 동기에게는 미안했지만, ○○생명보험 외에 우리나라에 있는 모든 보험회사를 알아봤다.

보험회사를 알아보는 것은 나름 쉬웠다. 여러분도 알아보고 싶은 것이 있다면 이 방법을 추천한다. 먼저 SNS에 관심 분야 해시태그를 검색했다. 나는 '#보험회사'를 검색해서 소위 '잘 나가는' 모든 사람에게 DM을 보내며 만남을 요청했다. 그리고 내가 배울 수 있고, 나를 진심으로 키워줄 수 있는 분들을 찾아다녔다. DM 보내는 건 공짜다. 용기만 있다면 누구나 충분히 할 수 있는 일이다.

간절한 내 진심이 통한 걸까? 결국 좋은 회사의 훌륭한 대표님을 만났고, 전역 다음 날부터 취업을 약속받았다. 6년이라는 군 경력을 포기하고 새롭게 도전한다는 건 쉽지 않았다. 사실 전역하는 순간까지 불안했지만, '떠벌리기' 전략과 간절함 덕분에 큰 문제를 해결할 수 있었다.

전역 후에도 나는 성공하기 위해서 똑같은 전략을 사용했다. 무슨 일이든 먼저 떠벌리고 다녔고, 그 일을 더 쉽고 빠르게 해결했다. 또한, 내가 어떤 일을 하는지 더욱 알릴 수 없을까 고민하다가 인스타그램을 적극적으로 활용했다. 날마다 게시물과 스토리를 올리면서 '신한국'을 홍보하기 시작한 것이다. 무엇이든 홍보가 필수다. 엄청 실력 있는 요리사가 있는 맛집도 홍보에 실패하면 망하기 마련이다. 오히려 맛은 평범하지만 홍보가 잘된 음식점이 성공하는 일이 많다.

이 책을 읽는 여러분께 당부하고 싶은 게 있다. '이루고 싶은 목표나 하고 싶은 일이 있다면 무조건! 최대한 많이 떠들고 다녀라!' '목표를 못 이루면 어쩌지'란 걱정에 사로잡혀서, 또는 목표를 말하는 게 부끄럽다면 그 목표는 이룰 수 없다. 즉 말을 해야 목표 근처라도 간다. 말하면 생각이 바뀌고, 행동이 바뀌며, 주변 사람들도 바뀐다. 그 사람의 도움을 받을 수도 있다. 이 사실을 명심하라.

변화하려면 주변 환경부터 바꿔라

세상에는 가장 소중한 3개의 금이 있다. '황금', '소금' 그리고 '지금'이다. 6년간 충실하게 군 생활을 한 나였지만, 넓은 의미에서 그 시절은 내 인생을 허비한 시간이었다. 왜냐하면, 군대라는 제한된 장소와 시간, 즉 제한된 환경이 나를 가로막고 있어서였다. 제한된 환경에서 나는 아무것도 할 수 없었다. 나름대로 열심히는 살았으나 노력을 기울이지는 못했고, 매일 반복되는 일상에서 내 몸과 마음은 낡아갈 수밖에 없었다.

다른 한편으로 만약 주식 투자 실패와 빚을 지지 않았더라면, 나는 계속 군대에서 낡아갔을 것이다. 하지만 과감하게 전역했고, 제한된 환경에서 벗어났다. 그때는 '내 인생은 다시 시작이다'라고 다짐하며, 항상 '지금'에 충실하기로 마음먹었다. 막상 큰 실패를 겪어보니 실패가 정말 죽을 만큼 무섭지는 않았다. 하지만 절대로 다시 망하지 않겠다고 크게 결심했다.

전역과 동시에 취업한 회사는 대한민국의 수도 서울에 있었다.

과거 서울에 있는 대학의 입시 면접에서 "경부고속도로 타고 왔습니다"라고 대답해서 망신당한 기억이 있지만, 그런데도 나는 성공을 위해 서울을 선택했다. 서울에는 친구도 가족도 없었고, 나 혼자였다. 너무나 삭막했지만, 그렇다고 다시 돌아갈 수 있는 곳도 없었다. 외로운 나의 서울 생활은 그렇게 시작되었다.

정말 바뀌고 싶다면 가장 먼저 환경과 장소를 바꾸고, 또 주변 사람도 바꿔야 한다. 나는 성공을 위해 내가 있던 장소를 바꿨고, 장소를 바꾸니 자연스럽게 내 주변 사람들도 바뀌었다. 물론 대부분 사람은 변화를 싫어한다. 원래 사람은 이미 적응한 걸 바꾸려고 하면 거부 반응을 보인다. 누구나 기존에 다니던 길, 다니던 미용실, 태어나고 자란 고향 등 원래부터 해왔던 익숙한 것을 좋아하기 마련이다. 게다가 나이가 들면 들수록 더욱 기존에 해왔던 것만 본능적으로 찾는다. 낯선 장소, 낯선 사람, 새로운 무언가를 하는 것에 거북함을 느끼는 건 지극히 정상이다.

하지만 인생의 성공 여부를 가름하는 것은 여기서 나뉜다.

'잠깐의 불편함과 거부감 때문에 기존대로 사느냐?'

'잠깐 불편하고 낯설더라도 바뀐 삶을 사느냐?'

나도 처음에는 가족과 친구들이 있는 내 고향에서 편하고 외롭지 않은 인생을 사는 것을 바랐다. 아마 10명 중 9명은 나와 같은 생각을 할 것이다. 지극히 평범하고 외롭지 않은 인생을 사는 것이 목표라면 환경을 바꾸는 불편함을 감수하지 않아도 된다.

물론 바꾸지 않아도 성공하는 사람들도 분명히 있다. 그러나 지금 나의 목표가 그저 평범하고 외롭지 않은 인생이 아니라 '성공하는 인생'이 목표라면 환경부터 바꿔야 한다. 지금의 편함과 외로움을 따질 때가 아니다. 최대한 빨리 기존 환경에서 멀리 벗어나는 게 성공의 지름길이다.

가끔 고향에 있는 친구나 지인들, 후배들의 고민 상담 전화가 온다.

"한국아, 진짜 돈을 많이 벌고 싶은데 어떻게 하면 될까?"

"일단 고향이 아닌 다른 지역, 다른 장소에 가. 주변 환경을 바꿔야 해!"

"그러면 나 혼자인데 집도 구해야 하고, 월세도 나가잖아…"

"그건 아무 문제가 되지 않아!"

"어떻게 해야 할지 조금만 더 생각해 볼게…"

환경을 바꾸는 방법은 쉽다. 다른 지역으로 가면 된다. 그런데 신기하게도 고민하는 사람들 모두 똑같이 말한다. 자신은 그렇게 쉽게 결정하지 못하겠다고 말이다. 내가 장소를 바꾸라고 하는 건 성공을 다짐하는 가장 중요한 첫 단추여서다. 이것조차 못하면 아예 시작도 못 할 확률이 99%이다.

다른 지역에 가면 당연히 외롭다. 하지만 잠깐의 외로움은 성공에 정말 아무 문제가 되지 않는다. 집값이 고민이라고? 전국 평균 월세가 50만 원이라고 가정했을 때, 1년이면 6백만 원이다. 만약 6백만 원이 없다면 이 정도 돈은 빚을 져도 된다. 장담하는데 인생에 6백만 원 빚을 진다고 해서 절대 망하지 않는다. 6백만 원이 아까워서 아무것도 못 하는 사람이라면, 차라리 성공을 포기하는 것이 나을 수 있다.

성공은 자신을 바꾸는 데서 시작된다

코로나 이후 대한민국은 주식과 비트코인 열풍이 불었다. 인생의 실패로 향하는 사람은 대부분 자신에게 투자하는 돈은 아까워하면서 주식이나 비트코인은 주변 사람의 말에 현혹되어 쉽게 투자하는 경우가 많다. 그러나 주식이나 비트코인에 투자하는 것보다 자기 자신에게 투자해야만 한다. 다시 말하지만, 환경을 바꾸고 만나는 사람을 바꿔라. 사람은 적응의 동물이기 때문에 3~6개월이면 충분히 적응할 수 있다.

간혹 "나는 환경을 안 바꿔도 내 의지로 잘할 수 있어!"라고 말하는 사람들을 본다. 미안하지만 이렇게 말하는 사람은 '자기 인지력'이 낮은 사람일 확률이 높다. 자신의 의지로 할 수 있다면 벌써 성공했어야 하는 게 맞고, 도움을 청하지도 않았을 것이다. 사람의 의지는 나약하다. 이것을 스스로 인정하고 받아들여라.

내가 환경을 바꾼 방법을 소개하면, 당시 나는 2천만 원이 있었는데, 서울로 올라와 1천만 원 보증금에 월세 집을 계약했다. 나는 일부러 낡고 작은 집을 구했다. 왜냐하면, 너무나 성공이 간절해서였다. 한 명 누울 공간에 빨래 건조대 하나를 들여놓으면 끝이었다. 당연히 불편했지만 '1년 동안 훈련이다. 회사에서 살자. 죽기 살기로 하자'라고 굳게 마음먹고 살았다.

또한, 사람이라면 피곤하고 힘들 때 '얼른 집에서 쉬고 싶다'라고 생각할 수밖에 없다. 그래서 역시 일부러 작고 낡은 집, 들어가기 싫은 집, 편하게 쉴 수 없는 집을 선택했다. 스스로 나태해지지 않기 위한 환경을 만든 것이다. 집 때문이라도 더욱더 성공을 갈망하게끔 환경을 만들고, 나 자신을 밀어 넣었다.

목표 달성을 위한 환경 설정

나뿐만 아니라 이 책을 읽는 분 주변에도 공부하기 위해서 고시원에 들어가거나, 핸드폰을 없애거나, SNS를 삭제하거나, 시골로 내려가거나, 아니면 극단적으로 절에 들어가는 친구들이 한 명씩은 있을 것이다. 나는 이렇게 자신의 환경을 일부러 바꾸는 사람들은 굉장히 똑똑하다고 생각한다. 스스로 못한다는 사실을 인정하고, 이렇게 환경을 바꾼다는 것 자체가 인지 지능이 높은 사람일 확률이 높기 때문이다.

이외에도 자신을 바꾸는 방법은 정말 많다. 혹시 '나는 뭘 하고 있지?'라고 생각한다면 이미 하고 있을 수도 있다. 집에서는 공부가 안되기 때문에 도서관이나 독서실에 가는 것도 환경을 바꾸는 것이다. 꼭 환경을 바꾸는 것이 장소만 해당하는 건 아니다. 예로 카드값이 너무 많이 나와 카드를 잘라버리는 것도 환경을 바꾸는 것에 해당한다.

내 인생에 어떤 목표가 있다면 계획을 수립하고, 하나하나 내 의지로 실천하는 것도 좋은 방법이다. 하지만 의지로만 하기엔 어렵다. 그래서 그 목표를 이룰 수밖에 없게끔 강제로 환경을 먼저 설정하는 것이 반드시 도움이 된다. 사람은 의지로만 행동하기에는 너무 나약하므로, 자기 자신을 믿지 말고 꼭 환경을 먼저 바꾸길 바란다. 그러면 반드시 인생이 바뀔 것이다.

사람이 바뀌는 방법은 세 가지밖에 없다.
첫 번째는 '시간 분배'를 바꾼다.
두 번째는 '사는 곳'을 바꾼다.
세 번째는 '사귀는 사람'을 바꾼다.

이 세 가지 요소가 아니면, 사람은 바뀌지 않는다.
가장 무의미한 일은 '결의를 새로이 하는 것'이다.

_오마에 겐이치(Omae Kenichi)

나만의 스승을 만들어라

취업에 성공한 건 정말로 기뻤으나 출근 전날 밤, 제대로 잠을 자지 못했다. 첫 시작은 가슴이 두근대고 설레기 때문이다. 그리고 사실 무섭기도 했다. 당시의 나는 할 줄 아는 게 아무것도 없었기에 '정말 성공할 수 있을까?'라는 걱정도 앞섰고, 현실적으로 나 자신이 부족하다고 생각했다.

'내가 어떻게 하면 사회의 첫발을 잘 내디딜 수 있을까?' 스스로 물어봐도 특별한 방법을 찾지는 못했다. 그저 회사의 선배님들에게 열심히 배우는 수밖에 없었다. 머리 숙이고 신입으로서 '밑바닥'부터 시작하는 게 성공하는 방법이라고 생각했다. 그리고 선배님들의 영업 노하우를 차근차근 배워서 '내 것'으로 만들면 성공의 궤도에 오를 수 있다고 믿었다.

나는 '스승'을 만들기로 했다. 그러려면 먼저 선배님들 눈에 이쁜 신입사원이 되어야 했다. 누가 안 이쁜 신입사원에게 자기 노하우를 알려주겠는가? 나는 출근 전에 대표님에게 연락했다.

"대표님, 우리 회사 직원은 총 몇 명 정도인가요?"

"20명 정도 됩니다. 왜요?"

"그냥 궁금해서 여쭤봤습니다. 감사합니다!"

나는 곧장 편의점에 가서 1,500원짜리 휴대용 가글 20개를 샀다. 거창한 선물은 아니지만, 영업 조직이니 '고객들과 말을 많이 하겠구나'라는 생각에 산 것이다. 그리고 첫 출근 날, 일일이 한 명씩 선배님들을 찾아가 인사드렸다.

"안녕하십니까! 신한국입니다. 회사생활은 처음입니다. 아무것도 모르니 많이 알려주시면 열심히 배우겠습니다. 이건 가방에 넣고 다니기 좋은 휴대용 가글입니다. 잘 부탁드리겠습니다!"

지금까지 선물을 싫어하는 사람은 단 한 명도 본 적 없다. 선물은 사람을 항상 기분 좋게 만들고, 특히 예상하지 못한 선물의 효과는 더욱 배가 된다. 그래서인지 모두 반갑다며 나를 맞이해 주셨고, 대표님도 기분이 좋으셨는지 덧붙여 말씀하셨다.

"신입이 이렇게 선물 가지고 오는 사람은 처음입니다. 다들 도와서 잘 가르쳐주세요."

이렇게 나의 첫 번째 계획인 '이쁜 신입사원 되기' 전략은 가글 20개, 단돈 3만 원으로 성공했다. 소소하지만 확실한 행복, 이럴 때 '소확행'이라고 하는 것이다. 그 이후 회사 선배님들은 내가 어려워하거나 모르는 부분이 있으면 모두 성심성의껏 도와주셨다. 나 혼자였다면 한 달 이상 걸려서 해결할 문제들을 하루 이틀 만에 도움을 받아 해결했다. 이렇게 나는 시간을 아끼며 빠른 속도로 성장할 수 있었다.

당신도 오늘 하루 나를 가르쳐주는 직장 상사나 선배님이 있다면, 500원짜리 자판기 커피라도 대접해 봐라. 그냥 후배가 아닌

'우리 후배'로 바뀔 것이다. 돈이 없다고? 선물은 부담스럽다고? 혹시 500원도 아깝다는 생각이 들면 이 책을 덮길 바란다. 물론 돈을 안 쓰는 방법도 있다. 나는 안경을 쓰는 선배님에게 이렇게 했다.

"선배님, 안경닦이를 오래 쓰신 것 같아서 제가 근처 안경원에서 하나 받아왔습니다!"

"한국 씨, 이렇게까지 신경 써주니 정말 고마워요!"

안경원에서 안경닦이를 고객관리나 홍보용으로 공짜로 주기 때문에 하나 받아서 챙겨드리면 돈 쓰지 않고도 충분히 이쁜 '우리 후배'가 될 수 있다. 길을 가다 홍보용 물티슈, 홍보용 부채 등을 나눠준다면 하나 더 달라고 해라. 그리고 "선배님 생각나서 하나 더 챙겼습니다"라고 말하며 준다면, 이를 싫어하는 사람은 한 명도 없을 것이다. 말 한마디만 덧붙여도 듣는 상대의 기분이 달라진다. 이왕 한마디 하려면 재치 있게 말해라. 이런 작은 습관이 나비효과처럼 모두 내게 어떤 보상의 형태로든 돌아온다.

아무도 혼자서는 성공할 수 없다

'이쁜 신입사원 되기'를 성공적으로 끝낸 나는 이어서 두 번째 전략을 실행했다. 바로 '인사 잘하기'였다. 어른들이 인사만 잘해도 반은 먹고 들어간다고 했다. 회사 선배님 중에서는 나보다 나이가 적은 사람들도 많았다. 실제로 한 여자 팀장님은 나보다 5살이나 어렸지만, 월 1천만 원 이상씩 벌고 있었다.

'세상에는 진짜 정말 대단한 사람들이 많구나. 나는 정말 우물 안 개구리에 불과했구나.'

나 자신이 부끄러웠다. 대부분 자신보다 잘 나가는 사람을 보면 질투를 하는데 그건 정말 바보 같은 생각이다. 오히려 잘 나가는 사람들이 내 옆에 많다는 것은 아주 좋은 일이다. 내 주변에 잘 나가는 사람이 많을수록 '나도 잘 나가게 된다'는 법칙을 깨닫는다면 더욱 빨리 성공할 수 있다. 또 엄밀히 성공하는데 나이는 아무 문제가 되지 않는다. 나는 나보다 어리지만 '잘 나가는' 팀장님을 내 편으로 만들고 싶었다.

팀장님과 친해져서 하루빨리 성공의 노하우를 내 것으로 만들고 싶었던 나는, 매일 아침 정수리가 보일 정도로 머리 숙이며 큰 소리로 인사했다.

"팀장님, 안녕하십니까! 좋은 아침입니다!"

"안녕하세요! 좋은 아침이에요!"

"팀장님, 궁금한 게 있는데요. 혹시 시간 되시면 ○○에 대해 가르쳐 주실 수 있을까요?"

"아휴, 그럼요! 얼마든지요!"

"정말 감사합니다! 항상 친절하게 대해주셔서 감사합니다."

나는 큰 목소리로 인사하는 것만으로 팀장님에게 이쁨을 받을 수 있었고, 항상 대화 마지막에 친절하게 해주셔서 감사하다고 말했다. 사실 이쁨은 받았지만, 팀장님이 엄청 친절하게 대해준 것은 아니다. 가끔 내가 못 알아들으면 짜증 섞인 말도 했다. 그런데도 친절하게 대해줘서 감사하다고 말한 이유는 계속해서 노하우를 배우기 위한 전략적인 멘트였다.

대부분 사람의 심리가 친절하지 않은 사람에게 '친절하게 대해줘서 고맙습니다'라고 말하면, 처음에는 불친절했어도 그다음부터 친절하게 대해줄 확률이 매우 높다. 사람들의 무의식 속에는 평판을 계속 잘 받고 싶은 잠재적 욕구가 있기 때문이다.

나는 '인사 잘하기' 전략으로 팀장님과 다른 선배님들의 노하우를 빠르게 배웠고, 단기간에 엄청난 성장을 할 수 있었다. 물론 배울 때는 경청하고, 배운 뒤에 복습하고, 필요한 부분은 추가로 더 공부했다. 이건 본인의 의지마다 차이가 있을 수 있지만, '잘 나가는' 선배님들의 수년간 압축된 노하우를 배운다는 건 감히 값으로 매길 수 없다. 급속하게 성장한 나는 5개월 만에 팀장이 되었고, 10개월 만에 지사장이 되었다.

세상은 절대 혼자 살아가려고 하면 안 된다. 가끔은 머리 굽혀가며 배우는 것에 자존심을 상해하는 사람을 본다. 또 자존심 때문인지 모르겠지만 혼자서 해볼 거라고 바보처럼 맨땅에 헤딩하는 사람들도 있다. '맨땅 헤딩'은 정말 추천하지 않는다. 유튜버 '신사임당'이 시간을 아끼면서 가장 빠르게 목표를 달성하는 방법을 알려준 적이 있다. 바로 자기 목표와 관련된 책을 읽고, 시행착오 없이 그 목표를 달성하는 것이다. 즉 혼자서 하지 말고 '책'이라는 스승을 만들어서 실행하라는 의미다.

사람은 완벽하지 않은 동물이다. 그래서 지식적으로나 인정적으로나 자기 실력을 계속해서 배우고 발전시켜 나가야 한다. 그러나 혼자서는 정말 발전하기가 어렵다. 그러니 지금 내 옆에 배울 수 있는 스승이 있고, 나를 가르쳐 줄 수 있는 사람이 있다는 것을 정말 축복으로 생각하고 열심히 배워라. 만약 스승이 없다면 하루빨리 스승을 만들어라!

성공하려면 레버리지를 이용해라

작은 힘으로 큰 물체를 드는 데 사용하는 도구인 '지렛대(Leverage)'를 모르는 사람은 없을 것이다. 이런 '지렛대 원리'를 활용한 많은 것이 우리 일상에 존재하며 물리학, 역학 등 많은 영역에서 쓰인다. 특히 현대 사회에서 '레버리지'는 내가 가장 잘할 수 있는 일은 실행하지만, 그 외의 모든 일은 위임해서 자기 시간과 자본을 극대화한다는 의미로 쓰인다. '레버리지 하든지! 레버리지 당하든지!'라는 말처럼, 자본주의 사회를 사는 우리에게 레버리지 개념은 필수로 알아야 한다.

처음 회사 입사 후 보험컨설팅 영업을 시작한 나는 고객님들에게 제대로 된 컨설팅을 해주기 위해 관련 지식은 물론 수십 개의 상품 약관들을 공부해야만 했다. 또한, 회사별로 다른 전산과 사이트 사용 방법, 문서처리 방법 등을 숙지해야 했으며 고객관리까지 신경 써야 했다. 나는 거의 새벽에 퇴근했고, 밤을 새우는 날도 많았다. 해야 할 일은 많은데 하루는 짧았고, '이렇게 일하다가는 죽겠다'라는 생각이

들 정도였다. 한계를 느낀 나는 '시간'을 벌기 위한 방법을 찾았다.

먼저 보험의 약관분석과 전산을 조금이라도 빠르게 처리하려고 컴퓨터와 모니터 2개를 사비로 바꿨다. 분할화면으로 일을 처리하니 속도가 훨씬 빨랐다. 또 하나는 아이패드를 사서 고객 미팅 때 필요한 모든 정보를 담아서 정리했다. 이전에는 미팅 때마다 고객 정보가 담긴 종이 바인더를 사용했는데 종이 바인더도 무거웠고, 매번 미팅이 끝난 후 다시 일일이 정리하기까지 너무 시간이 오래 걸렸다. 아이패드를 사용하자 더 빠르게 미팅할 수 있었고, 끝나고 다시 정리할 필요도 없었다.

시간도 절약할 수 있었지만, 종이로는 표현할 수 없는 영상자료, 음성자료, 멋진 PPT 자료 등을 활용하면서 미팅의 효과도 올라갔다. 최첨단 장비로 세팅하고 약 2개월 후, 누구보다 열심히 일해서 영업도 실적도 좋았다. 그러나 하루 24시간을 다 써도 시간이라는 물리적 한계 때문에 일정 수준 이상부터는 실적이 오르지 않았다. 월 천만 원은 계속 벌었지만, 2~3천만 원 이상 벌려면 시간이 더 필요했다. 결국 나는 새롭게 결단하고 대표님을 찾았다.

"대표님, 제가 시간이 너무 부족해서요. 제 개인 비서를 따로 채용해도 될까요?"

"일 시작한 지 2개월밖에 안 됐는데, 괜찮겠어요?"

"괜찮습니다! 그만큼 더 열심히 일하겠습니다!"

개인 비서를 채용하면 내가 직접 급여를 줘야 하기에 나로서도 쉽지 않은 결정이었다. 하지만 비서 채용으로 내 하루가 48시간이 되는 것이라 여겼고, 비서를 잘 키워서 '또 다른 나'를 만든다면 월 250만 원으로 천만 원 이상의 효과를 만들 수 있다고 생각했다. 바로 채용공고를 올리고, 지인들에게도 추천해달라며 부탁했다. 얼마 되지 않아 정말 좋은 분을 소개받았고, 면접 후 바로 채용했다.

개인 비서를 채용한 효과는 대단했다. 2개월 후, 나는 매번 최고 실적과 최고 급여를 달성했고, 회사에서는 항상 1등이라는 타이틀을 달았다. 또 내가 외부에 있어도 고객들에게 피드백은 물론 고퀄리티의 서비스를 제공하며 관리할 수 있었다. 자연스럽게 고객 만족은 올라갔고, 이것은 곧 새로운 고객 소개로 연결됐다.

내 급여는 목표했던 2~3천만 원을 넘겼고, 5개월 만에 '전국 상위 1%'의 업적을 달성했다. '레버리지 효과'를 아주 제대로 본 것이었다. 내가 만약 레버리지 개념을 몰랐다면 계속 1천만 원밖에 벌 수 없었을 것이다. 가끔 고객분들이 내게 묻는다.

"개인 비서가 있으시던데, 급여를 직접 주시나요?"

"당연히 직접 줍니다. 제 고객님들을 도와드리는 개인 비서니까요."

"그러면 고정지출이 만만치 않겠네요?"

"만만치 않아요. 그러니 계속 최고의 서비스를 제공해드릴 수 있도록 홍보 많이 해주셔야 해요!"

레버리지 할 것인가?
레버리지 당할 것인가?

대부분 사람은 레버리지의 엄청난 효과를 잘 모른다. 설령 알더라도 기대효과보다 고정지출이나 리스크를 걱정하며 용기를 내지 못한다. 나 역시 직업군인이었고, 일반 근로자였기에 레버리지 활용법을 잘 몰랐었지만, 대표님과의 대화와 조언을 받아 레버리지를 성공할 수 있었다. 이뿐만 아니라 나는 나 자신을 레버리지 했다. 즉 남들은 주식이나 비트코인에 투자할 동안, 나는 돈을 벌 때마다 나에게 투자했다.

주식에 천만 원을 넣어 한 달에 10% 수익을 본다면 엄청난 투자수익이다. 하지만 나는 내 급여 자체를 늘려야 한다고 생각했다. 천만 원의 주식을 사놓고 종일 보면서 조마조마한 마음으로 100만 원 수익을 보는 것 보다, 그 천만 원을 나에게 투자해서 한 달에 2~3천만 원을 더 버는 게 최고의 투자라고 생각했다.

나는 좀 더 영업에 도움 되는 부분에 전략적으로 돈을 썼다. 고객들에게 '잘 나가는' 전문가로 보이고자 맞춤 정장부터 맞춤 셔츠, 그리고 맞춤 구두까지 멋있게 차려입었다. 또 내 한 달 생활비의 절반은 고객들의 생일 선물에 사용했다. 선물도 그냥 고르지 않고, 고객마다 어떤 것이 필요한지 신중하게 선택했다.

선물은 그 사람에게 특별히 기억되기 위해서 보내는 것이었기에 항상 색다른 선물을 보냈다. 특별한 선물은 항상 반응이 좋았다. 또한, 매해 명절마다 5백만 원을 들여 모든 고객에게 선물을 보냈고, 많은 고객이 고마워하며 좋은 반응을 얻었다. 그런데 계속 보내니 나중에는 선물을 당연하게 여기는 등 역효과로 지금은 나름 엄선한 VIP 고객들에게만 특별한 선물을 보낸다.

나는 나만의 방법으로 레버리지했고, 계속해서 레버리지할 수 있는 것을 연구하며 실행하고 있다. 만약 돈이 없다면 하다못해 손편지나 축하 영상이라도 찍어서 보내야 한다. 레버리지 방법은 무궁무진하다. 이 책을 읽는 당신에게 당부하고 싶다. 자산이 많다면 주식이나 비트코인, 부동산 투자하는 게 당연히 좋다. 그러나 그만큼의 여유가 없는 사람이나 이제 막 돈을 버는 사회초년생, 새로운 분야에 도전해서 기반을 다져가는 중이라면 무조건 레버리지를 먼저 공부해라. 레버리지의 효과는 배가 되어 돌아올 것이다.

편견 없이 도전해야 새로운 기회가 생긴다

내가 태어나고 자란 경남 거창에는 개방형 자율학교인 거창고등학교가 있다. 중학교 성적 상위 1%만 입학할 수 있는데 일반 교육과정 외에 특별한 교육을 더 받는다. 물론 내가 졸업한 학교는 아니다. 나는 공부를 그리 잘하진 못했다. 거창고등학교에는 '직업 선택 십계'가 있다. 곱씹어 보면 정말 훌륭한 조언이라 충격을 받았었다. 나도 어릴 때부터 이런 가르침을 받았다면 좀 더 빨리 성공하지 않았을까 생각했다.

직업 선택의 십계는 다음과 같다.

① 월급이 적은 쪽을 택하라.

② 내가 원하는 곳이 아닌, 내가 필요한 곳을 택하라.

③ 승진 기회가 거의 없는 곳을 택하라.

④ 모든 게 갖춰진 곳을 피하고, 처음부터 시작해야 하는 황무지를 택하라.

⑤ 모두가 앞다퉈 모여드는 곳은 절대 가지 말고, 아무도 가지 않은 곳을 가라.

⑥ 장래성이 전혀 없다고 생각되는 곳을 가라.

⑦ 사회적 존경 같은 건 바랄 수 없는 곳을 가라.

⑧ '한가운데'가 아닌 '가장자리'로 가라.

⑨ 부모나 아내, 약혼자가 결사반대하는 곳이라면 틀림없다. 의심치 말고 가라.

⑩ '왕관'이 아닌 '단두대'가 기다리는 곳으로 가라.

정말로 멋진 말이라고 생각한다. 나도 직업군인을 그만두고 보험영업을 한다고 했을 때 온 가족이 반대했다. 아버지는 장문의 카톡을 보내며 나를 설득했었다. 지인들조차 "보험영업? 왜 해?"라고 말하며 비웃었다. 단 한 명도 나를 응원하는 사람이 없었다. 그들이 진심으로 하는 걱정도 알지만, 아마도 내가 망할 거로 생각한 사람이 많았을 것이다.

내가 보험영업을 시작한 건 확신에 찬 선택이었다. 나는 일반적인 사람들과 반대로 생각했다. 흔히 사람들은 보험에 안 좋은 인식이 있지만, 모순적으로 거의 보험을 가지고 있다. 그렇다면 문제는 보험이 아닌 '보험설계사'에 대한 인식이 안 좋은 것이다. 오히려 보험은 우리 삶에서 꼭 필요하다고 생각한다. 따라서 보험 인식이 안 좋아서 아무도 보험 일을 하지 않는 게 내게는 기회였다.

당시 내 주변에는 공무원, 은행원, 간호사, 사무직장인, 군인 등 비슷한 직업이 많았는데 보험설계사는 아무도 없었다. 대개 엄마 친구, 아빠 친구, 아는 이모, 삼촌 등에게 잘 알지도 못한 채 '좋은 보험'을 소개받아 가입하는 경우가 99%다. 게다가 재무설계사라고 하지만 생명보험회사에 취업해서 저축을 빙자한 종신보험(사망보험)을 판매한 사람들이 많았는데, 그 덕분에 보험에 대한 인식은 바닥도 아닌 거의 지하 수준이었다.

그런데 이런 상황이 내게는 레드오션이 아니라 블루오션이었다. 나는 열심히 공부해서 제대로 컨설팅하며 고객들의 보험금을 받아주었다. 그러자 안 좋은 인식이 있던 사람들이 보험을 비교 컨설팅받고 설명 들은 건 처음이라면서 응원하는 게 아닌가?

어떤 고객은 내게 "선생님, 감사합니다!"라고 진심 어린 고마움을 표했다. 나는 그때 '직업 선택을 참 잘했다'라고 생각했다. 그동안 참아왔던 욕들과 비웃음이 눈 녹듯이 사라졌고, 한 번 더 확신할 수 있었다.

'아무도 하지 않는 직업이었지만, 내가 하니까 잘 되는구나.'

'결국엔 나만 하는 일이 되겠구나. 나는 무조건 성공한다!'

이후 일하면 일할수록 더 자신감이 생겼고, 내 일을 사랑하게 되었으며, 스스로 일에 대한 자부심을 느꼈다. 일은 계속해서 더욱 잘 되었고, 심지어 '아무도 이 일을 안 했으면 좋겠다'라고 생각했다. 왜냐, 내가 독점해서 혼자 잘되고 싶어서였다. 그러나 혼자 잘되는 것은 오래 갈 수 없다고 판단했기에 일을 배우고 싶은 이들을 직원으로 뽑아 키우기 시작했고, 함께 한 직원 모두가 잘될 수 있었다.

나는 직접 경험하고 잘 된 이후로 어디서든 당당하게 말한다.

"어디든 '레드오션'은 없다. 자신이 '블루오션'이라고 생각하면 블루오션이다. 도전하는 것이 기회다."

편견을 버리고 도전하라
그 속에 답이 있다!

지금의 나는 '실패하지 않는 방법'을 잘 알고 있다. 그래서 항상 편견을 접어두고 생각을 폭넓게 하려고 한다. 누군가 와서 비즈니스를 제안할 때도 색안경은 없애고 객관적으로 판단하려고 한다. 열린 생각을 계속하다 보면 기회를 잡을 수 있을 거라고 확신한다. 다양한 부자들과 억대 연봉을 받는 분들을 만나서 대화해 보면 정말 생각이 열려있고 선입견이 없다.

오히려 가난한 사람일수록 선입견과 색안경이 더 심하고, 자기의 경험과 지식만으로 세상을 바라보는 경우가 더 많다. 한 번은 우리 회사의 직원 30명을 불러 모았다. 과연 내가 생각한 게 맞는지 궁금해서 질문을 던졌다.

"처음에 보험 일을 시작한다고 했을 때 부모님이 찬성하신 분이 있나요?"

신기하게도 30명 중에 단 3명만이 찬성을 했고, 나머지 27명은 반대를 했다고 한다.

"반대하신 분들의 부모님은 직업이 어떻게 되시나요?"

"그냥 직장 회사원이요. 공무원이요. 작은 가게 운영요."

"찬성하신 부모님들의 직업은 어떻게 되시나요?"

"대기업 부장이요. OO회사 사장이요. 주식 트레이더요."

몇 가지 질문을 더 해본 결과, 찬성한 3명 부모님의 공통점은 분명했다. 반대한 27명의 부모님보다 재산도 많고, 잘살고 있었다. 편견에 찬 '색안경' 없이 자녀에게 '도전은 항상 좋은 것'이라고 응원했다. 나는 평범할수록 또는 가난할수록 오히려 편견이 심하며, 아무런 도전 없이 '안정적인 것'만을 추구하는 걸 새삼 확신했다.

이 책을 읽는 당신도 뭔가를 시작하려고 할 때 부모님이 강하게 반대하거나 심하게 말려도 절대로 쉽게 포기하면 안 된다고 말해 주고 싶다. 부모님이 말하는 대로, 원하는 대로 산다면 당신이 성공하더라도 딱 '부모님 이하' 밖에 안 된다는 사실을 명심하라.

부모님의 가슴에 대못을 박으라는 이야기가 아니다. 부모님의 반대를 무릅쓰고 도전했으면 죽기 살기로 노력해서 성공해야 한다. 어중간하게 '한번 해보고 판단할게'라고 한다면, 아예 처음부터 시작하지 않는 게 좋다. 같은 일을 해도 목숨 걸고 열심히 하는 사람들도 많아서다.

나도 지금은 부모님이 '자랑스러운 아들'이라고 말씀하신다. 새롭게 도전하는 것은 언제나 찬성이다. '지금 직장을 그만두고 도전하면 리스크가 있지 않을까?'라고 생각할 수도 있다. 그런데 엄밀히 걱정하는 리스크는 직장인 평균 급여인 월 2~3백만 원의 공백이 몇 개월 생기는 것밖에 없다. 그 몇 개월 공백을 이겨낸다면 한층 더 성공한 자신을 볼 수 있을 것이다.

만약 그 공백이 무섭다면 도전하지 마라. 그런 사람들은 다른 방법을 찾아야 한다. 자신의 시간을 더 사용해서 부업을 한다든지, 급여가 한정적이니 투자밖에 방법이 없다. 그렇다면 공부라도 해서 투자에 도전해라. 부동산이든 주식이든 반드시 해야 한다. 아무것도 안 하고 은행에만 저축하면 평생 일해야 할 수밖에 없다.

만약에 갑자기 아파서 큰돈이 나가면 정말 죽을 때까지 일만 하면서 살아야 한다. 만약 아무것도 하지 않는 사람이라면, 보험이라도 제대로 해놓길 바란다. 큰돈이라도 안 나가게끔 말이다.

생각만 하지 말고
실행에 옮겨라

정신적, 신체적 스트레스를 많이 겪는 현대인들에게 우울증과 불면증은 더 이상 낯설지 않다. 누구나 한 번은 우울증이나 불면증을 경험할 수 있으며, 실제 세계보건기구에 따르면 다른 질병보다 훨씬 높은 순위를 차지한다고 한다. 나는 전역 6개월을 앞두고 불면증을 심하게 겪은 적이 있다. 불을 끄고 잠자리에 들어도 온갖 잡생각이 머릿속을 맴돌아 제대로 잠을 자지 못했다.

'지금 전역하는 게 맞는 걸까?'

'사회에 나가면 잘할 수 있을까?'

'잘하려면 뭐부터 준비해야 할까?'

'혹시라도 망하면 어떻게 할까?'

걱정과 불안함에 뜬눈으로 밤새우기 일쑤였다. 심지어 가슴이 쿵쾅쿵쾅 두근대는 소리가 들리기까지 했다.

메모하는 습관을 들여라

그러던 어느 날, 마찬가지로 잠이 안 와 유튜브를 보다가 〈스터디언〉 채널이 눈에 들어왔다. 동기부여에 관한 영상이 많았는데 정말 배울 수 있는 것들이 많았다. 특히 기억에 남는 영상은 '변화하고 싶다면 반드시 적어야 한다'라는 내용이었다. 영상의 메시지는 단순했는데 '생각나는 건 모두 적어라'가 전부였다. 심한 불면증에 잠을 못 자던 나는 '어차피 잠도 못 자니 생각나는 건 모두 다 적자'라는 생각으로 메모를 시작했다.

그날부터 온갖 떠오르는 생각들을 모조리 적어나갔다. 새벽 2시든, 3시든, 4시든 시간과 상관없이 눈감고 누워있다가 생각이 떠오르면 모조리 휴대폰 메모장에 적어나가기 시작했다. 이 책을 집필하는 지금까지 메모장에 적혀있다.

당시 내가 쓴 메모 일부를 공개한다.

- **목표 달성이 자존감을 세워준다. 작은 목표부터 세워 이뤄나가자.**
- **나만의 브랜딩을 하자. 남들과 차별화하여 '나만이' 할 수 있는 일을 만들자.**
- **돈을 버는 시스템을 만들자. 누군가 도움이 필요할 때 '신한국'을 떠올리게 하고 싶다.**
- **고객을 만나면 먼저 부자가 되고 싶은지 물어본 후 '부자가 될 수 있다'라는 목표와 희망을 심어주자.**
- **하루 한 개씩 게시물을 올리자. 최소 일주일에 1회, 한 달에 1회는 스스로 피드백하는 시간을 꼭 가지자.**

• 내가 천재가 아니라면 배우는 게 유일한 성공 수단이다.

• 다시 오지 않을 20대다. 나의 고통에 세상의 90%는 관심 없고, 나머지 10%는 기뻐한다.

• 매일 하루 마지막에는 전화, 카톡, 문자, DM 등을 확인하자. 혹시 내가 놓친 건 없는지 재확인하자.

_'2020년 2월 19일, 1시 50분 메모' 중에서

순서도 뒤죽박죽에 깔끔하게 정리도 못 했지만, 내 머릿속 생각을 모두 적었다. 또 궁금한 게 있으면 바로 유튜브를 검색해서 영상을 찾아보며 느낀 점을 메모했다. 그냥 잠들었다가 깨어나면 잊을 수 있고, 그 좋은 생각들은 다시 기억나지 않는다.

'진짜 좋은 생각이었는데… 뭐였지?'

'모르겠다. 나중에 또 생각나겠지…'

다시 생각을 떠올려도 기억나지 않는 아이디어가 많다. 아마 이런 경험은 다들 한 번쯤 있을 것이다. 신기하게도 대부분 사람은 일하거나 어떤 것에 몰두했을 때 좋은 아이디어가 안 떠오른다. 오히려 설거지나 샤워하다가, 회사 출근길에 멍때리거나, 또는 나처럼 잠자기 전에 가만히 눈감고 누워있을 때 많은 아이디어와 생각이 떠오르곤 한다.

당신의 모든 순간을 메모하는 습관을 꼭 들여라. 누구나 자신의 하루를 열심히 살지만, 그 하루를 메모하지 않아서 놓치는 것도 있기에 '질적'으로 좋은 하루를 살았다고 하기 어렵다. 자신이 떠올린 좋은 생각과 아이디어를 다 적고 실행했을 때 "나 자신을 100% 활용한 하루를 보냈다"라고 할 수 있다.

모든 잠재력을 끌어올려서 200~300% 더 보람찬 하루를 보내라는 것이 아니다. 단순히 메모하는 행위를 통해서 하루를 흘려보내거나 놓치지 않게끔 하려는 것이다. 그렇게 하루하루 보내는 동안 메모가 쌓이면, 분명 인생의 변화가 찾아올 것이다.

세계적인 베스트셀러 작가인 호아킴 데 포사다의 말로 마무리하겠다.

"기록은 행동을 지배합니다. 글을 쓰는 것은 시신경과 운동 근육까지 동원되는 일이기에 뇌리에 더 강하게 각인됩니다. 결국 우리 삶을 움직이는 것은 우리의 손입니다. 목표를 적어 책상 앞에 붙여두고 늘 큰 소리로 읽는 것, 그것이 바로 삶을 디자인하는 노하우입니다."

나 자신을 마케팅해라

당신 주변에도 대기업을 다니는 친구, 또는 선망하는 직업을 가진 사람들이 있을 것이다.

"○○가 삼성에 취업했데!"

"정말? 대단하다!"

"□□는 세무사 시험에 합격했데!"

"와, 진짜 부럽다!"

이처럼 회사나 직업의 '간판'만으로 대단한 사람이라고 느끼게 하는 경우가 있다. 이것은 굳이 그 사람이 자기 회사나 직업을 어렵게 설명하지 않아도 이미 사회적으로 '대단한 회사', '대단한 직업'이라는 인식이 깔려있기에 가능하다. 그 사람이 삼성에 다닌다는 이유만으로 학창 시절 공부도 잘했고, 머리도 똑똑한 스마트한 사람일 것이며, 돈도 잘 벌 것으로 짐작한다.

그러면 반대로 일반 직장인이나 자영업자, 또는 영업직에 있는 사람들에 대한 인식은 어떠할까?

"나 이번에 ○○회사에 입사했어."

"그래? 무슨 일하는 회사야?"

"외국에서 물건을 수입해서 가공하고…"

"그렇구나. 월급은 많이 줘?"

"입사한 지 얼마 안 돼서…"

사회적으로 전혀 마케팅되어 있지 않을뿐더러 심지어 실제보다 더 안 좋게 마케팅되어 있기도 하다. 내가 그랬었다. 그래서 누구를 만나더라도 직업을 소개할 때 항상 부수적으로 어떤 일을 하는지 설명해야 하는 경우가 잦았다. 특히 영업직은 이미 안 좋은 인식이 많아서 고객에게 나는 '을'이 될 수밖에 없었다. 내가 어떤 사람인지 설명하다가 시간을 다 보낼 정도였다.

결국 나는 나를 마케팅할 방법을 찾기 시작했다. 먼저 내 주변의 90% 이상이 사용하는 인스타그램을 활용하는 방법을 생각했다. '고작 인스타그램?'이라고 할 수 있겠지만, 잘만 활용하면 내가 일일이 찾아가 하나부터 열까지 나를 소개하고, 내 일을 주저리주저리 설명할 필요가 없겠다고 생각했다.

그 후 나는 꾸준히 게시물들을 올렸다. 야근하는 모습, 미팅하는 모습, 전국을 돌아다니는 모습, 공부하는 모습 등 게시물을 보는 사람들에게 내가 최대한 열심히 일한다는 느낌을 받게끔 했다. 또 고객을 도운 사례들, 고객이 나를 칭찬하는 대화들, 1등 달성 후 축하받는 모습, 내가 받은 급여 등을 게시물로 올리곤 했다. 단순히 자랑하고 싶어서가 아니다. 나의 가치를 올려 '신한국'은 정말 열심히 일하는 진국인 사람이라는 것을 마케팅하고 싶었다.

그러자 정말 효과가 나타나기 시작했다. 어디에 가서 누구를 만나도 "한국아, 정말 열심히 살더라", "잘 나가더라! 역시 대단해!" 라고 칭찬해 줬다. 심지어 인스타그램을 안 하는 사람들까지 나를 칭찬했다. 소문에 소문이 난 것이다. 덕분에 나는 자세하게 나를 소개할 필요가 없었고, 반대로 상대방이 나에게 먼저 말을 걸었다. 나의 가치를 이미 인스타그램이나 소문으로 알고는 나를 존중해 주었다. 그렇게 사람들의 머릿속에는 '신한국은 잘 나가는 전문가' 라고 각인되어서 영업도 더욱 수월하게 할 수 있었다.

이미 인기 블로거나 메가 인플루언서 등, SNS로 성공한 사람들은 엄청나게 많이 있다. 앉아있는 자리에서 몇 번 클릭만으로 불특정 다수에게 홍보가 된다. 그런데도 SNS를 하지 않는다면? 도대체 왜 하지 않는가? 부끄러워서? 눈치가 보여서? 귀찮아서? 전부 아니다. 그냥 성공하고 싶은 의지가 부족하기 때문이다. 내 게시물은 내 인생이다. 사람들은 남에게 관심이 없다. 그러니 남들의 눈치를 볼 필요가 전혀 없다. 아무도 내 인생을 대신 살아주지 않는다.

매슬로우의 5단계 욕구 이론에 따르면, 3단계에 '사회적 욕구'가 있다. 사회적 동물인 인간은 본능적으로 어딘가에 소속되어 어울리고 인정받으려고 한다. 그러니 본인 마케팅부터 시작해라. '나는 어떤 사람인지, 나와 어울리면 어떤 도움을 받는지, 내가 얼마나 재밌고 즐거운 사람인지' 등 본인을 홍보해라. 진심으로 내가 성공하고 싶은 욕망이 있다면, 실력은 당연히 키워나가면서 반드시 자신을 마케팅해야 한다. 거짓으로 하라는 말은 절대 아니다.

다시 한번 강조하지만, 마케팅은 선택사항이 아니다. 취업에 토익이 필수인 것처럼, 성공에 마케팅은 필수사항이다. 나를 홍보하는데 SNS만큼 쉽고 효과 좋은 것은 없다. 그러니 제발 SNS든 유튜브든 블로그든 뭐라도 시도해라. 나의 사례처럼 놀랍게도 과정을 기록하며 보여주는 것만으로 나에 대한 '이미지 메이킹'이 원하는 대로 된다. 꾸준히 포스팅하는 것만으로 나의 가치가 복리처럼 불어난다면 안 할 이유가 있겠는가? 그러면 대충 살며 지나온 날보다 훨씬 발전된 하루, 더욱 멋진 인생을 살고 있을 것이다.

고객의 사랑을 받는 데는 다 이유가 있다

영업자나 사업가로서 고객에게 사랑받는 판매 비결과 처세술은 무엇일까? 가장 중요한 것은 내 직업을 가치 있게 여기고 고객을 사랑하는 것이다. 나는 다시 태어나도 이 직업을 선택할 것이다. 내가 하는 일이 정말 가치 있다고 생각하기 때문이다. 내가 하는 보험업이 누군가에겐 꼭 필요한 너무나도 소중한 일이며, 내가 생명은 살릴 수 없지만 고통받는 가족들을 살릴 수 있다고 믿는다. 이러한 마음가짐이 나의 실행력과 상품을 파는 것을 넘어 더 가치 있는 것을 주기 위한 원동력이 되어준다.

비즈니스에서 고객과의 관계, 즉 신뢰는 돈과 직결된다. 신뢰를 바탕으로 판매 전환이 될 수 있기 때문이다. 즉, 스스로 하는 일을 사랑하고 가치 있다고 생각하는 것이 첫 번째이며, 그다음 남들에게도 사랑받을 수 있다고 생각한다. 내가 내 일을 단순히 돈벌이 수단으로 대하고 있진 않은지, 하기 싫은데 억지로 하고 있다면 고객들은 다 느낄 수 있다. 정말 내가 진심을 다하는 일인지 고객들은 알고 있는 것이다.

나는 고객을 대할 때 '단순히 상품을 파는 것이 아닌 고객을 돕고, 고객에게 필요한 것을 선물한다'라는 마음가짐을 갖고 대한다. 항상 고객의 입장에서 생각하고, 고객과의 대화에서 자신의 제품이나 서비스를 적절하게 소개하는 것이 필요하다. 이때 고객이 불편하거나 불만이 있는 경우에도 침착하고 빠르게 대처하여 고객과의 신뢰를 유지해야 한다. 이를 통해 고객이 만족할 때마다 자연스럽게 새로운 상품이나 서비스를 추천해 주고, 더 나아가 장기적인 판매 성과를 이룰 수 있다.

마음가짐을 갖추었다면 그 마음가짐을 이제 행동으로 옮겨야 한다. 내가 아무리 진정성을 갖추었어도 어필하지 못하면 의미 없다. 이때 필요한 것은 '개인 브랜딩'이다. 개인 브랜딩은 고객과 미팅 시간을 줄여준다. 예를 들어 인스타그램으로 나를 브랜딩한 게시물들이 쌓이면 고객을 만났을 때, 또는 이미 만나기 전에 고객이 내가 누군지, 어떤 일을 하는지, 얼마나 열심히 하는지 알 수 있다. 구구절절이 설명할 필요가 없다. 그 설명할 시간을 아낄 수 있다. 시간이 돈이기 때문에 시간을 아끼는 것이 돈을 버는 것이다.

또한, 인스타그램 마케팅으로 내 기존의 고객들에게 열심히 하는 사람으로 보일 수 있고, 안정감을 줄 수 있다. 그 안정감이 소개로 이어지고, 곧 나의 성과로 연결된다. 비즈니스 코치로 활동하는 마리 폴레오는 인스타그램, 유튜브 등의 소셜미디어를 적극적으로 활용하여 자신의 전문성을 보여주고 있다. 특히 〈마리TV(MarieTV)〉와 〈마리 폴레오쇼(Marie Forleo Show)〉 유튜브 채널을 통해 다양한 비즈니스 코칭 콘텐츠를 제공하며, 이를 통해 많은 팬층을 확보하고 있다.

그는 브랜딩과 마케팅 전문가로서, 자신의 브랜드 메시지와 가치를 명확하게 전달하여 많은 고객의 신뢰를 얻어내고 있다. 즉 각자의 분야에서 개인 브랜딩 전략을 활용하여, 자신의 전문성과 가치를 고객들에게 전달하고, 이를 통해 많은 팬층과 신뢰를 얻어냈다.

인생은 영업의 연속이다

개인 브랜딩 전략은 시간과 비용을 절약하며, 더 많은 고객의 신뢰와 성과로 이어질 수 있는 매우 효과적인 전략이다. 만일, 개인 브랜딩이 성공했다면 그것을 어떻게 '돈 버는 시스템'으로 바꿀 수 있을까를 궁리해라. 예로 결혼식이나 돌잔치에 참석해 지인들에게 자기소개를 했는데 자연스럽게 영업으로 이어지기도 한다. 또 자기소개서를 멋지게 잘 만드는 것도 나를 기업에 세일즈하는 영업이다. 이렇게 우리 삶에 영업이 없는 것은 없다.

당장 돈을 버는 것도, 일을 알려주는 것도 중요하지만, 스스로가 어떤 일에 대한 선입견을 없애는 것부터가 시작이다. 대부분 사람은 "대리운전, 배달 일을 하면 품격이 떨어져서 못 한다. 핸드폰이나 보험 판매, 자동차 판매는 싫다"라고 말하며 부정적으로 생각하는 건 시도조차 하지 않는다. 하지만 모든 일에는 분명 수요가 있다. 주변에 사람들이 싫어하는 일이 어떤 게 있는지 파악하고, 그 일이 수요가 있다면 작게라도 도전해서 선점해야 한다. 때론 하고 싶은 일을 하기 위해서라도 싫은 일도 해야 한다.

내가 하는 분야에서 실력이 쌓이고 수익이 생긴다면 함께 할 수 있는 동료를 만들어야 한다. 그 동료가 나와 비슷한 수준이 될 수 있게 동료를 도와주고 키워야 한다. 혼자서 다 하려고 하면 안 된다. 내가 했던 일의 권한을 위임하고 시스템을 만드는 것은 사업의 기본 구조다. 그리고 일하는 동료와 직원들이 잘되게끔 노력해야 한다. 동료나 사업 파트너와 함께해야만 오랫동안 꾸준히, 지속해서 돈 버는 사업과 시스템을 만들 수 있고, 유지할 수 있기 때문이다.

마지막으로 도저히 방법을 모르겠는데 천만 원을 벌고 싶다면 선입견을 버리고, 천만 원 버는 사람을 찾아가라. 그리고 물어보라. 요즘 인스타그램에 돈을 잘 버는 사람들이 많다. 보고 배우며. 응용하여 실천하라. 나 또한 인스타그램으로 지금 회사 대표님을 만나게 됐다. 나의 개인 브랜드 이미지가 중요하다면 상대도 나와 마찬가지로 평판을 신경 쓴다는 의미다. 그들의 피드, 글과 사진을 보며 인상 깊었던 부분을 전달하면서 만나고 싶다고 제안하면 된다.

아무리 바쁜 사람이라 할지라도 성심성의껏 한 연락을 무시하는 사람은 없을 것이다. 그 사람의 가치를 알아보고 용기를 내어 연락하는 것 역시 내가 앞서 말한 '영업' 중 하나로 포함되니 말이다. 인생은 영업이다. 영업의 연속이다. 이 책을 읽는 여러분도 자기 일에 자신감을 갖고, 당돌하게 제안하여 새로운 기회를 얻기를 바란다.

실패가 사실 성공일 수 있다.

최선을 다해 일했는데도
원하는 결과가 안 나왔다면,
절대로 실망할 필요가 없다.
그것이 어떻게 쓰일지는 아무도 모른다.
성공은 다른 사람들이 다 포기한 후에도
끝까지 붙들고 늘어지는 데서 결정된다.

"모든 성공에는 난관이 숨어 있다.
난관에 부딪혔다고 그만둔다면
아무것도 이루어지지 않는다."

Chapter 4.

성장을 통해 진정한 성공을 이루어라

양유준

일용직 막노동에서 상위 1%로! 연봉 10억 달성!

'한 걸음 내딛는 용기가 있다면 자유롭고 행복한 삶을 보상받는다!'

어린 시절, 큰 걱정 없는 탄탄대로의 삶을 살다가 1997년 IMF 사태 이후 집안의 가세가 기울면서 정반대의 삶이 시작됐다. 이때부터 '삶은 치열한 전쟁'이라는 사실을 깨닫고, 자신을 '전사'로 여기며 살아남기 위해 많은 투쟁을 했다. 20대, 이른 나이에 부모님의 반대를 무릅쓰고 결혼하여 인생의 가장 큰 전환점을 맞았다. 가족의 생계를 위해 다니던 대학을 포기하고 일용직 사무실로 출근했다. 고졸 출신에게 선택의 기회는 많지 않았기에 도시 조경 사업, 페인트 공장, 용접공, 택배일 등 다양한 일을 했다. 이후 영업을 천직으로 삼고 보험업을 통해 '작은 성공들'을 경험하다가 학원 영업을 시작했다. 입사 2개월 만에 2천 명이 넘는 계열사 영업사원 중 최단기로 '전국 4위' 실적 달성과 입사 3개월 차에 최연소 팀장이 되었다. 영업에 천부적인 능력을 발휘해 SK매직 지사장으로 '전국 1위'를 달성했으며, 현재는 한국중소기업 경영지원센터 대표와 함께 기업부설연구소를 운영 중이다.

E-mail : pm910115@naver.com

내 삶에 성공의 도구를 장착하라

사람은 혼자 사는 것이 아니기에 때로는 다른 사람의 평가에 마음을 쓸 수밖에 없다. 좋게 평가받으면 신뢰를 얻을 수 있고, 신뢰는 곧 성공과 직결된다. 나에 대한 주변인들의 평가는 이렇다.

"유준이는 항상 에너지가 넘쳐! 대단해!"

"유준이는 진짜 '미친놈'이야. 정말 멋져!"

결코 나를 자랑하려고 이 말을 하는 게 아니다. 현재 주변의 평가와 다르게 과거의 나는 '패배자, 루저, 열등감 덩어리, 방구석 워리어'에 불과했다. 어린 시절, 아버지는 성실한 은행원이었다. '영업왕'이 될 만큼 능력도 많아 고속 승진을 했고, 우리 집도 큰 걱정 없이 탄탄대로의 삶을 살아갔다.

그러다가 아버지는 지인의 보증을 섰는데 많은 드라마의 결말이 그렇듯, 그 보증은 사고로 돌아왔다. 그 탓에 우리 집은 상상도 할 수 없을 정도로 내리막길을 걸어야 했다. 1997년, IMF 사태가 터진 그 시절을 절대 잊지 못한다. 집에는 빨간딱지가 덕지덕지 붙었고, 이 상황을 이겨내 보고자 아버지는 사채까지 썼다.

하루는 흰색 정장에 흰색 구두를 신은 무서운 아저씨들이 아버지를 잡아갔는데, 며칠 뒤에야 아버지의 모습을 볼 수 있었다. 우리 식구는 하루하루 불안에 떨었고, 살 곳을 찾아 여기저기를 떠도는 도망자의 삶을 살게 되었다. 불행 중 다행인 건 아버지와 어머니, 형은 정말 강인해서 현실에 지쳐 모든 것을 내려놓지 않았다. 어떻게든 살아남기 위해서 밤낮으로 일하기 시작했고, 현실에 맞서 싸웠다.

당시 나는 어렸지만, 자신이 비록 원치 않아도 삶은 끝없는 전쟁이라는 사실을 깨닫고 있었다. 그렇다. 삶은 전쟁이고, 살아남으려면 전쟁에서 반드시 승리해야 한다.

준비된 사람은 결국 성공한다

대한민국에서 '학연, 혈연, 지연'은 정말 큰 힘을 발휘한다. 그건 TV만 봐도 누구나 알 수 있고, 대한민국 사람들이라면 모두 아는 사실이다. 하지만 현실에서 그런 상위 1~10%의 삶이 얼마나 있을까? 나 역시 그렇지만 대부분은 '보통의 삶'을 살아간다.

이 책을 읽는 여러분에게 나는 내가 어떤 방식으로 목표를 이루었고, 또 어떻게 성공했는지 알려줄 것이다. 그 전에 내가 하고 싶은 말은, 지금은 '양유준'이란 사람이 당신보다 먼저 목표를 이뤘지만, 여러분과 나는 하나도 다를 게 없는 '평범한 사람'이라는 것이다. 다만 차이점이 있다면, 나는 이 세상에서 '나 이외의 모든 사람은 스승'이라는 믿음을 알게 됐고, 배움을 통해 성장했으며, 그 성장이 성공을 불러 모았다. 덕분에 남들보다 조금 더 어린 나이에 성공의 토대를 쌓았고, 더 높은 목표를 향해 기둥을 쌓아 올리고 있다.

생각해 보면 지금껏 살아온 나의 인생은 '치열한 전쟁'이었다. 애초 공평하지 않은 세상에 맞서 투쟁했고, 나름대로 지금까지는 승리를 거두었다. 나는 스스로 자유를 향해 나아가는 전사라고 여기며 계속해서 세상에 맞서 싸우는 중이다. 우리가 어떤 목표를 이뤄나갈 때 '전사의 법칙'을 생각하는 게 좋다. 이 법칙은 성공뿐만 아니라 다른 모든 분야에서도 적용이 가능한 범용성과 막강함을 가지고 있다.

그렇다면 자유를 향해 나아가는 '전사의 법칙'이 무엇일까? 영화 〈글래디에이터〉를 본적이 있을 것이다. 핵심을 간단히 말하자면, 우리 개개인은 모두 '전사'이며, 각자 필요한 도구들을 모아서 '콜로세움'을 탈출하여 큰 보상과 자유를 얻는 것이 목표라는 것이다.

그러면 전사가 콜로세움에서 탈출하기 위해 무엇을 준비해야 할까? 먼저 싸우려면 무기와 방어 도구가 필요하다. 그리고 무기와 방어 도구를 감당할 수 있는 근력과 훈련법도 필요하다. 서로에게 도움을 줄 수 있는 동맹, 즉 동료 전사들도 필요할 것이다. 그리고 적절한 대련 상대를 구하는 것도 매우 중요하다.

이 모든 준비가 끝났다면, 다양하고 훌륭한 전술 시전이 가능해질 것이다. 쉽게 설명하면 '나는 콜로세움에 있는 한 명의 전사'임을 인지하고, 이 지독한 콜로세움에서 탈출하기 위해 필요한 6가지 도구(무기, 방어 도구, 훈련법, 멘탈, 동료, 대련 상대)를 골고루 수집하고 습득하면 된다.

지금부터 내가 어떻게 월 1억 이상의 수익을 냈으며, 앞에 설명한 '무기, 방어 도구, 훈련법, 멘탈, 동료, 대련 상대'는 무엇인지 알려주겠다. 어떤 거짓도 없이 '날 것' 그대로의 나를 소개하고, 힘든 세상에 맞서 이기고 지고를 반복하면서 내가 목표를 이뤄낸 방법을 낱낱이 밝히겠다.

이 책을 다 읽은 당신이 주변 사람들에게 "이 책을 읽은 건 행운이다"라고 말할 수 있기를 바란다. 나처럼 각자의 전쟁을 치르고 있는 또 다른 전우들, 이 책을 읽는 모든 분이 원하는 것을 모두 이루기를 진심으로 바란다. 그리고 언젠가는 우리가 '높은 곳'에서 만나 힘들었던 과거를 얘기하며 웃을 수 있는 그날이 오기를 진심으로 기원하겠다.

삶의 밑바닥에서도 높은 곳을 목표하라

20대 초반, 나는 거의 매일 소주를 마셨다. 당시 친구와 함께 일했는데 퇴근하면 우리는 항상 술자리를 찾아다녔다.

"유준아, □□에서 술 마신다는 데?"

"오케이, 가자!"

항상 아침 해가 눈부시게 반짝일 때까지 우리는 술을 마셨다. 어느덧 군대에 갈 시기가 되었고, 적극적인 삶을 살고 싶다는 마음에 해병대에 입대했다. 그러나 군대 전역 후에도 내 생활은 크게 바뀌지 않았다. 나름의 목표는 있었는데 군시절 무에타이를 하던 동기를 본 후 '나도 격투기 선수가 되고 싶다'라고 다짐했다. 이후 종합격투기 체육관을 다녔는데 나름대로 근성은 있었다.

당시를 떠올리면 부끄럽지만, 체육관을 다니던 모든 사람 중에 손가락 안에 꼽히던 근성과 체력을 가지고 있었다고 자부한다. 관장님도 나를 인정해서 선수를 권유했고, 토너먼트 경기를 준비했었다. 삶에는 변수가 생기기 마련인데, 경기전 내 몸무게 2배 이상 나가는 상대와 스파링 대결을 하다가 그만 허리를 다쳤다. 결국 목표가 사라진 나는 언제 그랬냐는 듯이 다시 예전의 삶으로 돌아가 술독에 빠져 살았다.

그러던 어느 날, 지금의 아내를 만나게 되었다. 우리는 첫째 아이를 가지게 되었고, 내 인생의 가장 큰 전환점이 시작되었다. 부모님의 반대를 무릅쓴 결혼과 내 아이를 포기하지 못한 나의 결정에는 책임이 따르게 되었다. 나는 다니던 대학과 운동을 포기하고, 갑자기 생긴 내 가족의 생계를 위해 일용직 사무실로 출근하게 되었다. 일용직 사무실에 앉아있을 때면 마치 정육점의 돼지들처럼 'A, B, C 등급'으로 나뉘고, 선택받으면 일하러 나가고, 아니면 남아야 했던 그 기억을 잊을 수가 없다.

해가 뜨기 전 일용직 사무실에 출근했지만, 이틀 동안 나는 '팔리지' 않았다. 씁쓸한 마음에 '돼지고기로 치면 나는 C등급도 안 되는 D등급이구나' 생각하며 해가 중천에 떠오르고 나서야 터벅터벅 집으로 돌아왔다. 당연히 그다음 날에도 어김없이 일용직 사무실에 출근했다. 내 가족들을 책임져야 했기에!

성공하고 싶으면 불평불만을 버려라

그러던 어느 날, 아무도 따라가지 않으려는 사장님이 있었다. 그 사장님은 "여기에 산 잘 타는 사람 있습니까?"라고 외쳤는데 모두가 눈을 피하기만 했다. 그러나 나에게는 한 줄기 빛으로 보였고 큰 목소리로 대답했다.

"저요! 얼마 전에 전역해서 체력은 자신 있습니다!"

"젊은 사람이 패기가 좋구먼! 갑시다!"

이때부터 내 인생의 가장 극한 직업이 시작되었다. 그 사장님이 하는 일은 관공서에서 벌이는 도시 조경 사업이었는데, 내가 합류했을 당시는 경주 토함산에 등산객을 위한 계단을 만드는 일을 할 때였다. 나는 매일매일 시멘트나 목재 등을 메고 산을 올랐다. 하루에 3번씩 산을 오르는 날도 있었는데, 내 근성을 봤는지 작업반장을 시켜줬는데 이후 도시락을 받아오는 것까지 더해져 많게는 하루에 5번씩 산을 오르내렸다. 힘들었지만, 당시 사장님에게 배운 건 '가장 밑에서 가장 높은 곳을 향하여'였다.

사장님은 내게 이런 말을 했다.

"유준아, 나는 가장 밑바닥에서 삽질부터 시작했다. 지금은 수십억의 사업을 하면서 집도 사고, 벤츠도 타고, 골프도 친다."

이때부터였다. 뭔가 정신이 번쩍 뜨인 나는, 내가 무슨 일을 하든 어떤 직업을 가지든 '바닥에서 꼭대기까지'를 항상 되새겼다. 또 가장 밑바닥에 있던 사람도 충분히 가장 높은 곳으로 올라갈 수 있다는 믿음이 생겼고, 어떤 일이건 인정받기 위해 노력하고, 또 노력했다.

아무 능력도, 가진 것도 없던 내가 할 수 있었던 유일한 방법은 '나의 리더들에게 인정받는 것'이었다. 그것만이 내가 살아있다는 것을 증명해 준다고 생각했다. 똑같은 상황과 환경에서 누군가는 불평불만으로 시간을 버리고 있었지만, 나는 리더들에게 인정받을 수 있는 방법을 찾아내고 끊임없이 노력했다. 그러자 서서히 주변인들의 인정과 함께 나의 자존감도 올라갈 수 있었다.

평생에 한 번은
목숨을 걸고 일하라

부모가 되어야 부모의 마음을 알 수 있다는 말은 정말 사실이었다. 어느새 나도 아빠가 되었고, 나의 부모님이 느끼고 감당했어야 할 책임감을 알게 되었다. 첫째 아이 은지를 낳은 후 막노동을 시작으로 무수히 많은 일을 했다. 기준은 '돈'이었는데, 지금 하는 일보다 좀 더 벌 수 있으면 어떤 일이라도 했다. 페인트 공장, 용접공을 거쳐 택배기사 일을 시작했다.

난생처음 사업자 등록을 하고, 차도 구매했다. 택배 일을 하며 정말 많은 사람을 만났는데 그때마다 항상 듣는 말이 "유준 씨는 정말 말을 잘한다"라는 것이었다. 나는 하루 평균 400~500통의 전화를 걸어 업장의 사장님들과 인사를 나누면서 영업했는데, 특히 젊은 사장님들을 보면서 '저 사람은 어떻게 어린 나이부터 이런 사업장을 운영하고 있을까?' 내심 궁금했다.

나는 평균보다 많은 양의 배달을 소화했다. 주로 엘리베이터가 있는 아파트보다는 계단이 있는 빌라 단지로 배정이 되었는데, 빨리 배달하고 퇴근하려면 전력 질주로 계단을 오르내려야만 했다. 고객들이 상품을 받으러 나오는 시간까지 단축하기 위해서 배달하며 '택배요!' 크게 소리를 외치고, 열심히 뛰어다녔다.

이런 내 모습을 좋게 본 여러 사장님이 내게 이런저런 동업을 제의했는데, 항상 똑같은 말을 내게 했다.

"유준 씨, 몸 쓰고 땀 흘리는 일은 언제든지 다시 할 수 있어. 그러니까 머리 쓰는 일을 해봐!"

"사장님, 저는 고졸에 몸 쓰는 일밖에 안 해 봤어요. 제가 무슨 머리를 씁니까? 저는 지금 일이 편해요!"

"그래도 말도 잘하고 일도 싹싹 잘하잖아! 잘 생각해 봐!"

그러던 어느 날, 화물노조 파업이 일어났는데, 파업에 참여한 사람들은 자신들과 동참하지 않은 기사들을 모두 신고하고 다녔다. 화물 번호판이 없이 화물을 나르면 안 되지만, 사실 대부분의 화물운송 기사가 번호판이 없는 현실이었다. 나 역시 번호판이 없어서 신고당했고, 결과는 벌금 3백만 원과 6개월의 영업정지 처분을 받았다. 너무나 억울했다. 나와 가족들의 생계가 달렸기에 선처를 바랐고, 벌금은 면했으나 영업정지 6개월은 피할 수 없었다. 그러면서 택배 일을 그만두게 되었다.

포기 대신 죽기 살기로 일하라!

지금 생각해 보면 당시 1,600만 원 정도 하는 번호판을 살수도 있었지만, 그때까지 한 번도 쉬지 않고 몸을 혹사한 나에게 잠시 휴식이 필요했던 것 같다. 어쨌든 잠시 휴식 기간을 가지며 '내가 무슨 일을 하면 좋을지, 내가 무엇을 잘할 수 있을지'를 생각하는 계기로 삼았다. 그러다가 문득 창고에서 짐을 정리하다가 스무 살 군대 가기 전 마지막으로 배웠던 '레크리에이션 강사 자격증'을 찾았다. 그 순간 '지금부터 사람들을 만나는 일을 하겠다'라고 마음먹었다.

사람을 상대하는 일 중 '영업직'을 선택한 이유는 정말 단순했다. 주변에 보험영업을 하던 종석이란 친구가 있었는데, 종석이가 입은 정장이 멋져 보였고, 또 종석이가 말하는 수입이 나에게는 말도 안 되는 높은 수준이었다. 24살의 어린 나이인데도 삼성화재에서 보험왕을 차지하는 종석이가 대단해 보였다. 나는 종석이의 희로애락을 보면서 보험영업을 하고 싶다는 생각이 들었고, 내 속내를 털어놓았다.

"종석아, 나도 보험영업을 잘할 수 있을까?"

"유준이 너 정도 인맥이면, 6개월이야. 6개월!"

"그래? 지인 영업 안 해도 되고, 영업 방법을 알려준다는데?"

"전부 거짓말이야. 그냥 하지 마라!"

막상 영업을 잘하는 친구에게 그런 말을 듣자 두려워졌다. 그때 내 두려움을 한 번에 진압해 준 소방관 같은 형님이 있었다. 교원 빨간펜의 관리자였던 형님은 고민하고 있던 나를 불러 술 한잔하며 말했다.

"유준아, 집 앞 현관문을 열고 나오며 만나는 모든 사람이 네 고객인데 뭐가 걱정이니? 내가 본 '양유준'이라면 충분히 잘 해낼 거라 믿어 의심치 않는다!"

그 한마디에 나는 '영업을 내 천직으로 삼겠다'라고 다짐했다. 어쩌면 누군가에게는 단순한 변화로 볼 수 있겠지만, 당시 내 가족을 위해 꼬박꼬박 정기적으로 3백만 원 이상이 필요했던 나에게는 기본급이 없는 영업은 정말 큰 도전이자 변화였다. 나는 혹시 모를 상황을 대비해 2천만 원을 대출받고 서울에 올라갈 준비를 했다.

'장부출가 생불환(丈夫出家生不還)'이란 말이 있다. 사내가 집을 떠나면 살아서 돌아오지 않겠다는 뜻으로, 윤봉길 의사가 독립운동을 하러 떠나면서 남긴 말이다. 나 역시 '영업으로 성공하지 못하면, 살아 돌아오지 않겠다'라는 결의를 다지며 새로운 시작을 준비했다. 그리고 이 사실을 아내에게도 말했다.

"나, 서울에서 보험영업을 해보려고."

"서울까지 안 가고, 경주에서도 할 수 있잖아!"

"주변 사람들에게 기대면서 영업하고 싶지 않아. 나 스스로 개척하고 싶어. 모르는 사람들 위주로 영업하고, 나중에 떳떳하게 지인들에게 추천하고 싶을 만큼."

"알았어. 마음대로 해!"

"내가 서른 살이 될 때까지만 시간을 줘. 무조건 성공할 테니까!"

내 아내는 정말 대단한 여자다. 내가 무엇을 해도 묵묵히 자기 자리를 지켜준 여장부였다. 지금 생각해 봐도 내 인생에서 가장 잘한 일 중의 하나라고 생각한다. 그렇게 나는 결혼한 상황에서 타지에 가는 쉽지 않은 결정을 했다. 그때의 나에게는 더 이상 지역도 거리도 의미가 없었다. 오직 새로운 도전에 대한 기대감만이 가득했다.

뭐든 일단 질러라, 그러면 할 수 있다

새로운 시작은 언제나 설렌다. 난생처음 본 서울 강남, ING 보험회사의 아침 미팅 문화는 정말 뜨거웠다. 누가 시키지 않아도 경쟁이라도 하듯 이른 시간에 출근하는 이들이 많았고, 퇴근 시간과 상관없이 밤 11~12시까지 남아서 일하는, 마치 '미친놈'들의 집합소 같은 느낌이었다. 일에 미친 사람들 모두 성공을 꿈꾸는 마음이 고스란히 느껴졌다. 그런데 ING의 내부 사정으로 나는 IFA라는 보험 GA(종합대리점)로 회사를 옮겼고, 또 다른 내부 문제로 IFA 전주 지점에서 영업을 시작했다.

사실 어디에서 일하는가는 중요하지 않았다. 내게는 오직 나와 가족이 전부였고, 더욱 빨리 성공하기 위해 내가 할 수 있는 모든 영업 방법을 총동원했다. 내가 배운 것을 열심히 설파하면서 자산관리사라는 이름과 함께 많은 보험 상품을 팔았다. 이곳에서 나름 컨벤션도 달성하여 가족들과 해외여행도 갈 수 있었고, 내 삶의 질도 점차 향상되기 시작했다.

이곳에서 일하며 말하는 법과 영업 스킬, 조직문화 등을 배웠지만, 그 무엇보다 내 가족의 안위가 중요했다. 나는 더 성장하기 위해 이곳을 떠났고, 신규 DB를 창출할 수 있는 영업을 찾아 나섰다. 그러던 중 대구의 한 아카데미에서 영업사원 입사를 제의받았다. 미팅 후 나는 학원 영업을 하는 회사에 입사했고, 이곳에서 마케팅의 기본과 네이버 블로그 활용, 클릭초이스 파워링크 등의 마케팅 역량을 키울 수 있었다.

마케팅은 정말 중요하다. 내 분야에서 나를 최정상으로 이끌어주는데 가장 크게 기여한 건 바로 마케팅 능력이다. 고객을 최우선으로 생각하며, 또 고객에게 선택받고자 진행했던 마케팅이 결과적으로 내가 고객들을 선택할 수 있는 '갑'의 위치를 만들어줬다. 당시 나는 입사 3주 차 만에 경력직 영업사원들보다 2배 이상의 매출을 달성했다. 그것도 회사의 DB 없이 달성한 성과였다. 나의 활약으로, 나는 나른했던 아카데미 영업팀에 긴장감을 불어넣는 존재가 되었다.

용기는 두려움이 있어야 생겨난다

앞서 말한 것처럼, 당시 회사 방침은 신입 영업사원에게는 회사의 DB를 배정하지 않았다. 그러던 어느 날, 경력직 영업사원이 고향으로 장례를 치르러 가게 되었다. 마침 상담자가 왔는데 상담할 인력은 신입사원밖에 없었다. 이때 원장님께서 기회를 주셨다.

"신입사원 중에 상담해 볼 사람 있나?"

"제가 해보겠습니다.!"

"오케이~ 유준 씨가 계약하고 와요~!"

야망에 찬 나는 6명의 신입 중 가장 빠르게 대답했고, 처음으로 회사 DB 상담을 진행했다. 상담하는 내내 상대에게 집중과 몰입을 하여 대화를 시작했다. 상담자와 얘기를 나눠보니 이 친구는 홍익대 실내인테리어학과에 다니는 학생이었는데, 학업에 지쳐 휴학 중이었다. 본인은 학업을 포기하고 싶지 않지만, 수업을 못 따라가서 힘든 점을 토로했다. 마침 우리 학원에는 실내인테리어와 관련해 실내 건축 스케치부터, 캐드, 3D MAX 등 취업 포트폴리오를 만들 수 있는 과정이 있었다.

나는 그 학생에게 필요한 얘기들을 들려줬다.

"지금 네게 컴퓨터 활용 자격증은 중요하지 않다. 아직 실내인테리어 디자이너의 꿈이 있다면, 또 네가 학교에서 따라가지 못한 부분을 채워주는 방법이 궁금하면 이 커리큘럼을 살펴봐라."

나는 성심성의껏 꼼꼼하게 설명해 줬고, 그 학생의 간지러웠던 부분이 긁어지는 순간, 기존 컴퓨터 활용자격증반(25만 원)에서 실내인테리어 포트폴리오 과정으로 바꿔서 전체 수강료 450만 원을 결제했다. 원장님은 매우 흡족해하며 입사 3개월이 지나야 받을 수 있는 회사 DB를 입사 1개월 차인 내게 바로 제공해 줬다.

내 창출 능력에 회사 DB까지 더해지자, 당시 지점영업사원들의 평균 매출인 1,500만 원~2,000만 원의 두 배 이상인 5,500만 원의 실적을 달성했다. 그리고 2개월 차에 2천 명이 넘는 계열사 영업사원 중 '전국 4위'라는 실적을 달성하게 되었다.

입사 3개월 차에는 처음 미팅 때 얘기처럼 원장님은 신규 계열사의 대표이사로 발령받아 지점을 떠났고, 부장님은 원장으로 진급과 동시에 나는 팀장으로 승진했다. 최단기로 전국 2천 명 중에 전국 4위! 입사 3개월 차의 최연소 팀장! 정말 지금 생각해도 뿌듯한 결과였고, 나는 영업인으로서 내 일에 대한 확신이 생겼다.

이것이 내가 스스로 믿음을 갖게 된 첫 번째 일이었다. 나는 야망을 품었고, 야망은 두려움을 용기로 바꿔주는 신호탄이 되었다. 목표를 명확히 하고, 간절함을 지니고, 어떤 기회라도 반드시 잡아서 이뤄내고자 한 내 노력은 내게 많은 경험을 선사해 주었다. '최초, 최연소 승진'은 물론 가장 중요한 급여의 변화까지도 말이다. 이 책을 읽는 당신도 일을 시작할 때 '할까 말까?' 망설이는 게 정상이다. 만약 이런 두려움이 느껴진다면 이 말을 되새기자! '두려움이 없다면, 위대한 용기 또한 없음을!'

거절은 상대의 몫이지만, 노크는 내 몫이다

지금까지 무수히 많은 일과 직업을 가져봤지만, 내 '인생 직업'으로 손꼽는 건 방문판매다. (줄여서 '방판'이라고 부른다) 안규호 작가님이 "나는 인생에서 알아야 할 모든 것을 '영업'에서 배웠다"라고 말씀하시는 것처럼, 나는 인생에서 알아야 할 모든 것을 '방판'에서 배웠다. 더 이상 아카데미 영업의 비전을 못 느낀 나는, 다른 영업회사들에 이력서를 넣으며 새로운 도전을 찾기 시작했다.

이때 'SK매직'이라는 신생 회사의 영업조직을 맡은 국장님의 전화를 일주일에 한 번씩 받았다. 때마침 아카데미는 매출 하락이라는 이유로 부서장급 직원들에게 '밤 10시 전 퇴근 금지'라는 극악무도한 공지를 했고, 그날로 휴가를 낸 후 국장님을 만났다.

"국장님, 정말 방문판매로 제품 판매가 가능한가요? 너무 비효율적인 것 같은데요."

"가능합니다. 많이 계약하면 하루에 다수 계약도 하고요."

"저는 영업은 정말 자신 있고요. 평일 주말 상관없이 실적을 낼 자신도 있습니다. 제가 정말 잘하면 얼마까지 벌 수 있습니까? 국장님은 얼마나 벌고 있나요? 급여 내역을 볼 수 있을까요?”

그만큼 신중했던 내게 국장님은 자신의 급여 내역을 공개했고, 나는 이직을 결심했다.

“좋습니다. 영업은 자신 있습니다. 최선을 다할 테니 국장님이 아시는 모든 부분을 교육해 주십시오. 100% 아니 200%로 습득해서 성장해 보겠습니다!”

그길로 나는 아카데미를 그만두고 ‘프로 방판러’의 길을 걷게 되었다. 입사 후 국장님의 일대일 교육을 받았지만, 나조차도 정수기나 청정기, 비데 등의 필요성을 크게 느끼지 못했었다. 그러나 우리 집에 정수기, 청정기, 비데 등을 설치해 직접 써보면서 교육받으니 필요성에 대한 의문이 풀렸다. 이 부분은 이후에 고객들에게 제품을 판매할 때 IOT 기능(인공지능, 원격기능) 등을 시연하면서 “고객님, 저도 집에서 사용하는 제품입니다!”라고 말하며 판매하는 원동력이 되었다.

이론 교육을 마친 후 현장 교육을 받았는데, 정말 신세계였다. 제품 카탈로그를 가득 채운 가방을 들고 국장님을 따라나섰다. 국장님은 생전 처음 본 사람에게 인사하며 말하기 시작했다.

“안녕하십니까! 대표님, SK매직 본사에서 나왔고요. 사용하시는 정수기 점검차 방문했습니다!”

확실히 국장님은 방판 경력자답게 ‘하하 호호’ 웃으며 대화를 시작했는데, 서글서글하면서도 가끔 능글거리는 태도로 선을 지키며 자연스럽게 영업으로 이어 나갔다. 나는 이 모습을 보며 존경의 마음이 들었고, 속으로 한마디 내뱉었다. ‘그래, 이게 진짜 영업이지!’ 이날은 계약은 못 했지만, 총 5명의 연락처를 받아내 ‘가망고객'을 발굴했다.

많은 것이 필요하지 않았다. 제품 카탈로그와 계약서만 있으면 어디든 갈 수 있는 영업이었다. 현장 교육 후 나는 방판에 엄청난 메리트를 느꼈고, 앞으로 혼자 영업을 다녀보겠다고 자신 있게 말했다. 대개 신입사원은 100장의 카탈로그를 들고나가서 온종일 영업한다고 한다. 나는 200장의 카탈로그에 내 이름과 연락처가 담긴 도장을 정성스럽게 찍고 현장으로 향했다.

거절당하는 것을 두려워하지 말라

'내가 가는 곳, 그곳이 어디든 내 무대'라는 생각으로 혼자 영업을 시작했다. 아직도 기억난다. 포항 터미널 근처에 있던 돼지갈빗집 앞에서 들어갈까 말까를 망설이며 담배를 몇 대나 피웠는지 모른다.

'고객이 이런 말을 하면 어떡하지?'

'혹시 내가 모르는 것을 물어보면 어떡하지?'

'아, 내가 준비가 덜 되었나?'

오만가지 잡다한 생각과 두려움에 사로잡혀 있던 그때 갑자기 고등학교 시절, 당시 '찐따'였던 내게 복싱체육관 코치님이 해준 말이 떠올랐다.

"유준아, 겁내지 말고 한발만 나가서 주먹을 내질러! 네 주변을 감싸고 있는 '두려움'이라는 원을 한발만 떼서 앞으로 나아가 봐! 두려움이라는 원은 생각보다 별거 아니야!"

지금의 내 모습을 보는 사람들은 잘 모르겠지만, 나는 두려움이 많은 겁쟁이다. 그래서 '웬 생쇼?'라고 생각할 수 있겠지만 미리 연락도 없이 남의 사업장에 들어가 인사하고, 어쩌면 거절당할 걸 생각하니 두려웠다. 누구도 거절을 좋아하는 사람은 없으니 말이다. 나 역시 그랬다. 이 '생쇼'를 끝내니 돼지갈빗집 앞에서 2시간을 훌쩍 보낸 것 같았다. 나는 이 두려움을 용기로 바꿔야 했고, 더 이상 지체할 수 없다는 생각이 들었다.

'유준아, 지금 두려워? 지금껏 잘해왔잖아! 한 번만 두려움을 용기로 바꿔보자! 나는 할 수 있다!'

나는 심호흡을 크게 3번 한 후 가게에 들어가서 쥐 죽은 듯 작은 목소리로 인사했다. (혹시 나를 미워할까 봐) "안...녕...하...세...요? SK매직 본사 영업팀에서 방문했고요. 기존에 사용하시는 정수기나 청정기 있으시잖아요?"라고 말하며 정수기를 바라보니, 이미 우리 제품을 사용 중이었다. 무척 당황했지만, 말을 이어 나갔다.

"아, 우리 제품 사용 중이신 VIP 고객님이셨네요. 사용하실 때 불편한 점은 없는지 확인하려고 나왔습니다!"

"불편한 부분은 없는데, 지금 좀 바빠요!"

"아, 감사합니다. 혹시 불편하신 점 있으시면 연락 주세요!"

나는 황급히 가게에서 탈출 후 심호흡을 3번? 아니 10번은 연거푸 내쉬었다. 나는 이날, 인생에서 가장 중요한 것을 하나 배웠다.

'거절은 상대의 몫이지만, 노크는 나의 몫이다!'

무려 2시간 동안 가게 앞에서 중얼거리며 고객과의 상담을 연습했지만, 결과적으로는 우리 제품을 사용 중이었고, 아직 약정조차 끝나지 않은 자사의 제품은 회사 지침에 따라 교체할 수가 없었다. 여기서 중요한 건 나 스스로 경험을 했고, 피드백이 생겼다는 것이다. 이미 자사의 제품을 사용할 때, 어떻게 대응해서 고객에게 응대하고 판매까지 이어지게 할 것인가에 대한 과제가 생긴 것이다.

만약 이날 내가 두려움을 이겨내지 못한 채 연습만 하다가 집에 돌아왔다면 경험치를 쌓지 못했을 것이다. 또 이후 조금만 두려움에 사로잡혀도 멈춰버리는 습관이 내 몸을 잠식했을 것이다. 나는 이 돼지갈빗집을 필두로 모든 건 어차피 '케바케(case by case)'라고 생각했다. 그리고 누구보다 빠르게 경험과 실력을 쌓자는 다짐으로 늦은 밤까지 200장의 카탈로그를 모두 소진하고 집으로 돌아간다.

물론 계약은 없었지만, 그 어느 날보다 값진 배움을 선사 받은 날이었다. 업장에 있는 고객님들 또한 사람일 뿐이다. 나와 똑같이 팔다리, 눈코입을 가진 그저 사람일 뿐이다. 이 단순하면서도 당연한 사실을 아는 데까지 난 큰 용기를 내야만 했고, 그 결과는 성공적이었다. 거절에 대한 두려움은 사라지고 마음은 홀가분해졌다. 이후 고객을 찾아갈 때 나의 발걸음은 한층 더 가벼워졌다.

정답은 언제나 고객 가까이에 있다

신입사원은 궁금한 것이 참 많다. 조금만 일이 안 풀려도 팀장님을 시작으로 지점장님, 국장님 등 상급자들을 찾는다. 물론 '피드백만큼 시간 단축에 확실한 건 없다'라는 건 당연한 지론이며, 나 역시 동감한다. 여느 날과 다를 것 없이 안되는 이유, 고객들이 사지 않는 이유, 거절당한 이유를 상사에게 말하며 피드백을 듣다가 문득 이런 생각이 들었다.

'내가 물건을 파는 사람은 직장 상사가 아니고, 저 밖에서 나를 기다리는 고객들인데, 왜 나는 국장님에게 피드백을 받고 있지?'

그날 이후로 나는 고객들을 만나 직접 묻기 시작했다. 생각해 보겠다는 고객에게는 '왜, 생각해 보신다는 건지', 안 하겠다는 고객에게는 '왜 안 하겠다는 건지', 반대로 계약하신 고객에게는 '왜 나에게 계약했는지' 등을 정말 집요하게 물어보고 다녔다. 그렇게 파악하면서 몇 가지 이유를 알아냈다. 바로 '브랜드, 제품, 이익과 손실' 그리고 '나'라는 사람, 이 4가지 이유로 계약하고 안 하고가 결정되는 것을 깨달았다.

계약하지 않는 고객들에게 다음 4가지의 이유에 대한 해결책을 제시하면, 그 고객들은 반드시 제품을 구매한다.

첫째, 브랜드는 인지도다.

휴대전화는 삼성 갤럭시가 바로 떠오르는 것처럼, 정수기는 코웨이라는 인식이 굉장히 강했다. 그런 고객들에게는 'SK매직'보다는 SK라는 대기업 브랜드 자체로 어필하고, 회사 내력을 설명하면서 고객들을 설득했다.

둘째, 환경 가전제품이다 보니 건강과 관련된 '헬스케어 제품'의 인식이 있다.

곰팡이 정수기, 이물질 정수기, 니켈 정수기, 세균 정수기 등 많은 논란이 있어서 '믿고 쓸 수 있는 제품'이란 어필이 필요했다. 비교적 해결은 간단했다. 무형이든, 유형이든 모든 상품은 완벽할 수 없지만, 한가지씩 장점과 특징이 있다. 난다. 당시 코웨이 제품들은 플라스틱 저수탱크를 사용하고 있었고, SK매직 제품들은 스테인리스 소재로 안정성을 강조하고 있었다. 고객들에게 질문 하나면 간단하게 해결되었다.

"대표님, 평생 한 가지 컵을 사용하신다면 플라스틱 겁과 스테인리스 컵 둘 중 어떤 것을 사용하시겠어요? 저희 SK매직은 고객님이 보시지 않는 내부까지 신경을 씁니다. 안전한 스테인리스 소재의 SK매직 제품을 통해서 대표님은 물론 대표님의 고객분들이 안전한 물을 드실 수 있도록 도와드리겠습니다!"

셋째, '이익과 손실' 공식이 단순하다.

고객은 '이익 〉 손실' 공식이면 움직인다. 렌털(Rental) 제품은 약정이 남았을 때 적어도 10만 원 이상의 위약금이 발생한다. 그런데도 고객이 구매하고 싶게 만들었다면, 제휴카드 혜택을 설명하면서 해결했다.

"대표님, 월 30만 원이면 13,000원 할인입니다. 8개월만 쓰셔도 위약금은 해결되시고, 저희 안전한 제품과 서비스를 제공받으실 수 있습니다. 게다가 오늘 계약하시면 20만 원 상당의 사은품도 3일 내 받아보실 수 있게 도와드리겠습니다. 지금 바로 진행하시죠!"

넷째, 가장 중요한 것은 '나'라는 존재이다.

오늘 처음 만난 사람에게 자기 생년월일을 알려주고, 도장까지 찍어줄 사람이 몇 명이나 되겠는가? 하지만 당일 계약만큼 달콤하고 짜릿한 건 없다고 여기는 나였기에 해결 방안을 찾고자 노력했고, 충분히 해결할 수 있었다. 먼저 일반적인 셀카가 아닌 제대로 프로필 사진을 촬영해서 카톡 프로필에 올렸다.

또 그동안 고객들에게 도움을 주며 칭찬받은 대화를 전부 다운받아 새로운 고객들에게 보여주며 '양유준은 도움 주는 사람'이란 점을 어필했다. 실제로 접수부터 설치까지 항상 완벽하게 고객에게 도움을 드렸다고 자부한다. 이런 경험이 쌓일수록 고객들과의 CS 과정에 대한 카톡도 더 늘어났고, 모든 게 선순환되어 고객들에게 더욱 믿음을 심어주며 계약을 이어 나갈 수 있었다.

자신을 걸어 다니는 브랜드라고 여겨라

물론 나보다 더 뛰어난 사람도 있다. 좋은 멘트와 언어적인 스킬, 뛰어난 외모 등을 지닌 사람도 많이 있을 것이다. 아니 이 책을 읽고 있는 여러분도 마찬가지다. 직접 책을 구매해서 읽으며 자기계발을 추구하는 멋진 '성장형 사람'일 것이다. 그래도 한가지 조언을 주자면, 나는 스스로 '걸어 다니는 브랜드'라고 생각했다.

고객들이 자신의 업장에 출근해서 간판 불을 켜는 것처럼, 영업사원이라는 자유로움 속에서도 정시 출근하고, 현장 영업에 나가는 시간도 규율을 두어 정확히 움직였다. 마치 TV에서 브랜드 광고를 하듯, 지하철에 광고 간판을 걸어놓듯이 나는 그저 걸어 다니는, 또는 찾아다니는 '양유준'이라는 브랜드라는 자부심으로 일했다.

그 결과, 조금 과장을 보태 1km 이내는 한 집 건너 한 집이 내 고객들이었고, 좁은 거리 내 40명이 넘는 고객들을 보유할 수 있었다. 항상 상가가 시작되는 곳에 주차한 후 거리를 거닐면, 내 고객이든 아니든 인사하는 가망 고객들이 있었고, 내가 영업한 지역이나 동네에서는 항상 눈인사와 배꼽 인사, 손 인사 등을 할 가망고객이 즐비했다. 그렇게 해서 나는 내가 가는 곳이 어디든지 '정수기' 하면 SK매직이 아닌 '양유준'이라는 또 하나의 브랜드로 분류될 수 있었다.

나 자신이 브랜드가 되어라. 그 안에 가치와 스토리가 담겨있고, 다른 사람에게 도움을 주면 자연스레 성장하게 된다. 내가 생각하지도 못한 기회는 관계 속에서 보인 나의 모습에 따라 천차만별의 형태로 다가온다.

상대방의 단점보다는 장점을 더 크게 보라

경상도에서 태어나고 자라난 내가 본 남자 어른들은 대부분 말수가 적었다. '밥뭇나?', '자라', '그만' 등 항상 단답형으로 말해서 '경상도 남자들은 무뚝뚝하다'라는 선입견이 있는 것도 사실이다. (모든 경상도 남자가 다 그렇지는 않다.) 나 역시 '남자는 당연히 그러면 안 된다'라는 생각에 감정표현이 굉장히 서투르다. 그러나 방문판매는 짧은 시간에 고객의 마음을 사로잡아야만 대화를 이어 나갈 수 있다. 게다가 '영업사원'이라는 소개부터 대화할 때마다 고객들이 불편해하는 심기가 느껴졌다.

'또 무슨 제품을 팔려고 온 거지?'

'괜히 찾아와서 시간만 뺏는구나…'

당연한 고객들의 감정이다. 그러나 칭찬은 고래도 춤추게 한다는 말처럼, 나는 고객들과의 보이지 않는 벽을 깨보고자 어떤 방법이 좋을지를 궁리했다. 내가 찾아낸 방법은 '대화의 중심은 고객이니 계속 이야기를 이어 나가려면, 고객의 장점과 업장의 장점을 누구보다 빠르게 알아내야 한다'라는 것이었다.

생각을 끝냈으면 바로 실행해야 하지 않겠는가? 즉시 고객들을 찾아가 빠르게 그들의 장점들을 찾아내기 시작했다. 예를 들어 업장을 방문했을 때 정겹게 인사를 건네주는 대표님에게는 이렇게 말했다.

"대표님, 인사해 주시는 목소리 톤이 너무 좋으십니다. 들어오는데 정말 환영받는 기분이에요! 단골분들이 아주 많으시겠어요!"

"진짜요? 내 목소리 톤이 그렇게 좋은가요?"

"네, 문을 열자마자 이미 환영받는 기분이 듭니다!"

"감사합니다. 그래서 단골분들이 많은가 봐요. 그런데 어떤 일로 방문하셨죠?"

"고객분들을 사랑하는 대표님에게 대박 혜택이 있어서요. 제가 직접 전달하려고 방문했습니다!"

"궁금하네요. 어떤 혜택인가요?"

고객의 마음을 사로잡는 '칭찬의 힘'을 키워라

눈치 빠른 분들은 이미 이해했을 것이다. 한 가지 예시를 더 들어보겠다. 인테리어가 깔끔한 업장에 가서는 이렇게 말하며 칭찬했다.

"대표님, 업장 인테리어가 정말 깔끔하네요. 창업하신 지 얼마 안 되셨나 봐요?"

"이제 7개월 정도 됐는데, 인테리어가 괜찮은가요? 제가 직접 알아보고 했어요."

"와! 진짜 대단하세요. 어떻게 직접 알아보시고 이렇게 트렌디한 인테리어를 하셨나요?"

"엄청나게 발품 팔았죠! 비용도 남들의 절반에 했고요!"

"대표님, 정말 열심히 준비하신 만큼 가게에 애정도 크시겠어요!"

"그럼요, 자기 가게 애정없는 사람이 있나요?"

"대표님, 가게에 애정이 가득한 대표님을 위한 굉장한 혜택이 있어서 방문 한 번 드렸습니다."

"아, 그래요? 어떤 혜택이죠?"

비록 짧은 대화였지만, '칭찬'으로 시작한 대화는 나와 고객과의 사이에 있는 벽을 허물어 주었고, 더 깊은 대화로 이어 나갈 수 있는 장치가 되었다. 이 방법은 꼭 영업에서만 사용하는 게 아니다. 내가 뭔가를 배우고 싶을 때도 큰 무기였다.

'와! 이건 어떻게 하는 거예요?'

'진짜 대단하십니다! 이렇게까지 어떻게 생각하신 거예요?'

'이 일을 얼마나 사랑하는지 알 것 같아요!'

당신이 영업을 하고 있다면, 혹은 사람들과 좋은 관계를 만들어 가고 싶다면 상대방의 단점보다는 장점을 찾아내는 연습을 해라. 그리고 그 사람에게 꼭 전달해 주어라. 그냥 전달하지 말고 정말 진심으로 상대에게 알려주어라. 그 진심이 통하였다면 상대 또한 당신에게 칭찬보다 더 값진 무언가를 꼭 알려줄 것이다. 장점은 더 많은 장점을 찾아주고, 상대와의 대화를 통해 유대감도 깊어지며, 결국 더 큰 행복을 누리도록 도와줄 것이라 확신한다

모두가 어렵다고 할 때 기회가 찾아온다

나의 청춘과 영혼을 걸었던 정수기 영업은 코로나 사태로 뜻하지 않은 어려움을 겪게 되었다. 더 이상 방문판매만으로 매출을 올리기 힘들었고, 다른 기업들도 다 그렇듯이 대부분 온라인시장으로 판매 채널을 확장하기에 열을 올렸다. 또 한 번 시대는 바뀌어 가고 있었다.

'코로나 걸려 죽으나, 굶어 죽으나 뭐가 다르지? 가만히 있다가 죽을 바에는 전쟁터에서 죽자!'

나는 항상 팀원들에게 이 말을 달고 살았고, 코로나에도 불구하고 매출이 떨어진 적은 단 한 번도 없었다. 하지만 확연히 시대가 달라지는 것들이 보였다. 그 시기에 '안 대장님'을 알게 되었는데, 호리호리한 체격의 안 대장님은 정말 '강력한' 말들을 내뿜었다. 특히 안 대장님의 책인 《멘트가 죄다》를 읽고 엄청나게 공감하며 '이 사람은 진짜 찐'이라는 게 느껴졌다.

안 대장님의 유튜브 영상들을 보며 직접 강의하는 것을 알게 되었다. 처음에는 무슨 강의인지도 잘 몰랐지만, 세일즈 강의라는 정도의 정보부터 시작해 안 대장님의 면면을 파헤치기 시작했다. 이후 카페를 찾았고, 법인영업 강의를 하는 것도 알게 되었는데 이미 수천만 원의 성과를 낸 사람들로 가득했다. 하지만 언제나 '잘 된 사람'이 다 그렇듯이 엄청난 시기와 질투를 받고 있었고, '사기꾼'이라는 오명도 있었다.

내 장점 중 하나는 그 사람의 인생과 전체 과정을 모르면, 절대 욕을 하지 않는다. 예로 나는 래퍼 '스윙스'를 좋아한다. 어릴 때부터 닮았다는 말을 많이 들으면서 그 사람이 궁금해졌고, 자연스레 검색하며 정보를 찾아보니 엄청나게 욕을 먹는 사람이었다. 하지만 스윙스는 정신병자 소리를 들으며, 넘어지고 성장하기를 반복하며, 지금은 어엿한 리더로 성장한 사람이다. 회사의 대표이자 여러 가지 사업을 펼치는 사업가이며, 40억이 넘는 건물을 소유한 건물주의 삶을 살아가고 있다.

10년 동안 스윙스를 존경해 왔고, 동경하다 보니 남들이 욕하는 것에 크게 연연하지 않는다. 제대로 알지 못하는 다른 사람들의 말은 무시한 채, 나는 안 대장님의 책과 유튜브 등을 통해서 안 대장님이 말하는 것과 전달하려는 메시지를 알게 되었다.

더 이상 고민할 필요 없이 나는 언제나처럼 움직였다. 바로 특강을 참석하고, 적지 않은 수강료였으나 10명 중 첫 번째로 결제하며 안 대장님의 정규수업도 들었다. 그러면서 수강생 최초로 영업 브이로그도 찍고, 안 대장님의 유튜브에 출연했다. 그 결과 현재의 나는 월 1억의 순이익을 달성하는 영업회사의 대표가 되었다.

두려움을 극복하고, 용기 내어 나아가라

어느덧 33살이 된 나는 아직도 배움을 원하고, 누구보다 스펀지처럼 모든 것을 흡수할 준비가 되어있다. 9년 정도의 농밀했던 내 시간과 배움이 결합하여 자타공인 경영컨설팅 분야에서 최고의 성과를 달성하였다.

지금 이 책을 읽는 모든 분에게 말하고 싶다. 나는 영화 〈집으로〉에 나오는 시골집이 우리 집이었고, 한때 술독에 빠져서 살았으며, 20살 시절 첫 직업은 막노동꾼이었다. 어떤 지원도 없었고, 바랄 수도 없었다. 오로지 믿을 것은 내 두 다리였으며, 한 걸음 한 걸음 내일을 향해 걷는 게 전부였다.

나는 절대 내 발걸음이 배신하지 않으리라 확신했고, 그렇게 하나씩 이뤄낸 작은 성공들이 모여서 지금의 '양유준'이 만들어졌다고 믿는다. 앞으로도 죽는 그날까지 배움과 도전, 성장을 멈추지 않을 것이며, 반드시 40살 이전에 경제적·시간적 자유를 얻을 수 있는 100억 이상의 자산을 만들 것이다.

마지막으로 지금까지 내게 도움 주신 많은 분에게 감사를 전한다. 먼저 아버지 양봉구 님, 어머니 황용자 님, 나의 형 양광호 님과 어려움 속에서도 변함없이 함께해 준 아내 오지우 님, 큰 꿈을 키워나갈 사랑하는 두 딸 은지와 서진이에게 고마움을 전한다.

또한, 내 곁을 함께해 줬던 전우들과 지금 내 옆에 있는 전우 장주희 님, 강성진 님, 박성제 님, 오재백 님, 이본 님 그리고 이 책을 함께 쓰고 있는 '영리치' 멤버들과 내가 눈 감는 날까지 감사함을 잊지 않을 나의 스승인 안 대장님에게 감사한 마음을 전한다.

무엇보다 지금 이 순간에도 두려움으로 인해 한 걸음 내딛기가 힘든 사람들에게 이 책이 '인생의 한 걸음'을 내딛는 용기를 주는 무기가 되기를 간절히 바란다. 이 책을 마무리하며 진심으로 전하고 싶은 말이 있다.

'당신의 인생에서 스스로 한 걸음 내딛는 용기를 낼 수 있기를! 그 용기의 보상으로 인생의 자유를 얻을 수 있기를!'

고생 없이 부자가 되는 방법은 없다.

태어나면서부터 부자인 경우를 제외하고

실행하지 않는데도 부자가 되는 일은 없다.

논에 씨를 뿌리지 않으면, 가을에 곡식을 거둘 수 없다.

마찬가지로 실행하지 않으면

돈을 벌 수 없고, 부자가 될 수도 없다.

부자를 자기 일을 열심히 한 사람이고,

가난한 사람은 그렇게 하지 않은 사람이다.

"가난한 사람은 꿈만 꾸고,

부자는 무조건 행동한다!"

Chapter 5.

어떻게 실패가 성공을 부르는가?

이동호

하위 98%에서 연봉 5억 달성!
2022년 KLCA 대표소비자 브랜드 1위!

'실패에서 배우고 더욱 성장하라. 배움을 멈추면 성장도 멈춘다!'

L&I파트너스 대표로, 2022년 대한민국 대표소비자브랜드 경영컨설팅 부문 1위를 수상했다. 어린 시절, 집안의 골칫거리이자 학교에서는 문제아였다. 중학교 때 '38명 중 35등' 성적이 알려주듯 공부도 잘하지 못했다. 무엇이든 못하지는 않았지만, 특별히 뛰어난 건 없었다. 처음 콜센터 상담사로 취업해 월급 110만 원을 받은 후 '35살에 월급 250만 원'을 목표 삼았다. 당시 10년 이상 근무한 팀장님의 월급이 250만 원인 것을 알고 세운 '인생 최고의 플랜'이었다. 군 제대 후 입사한 다른 콜센터에서 월급 250만 원을 시작으로 연봉 4천여만 원을 받았다. 이후 '부자가 되겠다'라는 결심에 퇴사 후 제2의 인생을 시작했다. 기업 강의 영업을 시작으로 경영컨설팅 영업에서 사업으로 전환했다. 지금은 인터넷 검색이나 뉴스에도 등장할 만큼 성공한 CEO가 되었고, 첫해 연봉 1억 5천만 원, 2년 차 연봉 5억 원을 달성했다.

E-mail : tevez0456@gmail.com

운의 확률을 높이는 중요한 4가지 핵심

어렸을 때 나는 공부에 영 소질이 없었다. 중학교 시절, 반 38명 중 35등을 할 정도였고, 고등학교는 하위 98%의 학생들이 가는 동부공고(현 대구일마이스터고)에 입학했다. 학교는 '약육강식, 동물의 왕국'이 따로 없었다. 강한 사람은 약한 사람을 계속 괴롭히며 자기 입지를 굳혔는데, 나는 최하위 계층에 속했다. 학교에 다니면서 셀 수도 없이 많은 날을 죽고 싶다고 생각했다.

하지만 내가 힘든 상황을 버틸 수 있었던 건 '나중에 내가 더 성공할 수 있다'라는 근거 없는 자신감과 확신이 있었다. 어린 시절부터 항상 가족들에게 듣는 말이 있었다.

"동호야, 절대로 사고 치지 마라. 공부 좀 해라. 책도 좀 읽어라. 앞으로 어쩌려고 그러니? 네 누나와 형은 걱정 없는데, 네가 제일 걱정이다."

거의 일상처럼 듣던 말들이었다. 한번은 형이 진지하게 내게 물었다.

"야! 너는 졸업하고 나중에 커서 뭐할 거야?"

"그냥 졸업하고, 월급 200만 원 정도 주는 평범한 중소기업 회사에 다니려고."

내 말을 들은 형은 갑자기 크게 화를 냈다.

"네가 말하는 그 평범한 회사에 가려면 인문계는 가야하고, 반에서 15등 안에는 들어야 해! 또 네가 월급 200만 원은 받기가 쉬운 줄 알아?"

그 순간 형의 말이 뇌리에 꽂혔고, 그때부터 스스로 정한 몸값은 '월급 200만 원 이하'였다. 그렇게 시간은 하염없이 흘러갔고, 어느덧 학교를 졸업하고 바로 취업했다. 그리고 난생처음 월급이라는 것이 입금되었다. '110만 원' 순간 형을 비롯해 여러 사람이 나를 걱정하며 해준 말이 떠올랐고, 새삼 '형 말이 맞았구나' 생각했다.

그러면서 여러 생각과 궁금증이 들었다.

'과연 이 회사에서 10년, 15년째 근무하고 있는 팀장님과 부팀장님의 월급은 도대체 얼마일까?'

너무 궁금해서 은근슬쩍 물어보기도 했고, 월급날 급여명세표를 뒤에서 몰래 보다가 혼난 적도 있다. 그렇게 알게 된 그들의 급여는 210~240만 원이었다. 누군가는 너무 '적은 돈'이라고 할 수 있겠지만, 당시 나는 기뻤다. 내가 여기서 10년만 다니면 예전에 정한 내 몸값 200만 원을 벌 수 있다는 사실과 '그러면 나도 평범한 삶은 살 수 있겠구나' 생각하면서 마음이 편했다.

그 후로 나는 회사에 평생 뼈를 묻을 생각으로 열심히 일했다. 주 48시간을 일하며, 매월 3번의 야근을 했고, 성실한 태도 덕분에 고과 등급을 받으니 얼추 170~200만 원 정도의 월급을 받았다. 나는 너무 기뻤다. 내 나이 만 19세가 되기도 전에 가족과 어른들이 나에게 만들어 버린 임계점을 깨버렸기 때문이다.

21살, 입대 6개월 전 퇴사를 했다. 남들처럼 군 생활은 쉽지 않았지만, 나는 군대에서 야간 근무를 할 때마다 수많은 계획을 세우고, 수정하고, 다시 계획하면서 시간을 보냈다. 그런데 이 모든 계획의 기준은 이전에 다니던 회사였다. 월급은 180~250만 원으로 잡아서 20년 후 계획까지 세웠다. '집은 언제 사고, 차는 무엇을 탈 것이며, 한 달 생활비는 어느 정도를 쓰고' 등, 정말 제대해서 하고 싶은 모든 것을 계획했다.

드디어 제대했고, 바로 3개월 정도 일해서 돈을 모아 여행을 갈 계획에 아르바이트 자리를 찾았다. 하지만 아르바이트 자리를 구하는 건 생각만큼 쉽지 않았다. 마침 대학생들의 방학 기간인 데다가 정권이 바뀌며 최저시급이 많이 올라서 높은 경쟁률에 밀려 면접 본 곳에서 아무 연락이 없었다.

결국 LGU+고객센터 구인 공고를 보고 지원해서 입사했다. 원래는 2~3개월만 일하고 이전에 다녔던 회사로 재입사할 계획이었다. 그렇게 나는 새로운 일을 시작했고, 교육생 기간과 인턴 기간을 거쳤는데, 첫 달 월급이 무려 200만 원 가까이 되었다. 나는 깜짝 놀랐다. 심지어 주 48시간 근무도, 야근도, 주말 근무도 없었다. 이전에 다닌 회사에 비하면 너무 좋은 조건이었고, 심지어 인턴 기간이 끝나면 바로 정규직으로 채용된다는 사실에 다시 한번 놀랐다.

그렇게 한두 달을 더 일하니 월급 230만 원을 받았다. 애초 내가 세운 계획으로는 '경력 10년 차'에 받을 수 있는 금액이었다. 모든 것이 믿기지 않았고, 무엇보다 함께 일했던 동기들은 일하는 것을 무척 힘들어했지만, 나는 이전에 했던 일에 비하면 너무 쉬워서였는지 힘들다는 생각도 들지 않았다. 차츰 일도 능숙해져서 남들이 하루에 15분 쉴 때, 나는 50분씩 쉬었다. 그래도 내 실적이 훨씬 더 높았다.

자연스럽게 원래 계획했던 이전 회사로 돌아가지 않았고, 2018년 연말정산을 하니 대략 연봉 4천만 원이었다. 이 금액은 내가 20년 차, 나이 40살에 받을 것으로 생각한 연봉이었다. 연봉 4천만 원. 많다면 많고 적다면 적은 돈이지만, 당시 나에게는 정말 큰 돈이었다. 이후 늘 스트레스 받으며 눈치 보던 집에서 나와 독립했고, 통장에 돈이 있으니 세상에 대한 자신감도 생겼다.

도전하는 자만이 성공을 이룬다

나는 더 넓은 세상을 경험하고 싶어서 각종 친목 모임에 가입했다. '축구, 주짓수, MMA, 여행 모임' 등 후회 없이 하고 싶은 모든 것에 도전했다. 조금 거창하지만, 항상 통제당하며 살던 내가 내 삶을 스스로 통제하며 책임지는 인생을 살게 되었다. 전국 팔도를 여행하며 많은 사람을 만났다. 물론 좋은 인연도 있고, 나쁜 인연도 만났다. 때로는 구설에 오르며 다툼도 있었지만, 여러 가지 경험을 통해 '나는 무엇을 잘하고, 무엇을 못 하는 사람인가!' 내 장단점을 찾는 데 많은 도움이 되었다.

내가 경험한 5년 남짓의 회사생활은 길지 않았다. 그러나 도저히 이해할 수 없는 리더들의 운영방식과 회사 시스템을 경험하며 과감하게 사직을 결심했다. 그리고 이런 사람들이 사회에서 인정받는다는 것을 확인하고, 다시 한번 성공을 확신했다. '나는 부자가 되겠다! 나도 할 수 있다! 나는 무조건 부자가 될 수 있다!'라고 말이다. 나처럼 배운 것 없는 사람이 부자가 되는 방법은 딱 2가지였다.

바로 '영업'과 '사업'이다.

나는 영업을 시작해서 차츰 사업으로 확장했고, 급기야 꿈에 그리던 월 3천만 원을 버는 경험을 하게 되었다. 물론 나는 '새내기 사업가'이며 아직은 '초심자의 행운'이라고 생각한다. 그러나 여기까지 오는 동안 내가 겪었던 경험을 통해, 내 28년이라는 시행착오 과정을 누군가는 단 1년이라도 줄일 수 있다면, 나는 최선을 다해 가감 없이 내 경험을 공유할 것이다.

성장할 때 필요한 핵심 요소 4가지, 특히 그중 가장 중요하다고 생각하는 것은 '환경의 변화'이다. 앞으로 더 상세하게 밝히겠지만, 내가 제일 중요하게 여기는 건 이것이다.

'나의 주변에 절대로 가난한 사람이 있으면 안 된다.'

여기서 말하는 가난은 '금전적 가난'이 아닌 생각이 가난한 사람들이다. 물론 금전적으로 가난하지만, 생각까지 가난하지 않은 사람도 분명히 존재한다. 내가 인생을 경험하며 직접 두 눈으로 직접 확인했다.

세계적인 부자로 알리바바의 창업자인 마윈 회장이 한 이야기가 있다.

"가난한 사람들은 새로운 일을 시도하자고 하면 경험이 없다고 하고, 전통적인 비즈니스를 하자고 하면 레드오션이라 어렵다고 하고, 새롭고 혁신적인 비즈니스라고 하면 다단계라고 하고, 상점을 같이 운영하자고 하면 자유가 없다고 하고, 새로운 사업을 시작하자고 하면 전문가가 없다고 한다. 그들에게는 공통점이 있다. 그들은 대학교수들보다 더 많은 생각을 하지만, 앞을 보지 못하는 맹인보다 더 적게 행동으로 옮긴다."

무엇이 느껴지는가? 당신이 뭔가를 하고 싶다면 생각에만 머물지 말고, 그냥 하라! 안 되는 이유를 계속 찾으면 아무것도 실행하지 못한다. 지금까지 내가 본 대부분 부자는 '되는 이유'를 계속해서 찾으며 실행에 옮겼다. 설령 실패해도 개의치 않았다. '수정→보완→재실행'을 반복하며 개선하면 된다.

지금부터 처음 몸값 200만 원 이하였던 내가 어떻게 '연봉 1억'을 달성했는지, 내가 직접 경험하며 체득한 '운의 확률을 높이는 중요한 4가지 핵심'을 중심으로 나의 노하우를 알려주겠다.

실패를 통해서 성공을 배워나가라

지금의 나에게 많은 사람이 한결같이 하는 말이 있다. 늘 자신감이 넘치는 만큼 일도 잘하니 능력을 타고났다고, 불가능해 보이는 일도 해내는 게 정말 특이하다고, 너라서 가능한 것 같다고 말이다. 모두 감사한 말이지만, 사실이 아니다. 나는 타고난 능력도 없을뿐더러 특별한 사람도 아니다. 다만 수많은 실패를 겪으면서 '무엇이 잘못되었는지, 또 어떤 것이 잘 되었는지' 등을 분석했다. 그렇게 해서 알게 된 내 장단점을 계속해서 보완해 나갔다.

나는 무리에서 말 한마디만 꺼내도 폭언을 당했고, 말 한마디를 잘못해서 폭행당한 적도 있었다. 내가 옳은 말을 해도 상대방은 내 말을 반박하고, 언제나 나를 반대했었다. 초등학생 때 같은 반 친구들의 무시도 심했으며, 나와 짝꿍이 된 아이는 울기까지 했었다. 성인이 되어 회사에 입사했을 때는 꼴찌에 가까운 실적도 기록해 봤다.

정말 다시는 경험하고 싶지 않은 힘든 시절이었다. 빨리 극복하고 싶었고, 어떻게 해야 바뀔 수 있는지 고민하고 시도했다. 내 삶의 방식은 언제나 '수정→보완→재실행'의 반복이었다.

'친구들은 왜 내게 쉽게 폭언과 폭행을 할까? 또 나는 왜 똑같이 못 할까?'

내가 내린 결론은 2가지였다. 첫째는 내가 말을 호감 없게 한다는 것이고, 둘째는 내 체격이 작아서 만만하게 보는 것이었다. 이후 어떻게 해야 내 단점을 보완할 수 있는지 방법을 찾아 시도했다. 먼저 재미있게 말하려고 수많은 유머를 던졌다. 내 유머에 분위기가 싸해진 적도 있고, 크게 웃었던 적도 있고, 좋은 분위기가 형성된 적도 있다. 나는 분위기가 좋았던 상황과 흐름을 기억하여 장점을 극대화하고 단점을 보완했다.

포기 없이 계속 실행하고, 또 수정하고 보완하여 재실행하였다. 또한, 더 이상 폭언과 폭행당하고 싶지 않아서 운동을 시작하고, 몸집을 키웠다. 그러자 이전처럼 만만하게 나를 대하지 않았다. 물론 말하기 연습은 계속해서 다듬는 중이었다.

군대에서도 마찬가지였다. 20대 젊은 혈기의 남자들만 모여있는 군대라는 집단은, 놀이를 빙자한 레슬링이나 씨름 등의 몸싸움으로 서열을 정리한다. 만약 내가 몸싸움에서 밀리면 상대방의 먹잇감이 된다. 나는 유튜브를 검색해서 주짓수 영상을 즐겨봤고, 휴가 때는 직접 체육관을 찾아가서 주짓수를 배웠다.

이제 작은 체격도 아니고, 몸싸움도 밀리지 않으니 더 이상 나를 만만히 보는 사람은 없었다. 오히려 내 뒷담화를 하다가 내게 들켜서 보복당할까 봐 긴장하는 사람도 있었다. 제대 후에도 다시는 남에게 무시당하지 않기 위해서 주짓수와 격투기를 배웠다. 또 한 가지는 내 외모를 가꿨다.

사람은 본질적으로 외모가 뛰어나면 좋은 인상을 받으며, 그만큼 인간관계에서 중요한 요소다. 물론 알고 있는 사실이었지만, 내가 잘생겨지는 건 불가능하다고 생각했었다. 그러나 아무것도 하지 않는 것보다 노력해서 조금이라도 나아지자고 생각을 바꿨고, 호감을 얻기 위해 눈매 교정과 눈썹 문신을 했다. 옷 입는 것과 헤어 스타일도 신경 쓰고, 피부 보정 화장품이나 향수도 사용했다. 그러자 반응은 즉시 나타났다. 23살까지 모태 솔로였던 나는 3년 동안 수많은 이성에 호감을 얻었고, 여자친구도 사귀고 남자친구들도 늘어났다. 내 노력에 대한 보상을 받는 것 같았고, 성취감은 이루 말할 수 없었다.

실패에서 배우고 더욱 성장하라

나의 또 다른 목표는 돈을 많이 버는 것이었다. 회사생활로 월급 110만 원부터 연봉 3,800만 원까지 벌었지만, 더욱 성장하고 싶은 마음에 회사를 그만두고 영업일을 시작했다. 영업을 시작한 초반에는 월 1,000만 원 가까이 벌면서 잘 풀리는 것 같았지만, 코로나19 사태가 벌어지면서 실적은 금세 곤두박질쳐서 월급 40만 원을 받은 적도 있었다.

결과적으로 내 첫 영업일은 실패했다. 그러나 실패를 통해 배운 경험과 안 대장님 밑에서 배운 경영컨설팅 교육을 바탕으로 다시 현장에 뛰어들었다. 물론 처음부터 성공하지는 않았다. 더욱 치열하게 일해서 작은 성공과 실패를 거듭하며 많은 것을 배웠고, 수백 명의 대표님을 만나며 많은 경험을 했다. 이를 바탕으로 나는 점차 성장할 수 있었고, 월 3천만 원까지 벌 수 있었다.

분명 실패를 겪는 과정은 매우 힘들다. 영업을 거절당하면 기분도 안 좋고, 스트레스도 많이 받는다. 하지만 실패를 배움으로 승화해서 '수정→보완→재실행'을 반복하면, 남들과는 차원이 다른 속도로 성장할 수 있다고 감히 장담한다.

'한 번만 실패해도 나는 정말 끝인데'라고 생각하는 사람도 있을 것이다. 그렇다면 내가 가진 자산을 기준으로 10~20번 시도할 수 있는 일부터 시작하는 게 좋다. 괜히 처음부터 5천만 원, 1억 원 무리해서 큰돈으로 사업할 필요는 없다. 100~200만 원으로 시작하는 온라인 사업도 많고, 금전 소비가 아닌 시간을 소비하는 것만으로도 실패를 경험할 수 있다. 그러니 실행하지 못하는 것에 변명하지 말고, 과감하게 실행하고 실패를 두려워하지 마라. 오히려 실패를 통해서 많은 걸 배울 수 있다. 실패가 쌓일수록 성공이 가까이 왔다고 생각해라. 이것이 내가 경험한 4가지 핵심 중 첫 번째이다.

성장을 방해하는 불문율을 깨라

진실이 아닌데도 다수가 따르지 않으면, 절대로 하면 안 되는 불문율이 있다. 결국에는 이런 것들이 성장을 방해한다. 예로 학창 시절에 '나대지 말라'고 배우는데, 어렸을 때부터 이런 인식이 생기니 자연스럽게 어른이 되어서도 대부분 쉽사리 앞에 나서지 못한다. 자기 말이 옳은데도 불구하고 앞장서서 실행하기를 매우 두려워한다. 이런 것들이 우리가 어린 시절부터 굳어진 불문율이자 은연중 만들어진 고정관념의 폐해다.

마찬가지로 돈에 대해서도 모두가 생각하는 불문율이 있다. 대한민국에서 월 1천만 원을 벌려면 대기업에 20년 이상 다니거나 임원이 되어야 한다. "사업을 하면 대부분 망하니 절대로 사업하지 마라. 끝이 안 좋으니 주식 하지 마라. 돈 버는 방법을 알려주겠다"라고 말하는 사람은 모두 사기꾼이다. 정말 돈과 관련해 무수히 많은 불문율이 존재한다.

부자는 절대로 부를 티 내지 않는다. 도리어 숨기려고 한다. 오히려 부를 과시하고 보여주는 사람들이야말로 사기꾼이다. 기본적으로 '부자'의 기준은 사람마다 다르다. 몇백억, 몇천억을 가진 부자들은 대부분 자신의 부를 숨긴다. 말 그대로 부자인 것을 감춘다. 사실 부자 티를 내봤자 세무조사를 당하거나 주변에 돈 빌려달라는 사람들이 몰린다. 투자권유도 수두룩하다. 이런 이유로 부자는 실제 자신의 부를 숨긴다는 건 거짓말이 아니다.

그러나 예외가 있다. 몇억, 몇십억을 가진 부자들, 자기 브랜딩으로 부자가 된 사람들은 '조용히' 돈을 버는 게 정답은 아니다. 이들은 많은 것들의 표적이 된다. 미디어 노출, 세무조사 리스크, 익명의 욕설과 폭언 등 감당할 게 많다. 그런데도 이들이 자신을, 자신의 부를 노출하는 이유는 단 하나다. 그렇게 해야 더 많은 부를 축적할 수 있으며, 큰 부를 이루는 시간도 단축할 수 있어서다.

세상이 만든 암묵적인 룰에서 벗어나라

지금은 '브랜딩의 시대'다. 자신이 원하는 걸 이루고 싶다면 브랜딩은 선택이 아닌 필수다. 빌 게이츠나 일론 머스크도 SNS를 하고 있고, 수많은 기업가 역시 강의하며 돈을 버는 시대이다. 그런데도 사람들은 시대가 변하고 있다는 사실을 전혀 고려하지 않은 채 자신이 알고 있는 지식에 도취해 있다. 그러다 보니 자신은 아무 노력도 하지 않으면서 새로운 시도를 하는 사람들의 발목을 잡는 일이 비일비재하다.

내가 존경하는 안 대장님의 유튜브 채널에 이런 댓글이 달린다. 예를 들자면 "저건 돈만 있으면 아무나 해. 그게 뭐가 어려워?", "고작 그걸 자랑하는 거야?", "진짜 홍보하려고 별걸 다 애쓴다"

라고 쉽게 비판한다. 장담하는데 이런 생각으로 SNS에 악성 댓글을 남기는 사람 중에 진짜 부자인 사람은 별로 없을 것이다. 1천 명 중 10억 이상 자산을 가진 사람은 1% 미만이라고 확신한다. 자신은 경험해 본 적도 없으면서 성공을 직접 경험한 사람을 너무 쉽게 판단하고 공격할 뿐이다.

김광석의 〈이등병의 편지〉라는 노래를 알 것이다. 지금은 10대부터 중장년층까지 큰 인기를 누리는 '국민 노래'이지만, 한때 이 노래가 금지곡이었다는 사실을 알고 있는가? 노래와 창법, 가사가 우울해서 국방의 의무를 다하는 군인들의 사기를 떨어뜨린다는 이유로 금지했었다. 지금의 젊은 세대가 들으면 실소 밖에 안 나오는 행태가 과거에는 너무나 당연하게 여겨졌었다.

그러다가 몇 년이 지나서 금지가 해제되었고, 세상에 나와 빛을 보기 시작했다. 군인들의 사기가 떨어질 것이라는 우려와 반대로 〈이등병의 편지〉는 군인은 물론 청년들의 마음을 대변하는 느낌으로 많은 사랑을 받는 노래가 되었다.

사실 금지곡 설정처럼 과거에 묶여 있는 암묵적인 룰에 의해 새로운 시도나 방법이 나오는 게 굉장히 힘든 것이 우리나라의 현실이다. 과거에 비해 덜할 뿐이지 여전히 이런 불문율은 많이 존재한다. 가수 이문세, 전인권 씨의 창법을 지적하며 노래를 못하는 가수라고 지적받던 시절이 있었지만, 결국 시간이 지나 빛을 봤다. 이처럼 당장 남들이 안 된다고 해도, 나 스스로 확신이 든다면 과감히 도전해라. 나의 성공을 붙잡고 있는 불문율을 깨라!

인생을 변화시키는 사람이 성장할 수 있다

나는 17살에 독립을 결심했다. 당시 내 하루 용돈은 430원이었는데, 너무나 부족해서 아르바이트로 첫 월급 23만 원을 받았다. 당시 내 돈 관리를 아버지가 했는데, 결과적으로 내 돈을 내 마음대로 쓰지 못하는 상황이었다. 이때부터 독립하기를 간절히 바랐었다. 자연스레 대학은 가지 않았다. 19살, 바로 취업해서 돈을 벌었고, 당시 받았던 110만 원 월급은 내 마음대로 하기에 충분한 돈이었다. 아버지의 돈 관리 제안을 거부하고, 비로소 내가 꿈꿨던 경제적 독립을 한 것이다.

그렇게 110~200만 원의 월급을 받으며 회사생활을 하다가 1년 6개월 후 입영통지서를 받았다. 회사 퇴사 후 입대했고, 무사히 군생활을 마친 후 바로 취업했다. 이때 내 연봉은 4천만 원 정도였는데, 당시의 내게는 큰돈이었다. 이때까지 아버지, 어머니와 한집에 살면서 돈 문제로 잦은 갈등이 있었다. 그리고 나는 나의 성장을 위하여 따로 살집을 얻으며 독립을 실행했다. 독립은 내 인생이 완전히 바뀐 시점이자 동시에 새로운 시작을 결심한 계기가 되었다.

가족으로부터 독립한 후로 내 삶의 주체는 내가 되었고, 모든 결정도 스스로 내렸다. 물론 그만큼 책임감도 늘어났다. 독립하자 나 스스로 빠르게 성장하는 속도를 체감했다. 1년, 2년 지날수록 성장의 추세는 이전과 차원이 달랐다. 아무런 결정도 할 수 없었던 지난 24년이 아깝게 느껴졌다. 많지는 않아도 혼자 사는 데 충분한 연봉이었고, 더 이상 남의 눈치를 볼 것도 없이 하고 싶었던 것을 해나가며 성취감을 얻었고, 성장도 할 수 있었다.

증명하지 못한 인생은 도태될 뿐이다

이 무렵 나는 운 좋게 들어와 '평생직장'이라고 여겼던 회사에서 퇴사를 결심했다. 퇴사의 계기는 많았지만, 특히 이 3명의 사람을 보며 결심했다.

1. 사업으로 돈을 많이 버는 A형

회사생활은 한 번도 안 해봤지만, 돈도 많고 게다가 나보다 잘생긴 외모에 키도 큰 1살 위 형이다.

2. 나를 늘 무시하던 B형

나보다 잘생긴 외모에 키도 크고, 노래도 잘 부르며, 수학 선생님이었던 3살 위 형이다. 평소 잘해주었지만, 본인보다 한참 아래로 나를 평가절하하며 늘 무시했다.

3. 회사의 리더들

직책은 리더였지만, 너무나 무능한 리더들이다. 차라리 내가 하면 더 잘하겠다는 생각이 들 정도였고, 결정적으로 이 사람들 밑에서 나는 성장할 수 없다고 판단했다.

막상 퇴사하니 정말 홀가분한 심정이었다. 회사도 나를 빨리 내보내고 싶었는지 퇴직 의사를 밝히자 바로 처리해 주었다. 대개는 팀원이 나간 팀은 그달의 실적이 꼴찌가 되어서 1~2달 만류하거나 붙잡기 마련인데, 내 퇴사는 즉시 반영해 주었다.

나는 이때부터 돈을 많이 벌겠다고 굳게 결심했다. 그리고 나를 응원해 준 사람들은 물론 반대로 나를 무시한 사람들에게 내가 옳았음을 증명하고 싶었다. 무능력한 리더들이 한 말이 귓가에 울리기도 했다.

"그렇게 잘 알면, 네가 나가서 하면 되잖아?"

내가 성장하기 위해서 때로는 무시하는 게 상책이다. 대응해봤자 괜한 감정 소모만 할 뿐이다. 오로지 실행으로 증명하면 된다. 나는 영업과 사업을 하기로, 그래서 나 자신을 증명하기로 결심했다. 그렇게 새로운 삶을 시작하는 내 인생의 변곡점을 맞이했다.

배움을 멈추면 성장도 멈춘다

자신의 성장은 물론 궁극적으로 성공하기 위해선 끊임없는 공부가 필수다. 학창 시절 죽기보다 하기 싫었던 공부였지만, 성인이 된 26살부터 제대로 공부하기로 결심했다. 사실 나는 혼자서 이런 생각을 했었다. '열심히 안 해도 상위 30%인데, 마음먹으면 상위 10%는 물론 1등, 2등도 할 수 있을 거야!' 그렇게 처음으로 기업 강사 브리핑 영업을 시작했다. 그런데 내 생각은 물론 열심히 하겠다는 다짐과 달리 공부는 너무나 어려웠다.

처음에는 어떻게 하는지도 몰랐다. 무작정 열심히도 하고, 잘하는 사람을 따라 하기도 했다. 그러나 어설픈 흉내로는 정말 죽도 밥도 안 될 뿐이었다. 나는 지점장님에게 내 고민을 털어놓으며 진지하게 상담했다. 지점장님은 아침 9시보다 이른 7시에 출근해서 매일 1시간씩 연습한 후 일을 시작하라는 조언을 해주었다. 그러면 기분도 상쾌해지고, 자신감도 생겨나 더 열심히 일할 수 있다는 말도 해주었다.

그때까지 나는 성공해 본 적이 없었기에 지점장님이 시키는 대로 최대한 노력했다. 하지만 피곤함만 늘어날 뿐 일이 잘되지는 않았다. 내가 원했던 건 현장에서 일어나는 치열한 변수 속에서 필요한 실질적인 도움이었다. 그러나 지점장님은 미라클 모닝(Miracle Morning)과 반복적인 연습만을 강조했고, 내가 하던 강의 녹취 파일을 몇 개나 보냈지만, 제대로 된 피드백도 없었다.

마침 코로나19 사태로 힘겹게 버티던 어느 날, 저녁도 못 먹은 채 강의를 마치고 회사에 와서 컵라면을 먹으려던 찰나였다. 갑자기 지점장님이 나타나 컵라면은 사무직원이 먹으라고 둔 것이니 영업인들은 먹으면 안 된다는 것이었다. 도저히 이해되지 않았다. 야근을 많이 하는 직원을 더 챙겨줘야 하지 않나? 도시락도 아니고, 급식도 아니고, 고작 컵라면 한 개를 아까워하는 상사에게는 아무것도 배울 게 없다고 판단했다.

결국 나 스스로 성장하겠다고 결심하고 유튜브에서 '영업 잘하는 법'을 검색하며 많은 영상을 봤다. 수많은 영상 중에 나와 마음이 맞고 생각이 비슷한 유튜브 채널을 찾았고, 모든 영상을 정독하며 공부했다. 그 유튜브 채널이 바로 〈안대장TV〉였고, 지금의 나로 성장시켜 준 안 대장님을 알게 되었다. 나는 안 대장님의 책과 블로그는 물론 다른 유튜브 채널에 출연한 영상까지 모두 챙겨보았다. 그러면서 확신이 들었다.

'저 사람이라면, 분명 나를 성장시켜 줄 수 있어!'

배움을 절대로 멈추지 말라

성공은 갈망한다고 해서 무조건 이루어지지 않는다. 그러나 때로는 확신이 필요하며, 그래야만 확실한 성공이 다가온다. 내가 안 대장님에게 확신을 느낀 건 단순히 돈을 많이 벌어서가 아니다. 그분이 '어떤 마음가짐으로, 어떻게 생각해서, 어떻게 벌었는지'가 나와 비슷한 부분이 많았다.

안 대장님의 책인 《나는 인생에서 알아야 할 모든 것을 영업에서 배웠다》를 통해서 안 대장님의 연락처를 알게 된 나는 주저하지 않고 '영업에 대한 궁금점'을 메시지로 보냈다. 처음에는 초면에 내 메시지가 워낙 장문이어서인지 제대로 된 답장을 받지 못했다. 그때 '본인이 되고 싶은 사람을 찾아가고 만나봐라!'라는 안 대장님의 말이 떠올랐다.

매주 일요일 안 대장님은 서울에서 특강을 했는데, 나는 곧바로 특강을 예약하고 안 대장님의 강의를 들었다. 특강을 통해서 어떻게 영업을 시작하는지 배운 후에 혼자서 실행할 생각이었는데 쉽지 않은 것 같았다. 강의 중간 쉬는 시간에 강의료 등의 정보가 담긴 설문지를 받았다. 강의료가 생각보다는 비쌌다. 당시 기준으로 3개월에 1천만 원 정도였다.

정말 매월 1천만 원을 벌 수 있다면, 처음 수익은 투자했다 여기며 강의를 들을 수 있다. 그런데 정작 내가 고민한 것은 강의료가 아닌 '다단계 시스템'일지도 모른다는 걱정이었다. 나는 강의 취소 가능 여부를 확인한 후 계약금을 내고, 잔금은 치르지 않았다. 그리고 집중적으로 안 대장님과 관련된 모든 것을 검색했다. '사기'라는 키워드부터 '과징금, 고액 강의료' 등 역시 수많은 논란이 있었다.

먼저 '과징금 논란'을 자세히 알아봤는데 혐의가 없다는 판결을 재확인했고, 직접 대전법원에 전화해서 아무 문제가 없는 것도 확인했다. 또 안 대장님의 친형이 변호사라는 점도 확인했다. 여전히 궁금했던 것은 '고액 강의료'였다. 안 대장님의 강의에 대한 몇 가지 불만이 있었지만, 실제 성공한 사례가 불만 사례보다 훨씬 많았다.

모든 걸 확인하고 나자 이런 생각이 들었다.

'내가 여기에서 성공하지 못할 이유가 없다. 설령 실패한다면 더 이상 내 인생에서 욕심내지 않겠다!'

나름의 확신과 굳은 각오로 내가 끌어모을 수 있는 모든 돈을 모아 강의료 잔금을 치르고 안 대장님의 강의를 들었다. 안 대장님의 강의를 듣는다는 사실을 몇몇 지인에게 알렸는데, 역시나 대부분 사람의 반응은 냉담했다. 특히 나를 평가절하하며 무시하던 형들은 나를 걱정한다는 명분에 대놓고 무시했다. '그 돈으로 강의 들을 거면 내게 배워라, 차라리 나를 따라다녀라', '처음 1천만 원 내고 매월 1천만 원 벌도록 해주면 개나 소나 다 듣겠다', '너는 아직도 세상 물정을 모른다' 등의 말들로 무시했다.

물론 법적 문제 여부나 진심으로 해준 조언도 있었지만, 그들이 해보지 않았으면서 하는 말들은 개의치 않았다. 이미 나는 충분히 검토하고 결정했으며 강의를 듣는 100명 중 10명, 아니 단 1명이라도 성공할 수 있다면 나는 그 1명이 될 자신이 있었다. 이제 결과로 증명하고 싶었고, 모든 지인과 연락을 끊고는 오직 일에만 집중했다. 그리고 그때 나의 선택이 틀리지 않았음을 이 책이, 이 책을 쓰고 있는 지금의 나 자신이 증거라고 생각한다.

지금까지 살아오면서 많은 사람에게 '배움의 투자'를 물어봤다. 그 결과 이미 성공한 사람들과 부자들은 모두 배움을 지지했다. 반대로 대부분 사람은 배움에 대한 의구심이 많았다. 알다시피 대부분 사람은 성공하지 못했거나 부자가 아니다. 나는 안 대장님에게 배움을 시작으로, 지금도 일이 잘 안 풀릴 때마다 책과 유튜브, 강의(스피치, 동기부여, 전문성 향상)를 들으며 쉬지 않고 배우고 있다.

단언하지만, 배움 없이는 성공하기가 어렵다. 다만 '누구에게, 어떻게' 배울지 분명히 따져보고 실행해야 할 부분도 있을 것이다. 중요한 것은 배움을 멈추지 않는 것이다. 그 '배움의 투자'가 내 전체 인생에 큰 손실이 없다면, 설령 실패한다고 해도 좋은 경험이 될 것이라고 확신한다. 아무것도 아니었던 나도 해봤으니 말이다.

하위 98%에서 상위 10%가 된 비결

나는 우리나라 하위 98%가 들어가는 학교 출신이며, 일찍부터 배움과는 담을 쌓고 살았다. 집안에 돈도 많지 않았고, 다니던 대학교를 중퇴한 고졸이다. 이처럼 흙수저 출신에 비호감 덩어리였던 내가 비교적 빨리 성장하고, 조금 더 운이 좋았던 이유는 남들보다 '시각화'와 '실행력'이 뛰어나서였다.

당신이 성장하고 싶다면, 상상하고 체험하라. 이것을 '시각화'라고 한다. '시각화'란 사람마다 다르게 해석할 수 있는데, 나는 상상력이라고 생각한다. 예를 들어 부자가 되고 싶다면, 돈을 많이 벌었을 때 내가 어떤 인생을 살지를 계속 상상하는 것이다. 내가 사는 집, 내가 타는 차, 나를 대하는 태도, 행복해질 가족 등을 떠올리면 저절로 힘이 난다.

가만히 앉아서 상상하는 게 아닌 산책이나 여행 등 혼자만의 시간을 통해 여유를 가지면 큰 동기부여가 될 것이다. 상상을 다 했으면 직접 체험하는 게 효과적이다. 예를 들어 지금 구형 마티즈를 탄다면 신형 벤츠를 타보는 것이다. 벤츠를 타는 사람의 차를 함께 타보거나 렌트를 해도 좋다. 매장에 연락해서 시승 신청도 해보고, 유튜브로 차량 브이로그를 봐도 된다. 중고차 판매장에 가서 직접 확인하는 것도 방법이다.

이처럼 내 눈에 보이는 '시각화'를 체험하면, 자연스레 동기부여도 되며 나중에 실제로 살 수 있게 된다. '인생은 차 따라가는 것'이라는 말처럼, 처음엔 조금 무리하더라도 결국 감당할 수 있을 만큼의 능력을 갖출 수 있다. 계속해서 그다음 스텝을 위해 '시각화 과정(상상→체험→시각화)'을 따른다면 점차 성장해 나아가는 자기 모습을 발견할 것이다.

비단 차뿐만이 아닌 집도 마찬가지다. 내가 살고 싶은 집을 상상하며 유튜브로 보거나 부동산에 가서 직접 집을 볼 수도 있다. 또한, 내가 상위 10% 사람이 되기 위해서는, 상위 10%의 사람이 되었을 때 어떤 대우를 받고, 어떤 인생을 살고 있을지 상상해보자. 그들의 유튜브나 SNS를 통해 어떻게 사는지를 확인한 후 기회가 닿는다면 그 사람을 직접 만나는 것도 좋다.

'아니, 그래서 상위 10% 사람들을 어떻게 만나?'라고 생각할 수 있다. 너무 막연한가? 막상 찾아보면 체험 방법은 많이 있다. 상위 10%의 사람들이 있는 모임에 참석하면 된다. 예로 자영업자 모임이나 CEO 모임, 해외여행 모임, 자동차 동호회, 와인 동호회 등 우리 주변에는 다양한 모임들이 많이 있다. 이 모임을 통해 만날 수도 있다.

만약 인플루언서나 유명인이라면 그들의 SNS나 유튜브 등을 구독해라. 각종 이벤트나 팬 미팅 등의 정보를 알 수 있다. 또는 교육과 관련된 사람이라면 강연에 참여하거나 그 사람이 쓴 책을 통해서 간접적으로 만날 수 있다.

'시각화'는 어렵지 않다. '상상→체험→시각화→동기부여→실행' 5가지 과정을 지키면서, 앞서 말한 '수정→보완→재실행'을 더한다면 엄청난 속도로 성장하는 자신을 볼 수 있을 것이다.

포기하지 말고 성장의 힘을 길러라

대개 사람들은 한번 시작해서 실패하면 끝났다고 여기며 그만둔다. 그러나 포기하기에는 이르다. 내가 겪은 대표님의 사례를 들겠다. 대표님은 총 4명의 직원과 일하며 7천만 원의 순이익을 남기는 회사를 운영하고 있었다. 물론 더 높을 수도 있지만, 재무제표로는 그랬다. 직원 한 명당 대략 3천만 원 이상을 지급했는데, 국가가 제공하는 지원금을 받는 제도가 있었다. 대표님도 알고는 있었지만, 직원 수가 5인 미만이라 받지 못한다고 했다.

직원 한 명당 960만 원의 지원금이 나오는데, 지금 직원을 채용해서 신청해도 기간이 지나서 불가능하다고 했다. 대표님의 설명에 반신반의했지만, 내 소신대로 진행했다. 전화로 문의하니 역시 안 된다는 답변을 들었다. 안되는 이유가 무엇인지 담당자에게 거듭 물어보며 알아낸 사실은 '직원 수 5인 이하'일 때 예외 적용 대상이 있다는 것을 알아냈다.

즉 똑같은 일을 하더라도 여러 가지 업종을 등록할 수 있는데, 여러 업종 중 '성장 유망업종'을 주업종으로 바꾸면 지원금을 받을 수 있었다. 바로 지원 서류를 다시 접수해서 재심사를 요청하였다. 그 결과, 3천만 원에 가까운 지원금을 받게 되었다.

지원금을 받을 수 있었던 이유도 '수정→보완→재실행' 과정을 따랐기에 가능했다. 남들보다 조금 더 노력한 결과 0원에서 3천만 원이라는 결과를 얻을 수 있었다. 제조업에서 3천만 원의 순이익을 기록하려면 매출 4억은 달성해야 하는데, 이 과정으로 매출 4억을 기록한 것이다.

그밖에 은행 대출을 거절당해서 고금리 캐피탈이나 대부업을 쓰는 사람들을 많이 봤다. 이들을 보면서 안타까웠던 것은 탄탄한 업종에 매출은 물론 사업 아이템도 좋은데, 단지 기관의 형식적인 거절을 속수무책으로 당한 것이다. 나는 어려움에 빠진 대표님들에게 도움을 주고 성과를 낼 때가 일반적인 대표님들의 성과를 내는 것보다 더욱 기쁘고 보람 있다.

내가 돈을 버는 것도, 세상에 어떤 가치를 주는 것도 모두 중요하다. 하지만 진심으로 보람을 느끼고, 그로 인해 삶의 동기부여가 될 만한 수준의 기쁨, 만족, 행복감을 얻을 수 있는지가 일을 하는 데 있어서 정말 중요하다. 작은 성취를 위해 방 청소나 일어나서 이불 정리를 하라는 유명한 말을 한 번쯤 들어봤을 것이다. 거짓이 아니다. 처음부터 크게 성공하고 몇천억을 버는 사람은 없다.

사회적으로 높은 위치에 올라간 사업가는 티끌만 한 먼지와 같은 작은 성취부터 시작하여 지금의 위치까지 온 것이다. 만약 그 과정 중에 자신이 어떤 기쁨도, 작은 만족도 느끼지 못했더라면 그 무엇을 원동력으로 삼고 갈 수 있었을까? 돈도 돈이지만 그것만큼이나 중요한 건 일을 대하는 태도와 거기서 얻는 나의 희열이다. 성공하고자 하는 열망과 일을 통해서 얻는 보람이 하나가 되는 순간 시너지효과는 크게 폭발한다.

나는 당신이 사랑하는 일을 찾아 세상을 놀라게 할 정도로 압도적인 성과를 거두었으면 한다. 그것이 이전에는 상상할 수 없었던 드라마틱한 미래를 만들려고 하는 나에게, 그리고 진심으로 잘되길 바라는 당신에게 해주고 싶은 이야기 중 하나이기 때문이다.

삶의 모든 영역에서
상위 1%가 되는 법은 두 가지다.
첫째, 99%가 어떻게 행동하는지 관찰한다.
둘째, 그 반대로 행동한다.

비즈니스에서 모든 사람이 하는 것을
따라만 하면 손해를 볼 것이다.
앞서는 유일한 길은
다른 사람과 달라지는 것이다.

_래리 앨리슨(Larry Ellison)

포지셔닝은 나를 상위 포식자로 만들어 준다

포지셔닝(Positioning)이란, 마케팅 목표를 효과적으로 달성하기 위해 '소비자의 마음속에 자사 제품이나 기업을 표적시장·경쟁·기업 능력과 관련하여 가장 유리한 포지션에 있도록 노력하는 과정'을 말한다. 즉 내가 '을'의 위치가 되지 않도록 돕는 것이다. 나 역시 '을'의 대우를 받은 적이 많이 있다. 그러다 보니 포지셔닝을 잘하여 시장에서 나를 '갑'의 위치로 설정하게끔 노력했고, 결과를 통해 '이게 맞다'라는 확신이 생겼다.

여기서 오해하지 말아야 할 건 '갑질을 하라'는 게 아니다. 가장 유리한 포지션에 있도록 노력하기 위해서는 사소한 것부터 시작해야 한다. 나는 살면서 운동을 해본 적이 없지만 2~3달만 해도 운동을 안 해본 사람과 체력의 차이점이 생기고, 무엇보다 자신감이 생긴다. 핵심은 '자신감'이다. 만약 내가 상품을 팔아야 하고, 영업해야 한다면 직접 찾아갈 때 자존심이 상하거나 의기소침해질 수 있다. 그때 나는 그 사람의 강의를 들으며 동등한 위치를 세팅하거나, 내가 오프라인 강의를 열어 사람들이 찾아오도록 만든다.

여기서 요점은 그 사람의 니즈를 파악하여 이에 맞는 '스탠스'를 취하는 것이다. 이렇게 포지셔닝을 설정해 나를 유리한 위치에 올려놓으려면 평소에 노력해야 할 2가지가 있다.

첫째, 감당할 수 있는 수준으로 배팅한다.

'부자처럼 행동하면 부자가 된다'라는 말이 있다. 주변에 외제 차를 타는 등 무리하게 소비하는 사람이 있을 것이다. 나 역시 원룸에 살았을 때 이런 시도를 했고, 일을 강제적으로 할 수밖에 없도록 자신을 몰아넣었다. 물론 미리 리스크를 계산하고 부자를 따라 해본 것이기에 감당하지 못할 수준의 사치를 부린 것은 아니다.

여기서 더 자세히 봐야 할 건 부자들은 어떻게 하면 더 효율적으로 일하면서 최적화시킬지 고민한다. 나는 이런 사소한 소비 습관을 통해 그들의 사고를 추론했다. 내가 안 해도 되는 일은 직원에게 맡기고, 그들의 생활 패턴은 어떤지, 어떤 말을 쓰고 어떤 비언어적인 제스처를 취하는지 엿보고, 간접적인 체험을 하며 차근차근 하나씩 나의 수준을 끌어올렸다.

둘째, 자기 관리로 최적화된 컨디션을 만든다.

나는 주 2회 꾸준히 유산소 운동을 하며 몸과 정신의 건강 관리에 힘썼다. 또한 잠을 규칙적으로 자며 스트레스를 덜어내고, 업무 중 고민됐던 것들에 대한 해답을 찾을 수 있는 일종의 휴식 시간을 가졌다. 이러한 노력은 간접적으로 내 수익을 높이는 데 있어서 큰 영향을 주었다. 소위 말하는 부자나 큰 회사의 대표가 아니라면 사업을 모두 자동화시키는 건 쉬운 일이 아니다. 나의 컨디션 관리

여부에 따라 회사의 매출을 왔다 갔다 할 수 있기 때문이다.

나는 이런 사실을 알고 있었고, 그 성공의 맛을 봤기에 부지런히 나의 포지셔닝을 유리한 흐름으로 이끌기 위해 자기 관리에 소홀하지 않았다. 나를 유리한 위치로 설정하는 것은 동종업계 기준에서 건강, 업무 시간, 방법 등 모든 에너지와 시간을 쏟아부어야 결과가 나올 수 있다.

치열한 자신과의 싸움, 그것이 인생이다

열심히 하는 게 중요한 것뿐 아니라 행운도 필요하다. 내 업무를 보며 결과를 쌓아가다 보면 분명히 행운이 따르는 전성기의 시절 또한 온다. 이 기회를 놓치지 않는 건 부지런함과 꾸준함, 무엇보다 나의 목표가 지금 눈 떠 있는 순간조차도 생생하게 그려질 정도로 상상하고, 스스로 내뱉은 말을 지키는 것이다. 나는 내가 한 약속을 반드시 지켜왔고, 지금까지 그렇게 살아왔다.

포지셔닝을 마법의 단어로 생각할 필요 없다. 책 1권 읽은 사람이 신념을 가지면 무섭다는 말이 있다. 하지만 나는 '인생은 실전'이라 믿는다. 100페이지 읽는 것보다 10페이지 읽고, 하나라도 행동하는 사람을 나는 높게 평가한다. 인생은 태어났을 때부터 불공평하다. 우리가 사는 세상이 그렇다. 나의 가치를 스스로 정할 수 있는 위치에 올라가지 않으면 결국 바뀌는 것은 없다.

냉혹한 자본주의 사회에서 하나의 목표를 관철하고자 하는 이들에게 필요한 건 경쟁사회에서 독보적인 나의 존재를 드러낼 수 있는 존재감과 평소에 성실하게 쌓인 자기 관리로 인해 그 결과가 프로젝트, 기획, 수익, 미팅 등에서 나타나는 것이다. 당신이 성공하고자 한다면, 치열한 경쟁에서 승자로 생존하려면 먼저 자기 자신과의 싸움에서 이겨야 한다. 늘 가슴에 손을 얹고 양심적으로 묻기를 바란다. 이대로 합리화하며 넘어질 것인가, 아니면 그럼에도 불구하고 넘어설 것인가?

Chapter 6.

욕망의 크기가 성공의 크기를 결정한다

강 철

현대홈쇼핑, 1시간 100억 완판!
메리츠화재 본부장 대상, 금상 수상!
연봉 6억 달성!

'인생에 무엇을 남길지는 자신만의 업(業)을 살아가는 당신의 선택이자 몫이다!'

일찍부터 꿈에 대한 욕망과 돈을 많이 벌고 싶다는 목표가 있었다. 직업 적성 검사대로 육군 장교(ROTC)가 되어 나름 훌륭한 군 생활을 했으나 더욱 큰 욕망을 갈구했다. 군 전역 후 대기업 입사를 목표한 결과 당당히 현대홈쇼핑의 쇼호스트가 되었다. 이후 현실의 안주와 미래의 도전 사이에서 고민하다가 과감히 쇼호스트를 그만두고 보험업을 시작했다. 자신만의 창의적인 방법으로 보험업도 승승장구했으며, 특히 독보적인 리쿠르팅 방법을 설정하고 진행했다. 메리츠화재 강남프랜차이즈 대표 본부장으로 일하며 2017년 대상, 2020년 금상, 2022년 동상을 수상했다.

E-mail : antonio919@naver.com

좋은 욕망은 성공의 원동력이 된다

이 책을 읽는 여러분에게 묻고 싶다.

'당신이 상상하던 욕망은 무엇인가?'

'돈을 많이 벌고 싶은가? 아니면 유명해지고 싶은가?'

'혹시 욕망을 포기한 채 바쁜 일상에 파묻혀 살고 있는가?'

누구나 꿈꾸는 욕망

예전부터 나는 꿈에 대한 욕망이 많았다. 그리고 돈도 벌어야 했다. 아마 대한민국 대부분 청년도 마찬가지로 욕망이 있을 것이다. 어렸을 때 직업 적성 검사를 했는데 군 장교가 나왔다. 장교가 되려면 육군사관학교에 들어가야 하는 줄 알았는데, 학군장교(ROTC)나 간부 사관 등 장교가 되는 여러 방법이 있었다. 나는 장교가 되고자 최대한 많은 정보를 수집하고 준비했다.

학군장교가 되려면 '학점'과 '체력장'이 중요했다. 두 가지 다 자신 있었지만, 최대한 집중해서 준비했다. 체력장에서 1.5km를 달리는데 100m 달리기처럼 뛰어야 한다는 정보를 얻었다. 집 앞에 있는 전봇대와 전봇대 사이의 거리가 50m인데, 나는 매일 16개의 전봇대 사이를 전속력으로 달리면서 호흡조절이나 체력 분배를 연습했다. 또 피트니스 센터를 다니며 2분 기준으로 팔굽혀펴기 120개와 윗몸일으키기 90개도 훈련했다.

일찌감치 준비한 나는 '특급'으로 합격했고, 장교가 될 수 있었다. 이렇게 시작한 군 생활도 욕망을 가지고 잘 생활했으나, 나는 더 큰 욕망을 갈구했고 사회생활을 하고 싶었다. 그래서 군 생활을 하면서도 시간을 내어 취업 공부를 했고, 전역 후 대기업 입사가 목표였다. 이름만 대면 누구나 아는 대기업, 연봉이 높은 곳의 취업을 준비했다.

당시 100여 개의 기업에 취업원서를 지원했고, 50여 곳에서 서류전형에 합격했다. 나는 최대한 시간을 쪼개서 면접에 모두 참석했는데, 최종 14개 기업에서 합격 통보를 받았다. 이 중 가장 연봉이 높은 기업을 선택해 새로운 사회생활의 첫걸음을 내디뎠다.

특별한 삶에 대한 욕망

나의 특별한 욕망은 쇼호스트가 되는 것이었다. 당시 유통회사에서 일했는데 영업도 재미있었고, 특히 TV에서 상품을 판매하는 홈쇼핑 방송에 흥미를 느꼈다. 게다가 쇼호스트의 연봉이 높다는 사실을 알고 바로 학원을 등록해서 준비하기 시작했다. 당시 내 월급의 절반을 학원비로 쓰는 건 큰 부담이었지만, 내 욕망이 이겼다.

회사에 다니면서 쇼호스트 준비를 병행하는 건 여간 힘든 것이 아니었다. '주경야독(晝耕夜讀)'이란 말처럼 낮에는 회사에서 일하고, 퇴근 후 학원에서 매일 밤 10시 넘게까지 공부했다. 심지어 토요일에도 스터디에 참석해서 열심히 준비했다. 중간에 너무 힘들어서 포기하고 싶은 마음도 굴뚝 같았지만, 회사를 그만둘 상황도 아니었다.

그때마다 쇼호스트가 된 내 모습을 상상하며 버텼다. 다행스러운 건, 이 시절에 좋은 스승을 만나서 많이 배웠고, 좋은 분들과의 인연도 맺었다. 내 롤 모델이자 지금도 유명한 김효석, 장문정, 정윤정, 문석현 쇼호스트가 스승이었고, 최성욱 형님의 매니지먼트 덕분에 나는 메인 5대 홈쇼핑 중 한 곳인 현대홈쇼핑의 신입 쇼호스트로 당당히 입사했다.

내 운명의 주인은 '나'이다

대부분의 쇼호스트는 판매 욕심이 많은 만큼 여러 가지 노력을 한다. 특히 화법을 가장 많이 연구하는데, 상품을 설명할 때 고객이 쉽게 이해할 수 있도록 다양한 방법을 사용한다. 드라마 등 정규 프로그램이 끝나고 시작되는 광고 시간에 고객을 사로잡아서 상품을 설명하는 화법의 달인들이 바로 쇼호스트이다.

그토록 되고 싶었던 쇼호스트가 된 나는 가전제품, 의류 등을 판매하며 왕성히 활동했다. 1시간 만에 100억 매출, 완판 신화를 이루기도 했다. 하지만 더 많은 돈을 벌고 싶은 욕망이 일어났다. 그리고 내가 하는 게 아닌 '돈을 버는 수단'을 만들고 싶었다.

'지금 현실에 만족해하며 충실할 것인가?'

'미래를 위한 새로운 도전을 할 것인가?'

현실과 미래, 안주와 도전. 그 사이에서 진지하게 고민했다. 지금의 자리도 400대 1의 경쟁률을 뚫고 들어온 자리였기에 쉽게 결정하지 못했다. 불확실한 미래에 대한 두려움과 당시 쇼호스트로서 누리던 유명세와 혜택, 대우 등을 포기하고 새롭게 도전한다는 것에 대한 부담감은 상당히 컸었다.

깊게 고민한 끝에 나는 '돈을 벌기 위한' 운명을 선택했다. 내 삶의 주인은 나이고, 내 삶의 운명도 내가 결정한다. 나는 부자가 된 내 모습을 상상하며 과감하게 쇼호스트를 그만뒀다. 그리고 영업을 내 운명으로 받아들여 돈 버는 것에만 집중하기로 결심했다.

긍정의 힘을 믿고, 성공에만 집중하라

쇼호스트를 그만둔 나는 보험 영업을 시작했다. 똑같은 영업이라 생각할 수도 있겠지만, TV 방송을 통해 상품 판매를 하는 것과 보험시장 현장에서 영업하는 것은 크게 달랐다. 특히 고객을 발굴하는 게 쉽지 않았는데, 불특정 다수의 고객을 대상으로 판매하던 이전과 달리 고객 한명 한명을 찾아가 일대일로 대하는 게 예상했던 것보다 어려웠다. 대개의 영업자가 이런 어려움을 겪으며 크게 고민할 것이다.

'부정적인 사람은 기회 속에서도 문제를 보고, 긍정적인 사람은 문제 속에 숨겨진 기회를 본다'라는 말이 있다. 나는 긍정적인 마음으로 문제를 해결할 수 있는 방법을 찾아냈다.

미리미리 준비하라

쇼호스트는 홈쇼핑 방송을 몇 시간 전부터 준비할 것 같은가?

적어도 방송 2시간 전에 미리 도착해서 메이크업, 의상 등을 완료하고 방송 1시간 전부터 대기한다. 내가 영업 현장에서 성공할 수 있었던 비결 중 하나는 미리미리 준비하던 습관이다.

예를 들어 레스토랑을 운영한다면 매일 새벽시장에 나가서 신선한 재료를 선택한 후 주방에서 재료를 다듬어 바로 요리할 수 있도록 세팅을 완료한다. 또 홀에서는 청소는 물론 테이블 세팅, 인테리어 등을 정돈하고, 마지막으로 본인의 복장이나 매무새를 단정하게 준비한 후 레스토랑 오픈 30분 전부터 대기한다.

대학 시절 유명 레스토랑에서 아르바이트했을 때 배운 것이다. 현장 방문 영업도 마찬가지이다. 고객을 만나기로 한 장소에 30분 전 도착해서 미리 상담 준비를 마치고, 대기해야 한다. 가끔 어떤 고객은 약속 시간 20분 전에 도착하는데 그러면 고맙게도 20분 먼저 상담을 시작한다. 충분히 상담하고 시간이 남으면 바로 헤어지는 게 아니라 좀 더 서로에 관한 대화를 한다.

보험 특성상 부모님 이야기를 먼저 나누고, 배우자, 자녀 순으로 이야기하다 보면 고객과 상당히 가까워지는 느낌을 받는다. 고객은 대화 초반에는 서먹하지만, 대화를 나누며 친분이 생겨서인지 나를 인정하게 된다. 그러면 계약 성사율도 높아지게 된다. 물론 고객도 이 부분을 마음에 들어 하는 모습이었다.

영업 현장에서 먼저 준비하는 자세는 계약의 성패를 좌우할 만큼 매우 중요하다. 약속 시간보다 먼저 도착해서 확실하게 세팅하고, 그만큼 얻어진 시간에 고객과 대화하며 신뢰를 얻는 영업 습관을 들이면 당신의 성공에 큰 도움이 될 것이다.

고객의 주의를 끌어라

고객을 만나서 상품을 설명할 때는 쉽게, 또 속도감 있게 해야 한다. 다음 2가지 상품 설명을 예로 들겠다.

A : 고객님, 제가 소개해 드릴 상품은 M 드라이브 운전자보험인데요…

B : 고객님! 운전하시죠? 자동차보험과 운전자보험 두 개면 운전할 때 '천하무적'입니다.

당신이 만약 고객이라면 A와 B 두 사람 중 어느 쪽 상품설명에 끌리는가? 백이면 백, B의 설명에 끌릴 것이다. B는 먼저 고객에게 질문으로 주의를 끈 후에 누구나 좋아하는 '천하무적'이라는 단어를 썼기에 고객의 호감을 얻을 수 있다. 아마 당신도 이런 방식을 경험한 적이 있을 것이다. 학창 시절, 선생님이 나에게 질문하면 그렇게 밀려오던 잠도 달아나거나, 선생님이 자기 연애사를 이야기할 때 괜히 친근감이 들던 상황과 비슷하다.

또 한 가지 유념할 것은 고객이 영업자의 말에 집중하는 시간은 16초 정도라고 한다. 즉 고객의 주의를 끌려고 제아무리 노력해도 고객은 '필요한 말'에만 반응할 뿐이다. 그래서 고객과 상담할 때는 주의를 끌 수 있는 화젯거리를 중간중간 넣어야 한다.

예를 들어 교통사고 보험 상품을 설명할 때, "교통사고 처리, 1천만 원 상품에 가입하시면 교통사고 발생 시 얼마나 보상되고…"라는 식으로 시작한다면 고객은 지루함을 느끼고, 16초 후 고객의 집중력은 저 멀리 날아간다.

"고객님, 지금 나가서 저와 차를 타고 이동하시는 겁니다. 좀 나가다 보면 ○○슈퍼 사거리에서 우회전하다가 횡단보도에서 '꽝~'

사고가…”

만약 이런 방식으로 설명하면, 고객은 자신도 모르게 상상하며 영업자의 설명에 빠져든다. 고객이 하나라도 기억하는 설명이 있다면 성공한 상담이라고 볼 수 있다.

“당신에게 설명을 들으니 최신 트렌드 운전자보험으로 잘 가입한 것 같아요. 무엇보다 설명이 쉬워서 저도 주변 사람에게 소개할 수 있을 정도예요. 지금껏 만난 영업 사원 중 가장 설명을 잘하시네요!”

이 한마디면 계약은 물론 소개도 줄줄이 나올 수밖에 없다.

나만의 창의적인 방법을 찾아라

나는 고객을 방문할 때마다 항상 작은 수첩과 볼펜을 준비해서 드린다. 상당수 고객이 상담 도중에 ‘기억할 수 있을지’, ‘나중에 지금 설명과 다르면요?’라고 많이 물어서 고안한 방법이다. 즉 고객과 함께 상담 내용을 메모하면서 상담을 진행했다. 물론 귀찮아하는 고객들도 있었지만, 대부분 고객은 함께 메모하면서 상담을 만족해했다. 게다가 수첩의 용도가 한 가지 더 있다고 말하면 고객은 귀를 더 기울였다.

“고객님, 제가 마음에 드셨다면 고객님의 소중한 지인 10분의 성함과 연락처를 제 수첩에 적어주세요. 오늘 느끼신 감정 그대로 전하겠습니다!”

고객은 이미 마음에 들었는지 “이런 용도로도 되는군요. 영업으로 성공하실 것 같아요”라고 말하며 지인들의 연락처를 알려줬다. 고객의 자녀들에게도 신경을 썼는데, 입학과 졸업은 물론 학년이 올라가면 명문대 로고가 새겨진 샤프를 선물하기도 했다. 또한, 계약체결 후에는 3월, 6월, 9월, 12월에 정기적으로 방문하여 친분을 더 많이 쌓았다.

고객들은 수많은 영업 사원을 만난다. 그중에 선택받으려면 나를 브랜딩해야 한다. 거창할 필요 없다. 예상치 못한 타이밍, 기가 막힌 아이디어, 그리고 센스만 있으면 된다. 내가 고객이라는 가정에 '~해주면 VIP 대접을 받는다'라고 느낄만한 걸 메모한 후, 영업 현장에서 실행하여 고객의 반응 여부에 따라 유지할지 안 할지를 결정했다. 계속해서 영업 현장에서 사용할 수 있는 방법을 고민하고 연구하며, 나만의 영업문화를 개발시켜 독보적인 영업 스타일을 만든다면 고객에게 선택받을 수 있ㅋ 다.

고객이 이해하기 쉽게 설명하라

고객에게 상품을 설명할 때 해당 상품 영역에서 사용되는 어려운 용어들이 있다. 예를 들어 PC라면, 용량이나 CPU, 코어○○, 램은 OGB 등의 용어를 사용하는데, 어떤 고객들에게는 다소 어렵게 들린다. 또 보험 상품을 설명할 때도 보험료와 보험금의 차이, 부담보와 할증 등 고객의 입장을 고려하지 않고 설명하면 고객은 이해하기 어렵다.

영업자는 고객의 눈높이에 맞춰 상품을 설명해야 한다. 가장 좋은 방법은 고객에게 직접 '보여주는 설명'이다. 예전 홈쇼핑에서 PC 속도가 얼마나 빠른지 설명할 때, 모니터에 여러 개의 창을 띄워서 진행되는 속도를 비교한 적이 있다. 그리고 이렇게 덧붙여 설명했다.

"코어보다 듀얼 코어의 속도가 더 빠릅니다. 일하는 손이 한 개가 아닌 두 개니까요!"

미장센 손상모 케어 상품 론칭 때 실제로 시연한 적이 있다. 실제로 미용실에서 사용하는 샴푸 의자를 설치한 후 모발이 손상한 모델을 앉혔다. 그리고 샴푸 사용 후 'Before'와 ''After'를 미세카메라로 촬영해서 고객에게 직접 보여줬다. 손상된 모발이 좋아진 모습과 샴푸 사용 후 모델에게 머릿결이 좋아진 느낌을 인터뷰하자 론칭은 대박이 났다. 이처럼 고객은 피부에 와닿는 설명에 구매 욕구가 높아지며 상품 구매로 이어진다.

이는 보험영업에서도 활용할 수 있다. 어려운 용어 대신에 보험료는 계약하면 내는 돈, 보험금은 보장받는 돈, 이렇게 이해하기 쉽게 설명한다면 좋은 성과를 낼 수 있다. 마치 '일타 강사'처럼 보험계약자는 보험사와 직접 계약하는 사람, 피보험자는 보험사고 당사자, 수익자는 보장받는 돈을 실제 받는 사람, 부담보는 신체에 질병이 있어 보장을 제외하는 것, 할증은 보험사에서 가입자의 건강 상태에 따른 위험 가능성에 따라 추가보험료를 더 내는 것이라고 고객이 쉽게 이해할 수 있도록 연구하고 노력해야 한다.

고객에게 감동을 전하라

"우리 아이 교육을 위한 돈은 아깝지 않아요. 그만큼 소중해요. 앞으로도 잘 키우고 싶어요."

"우리 아이가 아프기라도 하면 대신 아프고 싶을 정도로 가슴이 아플 거예요. 최고의 병원에서 치료해 주세요."

"엄마의 마음 같은 '어린이보험'이 당신의 자녀를 지켜드립니다!"

어린이보험 상품의 마케팅 문구다. 모성애를 이해하지 못하면 자녀 보험 상품을 팔기 어렵다. 최선을 다해 자녀를 키우고 싶은 엄마의 마음을 잘 파악해야 한다. 모성애는 아이를 배에 품자마자 시작된다. 혹시 뱃속의 태아가 주수보다 작으면 '내가 뭘 잘못했나? 뭘 더 먹어야 하나?' 걱정하고, 출산 후 아이가 잘 안 크면 '모유 수유를 짧게 해서 그런가? 나 때문에 안 크는 거 아닌가?' 크게 걱정하는 것이 엄마의 마음이다. 그런데 아빠는 이런 모성애를 잘 모른다.

오로지 엄마들만 느끼는 복잡한 감정은 '내 아이에게 이렇게 잘 해줘서 잘 키워야지' 같은 일종의 보상심리를 일으킨다. 이를 잘 활용해서 엄마의 마음을 고려한 말들과 모성애를 더 끌어내어 감동을 극대화한다면 구매로 연결할 수 있다. 재미있는 사실로 남성은 감동보다 실리를 추구하는 경향이 강한데, 현재는 여성 마케팅이 주류를 이루고 있다. 더군다나 기혼 여성의 입김으로 소비가 결정되는 시대이므로 더욱더 여성 심리 마케팅을 집중해서 연구해야 한다.

고객에게는 서비스도 중요하지만, 감동을 선사할 수 있어야 한다. 보험은 단순히 상품만이 아닌 가족의 슬픔을 줄여주는 가치, 가족이 힘들 때 위안이 되는 선물이다. 고객에게 감동이 제대로 전달되면 가격은 감동에 지게 된다. 비단 보험뿐만이 아니다. 마찬가지로 옷은 나를 멋지고 예쁘게 만드는 감동, 신발은 편안함을 주는 감동, 음식은 맛과 분위기와 낭만을 주는 감동, 여행은 재미와 아름다운 추억을 남기는 감동, 건강식품은 사랑과 효심을 전하는 감동이다. 이처럼 고객이 감동하면 그 가치에 기꺼이 상품을 구매한다.

복기하고, 또 복기하라

가계부를 쓰는 여러 가지 이유가 있다. 하루에 얼마를 쓰는지, 얼마나 목돈을 모았는지, 어디 돈 새는 곳은 없는지를 확인하고 반성하며 알뜰한 계획을 세운다. 또한, 돈의 흐름을 파악할 수 있으며 새로운 지출 문화를 만든다. 이것이 복기(復期)이다. 우리 일상에도 복기는 존재한다. 아침에 몇 시에 일어나 운동하고, 책을 읽고, 긍정의 확언을 하며 출근했는지, 또 일과를 소화하며 성공한 일, 실패한 일 등을 기록하는 것도 복기이다.

복기의 핵심은 '처음부터 되짚어 보는 것'이다. 지난 일의 과정을 다시 한번 돌이켜보며 문제를 발견하고, 그 원인을 찾아내 반복되는 규칙을 확인하고, 마지막으로 능력을 향상할 수 있어야 한다. 제대로 복기하면 똑같은 실수를 반복하지 않을 수 있고, 문제의 이면에 감춰진 문제를 파악하여 새로운 영감을 얻을 수도 있다. 복기는 '나만의 데이터'로 내 목적이 옳은지 그른지, 방향이 정확한지 등 문제가 생겼을 때 바로 수정할 수 있는 가장 좋은 방법이다.

영업에도 복기가 필요하다. 매일 반복되는 영업활동이지만, 계획하고 실행하며 하지 못한 것들을 적어서 반성하고, 다시 계획을 세워 똑같은 실수를 반복하지 않도록 해야 한다. 복기는 매일 영업활동 후 하루를 정리하는 시간에 꼭 필요하다. 오늘 나의 영업계획, 성공과 실패, 원인과 결과, 재정비, 보완점, 성공을 높이기 위한 연구 등을 복기하는 시간을 할애하고 투자해야 한다.

이렇게 '복기에 복기'를 하다 보면 자신을 더욱 발전시키고, 더 넓고 깊은 시야를 가질 수 있으며, 신뢰도 높은 결과를 도출하여 내 예상을 넘어서는 영업 성과를 거둘 수 있을 것이다. 마치 원석이 다듬어져 다이아몬드가 되듯이, 스스로 성장하여 성공적인 사업가가 될 것이다.

항상 메모하는 습관을 들여라

영업은 사람을 많이 만나는 직종이다. 그러다 보니 예전에 만났던 고객을 시간이 지나 다시 만나는 일도 있다. 만약 이때 그 고객의 신상 정보가 술술 나오면 뜻밖의 성과를 얻을 수 있다. 언제인가 대구에서 크게 사업하는 대표님과 계약한 후 3년 만에 그 지역에 갈 일이 있어서 겸사겸사 미팅 약속을 한 적이 있다.

나는 '고객 매뉴얼'을 만들어서 고객의 신상 정보 등을 기록하는데, 미팅 전에 대표님의 인적 사항을 찾아보니 자녀가 초등학교 입학할 나이였다. 입학 축하 겸 유명한 브랜드 가방을 선물로 준비해서 방문했다. 과연 대표님의 반응은 어땠을까? "어떻게 우리 아이 초등학교 입학까지 기억해 주실 수 있죠? 정말 감사합니다!"라고 말하면서 입이 양쪽 귀에 걸린 대표님은 음식 대접과 엄청난 금액의 가족 보험계약까지 추가로 했다.

메모를 통해 얻은 결과는 상상 이상의 성과로 이어졌고, 메모의 중요성을 새삼 깨달은 나는 계속해서 메모의 생활화를 시작했다. 전화번호를 입력할 때도 고객 이름 뒤에 가입된 상품과 날짜를 입력했다. 그래서 고객의 전화가 오면 "○○가입해 주신 VIP ○○○ 고객님!"하고 전화 받으면, 고객들은 굉장히 좋아했고, 감동이라고 표현하기도 했다.

다시 강조하지만, 메모의 힘은 엄청나다. 메모의 습관으로 얻을 수 있는 것은 매우 많다. 아마도 바로바로 메모하지 않아서 중요한 사항을 까먹은 경험이 있을 것이다. 그래서 나는 역시 좋은 생각이 나면 무조건 휴대폰 메모장에 바로바로 메모하거나, 사진이나 영상으로 남기고 있다.

성공한 사람들은 무엇인가 '특별한 능력'이 있어서 성공했다고 생각하지만, 그들 역시 책을 읽고, 생각하고, 메모하고, 메모한 것을 말하고, 말한 것을 실천하려고 애썼기에 우리가 보기에 성공한 삶을 이뤘을 것이다. 성공하기를 원한다면 반드시 메모하는 습관을 들여라. 자신의 실력을 쌓아가며 메모한 것을 내 것으로 흡수하고, 실천해서 자신을 성장시키는 계기로 삼길 바란다.

인생은 '르~' 해라

예전 쇼호스트 학원에 다닐 때 강사가 가르쳐 준 방법이 있다.

"여러분, 웃어보세요! '스마일~' 역시 웃음이 섞어 있군요."

웃는 표정으로 강의실 안 거울을 바라봤을 때 상당히 어색했던 내 얼굴을 본 기억이 난다. 이럴 때는 속으로 '르~'하면서 양 입가를 쭉 올리고, 길게 소리를 내면 환한 표정의 나를 볼 수 있다. 직접 거울을 바라보고 해보길 바란다. 사진 찍을 때, 무대 위에 설 때, 고객을 처음 만날 때, 소개팅이나 상견례 할 때 등, 이 방법을 사용하면 예쁘고 멋진 표정을 지을 수 있다.

이것은 볼펜을 물고 발음 연습하는 원리와 같은데 '르~'하는 동시에 혀를 입천장에 꾹 누르며 말하는 연습을 하면, 정확한 발음을 내는 데 도움 된다. 이 외에도 스트레스받거나, 열 받는 일이 생기거나, 당황스러운 일이 생길 때 '휴~' 한숨 쉬는 것보다 '르~'하며 웃으면 화를 다스릴 수 있다.

영업의 8할은 기세(氣勢)라는 말이 있다. 기세의 8할은 '밝은 표정'이다. 표정에서 느껴지는 웃는 얼굴, 인자함과 온화함, 떨림이 없는 무게감, 어떤 위기의 대화에서도 밝은 표정을 유지하는 사람은 그동안 쌓아온 내공이 어마어마하다고 볼 수 있다. 항상 밝은 표정을 유지하라는 말은 현대 사회에서 많이 이야기하는 '멘탈 유지'와 같은 맥락이다. 영업자는 고객의 호감을 얻어야 하고, 끌어당겨 사로잡을 수 있어야 한다.

인생은 '르~'해라. 건강한 정신에 건강한 정신이 깃든다는 말처럼 인생을 대하는 태도에 있어서 늘 유쾌함을 지닌다면, 주어진 인생을 불행하게 여길 일도 없고, 그로 인해 상대에게 부정적 영향을 줄 일도 없다. 나의 표정과 이미지는 첫인상이자 나에 대한 인식이다. '행복해서 웃는 것이 아니라 웃어서 행복하다'라는 말처럼 더 자주 웃고, 설령 인생이 오르막길과 내리막길의 연속이라 할지라도 그 과정에서 내가 미소를 잃지 않는다면, 삶은 더 내게 웃을 수 있는 선물과 같은 기회들이 쏟아질 것이라 확신한다.

결과는 꾸준한 실행에서 나온다

영업이든 사업이든 매월 벌어들이는 수입이 늘어나지 않는다면, 또는 수입이 같거나 오히려 줄어든다면, 이것만큼 큰 스트레스는 없다. 결국 돈을 버는 게 목적인데, 이런 상황이라면 어떻게 해야 할까? 결론부터 말하면, 광고를 두 세배 더 늘리면서 지치지 않고 활동량을 늘려야 한다.

남들과 똑같이 하면서 더 큰 수입을 바란다는 건 "어제와 똑같이 살면서 다른 미래를 기대하는 건 정신병 초기증세다"라고 한 아인슈타인의 말과 일맥상통한다. 나 역시 매출을 극대화하기 위해 홍보 활동과 영업사원을 몇 배로 더 늘리고, 아침부터 저녁까지 매출이 증가하는 시뮬레이션을 돌려놓고 미친 듯이 집중했다.

그 결과, 1년에 3배의 성장을 하는 성과를 이루어 냈다. 만약 지금 영업이든 사업을 하든 성과를 증가시키고 싶다면, 고민하지 말고 3배의 노력으로 1년만 일하기를 바란다.

돈을 벌어주는 시스템을 만들어라

국내 대표 엔터테인먼트 업체인 '하이브, SM, YG, JYP'는 수많은 아이돌과 연기자, 모델 등을 양성했다. 체계적인 시스템으로 한국 문화 콘텐츠를 세계에 전파하고 있으며, 주식상장도 이루어져 기업의 가치도 매우 높다. 특히 이수만, 양현석, 박진영은 직접 가수 생활을 하기도 했으나 가수보다는 기획사의 수장으로서 소속 가수와 연기자 등을 키워 성공시켜 막대한 수익을 낸 성공담은 관리자라면 부러워함과 동시에 저들처럼 되고 싶다는 욕망도 있을 것이다.

리쿠르팅(Recruiting)이란 말을 잘 알 것이다. 해당 업무의 적임자를 뽑아 충원하는 일로, 대부분 영업회사가 계속 영업 사원을 충원하여 생산성이 높은 영업 사원으로 훈련하는 것과도 비슷하다. 하지만 리쿠르팅이 어려워 자포자기한 채 성장도 멈추고, 쇠퇴하는 영업 조직이 많았다. 나는 어느 순간부터 돈을 벌어주는 시스템 만들기를 욕망했는데, 어렵다고 하니 더욱 욕망이 생겼다. 그리고 '돈 버는 시스템' 만드는 것을 시각화하며 성공에 도전했다.

그 후 나는 리쿠르팅 잘하는 곳을 벤치마킹하고자 끊임없이 찾아내 방문하고, 내 것으로 만들고자 오랜 시간 고민하고 실험한 끝에 '나만의' 리쿠르팅 방법을 설정하고 진행할 수 있었다.

인성을 보고 채용하라

직원을 채용할 때 경력이나 실력 등의 스펙도 중요하지만, 인성을 꼭 확인해야 한다. 다음 3가지를 유념한다면 진정성 있는 직원을 찾을 수 있다.

첫째, 거짓말을 하는 사람은 제외하라.

자기 능력과 실적을 과대 포장해서 이야기하고, 리스크가 있는 상황에서도 거짓말로 감추거나 증빙을 요구하며 계속 미루는 경우가 있었다. 심지어 거짓이 밝혀져도 끝까지 아니라고 우기다가 잠적하는 일도 있었다. 얼굴색 하나 안 변한 채 사소한 이야기조차 거짓말하는 사람들이 있다면, 그냥 넘길 것이 아니라 채용에 대해 신중히 생각하고 결정해야 한다.

둘째, 가족관계를 반드시 확인해라.

가족이 있다는 것은 그 사람의 인성에 영향이 미친다. 돈을 많이 버는 이유는 자기 행복을 위해서이기도 하지만, 가족과 더 행복해지기 위한 일이기도 하다. 이런 사람일수록 더 책임감 있고, 성실했다. 또 가족을 위해 돈을 많이 버는 사람들은 지금까지 가족의 사랑을 받았고, 가족과 행복하게 살아왔기 때문에 보답하기 위해서라고 이야기한다. 자신이 가족을 대표한다고 생각하며 일하는 사람일수록 인성이 훌륭한 사람이 많았다.

셋째, 불편한 사람과는 함께 일하지 마라.

수년간 많은 사람을 만나면서 불편한 사람과 일하면 반드시 일찍 헤어지는 경험을 많이 했다. 서로 편해도 일할 때 잘될까 말까인데, 불편하다면 잘될 확률은 더욱 낮다. 면접 때 신언서판(身言書判, 풍채와 언변과 문장력과 판단력)을 기준으로 하면 많은 것을 파악하게 된다. 나는 눈빛과 언변에서 불편한 사람은 제외했다. 내가 느끼는 불편함을 분명 고객도 느낄 것이 예상되기 때문이다. 간혹 금전적인 요구를 하는 사람도 있다. 첫 대면에 금전을 요구한다면 당신은 어떻게 할 것인가? 아무리 급해도 내가 불편함을 느꼈다면 욕심을 버리고 중단하는 것이 좋다.

이성보다는 감성으로 말하라

리쿠르팅을 하면서 알게 된 사실이 있다. 제안받은 사람은 결정에 앞서 이성과 감성의 충돌을 겪는다. '연봉을 얼마까지 벌 수 있게 해주겠다'라고 이성이 말하면, '미래에 당신이 더 성장할 수 있게 도와 주겠다'라고 감성이 말한다. 그런데 십중팔구 이성과 감성이 붙으면 감성이 이긴다. 때로는 이성보다는 감성이, 과학적 분석보다는 상상의 힘이 더 효율적이다.

대표적인 사례가 있다.

A : 최신 디자인, 열효율 강화, 전력 감소한 신상품 보일러! 지금 바꾸세요!

B : 여보, 아버님 댁에 보일러 하나 놔드려야겠어요!

이성적인 정보의 전달(A)보다 감성적인 표현(B)으로 보일러 판매가 급증한 사례다. 리쿠르팅도 이와 같다. '연봉 얼마' 식의 숫자를 말하는 이성적인 내용보다 감성적인 표현을 사용한다면 좋은 인재를 얻을 수 있다.

"평생 같이 일하면서 계속 성장시켜 드릴게요. 고객 발굴부터 판매, 관리, 교육 등을 지원해 드릴게요. 걱정하지 마세요. 급여는 지금 받는 것의 두 배, 세 배 그 이상 팍팍 오르게 될 겁니다. 그뿐만 아니라 저처럼 지점장, 본부장 이상 되게 만들어 드릴 겁니다."

이렇게 근미래에 더 잘 될 되리라는 상상과 개인의 성장, 감성에 빠질 수 없는 가족 등을 표현한다면, 사람들의 마음을 더 잘 움직일 수 있다. 잊지 마라! 머리를 두드리지 말고, 마음을 두드려라. 그러면 열릴 것이다.

믿음은 위대한 힘을 가지고 있다

인간은 자신이 '할 수 있다'라는 믿음이 생기면, 위대한 힘을 얻는다. 쉽게 말하여 인간의 믿음이 생각과 결합하면 잠재의식이 작동되고, 잠재의식이 작동되면 확실한 믿음이 생기며, 이 믿음은 곧 '위대한 힘'을 갖게 한다. 그리고 '나는 할 수 있어, 이까짓 거는 문제도 아냐!'라고 여기면 자신감도 넘치고, 자존감도 올라간다. 이런 사람들은 계속해서 자기 성공 암시를 한다.

자기 사업을 준비하거나 영업직에 있는 사람들 모두 제로(0)에서 시작한다. 그리고 많은 사람이 '나도 성공할 수 있을까?'라고 고민한다. 이런 사람들에게는 성공할 수 있다는 믿음을 주는 게 관건이다. 나는 신입사원이나 타사 경력직 사원을 스카우트할 때, 내 성공담을 예로 들면서 강한 믿음을 심어준다.

"당신도 나처럼 될 수 있습니다. 저도 처음부터 대단한 사람은 아니었습니다."

그들에게 '할 수 있다'라는 믿음을 주기 위해 철저히 준비하고, 반드시 '할 수 있도록' 만들어줘서 제2의 도전자들을 계속 양성해야 한다. 함께 목숨을 걸고, 믿음을 현실로 만들어 내는 게 가장 중요하다.

롤 모델이 있으면 성장에 가속도가 붙는다

나를 만나 보험업을 선택한 사람들이 있는데, 자기 일에 최선을 다하고 집중해서 지금은 경제적인 자유를 얻은 이들이 꽤 많다. 그들은 여전히 바쁘게 일하면서 나날이 성장하고 있다. 그들의 성장 비결은 무엇일까? 바로 '롤 모델'에 있었다. 그들은 하나같이 닮고 싶은 롤 모델을 정해서 그 사람처럼 되고자 끊임없이 노력했다. 게다가 같은 목표를 가진 이들과 함께 있다 보니 긍정적인 기운도 더해져 성장의 가속도를 올릴 수 있었다. 즉 생각의 결이 같은 사람들과 교류하며, 학습하고, 동반 성장하는 것과 같다.

나 역시 지금도 성장에 필요한 롤 모델을 정해 지속해서 배워나가고 있다. 지금은 '독서경영'으로 잘 알려진 김용범 부회장님을 롤 모델로 삼아 책을 읽고 있다. 또한, 꾸준히 몸 관리를 한다는 말을 듣고 쉬엄쉬엄하던 운동을 체계적으로 하기 시작했으며, 음식 습관도 관리해서 체중 조절과 근육량 증가로 허리 통증이 거짓말처럼 사라졌다.

서로를 롤 모델로 삼는 일도 있었다. 각자 잘하는 분야에 대해

서로 노하우를 물어보며 배우거나 스터디 모임을 통해서 함께 학습하기도 한다. 예로 고객 발굴이나 매출 증가, 리쿠르팅 등 다양한 분야에서 롤 모델을 선정하고 학습하면서 동반 성장을 도모했다. 무엇이든 시작을 마음먹었다면 롤 모델을 정해라. 날마다 성공 확언을 하고, 꾸준히 롤 모델을 따라 하면 성장의 길이 보일 것이며, 이내 가속도가 붙을 것이다.

초반에는 모방하는 것이기에 내 본연의 색깔이라 보기 어려울 수도 있겠다는 생각이 들어도 괜찮다. 나의 롤 모델이 밟아간 흔적을 따라가다 보면, 어느새 나의 모습이 바뀌어 있는 걸 발견할 수 있다. 세상의 모든 위대한 화가들도 처음에는 모방, 즉 따라 하는 것부터 시작했다. 당신 본연의 모습은 그 과정이 중첩될수록 자연스럽게 완성될 것이다.

내가 성장할 수 있는 회사 고르는 3가지 방법

나는 지금까지 총 3곳의 회사에서 일하며 '돈을 벌게 하는 구조'와 '사업가형 승격제도'를 경험했다. 사업가형 승격제도는 영업활동에 대한 성과 보상과 영업력 강화를 위해 도입된 제도다. M 화재에서 근무하며 사업가형 승격제도를 경험한 입장에서 체득한 장단점을 정리했다.

회사의 네임 밸류가 중요하다

회사의 네임 밸류(Name Value)만으로 모든 일이 순조롭게 풀리기도 한다. 한 번만 들으면 누구나 다 아는 회사, 굳이 소개할 필요가 없는 회사에서 일하는 게 여러모로 좋다. 그런데 또 다른 의미의 '네임 밸류'도 있다. 예전에 내가 다녔던 회사는 누구나 알만한 회사였다. 그러나 시장 대비 작은 규모의 회사여서 치열한 경쟁을 해야 했다.

당시 나는 규모를 늘리고자 '원맨쇼'를 해서 1명에서 100명까지 만들었다. 회사의 인정도 받고, 이곳저곳에서 성공담을 강의하기도 했다. 그러나 거기까지였다. 100명 이상의 성장은 어려웠다. 회사 규모의 한계에 지원도 협소했고, 그 이상의 성장 경험도 없으니, 뭔가를 건의해도 긴 시간을 기다려야 했다. 심지어 아무 답변 없이 조용히 사라지는 일도 있었다. '알려진 회사'도 중요하지만, 그보다 회사의 규모도 중요하다는 사실을 깨달았다.

이후 내가 몸담았던 회사는, 내가 느낀 네임 밸류 2가지를 갖추고 있다. 현장의 건의 사항에 대한 빠른 피드백과 반영은 물론 늘 성장을 고민하고, 세상에 존재하지 않는 회사를 만들기 위해 현장에 많은 투자와 지원을 했다. 그 결과 100명 이상의 규모로 성장할 수 있었다.

사무실 환경과 고정비 제공을 확인하라

사업을 할 때 큰 비중을 차지하는 건 고정비이다. 특히 사무실 임차, 사무실 집기, 직원고용이 가장 크다. 이것은 창업자가 직접 돈을 마련해서 진행해야 하는 항목들인데, 본인의 투자비나 대출 받아서 진행하는 경우가 있다. 반대로 회사에서 제공한다면 수익 일부를 비용으로 제하거나 다른 방법으로 변형하여 비용을 제외해서 실제 수익을 적게 받기도 한다.

사무실 환경도 정말 중요하다. 출근하고 싶은 사무실, 일하기 좋은 환경, 깨끗하고 유행에 맞는 집기, 상시 근무하는 직원의 영업 지원 등, 똑같이 일하더라도 생산성을 높일 수 있는 가장 기본적인 요소이다. 직원들이 일하기 좋은 환경을 제공하기 위해 고민하고,

현장의 의견도 바로바로 적용하면 그만큼 일의 능률도 올라간다.

똑같은 막국수 가게여도 유명한 가게는 분명한 이유가 있다. 예를 들어 맛집으로 알려진 경기도 용인 '고기리 막국수'는 맛도 일품이지만, 대기 장소와 화장실, 실내 환경을 호텔 한정식집처럼 꾸며서 고객들에게 최고의 서비스를 한다. 그 덕분에 다시 가고 싶은 '나만의 맛집'이 되는 것이다. 이처럼 직원들이 오고 싶어 하는 사무실 환경을 마련해주고, 함께 고민하는 회사에서 일하기를 바란다.

현장을 인정하는 회사에서 일하라

대부분 회사는 본사에 들어가면 영전(榮前)되었다고 축하거나 능력을 인정받아 발령이 났다고 인식한다. 내가 일했던 회사들도(유통, 금융) 비슷했다. 하지만 직접 고객을 상대하는 영업 현장뿐 아니라 거의 모든 영역에서 수없이 들은 말이 있다. '현장에 답이 있다!' 예를 들어 상급자가 부하 직원이 올린 서류를 보고 "현장에 가봤어?"라고 말하면 꼼짝 못 한다. 현장 확인은 선택이 아니라 필수다. 그러나 '현장에 답이 있다'라는 신념으로 회사를 운영하는 본사를 만나기란 하늘의 별 따기다.

현장의 중요성은 아무리 강조해도 지나치지 않다. 직접 몸으로 부딪치는 현장에서 성장할 수 있으며, 직감력도 키울 수 있다. 즉 변화와 성장을 위한 모든 힘이 응축된 곳이 바로 현장이다. 내가 지금 일하는 회사는 현장에 집중하여 많은 지원을 하고 있다. 심지어 회사를 총괄하는 김용범 부회장님은 매달 현장을 방문하여 관리자들과 간담회를 하고, 현장의 개선사항을 직접 듣고는 이른 시일 안에 조치해 준다.

현장의 감정을 몸소 느끼며 함께 웃고, 울고, 고민하고, 답을 같이 찾는 회사에서 일한다면 자신의 성장을 바로 느낄 수 있을 것이며, 일도 재미있어진다. 또한 내가 일하는 현장을 빛나게 만들면, 나 역시 빛날 수 있으며 그만큼 성장에 대한 욕망이 커짐과 동시에 성과를 낼 수 있을 것이다.

성공하는 리더는 무엇이 다른가?

좋은 리더는 스스로 '왜'라는 질문을 던져서 답을 찾은 후 구성원들에게 '무엇'이 필요한지 알려준다. 반면 나쁜 리더는 스스로 어떤 질문도 하지 않으면서 구성원들에게 '왜 성과를 내지 못하는지'를 다그친다. 유능한 리더가 되려면 무엇이 더 필요할까? 리더가 갖추어야 할 6가지와 어떻게 구성원들과 소통하는지 그 방법을 소개한다.

조직의 미세한 부분까지 감지하라

리더는 조직의 미세한 부분까지 세심하게 파악하는 능력이 있어야 한다. 조직이 거대해도 '바빠서 안 돼'라는 핑계는 리더 스스로 무능함을 인정하는 것이다. '하인리히의 법칙'이란 것이 있다. 큰 사고는 갑자기 일어나는 게 아니라 사고 발생 전, 작은 사고와 징후들이 존재한다는 법칙이다. 하인리히의 법칙은 사소한 문제를 내버려 두면 대형 사고로 이어진다는 점에서 매우 중요하게 여겨지는 개념이다.

정리하면 리더는 세세한 상황을 모두 파악하고, 미세한 부분을 중간 리더들에게 피드백하는 조직력을 갖춰서 큰 사건을 막을 수 있어야 한다. 또한, 리더는 조직의 구성원들과 편안하게 대화할 수 있는 마음이 필요하다. 구성원들과 일대일 대화를 통해 크고 작은 문제를 파악해서 사전에 방지하고, 구성원들이 개인 성장에 리더가 도움을 준다고 느낀다면 탄탄한 조직이 될 것이다.

먼저 하인의 역할을 감당하라

'가장 위대한 리더는 모두의 아래에서 일하는 자'라는 말이 있다. 리더는 궂은일을 마다하지 않아야 하며, 필요하다면 고된 노동도 기꺼이 수행해야 한다. 리더가 먼저 구성원을 섬기는 자세로 그들의 성장과 발전을 도울 때, 구성원들 스스로 조직의 목표 달성에 기여한다. 반대로 구성원을 하인처럼 취급하는 조직은 무너질 수 있다.

리더는 구성원들과 목표를 공유하고, 그들의 성장을 도모하며, 구성원 간의 신뢰를 형성시켜 조직의 성과를 달성해야 한다. 나 역시 밑바닥 영업부터 시작해서 지금의 자리까지 올라왔기에 모든 업무를 다룰 줄 안다. 말단 직원부터 중간관리자까지, 직급별, 부서별 업무를 대체할 수 있는 리더일수록 최고다. 리더는 상황에 따라 최하위의 노동이더라도 기꺼이 수행할 수 있는 자세가 필요하다.

조직 구성원의 성장을 도와라

가끔 유능한 부하 직원이나 후배를 질투하는 리더를 본다. 정말 그런 리더가 있을까 싶겠지만, 실제로 있다. 문제는 질투하는 리더는 정상적인 판단을 하기 어렵다. 부하 직원의 성장을 가로막고, 공을 빼앗아 자신이 누리는 파렴치한이 돼버린다. 리더는 함께 하는 사람들을 성장시키고, 이들의 한계를 넓혀주는 역할을 해야 한다.

'하수는 직원들 위에 있고, 선수는 직원들 앞에 있으며, 고수는 직원들 옆에 있다'라는 말이 있다. 리더는 이성적인 판단과 전략적인 사고를 구성원들과 공유하고, 피드백하며, 목표와 계획을 달성하게 도와야 한다. 목표를 달성시켜 성취감을 함께 느끼는 리더가 조직 구성원을 성장시키는 진정한 리더다. 또한, 조직 구성원들의 능력을 성장시킨 후 '제2의 리더'가 되도록 보상해 줘야 그 조직은 계속해서 성장할 수 있다.

상상력이 풍부한 리더가 성공한다

각 산하 본부장과 만났을 때 우스갯소리로 들은 말이 있다.

"가끔 보면 진짜 '돌아이' 같으세요. 불가능하고, 말도 안 되는 걸 실현하시는 게 정말 대단하세요!"

언젠가 1년에 100명 이상 리쿠르팅을 목표로 구성원들에게 선언한 적이 있다. '1년에 100명!' 상상만 한 숫자를 내뱉으니 나 자신도 걱정 들었지만 어쩌겠는가. 선언 후 매일 오전 11시부터 오후 4시까지 사람을 만나러 직접 발로 뛰어다녔고, 서울과 수도권은 물론 대구, 부산, 제주도 등 전국을 누볐다. 그 결과 선언한 100명보다 많은 150여 명의 리쿠르팅을 성공시켰다.

아무도 상상하지 못한 신기록이었다. 처음엔 반신반의했으나 말도 안 되는 일이 눈앞에 보이니 자신감이 불어났고, 이 영향력은 전국으로 퍼져 공격적인 리쿠르팅 분위기가 형성되었다. 상상력은 머릿속에 그리는 그림과도 같다. 남들이 상상하지 못한 것을 먼저 그리고, 실행하여 꾸준히 성과를 창출하는 리더에게 조직 구성원들의 믿음과 신뢰는 커질 수밖에 없다.

효율적인 대안을 제시하라

일을 하다 보면 변수는 늘 생기기 마련이다. 매번 성공만 하기란 어렵다. 이를 대비해 플랜B를 마련해야 한다. 만약 이것도 비효율적이면 준비된 플랜 C, D, E로 전향해야 한다. 이때 리더의 능력이 드러나는데 절대로 꾸물거려서는 안 된다. 리더는 신속하고 분명하게 결단하는 능력이 있어야 한다. 물론 결단은 신중하게 해야 한다.

그렇다면 대안을 다양하게 준비하려면 무엇이 필요할까? 나는 책 읽기를 권장한다. 책에는 이미 어려움을 경험했던 이들의 지식이 담겨있으며 '내 것'으로 만들 수 있다. 급변하는 이 시대에는 어설픈 지식을 읊어대는 리더가 아닌 각 상황에 적합한 대안 준비는 물론 조직 구성원들이 감탄할 만한 지식을 갖춘 리더가 필요하다.

빠른 피드백으로 성공 확률을 높여라

성장하는 조직은 최상위 리더와 부담 없이 대화하는 수평 문화가 갖추어져 있다. 최상위 리더는 현장의 질문이나 요구사항을 들는 게 조직의 성장에 중요하다는 것을 알아야 한다. 미세한 세포들의 움직임을 느끼고 관리하는 뇌처럼, 리더가 질문과 요구사항을 듣고 기한을 정해 답변을 주면 현장 분위기는 올라간다. 조직에서 일하는 것에 자부심을 느끼며 좋은 영향을 끼친다.

이와 반대로 최악의 조직은 최상위 리더에게 질문이나 요청을 해도 답변이 오지 않는다. 그러면 현장의 분위기는 어떻겠는가? 구성원들은 일할 가치를 못 느끼며 크게 위축될 것이다. 현장의 작은 소리도 경청하고 빠르게 피드백해 주는 리더가 있는 조직은 서로 원활하게 협동하며, 결국 빨리 성장할 수밖에 없다. 이런 조직을 만드는 자질이 있는 리더가 성공할 수 있다.

운명은 결정된 게 아닌 자신의 마음속에 있다

언젠가부터 '열심히 산다'라는 말보다 '잘 산다'라는 말에 집중하기 시작했다. 간혹 직원들이 "열심히 하겠습니다!"라고 말하면, "열심히 하는 것도 좋지만, 잘하는 게 더 중요합니다"라고 답변한다. 모든 일은 '열심히'도 중요하지만 '잘하는'게 더 중요하다. 그런데 아무리 열심히 해도 성과를 내지 못할 수 있다. 이때 '나만 이렇게 힘든가? 왜 안 되는 거지?' 상심하며 포기하거나 다시 강한 정신력으로 재무장하는데, 그만큼 시간을 재투자해야 한다.

당신이 도전하는 삶을 선택했다면 날마다 성취하는 모습을 상상하고, 잘할 수 있도록 준비해야 한다. 이때 앞서 말한 성공의 방법(독서, 자기 계발 및 관리, 메모 습관)을 통해 성장할 수 있는 자세를 지녀야 한다. 이런 준비가 되었다면 성장에 가속도가 붙어서 원하는 목표를 달성할 수 있다.

지금도 누군가는 만족스럽지 못한 현실 속에서 불안한 미래를 걱정할 것이다. 그리고 고민한다. '안정적인 삶을 살 것인가?', '내가 좋아하는 일을 하며 성장하는 삶을 살 것인가?' 어느 쪽 삶이든 선택은 당신의 몫이다. 사실 인간의 운명은 정해진 게 아닌 자신의 마음속에 있다. 그저 운명대로 살아간다는 미명하 변화를 주저하는 것이다. 대부분 자신의 운명을 속단했기에 우리 인생이 너무 아쉽지 않나 생각 든다.

운명 개척은 자신의 힘에 달려있다

도전은 작은 움직임에서부터 시작된다. 무엇이든 시작은 가벼운 게 좋다. 운동도 운동화를 신고 문을 나가는 순간 시작되는 것처럼 말이다. 우리의 뇌가 인식하면 곧 시작된 것이다. '시작이 반'이라는 말처럼 시작했다면 자신의 집중력을 최대치로 끌어올려라. 날마다 성공한 자기 모습을 생생하게 그려라. 그리고 '나는 반드시 성공할 것'이라는 말을 내뱉어라. '안 된다, 위험하다, 불안하다'라는 말은 절대로 하지 말고, 자신의 신념을 끝까지 밀고 나아가라.

운명을 개척하는 건 나의 힘에 달려있다. 여기서 놀라운 건 하늘은 하고자 하는 자를 돕는다는 게 인생의 진리다. 이 거대한 세상에 나의 확실한 발걸음으로 자국을 남긴다면, 그 과정은 고스란히 남는다. 당신은 지금 세상을 살아가면서 어떤 흔적을 남기고 있는가? 무엇을 남기고 갈지는 자신만의 업(業)을 살아가는 당신의 선택이자 몫이다. 자신의 포지션에서 한계를 넘어서고, 그 무엇과도 맞바꿀 수 없는 자신감을 얻어 당당히 어깨를 펴고 살아가길 바란다.

시대의 흐름에 맞춰 새로운 기술과 지식을 습득하라

부업을 시작하는 것은 월급만으로 생활하기 힘든 평범한 직장인들에게 매우 중요한 문제이다. 그러나 시간과 자본이 부족한 상황이라면 어떤 부업을 시작해야 할까? 가장 먼저 추천하는 건 '온라인 부업'이다. 인터넷만 있으면 언제 어디서나 일할 수 있으며, 비교적 자본을 들이지 않아도 쉽게 시작할 수 있다는 것이 큰 장점이다. 또한, 최근에는 코로나19로 인해 온라인 비즈니스가 큰 성장을 이루고 있어 더욱 추천할 만하다.

여기서 주의해야 할 것은 본인이 잘하는 일을 선택하는 게 부업을 시작할 때 가장 중요하다. 자신이 잘하는 분야의 일을 하며 즐거움도 느낄 수 있고, 동시에 수익도 창출할 수 있기 때문이다. 하지만 수익 창출은 절대로 쉽지 않다. 시간과 자금 등의 제약이 있어서 빠르게 준비와 학습을 진행하고, 행동 역시 빠르게 취해야 한다. 즉 부업을 시작하기 전에 되도록 빨리 필요한 기술과 지식을 습득해야만 한다.

예를 들어 온라인 쇼핑몰 운영을 부업으로 선택했다면, 상품구

매부터 배송, 홍보 및 마케팅, 고객 관리 등 다양한 분야의 기술과 지식이 필요하다. 이러한 기술과 지식을 습득하려면 인터넷을 검색해 필요한 자료를 찾거나 인터넷 강의와 세미나 등을 통해 학습할 수 있다. 이건 누구나 아는 당연한 사실이다.

그렇다면 어떻게 해야 매출을 상승할 수 있을까? 당연히 고객들에게 알려야 할 것이다. 효과적인 홍보를 위해서는 인바운드와 아웃바운드를 공격적으로 늘려야 한다. 인바운드는 자연스럽게 고객들이 찾아오는 방법으로, 주로 검색 엔진 최적화(SEO)를 통해 인기 검색어를 활용하고, 블로그나 SNS를 통해 내가 제공하는 정보나 제품에 대한 자세한 설명과 후기를 제공하여 고객들이 쉽게 접근하고 정보를 얻을 수 있도록 하는 것이다.

반대로 아웃바운드는 직접 고객들에게 먼저 다가가는 방법으로, 주로 이메일이나 문자 메시지, 전화 등을 통해 마케팅을 진행하는 것이다. 인스타그램, 페이스북, 블로그, 네이버 카페, 유튜브, 네이버 밴드, 카카오스토리 등 고객에게 직접적으로 노출하는 플랫폼은 매우 많다. 홍보물을 하루 2개씩 꾸준히 올리면 방문자 수는 늘어날 수밖에 없다.

만약 아무 플랫폼도 안 하고 있다면 당장 계정을 만들고 시작하라. 또 이미 하고 있는데도 바뀌는 게 없다면 나와 유사한 상품을 판매하고 있는 사람의 계정을 해시태그(#)로 검색해서 일일이 비교해라. 내가 매출이 늘지 않는 건 반드시 문제가 있다는 것이고, 이미 잘하는 사람은 그만한 이유가 반드시 있다. 그들이 잘 되는 이유 10가지와 내가 안 되는 이유 10가지를 노트에 하나씩 적어보라. 내 문제점을 인지하고, 개선하여, 경쟁자의 강점을 취하는 것만으로 매출은 바뀐다.

원하는 것을 얻으려면, 개인 브랜딩은 필수다

매출이 상승한 후에는 '나'의 이미지나 '상품'의 이미지를 대중에게 확실하게 각인시키자. 현재의 수익을 지속하려면 단순히 하나의 아이템을 성공시킨 창업가를 넘어 자신만의 브랜드가 필요하다. 개인 브랜딩은 자신을 브랜드로 인식하여 타인에게 인상을 남기는 것을 말한다. 특히 사회적, 사업적 이미지를 고민하고 결정해야 한다. 예를 들어 어떤 직원이 디스플레이 전문가로서 창업하여 '상품전시 전문가'라는 브랜드 이미지를 구축하고 매출 성과를 높였다는 사례가 있다. 이처럼 자신이 잘하는 것을 사업적으로 어떻게 연관 지을지 생각하면 자신만의 브랜딩이 결정된다.

또 다른 사례로 뷰티 업계에서 활동하는 인플루언서가 자신만의 개인 브랜딩을 구축하면서 인기를 얻은 경우가 있다. 인플루언서는 자신이 선보이는 메이크업, 패션 등의 스타일을 통해 자신만의 브랜드를 구축하고 팔로워들과의 소통을 통해 인기를 얻는다. 또한, 스타트업 기업의 창업자가 자신만의 브랜드를 구축하면서 기업의 인지도를 높이는 예도 있다. 이 창업자는 자신의 전문 분야에서 성공적인 경험을 쌓았는데, 이를 바탕으로 기업의 브랜딩을 구축하여 고객들과의 소통을 통해 기업의 인지도를 높인다.

마지막으로 부업은 단순히 수익을 창출하는 것이 아니라, 자신의 개성과 가치관을 찾는 길이기도 하다. 즉 부업을 통해 자신의 개성과 가치관을 발견하고, 이를 삶에 녹여내는 것이 가능해진다. 또한, 부업은 자기 능력을 인정받는 기회를 제공한다. 어떤 사람이 부업으로 손톱 디자이너를 시작했다면, 그 사람은 자신이 만든 디자인으로 고객들에게 인정받을 것이다. 이를 통해 자기 능력을 인정받는 성취감을 느끼면서 자신감도 함께 키울 수 있다.

부업을 시작하면서 자신의 개성과 가치관을 찾아내는 과정은 삶에 큰 의미를 줄 수 있다. 부업은 수익을 창출하는 것이 중요하지만, 더욱 중요한 것은 자신의 개성과 가치관을 찾아내는 과정이다. 이를 통해 자신의 인생을 더욱 풍요롭게 만들어 나가는 것이다. 돈 버는 건 중요하지만 3년, 5년, 10년 지속되지 않으면 결국 같은 문제에 직면한다. 그때마다 새롭게 유행 타는 '돈 버는 법'을 따라갈 것인가? 나의 영혼을 불태울 수 있는 일을 찾으라는 말은 탁상공론처럼 들리겠지만, 내가 하는 일에 그 어떤 자부심도 성취감도 얻을 수 없다면 얼마 못 간다.

따라서 일을 선택할 때 먼저 자신의 가치관과 열정, 그리고 장기적인 목표를 명확히 인식하려 노력하자. 그렇게 함으로써 우리는 세월이 지나도 변하지 않는 내면의 강인함을 얻을 수 있다. 유연성과 계속해서 배우려는 자세를 유지하면서 삶의 질을 높여나갈 수 있다. 인생은 끊임없는 변화의 연속이다. 그러므로 시대의 흐름에 맞춰 새로운 기술과 지식을 습득함으로써 더 나은 내일을 만들어 갈 수 있다. 부디 당신이 꿈꾸는 이상과 더불어 사랑하는 소중한 사람들을 책임질 수 있는 강인한 존재로 우뚝 서길 바라며 글을 마친다.

진실은 근면으로 증명된다.

누구나 경험하는 심리 현상이 있다.
시간을 허비하면 불안하고 죄짓는 것 같다.
반대로 할 일을 제시간에 끝내면
가슴이 뿌듯해지고 당당해지며,
자기 자신이 자랑스러워진다.

"이야기하지 말고 행동하라.
말하지 말고 보여주라.
약속하지 말고 증명하라."

Chapter 7.

성장 속에 새로운 성공이 담겨있다

황정환

월급 160만 원에서 연봉 3억으로!
전국 최단기 팀장 진급!
전국 최단기 최고 수익 달성!

'하루도 쉽지 않은 날이 없다. 그래서 나는 성장한다!'

분양업계 1위 대행사에서 1년 만에 연봉 3억을 달성했으며 '최단기 최고 수익, 최단기 팀장 진급'이란 타이틀을 갖고 있다. 대학에서 '와인'을 전공한 소믈리에였지만, 큰돈을 벌고자 사랑했던 직업을 포기하고 영업에 뛰어들었다. 성공보다 실패가 많았다. 월급 160만 원에서 억대 연봉이 될 수 있었던 방법과 경험을 이 책에서 제시하고 있다. 현재는 블루프린트 솔루션의 대표로, 어려움을 겪는 기업들이 재기의 발판을 마련하도록 돕고 있다. 중소기업과 소상공인을 돕는 경영 파트너이자 컨설턴트로 활약 중이며, 많은 CEO의 청사진을 실현할 수 있도록 차별화된 컨설팅을 하고 있다. 유튜브 채널 <황대표의 사업톡>에서 사장들을 위한 경영 노하우를 공유하고 있다.

E-mail : hill6113@naver.com

Instagram : @hwa.ni_mind

돈을 벌어야 할 진짜 이유를 찾아라

늦은 밤, 전화벨이 따르릉따르릉 울리는데, 왠지 예감이 안 좋았다. 분명 아버지 전화다.

"정환아, 엄마 술집에 있다는데 데리고 와라."

"또 술 많이 드신 거예요? 아빠는 언제 오세요?"

"최대한 빨리 갈게. 엄마 집에 잘 데리고 와."

초등학생 시절, 나는 밤마다 술에 취한 어머니를 데리고 오라는 아버지의 전화를 받았다. 익숙하지만 언제나 무섭고 떨렸다.

부모님처럼 살지 않기로 하다

술에 취해 인사불성이 된 어머니는 평소 모습과 달랐다. 술만 마시면 180도 변해 행동이 과격했는데 당시 초등학생이었던 내가 감당하기에 정말 힘들었다. 지나가는 어른들의 도움으로 술에 만취해 길바닥에 드러누운 어머니를 일으키면서 간신히 집에 도착하면, 이 밤의 악몽은 그때부터 시작이었다.

집안 곳곳에서 '쨍그랑' 깨지는 소리와 물건이 부서지는 소리가 난다. 잔뜩 취한 어머니는 뭐가 그리 화나는지 동네가 떠나갈 듯 고래고래 소리를 질러댔다. 그때마다 나와 동생은 이불을 뒤집어 쓰고는 숨죽인 채로 떨며 버텼다.

"괜찮아, 금방 끝날 거야. 형이 보고 있을 테니까 얼른 자."

나 역시 두렵기는 마찬가지였지만, 공포심에 벌벌 떠는 동생을 안심시켜야 했다. 하지만 내가 할 수 있는 일이라고는 아버지가 집에 빨리 오기를, 어머니가 잠잠해지기를 기도하는 수밖에 없었다.

드디어 기다리던 아버지가 집에 들어왔지만, 어머니는 아버지를 보자마자 더욱더 격해졌다. 결국 몸싸움까지 벌어져 아버지는 힘으로 어머니를 제압했고, 발버둥 치던 어머니가 힘이 빠져 잠들면 비로소 모든 상황은 종료가 되었다.

부모님은 사이가 굉장히 좋지 않았다. 중학생 되어서도 부모님의 다툼은 계속되었고, 부모님의 존재는 나에게 가장 큰 스트레스였다. 사랑이라는 감정이 전혀 존재하지 않는 두 분의 관계는 내가 고등학생이 되었을 때 이혼으로 마무리되었다.

'나는 왜 이런 가정에 태어났을까? 나는 절대 부모님처럼 살지 않을 거야. 꼭 사랑하는 여자를 만나 화목한 가정을 만들고 내 자식이 나처럼 살지 않도록 만들어야지.'

학창 시절에 부모의 사랑을 받고 풍족하게 자란 친구들이 얼마나 부러웠는지 모른다. 더군다나 부모님의 잦은 다툼 덕분에 나는 남의 눈치를 많이 보는 사람이 되었다. 아이가 아이 같지 않고 '애늙은이' 같다는 소리도 많이 들었다. 이런 내 모습이 어느 순간 초라하게 느껴졌고, 절대 나의 부모님처럼 살지 않기로 다짐했다. 그러면서 내가 '좋은 아빠', '좋은 남편'이 되는 화목한 가정을 꿈꾸기 시작했다.

내 월급은 160만 원

사람들과 어울리기를 좋아하던 나는 여느 20살과 달리 소주가 아닌 와인에 빠졌었다. 당시 '좋아하는 것으로 돈을 벌고 싶다'라는 이상적인 생각으로 소믈리에(Sommelier)가 되겠다는 꿈을 갖게 되었다. 이후 전문학교에서 와인을 전공하고 갖은 노력 끝에 국내 최고의 와인바에 취직했다. 당시 내 나이는 25살이었다. 근무 지역은 상위 1% 부자들의 동네인 청담동, 그곳에서 만난 사람들의 의식주를 비롯한 모든 것은 나에게 신세계였다.

그들은 그동안 내가 살았던, 그리고 내가 사는 세상과는 완전히 다른 세계의 사람들이었다. 너무 다른 세상의 사람들을 보니 부럽지도 않았다. 그냥 그들은 나와는 완전히 다른 세상에 존재하는 사람들이라고 여겼기 때문이다. 몇십에서 몇백만 원짜리 와인을 아무렇지 않게 주문하는 사람들을 보았고, 까다로운 상류층의 취향을 만족시키며 그들에게 서비스하는 나의 직업에 엄청난 자부심을 느꼈다. 게다가 나는 일 욕심도 많았고, 주체적으로 알아서 일하는 스타일이다 보니 직장에서 업무 능력도 인정받게 되었다.

"정산 좀 해주세요."

"네, 키 몇 개죠?"

매일 새벽 1시가 되면 퇴근 시간이 된 발렛 기사들이 사전 정산을 요청한다. 키를 건네받은 나는 오늘은 어떤 차들이 주차되었는지 자연스럽게 키를 본다. 벤츠, BMW, 포르쉐는 정말 흔한 차였고, 벤틀리, 페라리, 람보르기니 같은 슈퍼카도 거의 매일 보다시피 했다. 1년을 넘게 일하니 우리나라에 존재하는 모든 차의 키를 볼 수 있게 되었다.

'나도 죽기 전에 저런 차를 탈 수 있을까? 나는 저 사람들 같은 삶은 살 수 없는 걸까?'

당시 내가 살던 구의동 3평짜리 원룸에서 불과 지하철로 30분 거리에 있던 '다른 세상'은 나에게 이런 의문을 품게 했다. 그리고 그때의 '작은 물음표'가 지금의 나로 이끌었다. 내가 돈을 많이 벌고 싶게 한 첫 번째 계기가 된 것이다.

이런 생각들을 하기 시작했던 시기에 같이 근무하던 상사와 연애를 시작했고, 어릴 때부터 꿈꿔왔던 행복한 가정을 함께 만들 수 있는 사람이라는 확신이 생겼다. 하지만 확신과는 별개로 현실적인 벽에 부딪히게 되었다. 하루빨리 화목한 가정을 꾸리고 싶다는 꿈만 있었지 모아 놓은 돈이 없었다. 행복한 가정을 이루기 위해서는 돈이 필요했고, 더군다나 우리는 양가 부모님께서도 원하지 않는 결혼이었기에 도움받을 수도 없었다.

어찌 보면 당연한 일이다. 나보다 11살 많은 여자와 결혼하는 것을 어느 집에서 허락하겠는가! 양가 모두 우리의 나이 차이를 이해하지 않으셨다. 게다가 결혼한다는 남편의 월급은 고작 160만 원이었다. 우리는 최악의 조건이었고, 아무리 생각해도 어떻게 살아야 할지 답이 나오지 않았다.

그때 머릿속에 가장 빨리 떠오른 것은 사업과 장사였다. 나의 재능과 노하우로 내 가게를 차리면 무조건 성공할 수 있을 것만 같았다. 하지만 모아둔 돈이 없으니 대출이 필요했고, 무작정 은행을 찾아갔다.

"고객님, 업종에 주류 판매가 있어서 대출금액이 많이 나오지 않아요."

"정말요? 술 파는 업종이라 안 되는 건가요?"

나는 와인을 서비스하는 전문직에 종사하는 사람으로 어떤 곳을 가든 주목받았다. 하지만 은행에서 판단한 나란 사람은 일반 회사원보다 안정적이지 않고, 작은 개인 사업체에 소속된 직원으로밖에 비치지 않는 듯했다. 책정된 대출 가능 금액은 터무니없는 수치였다. 처참했다. 자신감과 자부심을 품고 일했던 나의 직업에 대한 사회의 시선은 나를 한순간에 초라하게 만들었다.

결국 사업을 할 수 있는 가능성도 0%가 되어버렸다. 이후 서로 함께하지 못할 수도 있다는 불안감에 부둥켜안고 운 적이 몇 번이었는지 모르겠다. 절대 놓쳐서는 안 되는 사람이었고, 어떻게든 현재 상황을 돌파할 방법을 모색하던 중 학창 시절에 친하게 지냈었던 형에게 분양 영업 제안을 받았다.

성공보다
성장이 중요하다

분양 영업을 시작하고 3년 차에 연봉 1억을 달성했다. 절대 쉽지 않았다. 누군가 다시 그때로 돌아갈 수 있냐고 물어본다면 0.1초의 고민도 없이 '아니요'라고 말할 것이다. 큰돈을 벌어야 하는 이유가 명확하게 없었다면, 나는 중간에 그만뒀을지도 모른다. 영업을 시작하려고 하는 사람들에게 말하고 싶다. '목표와 목적이 분명하지 않으면 금방 그만두게 될 거라고.'

성공에 연연하지 말라

당시 내가 연봉 1억을 달성한 비결은 뭐였을까? 바로 성공이 아닌 '성장'에 포커스를 뒀다. 영업을 시작하는 사람치고 사연 없는 사람이 없다. 돈을 벌고 싶어서 시작한 사람이 대부분이다. 그래서 그런지 본인의 성장보다는 '돈'과 '성공'에 집착한다. 하지만 돈과 성공은 자신이 '성장'하면 자연스럽게 따라오는 결과물이다.

2017년 9월, 난생처음 영업을 시작했다. 영업의 'ㅇ'자도 몰랐던 나는 그저 타오르는 열정과 간절함만 있는 상태였다. 나는 무조건 돈을 벌어야만 했던 상황이었고, 영업을 시작한 순간부터 후퇴란 없었기에 '내가 여기서 일을 제일 잘하면 당연히 돈을 많이 벌겠지'라는 생각으로 남들보다 빨리 성장하려고 노력했다.

아침 일찍 출근해서 늦게 퇴근하는 건 기본이었다. 오전에는 전화 업무를 하고, 오후에는 홍보 물품을 가지고 밖으로 나갔다. 밤에는 전날 저녁에 준비한 전단과 물티슈 세트를 가지고 주차장에 갔다. 이렇게 하루 스케줄을 마치고 집에 들어가면 저녁 11시, 몸이 힘드니 열심히 일한 거 같아서 뿌듯했다. 하지만 그저 '열심히'만 했을 뿐, 분명한 성장도 가장 중요한 성과도 없었다.

'지금보다 더 효과적이고 효율적인 방법이 없을까?'

영업 일을 시작하며 가장 많이 들은 건 이런 말들이었다.

"네가 다 알아서 해라"

"나도 다 혼자서 했다."

물론 기본적인 교육은 있었지만, 나의 답답함과 속이 타들어 가는듯한 갈증을 해소하기에는 부족했다. 그도 그럴 것이 영업은 일의 특성상 후임이나 동료가 일을 못 해서 내 업무 진행이 어렵다거나 내 영업이 피해당하지 않는다. 자기 혼자 헤쳐 나가는 경우가 대부분으로, 냉혹한 약육강식의 세계가 따로 없었다. 나도 혼자서 방법을 찾아야 했고, 모두가 하는 방식이 아닌 '나만의' 방법이 필요했다.

힘들게 일해도 몇 달 가까이 성과가 없으니, 정신적으로도 피폐해졌다. 그런데 선임 중에 사무실에 있는 시간이 많은데도 매출 1등을 하는 분이 있었다. 어느 날, 여느 때처럼 열심히 노트북을 두드리던 선임을 본 나는 커피 한 잔을 사 들고 슬쩍 옆으로 갔다. 그리고 조심스레 물어봤다.

"실례지만, 주로 어떤 업무를 많이 보시나요?"

"저는 오프라인 영업은 거의 안 하고, 블로그나 온라인 위주로 영업해요."

나는 누구나 할 수 있는 오프라인 영업을 했고, 앞서 나가는 사람들은 이미 온라인 영업을 하고 있었다. 시대와 트렌드가 변하고 있으니 열심히 해도 성과가 안 나오는 건 당연한 거였다. 그때만 해도 온라인 영업을 메인으로 삼은 사람은 정말 소수였다. 내가 밖에서 전단과 물티슈를 가지고 땀 뻘뻘 흘리며 열심히 영업하면, 고객들은 집에서 인터넷으로 검색하고 내가 아닌 다른 사람에게 전화한다. 즉 소수의 영업사원만이 확률이 커지는 영업을 하고 있었다. 이 구조를 알게 되니 진짜 머리에 큰 돌덩이가 떨어진 기분이었다. 그리고 결심했다.

"나는 당분간 온라인만 파고든다!"

연봉 1억을 달성하다

처음 블로그를 접했던 나는 당연히 모르는 것투성이였다. 빠른 성장을 위해 전문가에게 교육받아야겠다는 생각으로 블로그 영업을 가장 잘하는 분을 수소문해 찾아갔다. 당시 계약 1건도 못 한 어려운 상황이었지만, 서울과 세종을 왕복하며 일대일 교육을 받았다.

교육 외에도 나는 '어떻게 하면 경쟁자들보다 더 잘할 수 있을까'를 고민하며 글을 잘 쓰는 데 많은 공을 들였다. 그때 글을 잘 쓰기 위해 노력했던 부분이 지금 팀원들의 교육 자료를 만들 때나 유튜브 작업 등에 큰 도움이 되었다. 또 나를 브랜딩해야 할 때니 책을 쓰고 있는 지금, 이 순간도 너무 많은 도움이 되고 있다.

'성장'이라는 틀에 억지로라도 나를 꿰맞추면, 당장 돈을 좇는 사람과 미래가 다를 수밖에 없다는 걸 나는 장담 할 수 있다. 당연히 그에 맞는 배움과 '열심히'만 하는 게 아닌 남들과 다른 노력을 해야 한다. 그렇게 나보다 앞서 있는 사람의 교육과 나만의 디테일로 블로그와 온라인 영업을 파고들었고, 블로그 영업에 특화 되어 있는 영업사원 타이틀과 함께 결국 나는 연봉 1억을 달성했다.

나는 지금까지도 내 성장에 필요한 비용과 시간을 아끼지 않는다. 내가 성장하면 '돈'은 자연스럽게 따라온다. 성공보다는 '성장'에 집착하자. 성공하는 데 있어 누구나 '성장기'가 있다. 그 시간 없이 단기간에 얻은 성과는 결국 모래성처럼 금방 무너질 수 있다.

성장하라! 그 누구도 존경할 만한 사람이 되어 있다면, 그 사람에게는 상상할 수 없는 기회를 통해 어느새 당신도 모르는 사이에 성공의 문 앞에 도착한 자신을 발견하게 될 것이다.

포기할 바에는 차라리 실패하라

내가 몸담았던 회사에서 일할 때, 평소 팀원들에게 자주 한 말이 있다.

"포기할 바엔 차라리 실패하세요. 버티면 결국 이깁니다. 기회는 반드시 오거든요."

꽤 많은 사람이 시도해 보고 안 되면 금방 포기한다. 심지어 가슴을 울리는 사연과 함께 입사한 직원도 고작 몇 주 만에 자기와 맞지 않는다는 핑계로 퇴사한다. 처음에는 누구나 열정이 활활 불타오른다. 그런데 그 열정의 유통기한은 평균 3개월, '이럴 거면 왜 시작했지?'라는 생각이 들 정도로 그만두는 사람들이 정말 많다.

영업은 무자본 창업이다. 영업 직종마다 초기 비용이 다르지만, 내가 다녔던 회사는 전화 영업이 메인이라 차도 필요 없고, 몸을 격하게 쓸 일도 없다. 게다가 점심도 제공되어 교통비 말고는 딱히 지출이 없다. 보통 기본급 없이 100% 인센티브로 받아서 사실상 사업을 시작한 것과 같다. 즉 영업을 시작한 순간부터 나는 월급을 받는 직원이 아닌 대표가 되는 거다. 회사의 대표는 절대 쉽게 포기하지 않는다.

실패는 결국 성공을 앞당긴다

당시 연봉 1억을 달성하기까지의 과정을 되돌아보면 절대 순탄하지 않았다. 지금도 마찬가지지만 끊임없는 실패와 버팀의 연속이었다. 처음에 '나는 이 직업으로 무조건 성공한다'라고 굳게 마음먹어도 막상 밖에 나가서 전단을 뿌려보니 자존심이 상했다. 생각보다 영업은 어려웠고, 끝이 보이지 않는 터널을 걸어가는 외로운 길이었다.

영업을 시작하고 6개월 동안 제대로 된 계약을 쓰지 못했다. 그러다 보니 생활비가 부족해서 당시에 큰 금액인 1,500만 원을 대출받아 버텼는데, 그때 느꼈던 목 끝까지 차오르는 두려움과 공포 그리고 스트레스는 지금 생각해도 끔찍하다. 하루 12시간씩 일했지만, 생각보다 진전이 없었다. 통장에 있던 대출금은 서서히 줄어들었고, 끊임없이 몰려드는 괴로움은 나에게 '포기해'라고 말하는 것 같았다.

포기하고 싶었다. 하지만 영업을 시작한 이유는 너무나 분명했고, 영업을 포기한다면 인생을 포기하는 것과 같았다. 지금까지의 방법으로는 더 이상 답이 없다는 판단에 다른 방법을 찾기 시작했다. 그리고 앞에서 밝힌 것처럼, 당시 소수 인원이 하고 있었던 온라인 영업, 특히 블로그 영업에 집중했다.

남들과는 다른 방식으로 했는데, 막연히 블로그에 똑같은 현장 홍보 글만 계속 올리는 사람들과 차별화했다. 또 확률을 높이고자 2개의 블로그를 운영했는데, 하나는 나를 보고 분양 현장을 선택하는 '브랜딩' 위주의 블로그였고, 또 하나는 '현장' 위주의 광고를 올리는 블로그였다. 추가로 파워블로거에게 일정 원고료를 지불

하고 상위 노출 광고까지 진행했다. 나중에는 유튜브까지 운영하면서 나에게 '콜'이 오는 확률을 더욱 높였다. 이런 식으로 운영하다 보니 하루 평균 3콜 이상이 들어왔고, 결국 3년 차에 연봉 1억을 달성했다.

만약 내가 3개월 혹은 1년 만에 힘들다고 포기했다면 과연 억대 연봉자가 될 수 있었을까? 포기하지 않고 계속 버텼기 때문에 가능했다. 영업으로 억대 연봉을 달성한 사람들을 만나보면 쉽게 성공한 사람이 단 한 명도 없다. 전부 다 힘든 시기가 있었고, 무조건 버텨 온 기간들이 존재한다. 하지만 일반적인 사람들은 그 사람이 돈을 번 액수만 보지, 그 돈을 벌기 위해 어떤 노력과 어떤 희생이 따랐는지는 보지 못한다. 그러면서 '나도 영업하면 저 사람처럼 될 수 있겠지'라는 단순한 생각으로 영업에 도전한다. 그렇게 가벼운 마음으로 도전하다 보니 조금만 안 되면 쉽게 포기해 버린다.

나는 영업하고 싶다고 지원하는 면접자들에게 항상 물어본다.

"합격하면 앞으로 목표가 어떻게 되세요?"

"연봉 1억이 목표입니다. 회사에서 정말 열심히 일할 자신이 있습니다."

"전 직장 연봉이 어떻게 되시죠?"

"3,000만 원 정도였습니다."

"간단해요. 그 전보다 3배 더 노력하시면 됩니다."

생각보다 많은 사람이 열심히 살지 않는다. 영업을 빨리 그만두는 사람들의 가장 큰 특징은 열심히 하지 않는다는 것이다. 벌고 싶은 금액이 높아진 만큼 내 노력의 정도도 높아져야 하고, 당연히 고통스러울 것이다. 그 전과 똑같은 노력을 하면서 더 큰 금액을 벌기를 원하는 건 도둑 심보다.

내 인생에 큰 변화를 주기 위해 영업을 시작했고, 벌고 싶은 액수가 크다면 쉽게 포기하지 말라. 대신 그 연봉에 걸맞은 사람이 되도록 노력하라. 포기할 바엔 차라리 실패해라. 진정한 실패는 실패에 대한 두려움으로 인해 포기할 때를 의미한다. 실패의 양은 결국 내 성공을 더 앞당길 것이다.

상품을 팔지 말고, 사게 하라

영화 〈타이타닉〉에 나오는 '타이태닉(Titanic)호'는 절대 침몰하지 않는 불침선(不沈船)이라 불렸다. 그런데 타이태닉호에 구명조끼가 없다는 가정하에, 당신이 선장에게 구명조끼를 팔아야 하는 영업사원이라면 과연 어떻게 판매할까? 대부분 구명조끼의 장점을 열심히 설명할 것이다.

여기서 한번 생각해 보자. 선장에게 구명조끼를 판매하려고 하는 영업사원이 과연 나밖에 없을까? 구명조끼가 아무리 좋아도 선장의 눈에는 다 똑같은 조끼일 뿐이다. 심지어 침몰 위험도 없는데 상품이 눈에 잘 들어올까? 이러한 방식은 '상품 중심'의 세일즈다. 보통은 고객에게 상품을 팔 생각만 하지, 고객이 필요로 하게 만들지는 않는다.

내가 상위 1%의 영업사원이 되고 싶다면, 제일 먼저 상품이 아닌 '고객 중심'의 세일즈를 해야 한다. 고객 중심의 세일즈는 상대방을 '배려'하는 마음에서부터 시작된다. 그라면 고객을 중심으로 구명조끼를 세일즈한다면 어떻게 말하는 게 효과적일까?

"선장님, 정말 그럴 일은 없겠지만, 만약 타이태닉호가 항해 중에 충돌했어요. 승객들이 대피해야 하는 상황인데 구명조끼가 없다면 선장님의 이미지는 어떻게 될까요? 이후에 선장으로 일하시기 어렵지 않을까요? 뭐든 1%의 가능성이 존재합니다. 선장님 본인을 위해서라도 구명조끼를 두세요!"

이렇게 말하고 상품의 장점을 이야기한다면 훨씬 계약률이 높아질 뿐만 아니라 '나'라는 사람에 대한 신뢰도 올라갈 것이다. 영업은 사람의 마음을 사는 일이다. '팔지 말고 사게 하라'라는 말처럼 고객이 내 상품을 필요하게 만들자.

나는 온라인 영업에 눈을 뜨고 블로그 포스팅을 하기 시작했다. A라는 분양 현장이 있으면 그 분양 현장에 관심 있는 고객이 내 글을 보고 나에게 연락을 줄 수 있게 광고 글을 작성한다. 하지만 현장에 나만 영업하고 있는 게 아니어서 블로그 포스팅 개수만 해도 몇십 건이 넘는다. 경쟁자가 많은 만큼 글을 잘 써야 하고, 상위 노출은 기본이다.

'고객이 나에게 연락했으면, 다른 곳에도 연락했겠지'라고 생각해야 한다. 그래서 첫 통화 때 최대한 고객에게 나와 내 현장을 어필해야 한다. 특히 인바운드 콜(Inbound Call)은 나를 각인시키는 작업이 중요하다.

2018년, 동탄에서 지식산업센터 분양 영업을 하던 때의 일이다. 같은 지역에서 비슷한 시기에 분양하는 A와 B 두 개의 현장이 있었는데, 심지어 가격과 규모까지 비슷했다. 당시 나는 B 현장을 담당했는데, B 현장 블로그 포스팅을 본 고객의 연락을 받았다. 아파트 외에 다른 부동산은 처음 투자하는 고객이었다.

이 고객은 사실 A를 마음에 들어 했는데, 꼼꼼한 성격이라 시장조사를 하다가 B를 발견했다. 계속 보다 보니 뭐가 더 나은지 판단하지 못하는 상황이었다. B를 담당한 나는 당연히 A의 장단점을 알았기에 하나하나 정리해 주면서 B를 더 어필했다. 게다가 내가 왜 B를 담당하는지, 내가 어떤 사람인지까지 얘기하고 미팅 일정을 잡은 후 통화를 마쳤다.

전화 통화로만 계약한 적도 있으나 대개 첫 통화에 결과가 나오지 않는다. 약속했던 일정에 맞춰 고객과 미팅했지만, 그 자리에서도 결정을 못 내려서 소득 없이 돌아오게 되었다. 이후에도 약 일주일 정도 시도 때도 없이 고객과 연락을 주고받았고, 더 이상의 할 말이 없는 상태까지 와버렸다.

고객의 마음이 50:50인 상황, 횟수로만 10번은 더 넘게 통화했다. 여태 쏟은 노력과 시간이 있는데 계약을 못 시키면 얼마나 억울하겠는가. 고객이 퇴근하는 시간에 맞춰 마지막 통화라고 생각하고 전화를 걸었다.

"사모님 퇴근은 잘하셨어요? 설마 아직도 고민되세요?"

"네, 결정이 쉽지 않네요."

"사모님! 제가 아내보다 사모님과 더 많이 통화하는 거 아시죠? 아내가 서운해할 정도예요. 저는 사모님이 첫 투자이고, 더 가치가 높은 현장을 선택해서 앞으로도 계속 투자 잘 해나가셨으면 하는 마음에 연락드리는 겁니다. 아이도 있으신데 나중에 진짜 보탬 되실 거예요.

현장만 생각하시면 계속 결정 못 하실 텐데요. 그러면 '저'라는 사람을 보시고 결정하세요. 저 말고 다른 담당자들과도 통화하셨죠? 저만큼 사모님께 관심 두고 연락드리는 사람 있었나요? 저녁 늦게까지 답변드리고? 사모님의 현명한 투자를 위해 더 정성을 들인 사람이 누구인지 생각하시고, 그 사람이 담당한 현장이 A가 아닌 B라면 분명한 이유가 있는 겁니다. 사모님! 저 믿고 결정하세요."

결과는 어떻게 되었을까? 결국 계약서를 작성했다. 계약을 마치며 고객은 이렇게 말했다.

“저는 진짜 정환 팀장님 믿고 계약한 거예요. 앞으로도 잘 부탁드릴게요!”

상품을 팔기보다는 고객의 마음을 사서 나를 믿고 계약할 수 있게 만들자. 생각보다 고객을 배려하지 않는 영업사원들이 정말 많다. 내 말만 하느라 바쁘고, 고객이 어떤 상태이며, 어떤 니즈가 있는지는 궁금해하지 않는다. 영업사원은 말을 잘해야 한다고 생각하지만, 사실 고객의 말을 경청하는 게 훨씬 더 중요하다. 계약을 결정짓게 하는 키포인트는 고객의 말에서 나온다.

고객이 더 말을 많이 하도록 만들 수 있다면 계약률은 분명 올라갈 것이다. 고객의 말이 곧 니즈고, 그건 나의 입에서 나오는 게 아니다. 잘 듣고, 잘 짚어주는 것만으로 당신은 ‘파는 사람’이 아니라 고객이 필요로 하는 걸 제공하는 귀인이 될 것이다.

더 멀리, 더 높은 곳을 보며 준비하라

어느덧 영업 4년 차, 연봉 1억 대를 유지하며 먹고사는 데 지장은 없었지만, 큰 문제가 발생했다. 더는 수익이 늘지 않고 멈춘 상황이 지속되었고, 별다른 성장도 없었다.

'아, 이건 문제가 있다. 이제는 진짜 움직여야 할 때다.'

나는 3년 동안 머물렀던 고향 같은 회사를 과감히 떠났고, 약 1년간 해결 방법을 계속 찾아다녔다. 하지만 쏟은 시간과 노력 대비 큰 효과를 보지 못했고, 오히려 벌던 수익보다 더 떨어지는 상황까지 발생했다. 이대로 가면 나는 망할 것 같았다. 내가 원하는 목표와 성공을 이룰 수 없을 거 같아 두려워하며, 동시에 엄청난 다짐을 했다.

'환경을 완전 싹 다 바꿔보자!'

나의 연봉은 3배가 되었다

처음부터 다시 시작한다는 건 여간 어렵지 않은 난제다. 편하고 익숙한 환경을 버리고 낯선 환경을 선택하기까지 얼마나 고민하고, 또 고민했는지 모른다. 지금까지 쌓아온 직급, 경력 등 모든 걸 내려놓고 새 출발을 해야 했기에 절대 쉬운 선택이 아니었다. 나는 분양 영업을 하면서 계속 궁금했고, 가보고 싶었던 TM 전문 분양 회사에 가기로 했다. 분양도 영업 방식이 다양하고 여러 조직과 여러 회사가 있어서 완전히 다른 환경이다.

새로운 회사를 찾던 도중에 즐겨보던 〈안대장TV〉에서 우연히 추천 영상을 보게 되었다. '9개월 만에 7억 7천만 원을 번 여자!' 엄청 짧은 시간에 내가 여태까지 벌었던 수익보다 훨씬 더 많은 금액을 번 사람을 본 것이다. 순간 넋이 나갔다. 심지어 찾고 있던 분양 회사의 대표였다.

영업은 '돈 많이 버는 리더를 따라가라'라는 말이 있다. 사실 이 사람이 실제로 벌었는지, 안 벌었는지 크게 중요하지 않았다. 어차피 내가 직접 경험하면 아니까 말이다. 당시 나는 간절함이 극에 달아있던 상태라 물불 가릴 때가 아니었다. 절차에 맞춰 입사 지원하고 합격 통보를 받았다. 나는 새롭게 태어난다는 마인드로 새로운 환경에서 일을 시작했다.

원래 영업도 유선상의 업무가 많지만 TM은 다른 얘기다. 사실 환경을 바꾸면서 자신감이 조금 떨어진 상태라 '내가 잘할 수 있을까?'라는 걱정이 앞섰는데, 일하면 일할수록 푹 빠져들게 되었다. 그 어느 때보다 일에 미쳤고, 그 어렵던 영업이 재밌게 느껴졌다. 그러다 보니 놀랍게도 빠른 기간에 결과물이 나왔다. '50일 만에 8천만 원'을 달성한 것이다. 재직 1년 만에 나의 연봉은 3배가 되었다. 아직도 회사에서 깨지지 않은 최단기간 최고 수입이다.

연봉 3억을 만들어 준 4가지 방법

4년 동안 연봉 1억에 머물렀던 내가 어떻게 1년 만에 3억을 달성할 수 있었을까? 이러한 결과에는 특별한 스토리가 존재한다. 연봉 3억을 만들어 준 4가지 핵심 방법을 알려주겠다.

첫째, 환경을 바꿨다.

'영업은 시스템이다'라는 말을 들어본 적 있을 것이다. 영업으로 성공한 이들이 공통으로 강조하는 내용인데, 대부분의 영업 조직은 '시스템'이 없다. 입사 후 어깨너머로 보며 배우거나 스스로 개척해서 만들어야 하는 환경이 80% 이상이다. 특히나 분양 영업은 일반적인 영업과 비교했을 때, 삼성이나 현대처럼 대기업이 운영하는 회사가 없이 주먹구구식으로 운영되는 조직의 비율이 훨씬 더 많다.

나 역시 혼자 알아서 습득해야 하는 환경에서부터 시작했다. 살아남기 위해 쉴 새 없이 계속 발버둥 치면서 '쉽게 갈 방법이 있지 않을까'라는 생각을 끊임없이 해왔다. 배움에 대한 목마름은 결국 시스템이 존재하는 회사를 찾을 수 있게 만들었다. 당시 내가 다녔던 회사는 확고한 시스템을 가지고 있어서 영업에 재능 없는 사람도 따라가다 보면 자연스럽게 영업이 가능해진다.

교육은 기본이며 TM부터 계약까지 어떻게 영업해야 하는지를 하나부터 열까지 전부 가르쳐주도록 시스템화 되어 있다. 시스템이 갖춰진 환경에서 영업은 생각보다 어렵지 않고 오히려 단순하다. 내가 굳이 개척하고 창조해 나갈 필요도 없고, 열심히 따라가고 흡수하면 계약이 나오는 시스템. 나는 그러한 환경을 찾음으로써 4년간의 고생을 1년도 안 되어 보상받을 수 있었다.

영업은 누구나 시작할 수 있지만, 누구나 큰돈을 벌 수 없다. 그렇다면 좋은 환경을 찾고 바꾸는 방법은 뭐가 있을까? 나는 앞서 말한 것처럼 〈안대장TV〉를 통해 당시 몸담았던 회사의 대표님을 알게 되었다. 영상을 보고 나서 '이 사람과 일해보고 싶다'라는 강한 생각이 들었고, 큰 고민 없이 대표님의 회사에 입사를 지원했다.

빠른 선택을 하게 된 이유는 크게 3가지다.

1) **즐겨보는 유튜브 채널에 출연했다.** (사기꾼을 출연시키지 않았을 것이다.)
2) **단기간에 큰 수익을 창출했다.** (영업은 돈 잘 버는 사람을 따라가야 한다.)
3) **내가 배울 수 있는 사람이다.** (돈을 많이 번 사람은 분명한 이유가 있다.)

물론 회사도 중요하지만, 나는 어떤 리더를 만나느냐가 훨씬 더 중요하다고 생각한다. 어차피 회사를 판단해서 입사해도 나를 직접적으로 교육하는 사람은 수익적으로 연관된 리더다. 환경을 싹 다 바꿔보고자 한다면 배움을 얻을 수 있는 리더를 찾아보도록 하자. 영업은 어떤 회사와 어떤 리더를 만나느냐에 따라 내 연봉이 달라진다.

덧붙여 내가 배우고 싶은 사람을 먼저 찾아보았으면 한다. 요즘은 유튜브나 인스타그램 등에 자신을 브랜딩하는 사람들이 많아서 조금만 시간을 투자하면 내가 배우고 싶은 사람을 찾아보기가 수월하다.

둘째, 나를 버렸다.

내가 신입사원들에게 빼먹지 않고 항상 한 말이 있었다.

“가르쳐 드린 대로만 하시면, 계약하는 건 어렵지 않습니다.”

시스템이 있는 환경에서는 배운 그대로 흡수하는 게 가장 빠른 길이다. 창조 이전에 모방이라고 하지 않는가. 하지만 10명 중 8명은 안타깝게도 돌아가는 길을 택한다. 따라 하기만 잘해도 실력이 늘 수 있는데, 교육의 흐름과 구조를 제대로 파악하지 못한다. 또는 자기 머릿속에서 나오는 의문을 따르며 가르친 것을 흡수하지 않는다.

돈을 많이 벌고 인생을 바꾸고 싶어서 영업을 시작하는 사람들이 많지만, 자기 자신을 바꾸려는 사람들은 많지 않다. 연봉 1억을 버는 사람이 있다면, 연봉 1억을 벌 수 있는 능력이 있다고 생각한다. 즉 희망하는 연봉에 맞게 나를 바꿔가야 하는데, 정작 본인은 바뀌지 않으면서 연봉은 바뀌길 원한다.

앞서 말한 것처럼, 나는 당시 다녔던 회사에 입사하면서 약 4년간 쌓아온 모든 것을 다 내려놓고, 가장 밑바닥부터 새롭게 시작했다. 면접 때 경력자를 선호하지 않는다는 얘기를 들었다. 왜냐하면 이미 하얀 도화지에 색이 칠해져 있는 상태라 쉽게 본인의 색깔과 고집 등을 내려놓지 못한다는 것이다. 맞는 말이다. 사람마다 차이가 있겠지만 그래도 영업을 해 본 적 없는 하얀 도화지 상태인 신입이 배운 것을 그대로 흡수하기 좋다.

“제가 경력이 있어서 우려하실 수 있겠지만, 입사하는 순간 저를 처음 분양 영업을 시작하는 사람이라고 봐주십시오. 모든 걸 그대로 흡수하는 신입을 보시게 될 겁니다. 약속드립니다."

면접을 보면서 '이전에 영업하던 황정환은 없다'라는 생각에 한 말이다. 나는 원래부터 보고 배우는 걸 좋아한다. 또 매뉴얼이 있다면 그대로 따라 하는 스타일이라 하얀 도화지 상태로 돌아가는 건 어렵지 않다. 게다가 '내 인생 마지막 분양 영업 도전이다'라고 마음먹은 상태라 나에게 불가능은 없었다.

그렇게 TM 전문 분양 회사로 입사하고 본격적으로 TM 영업을 시작했다. 원래 영업이 유선상의 업무가 많기는 하지만 제대로 TM 영업을 한 건 처음이라 TM 영업을 하는 모든 사람을 선생님이라고 생각했다. 일을 시작한 지 얼마 안 된 사람, 나이가 적든 많든 내 스타일과 맞지 않는다고 보여도 그 사람들의 녹음파일과 스크립트를 흡수하며 장점들만 내 것으로 만들려고 노력했다. 거기다가 유튜브에 있는 TM 노하우 영상들을 빠짐없이 찾아보고 공부했다.

유튜브를 보다 보면 '저게 맞나? 저게 된다고?' 생각이 드는 것들도 모두 나와 접목해서 편견 없이 최대한 흡수하려고 노력했다. 회사에서 해주는 교육만으로도 일하는 데 부족함이 없었지만, 데이터가 많을수록 나에게 유리하다 생각했고 나만의 색깔을 입히는 건 천천히 해도 되는 일이었다.

처음 TM을 시작해서 어려웠던 건 '스몰토크(Small Talk)'였다. 스몰토크는 서비스직에서 많이 사용하는 대화방식인데, 업무적인 이야기가 아닌 고객의 기분이나 현재 상황에 맞춘 화법이다. 예를 들면 "오늘 날씨가 너무 좋네요. 고객님!" 이런 식의 화법을 많이 들어봤을 것이다. 친근하게 다가가서 대화를 이끌어가는 게 그동안 내가 해왔던 영업 방식과 너무 달랐다.

내가 주로 해왔던 지식산업센터 분양 영업은 인바운드 콜 위주로 받아 어느 정도 알고 접근하는 고객이 많았고, 다른 부동산과 달리 생소한 요소들이 있어서 사적인 대화보다는 처음부터 전문적인 지식을 많이 쏟아내야 고객이 나에게 호감을 느끼게 된다. 하지만 TM 영업은 모르는 사람이 전화를 걸어 오만가지 전문 지식을 설명해 봤자 들어주는 사람은 흔치 않다.

사적인 대화를 나누면서 분위기를 부드럽고 화기애애하게 만들어야 하는 TM 영업은 그동안의 나의 영업 스타일을 모두 버려야 가능한 일이었다. 물론 모든 사람이 TM을 하면서 잡담하지는 않는다. 보통은 상품 설명이 위주인 스크립트로 TM을 하는 영업 사원들이 많다. 하지만 상품 설명만 하고 고객 방문을 잡는 건 정말 관심도가 높은 고객을 만났을 때만 가능하다. 그래서 스몰토크는 TM 영업에서 필수 요소다.

40대 여성 고객과 전화 연결이 되었을 때 이야기다.

"안녕하세요! 사모님. ○○모델하우스에서 연락드렸는데요."

"저기요. 제가 지금 김밥을 싸고 있거든요? 스피커 폰으로 받고 있는데 바빠요."

"사모님! 제 아내도 김밥을 엄청나게 잘 싸요! 김밥 만들 때 정신없는 거 저도 너무나 잘 알죠!"

"그러니까요. 애 깨기 전에 싸야 해요. 아유 참. 제가 필요하면 나중에 걸게요."

"사모님 아이가 몇 살이에요? 저는 아직 아이는 없어서요. 최근에 아내와 아이 가지려고 계획하고 있거든요. 우리나라는 아이 키우려면 부동산 투자는 무조건 일찍 시작하셔야 해요. 사모님."

이렇게 부동산 이야기만 하는 게 아닌 개인적인 이야기로 이어나가면 상대방이 매몰차게 전화를 끊어 버리기가 쉽지 않다. 남자와 여자 모두 마찬가지다. 상대방이 퉁명스럽게, 시큰둥하게 대답을 이어간다고 해도 짧게 통화하는 것보다 훨씬 내방 확률이 올라간다. 큰돈이 들어가는데, 심지어 처음 들어보는 물건이라면 호감을 느끼게 하는 건 굉장히 어려운 일이다.

그래서 어느 정도 현장 내용을 전달하고 관심을 끌었으면, 그다음은 나와 통화하고 있는 고객과 가까워지고 알아가는 스몰토크를 시도해야 한다. 답은 언제나 고객의 말에서 찾을 수 있다. 통화가 길어지고 있다면 당연히 방문 예약을 잡고 전화를 건 목적을 달성해야 하는데, 모델하우스 방문을 해야 하는 이유는 부동산이 아닌 나를 중심으로 얘기하면 좋다.

"사장님, 지금 저와 20분 정도 통화하셨어요! 모르고 계셨죠? 사장님도 바쁘시고 저도 바쁜데, 그 바쁜 시간 쪼개서 이렇게 얘기 나눈 거잖아요. 이것도 인연이고 저와 통화 연결되신 게 사장님 인생에 중요한 터닝포인트가 될 수 있어요! 계약하고 안 하시고는 나중에 생각하시고, 그걸 떠나서 주말에 저 보러 모델하우스 한 번 나오세요! 안목도 넓히시고요."

영업은 고객의 마음을 사는 일이다. 계속 TM을 하고 있다 보면 많은 직원이 본인이 영업하고 있다는 사실을 잊을 때가 있다. 질문을 던지고 대화를 시도하면서 고객을 알아가야 하는데, 듣기보다는 말하기 바쁘고 정보 전달 위주라 호감을 심어 주기가 어렵다. 나는 스몰토크를 계속 시도하면서 '저 사람 괜찮은 사람 같은데?' 정도의 미비한 호감이라도 심어 줄 수 있게 됐고, 장시간 통화하는 콜이 자주 나오면서 결국 많은 성과로 이끌었다. 부동산이 아니라 나를 보러 오게 만들자.

나는 당시 몸담았던 회사에서 입사 3개월 만에 팀장이 되었다. 3개월 만에 새로운 환경에서 여러 성과를 내고 최단기로 진급하게 된 결정적인 방법은 바로 '복기(復碁)'다. TM은 내가 말을 많이 한다고 실력이 느는 게 아니라 많이 들어봐야 한다. 고객의 입장에서 나라는 사람이 전화했다는 가정 아래 '셀프 피드백' 시간을 갖는 것이다.

3개월 동안 단 하루도 빠지지 않고 퇴근 후 집에 돌아와 잠들기 전까지 복기하면서 TM을 파고들었다. 저녁을 먹으면서 아내와 함께 복기를 시작하고, 저녁을 다 먹은 식탁에 앉아 아내에게 "여보는 이런 내용을 들었을 때 어떤 거 같아?"라고 물어보면 "~부분에서 ~멘트 좋네"라고 피드백을 받았다. 아내는 모르는 사람의 입장에서 얘기해주고, 나는 이론을 실전에 맞게 수정하면 결국 어떤 스크립트도 어색해하지 않고 소화할 수 있는 상태가 되었다.

온종일 사람들과 통화하고 집에 들어와서 또 그걸 듣고 있는다는 게 지긋지긋할 수 있다. 그래서 이런 지루하고 하기 싫은 것들은 주변에 있는 조력자의 도움을 받길 권한다. 나에게 간절함이 있다면 가족이나 가장 친한 친구 혹은 의지하는 회사 선배와 같은 사람이 분명히 함께해 줄 것이다. 과연 실내 온도를 1~2도 올리면 알아챌 사람이 있을까? 한 10도는 올려야 확 느낄 것이다. 나 자신을 바꾸기로 마음을 먹었다면 확 바꾸자. 단언컨대, 나를 버리는 순간 믿을 수 없는 성장을 하게 될 것이다.

셋째, 나를 믿었다.

나는 학창 시절에 소심하고 겁이 많았다. 눈치를 많이 보는 성격이라 자신감과 자존감도 낮았고, 성인이 돼 사회생활을 하면서는 항상 최악의 상황을 염두에 두고 행동하는 패턴이었다. 조심스럽게 행동하고, 남들이 건네는 한마디 말에 예민하게 받아들여 자책도 많이 했다. 내가 보는 나 자신은 잘하는 게 별로 없어 보였고, 그나마 장점이라고 생각한 건 주변 분위기 잘 읽고 착한 거? 나 자신이 1순위가 돼야 하는데, 항상 나보다 남들이 우선순위였다.

이런 나의 성향은 아마도 어린 시절에 겪었던 일들 때문이라고 생각하는데, 지금은 그런 성향이 많이 없어졌다. 눈치를 많이 보던 습관은 사람에 맞춰 배려하는 역지사지(易地思之)의 마음을 갖게 했고, 최악의 상황을 염두에 두고 행동하던 패턴은 더욱 철저하고 계획적으로 일할 수 있게 나를 만들었다. 이러한 변화는 모두 긍정적인 마인드를 장착하고 나를 믿게 되면서 시작됐다.

사람들이 제대로 인지하지 못한 채 아무렇지 않게 생각하는 부정적인 마음이 얼마나 나에게 해로운지 나는 몸소 겪으면서 깨우친 케이스다. 변화하게 된 특별한 계기가 있었는데, 영업을 시작하고 5년 차에 공황장애가 왔다. 당시는 매출도 많이 떨어지고 스스로 성장도 없는 상태였다. 3달 이상 소득 없이 비전도 없는 분양현장에 있으면서 '앞으로 어떻게 헤쳐 나가지?'라는 생각을 하루도 빠짐없이 하고 있을 때였다.

"죽어야 이 힘든 것들이 끝나려나?"

혼자 사무실에 덩그러니 앉아 있는데 갑자기 이런 생각이 스쳐지나갔다. 아무리 잠깐 한 생각이라도 소름 돋고 겁이 났다. 바로 병원에 갔는데 공황장애 초기 증상 진단을 받게 되었다. 공황장애로 인한 우울감과 그냥 습관처럼 가지고 있던 최악의 상황을 염두에 두는 패턴과 생각들이 결국 이런 지경까지 나를 끌고 온 것이다. 그때 알았다. 자신감과 자존감이 무너졌을 때 얼마나 위험한 건지 말이다.

“정환아, 정말 미안하다.”

내가 나를 힘들게 하고 돌보지 않아서 생긴 질병이라 나 자신에게 정말 미안했다. ‘좋은 게 좋은 거다’ 이렇게 나를 타이르며 왜 계속 내가 나를 기만했는지 생각했다. 이때부터 마음을 고쳐먹고 공황장애를 이겨내기 위해 자신을 돌보기 시작했다. 가장 먼저 내 머릿속에서 ‘멘탈’이라는 단어를 삭제했다. 사람들이 습관적으로 많이 하는 말이 ‘멘탈 나간다’인데, 멘탈이라는 단어를 삭제하면 멘탈이 나갈 일도 돌아올 일도 없다.

그리고 긍정적인 마인드를 장착하기 위해 동기부여, 자기 계발 영상들을 많이 찾아보았다. 또 성공한 사람들이 자기 암시와 확언을 한다고 해서 나도 똑같이 따라 해봤다. 사람은 말하는 대로 된다고 하는데, 암시와 확언은 나에게 뭔지 모를 자신감과 할 수 있다는 용기를 불어넣어 주었다. 한 번에 확 바뀌지는 않지만, 시간이 지날수록 확실한 변화를 느꼈다.

성공한 사람들이 공통으로 하는 행동은 다 이유가 있음을 이때 확실히 깨닫게 되었다. 당시 다녔던 회사에 입사했을 때 처음으로 해 본 TM 영업으로 많은 우여곡절이 있었지만, 끝까지 나 자신을 응원하며 믿었다. 그리고 지속해서 나를 바꿔 가는 과정을 거치면서 결국 ‘매출 1등’이라는 타이틀과 ‘최단기 팀장 진급’이라는 결과들을 만들었다.

그때 느꼈던 성취감으로 인해 내 자신감과 자존감은 그 어느 때보다 가득 찼다. 더불어 공황장애 증상도 발생 되지 않았다. 나는 소위 말하는 ‘1인자’나 유명한 성공한 사람들처럼 될 자신은 없었다. 그저 영업으로 돈을 많이 벌어서 편하게 살고 싶은 사람이었다. 하지만 지금은 이루고 싶은 큰 목표들이 너무나 많다. 때론 힘들고 고통스러운 날이 올 때면 성장의 신호로 받아들이며, 이겨 낼 생각과 할 수 있는 방법만 찾는다.

나는 사람들에게 "나처럼 강하지 않은 사람도 할 수 있다고, 또 강해질 수 있다"라고 말하고 싶다. '나'라는 사람은 내 생각보다 훨씬 더 대단한 사람이다. 절대 외면하거나 과소평가하지 말고, 내가 더 위대한 결과를 만들 수 있도록 끊임없이 지지하면서 믿어주자. '나'를 믿는 순간부터 놀라운 변화가 시작된다.

넷째, 리더가 되었다.

영업을 시작하면서 내 결심 중 하나는 '30대 초반에 벤츠를 타는 것'이었다. 30대 후반이나 40대에 타도 되지만, 그건 의미가 없었다. 영업으로 돈을 많이 벌고 싶었고, 돈 버는 기간도 남들보다 단축하고 싶었다. 결국 32살에 벤츠를 탔다. 다른 성공한 사람들에 비하면 미약하지만, 내 또래보다 빠른 기간 안에 돈을 벌고 있는 것도 맞다. 이처럼 스스로 정한 시기에 이뤄내야 하는 게 있고, 성공에는 속도가 중요하다.

물론 차근차근 성실하게 노력해서 50, 60대에 성공할 수도 있지만, 신기하게도 대부분의 성공한 사람들은 젊은 나이에 이미 많은 걸 이뤄내 나아가고 있다. 단적인 예로, 내가 다녔던 회사의 대표님은 100명의 직원을 이끌고 분양 대행사를 운영하는데, 연봉 10억, 분양 경력 3년 차, 30대 초반에 CEO 직함을 가지고 있다.

내가 처음 해 보는 TM 영업으로 3개월 만에 팀장으로 진급하고, 당시 다녔던 회사에서 가장 많은 팀원으로 팀을 만들 수 있었던 원동력은 나에게 생전 처음 느껴보는 자극제가 되어주는 리더가 가까이에 있다는 것이었다. 성공의 가속도를 올리는 데 있어 리더가 되는 것만큼 좋은 방법이 또 있을까? 나는 당신이 속한 회사, 조직, 어떤 팀에서든 빨리 리더가 되라고 말하고 싶다. 예전 내 팀원 중에 이렇게 얘기하는 사람들이 있었다.

"저는 더 배우고 올라가고 싶어요. 아직 부족한 거 같아요."

"저는 돈을 더 많이 모은 다음에 진급하고 싶어요. 아직은 때가 아닌 것 같습니다."

완벽해져서 앞으로 나아가고 싶은 건 어느 정도는 욕심일 수 있다. 지금보다 더 힘들게 노력하고 싶지 않은 나의 나태함에 대한 합리화가 아닌지 생각해 봐야 한다. 나 혼자만 잘하면 될 때와 리더가 되어 누군가를 책임져야 할 때는 시야가 달라서 자기 발전의 깊이 자체가 달라진다. 팀원들이 더 잘할 수 있게, 나에게 한가지라도 더 배워갈 수 있게 하려고, 혼자 해나갈 때보다 훨씬 공부를 많이 하고 연구하게 된다.

이전에는 '일 마치고 집에 가서 쉬어야지'였다면 지금은 '일 마치고 집에 가서 일해야지'로 자연스럽게 바뀌었다. 이건 나뿐만이 아니라 다른 리더들도 마찬가지일 것이다. 온 오프(On-Off)가 따로 없이 일하면서 나를 믿고 따르는 사람들이 많아질수록 무거운 책임감을 느낀다. 눈을 뜸과 동시에 전쟁이고, 눈을 감고 잠들기 전까지는 그 전쟁이 끝나지 않는다.

그렇게 치열하게 전쟁터에서 내 소대원들이 한 명도 낙오되지 않게 끌고 가야 하며, 팀원들에게 좋은 방향을 가르쳐 주고 부딪히는 과정에서 나도 몰랐던 것들을 배우게 되기도 한다. 리더로서 힘든 점들이 있지만, 팀원들이 있기에 멈출 수 없고, 지치지 않을 수 있는 것에 감사할 수 있었다. 당시 나는 완벽한 리더는 아니었지만, 더욱 성장할 수 있었다. 그리고 날마다 내 팀원들과 함께 1%씩 채워나가며 성공에 다가갈 수 있었다.

당시의 나는 이렇게 내 성장 속도를 올리기 위해서 좀 더 빨리 리더가 되고 싶었다. 그러기 위해선 '직원 마인드'가 아닌 '오너 마인드'가 필요했다. 일을 배우고 지속시켜나감에 있어 항상 '지금 내가 리더라면 어떻게 했을까?' 생각하고 움직였다. 시키는 것만 하는 건 당연히 안 된다고 생각했다. 일을 능동적으로 하는 것은 기본이고, '나는 지금 리더다, 나는 곧 팀장이다'라는 최면을 걸었다.

출근할 때 입는 옷 하나도 대충 입는 날 없이 항상 단정하고 깔끔해 보이게 신경 쓰며 옷매무새, 밝은 표정 등 사소하게 생각하고 놓칠 수 있는 부분들도 모두 리스트에 넣어 놓고 체크했다. 내 일만 하느라 정신이 없는 게 아니라 바로 옆에 있는 동기들도 챙겨야 한다고 생각했다. 그래서 말 한마디라도 긍정적으로 건네려 노력하고 좋은 에너지를 나누자고 '파이팅'을 외치곤 했다.

그러다 보니 나도 모르는 사이에 나는 당시 다녔던 회사에서 모범이 되는 직원이 되어 있었고, 자아실현이 된 듯한 뿌듯함과 함께 리더의 자격에 성큼 다가서 있었다. 특히 오너 마인드를 갖는 것이 좋았던 건, 리더로서 가는 길을 앞당길 수 있었고 무엇보다도 내 정신건강에 정말 좋은 영향을 주었다. 내가 목표한 것을 실현하려는 것뿐인데, 오너 마인드를 가지고 행동하니 그 당시 주변 동료들의 칭찬과 격려를 많이 받았었다.

"과장님은 진짜 열심히 사시는 거 같아요."

"과장님, 팀장 되시면 참 잘하실 거 같아요."

동료들의 이런 말들이 더 잘해야겠다는 마음과 함께 힘이 되었고, 감사한 마음을 매일 느끼게 해줬다. 이때부터 그냥 나만 잘되는 성공이 아닌 조금이라도 '선한 영향력을 끼치는 사람이 되고 싶다'라고 생각하게 되었다. 당시 나는 팀원들에게 항상 "본인의 실력을 갖추는 것에만 급급해하지 말고, 주변의 팀원들을 항상 살펴보라"라고 말했다. 왜냐, 실력만큼이나 중요한 게 적어도 내가 속해있는 팀 안에서는 사람들의 마음을 얻을 수 있어야 한다고 생각하기 때문이다.

사람들이 나에게 주는 마음이 내가 이루고자 하는 목표에 분명한 시너지를 줄 수 있는데 대부분은 많이 놓치는 것 같아 안타깝다. '자리가 사람을 만든다'라는 말은 변할 수 없는 사실이다. 지금 자신이 없고 여유가 없다고 생각하지 말고 성장의 속도를 높이고 즐길 수 있도록 더 멀리, 더 높은 곳을 보며 준비하자.

이상은 굉장히 막연한 말이지만, 그것조차 없다면 먼 길을 갈 수 없다. 우리가 최정상에 서는 그날까지 놓치지 말자. 각박한 경쟁사회에서 필요한 건 남들을 밀어내는 경쟁이 아닌 목표를 이루기 위해 다짐했던 나의 초심을 잃지 않는 것이다. 또한 이것이 오래가는 사람들의 비결임을 명심하자.

성공하려면
'성장 마인드셋'을 갖춰라

'생각이 바뀌면 행동이 바뀌고, 행동이 바뀌면 결과가 바뀐다.'

내가 너무나 좋아하는 문장이다. 모든 건 생각에서부터 시작된다. 빈자와 부자의 큰 차이점이 무엇인지 아는가? 바로 '마인드'가 다르다는 것이다. 이 책에 나오는 훌륭한 분들과도 대화를 나눠보면 "결국엔 '마인드' 차이죠"라는 결론이 나온다. 그렇기에 성공에 가까워지기 위해서 마인드셋은 필수다.

영업은 일정한 연봉을 받는 직장인들과 다르게 매달 나오는 월급이 정해져 있지 않아서 더 능동적으로 자기가 주체가 되어 일해야만 한다. 그러기 위해서는 남들보다 더 성실하고, 긍정적인 마인드를 가져야 한다. 하지만 마음먹은 대로 잘 안되는 게 사람 마음이다. 어떻게 하면 성공의 지름길로 갈 수 있는 마인드를 만들 수 있는지, 실제로 내가 하는 방법들을 나누고자 한다.

결국은 마인드 차이다

누구나 쉽게 따라 할 수 있는 3가지 방법을 소개한다. 비교적 간단하지만 큰 변화를 만드는 방법이다. 만약 하지 않는 게 있다면 반드시 실행하자.

첫째, 롤 모델을 정한다.

이미 롤 모델이 있는 사람도 있겠지만, 생각조차 안 해 본 사람도 있을 것이다. '롤 모델을 정한다고 뭐가 바뀔까?'라고 의아해할 수 있는데, 나는 롤 모델을 정하면서 모든 것이 바뀐 케이스다. 보통 롤 모델은 우상이자 부러운 동경의 대상인 경우가 다반사인데, 나에게 롤 모델은 어깨를 나란히 하고 싶거나 뛰어넘고 싶은 존재다. 영업, 마케팅, 인생 등 나에게는 다양한 롤 모델이 있다. 처음 롤 모델을 정할 때는 너무 동떨어진 인물이 아닌 현실에 가까이 있으면서 지금 나의 직업과 밀접한 관계가 있는 사람으로 정하는 게 중요하다.

롤 모델을 정했다면, 그 사람이 어떻게 목표를 이뤘는지 하나하나 따라 해 보자. 예전에는 성공한 사람들을 신문이나 잡지, 책, TV 등의 매체로 볼 수 있었던 반면 현재는 유튜브, SNS 등에서 그런 이들과 감정이나 객관적 정보를 보고 들으며 소통까지 가능하다. 휴대폰 클릭만으로도 성공 비결과 디테일한 노하우를 굉장히 쉽게 접할 수 있기에 롤 모델을 구체적으로 따라 할 수 있다. 롤 모델을 통해 배워나가면서 조금씩 바뀌는 자기 모습을 볼 수 있다.

둘째, 자기 암시를 한다.

롤 모델을 정하는 것과 다르게 자기 암시는 조금 생소할 수 있다. 말 그대로 '자기 자신에게 암시를 주는 것'인데, 나는 래퍼 스윙스를 통해 자기 암시를 알게 되었다. 자신감과 자존감이 부족한 사람들에게 적극적으로 추천한다. 처음에는 남들이 만들어 놓은 자기 암시를 들었는데 계속 듣다 보니 내 목소리로 녹음하고 싶어졌고, 지금은 내 목소리로 자기 암시를 매일 아침 듣고 있다.

자기 암시를 습관적으로 하는 건 바쁜 일상에서 쉬운 일이 아니다. 그래서 자기 암시를 녹음하고 의무화하는 게 필요하다. 롤 모델이 내 눈앞에 보이는 게 중요하듯이, 자기 암시는 내 귀에 들리는 게 훨씬 효과가 뛰어나다. 절대 좋은 문구만 봐서는 안 된다. 처음 자기 암시를 녹음하면 쑥스럽고 이상할 것 같지만, 하다 보면 내가 나에게 주는 따뜻한 위로 같은 느낌을 받게 될 것이다.

지쳐있었던 시기에 자기 암시는 내게 자신감과 용기를 불러일으켜 줬고, 더불어 자기 자신에 대한 믿음이 없고 감정이 단단하지 않은 사람은 절대 성공할 수 없다고 생각하는 계기가 되었다. 매일 의식적으로 녹음된 자기 암시를 들으면서 그날의 부정적인 생각들과 내일의 걱정들을 차단해 버리면, 어느새 자기 암시가 내 생활에서 현실화한 모습을 보게 될 것이다. 지금 빨리 나만의 자기 암시 테이프를 만들고 매일 꾸준히 들어보도록 하자.

셋째, 버킷리스트를 작성한다.

버킷리스트는 한 번쯤 만들어 보지 않았을까 싶다. 어린 시절, 친구들과 함께 종이에 글을 써서 캡슐에 넣어 땅에 묻은 기억이 있다. 이런 아기자기한 버킷리스트도 좋지만, 지금 우리가 만들어야 할 버킷리스트는 눈에 보이게 '시각화'하는 버킷리스트 작성이다. 실제로 우리 회사에서는 연초에 전 직원이 버킷리스트를 작성해서 업무 책상에 붙여 매일 볼 수 있게 하고 있다.

버킷리스트의 시각화가 중요한 건, 누구나 일하다 보면 지치고 피곤한 순간이 온다. 이때 자신의 목표가 머릿속에만 있는 것과 눈앞에 보이게 쓰여 있는 건 큰 차이가 있다. 따라서 다이어리나 노트북 등에 버킷리스트를 작성하는 것보다 내가 가장 많이 볼 수 있는 곳에 만들어 놓는 것이 중요하다.

나 같은 경우, 해마다 '그해의 버킷리스트 10가지'를 작성해 회사는 물론 집에서도 매일 보게끔 식탁 근처에 두고 본다. 현재 직업으로 더 성공하고, 더 많은 연봉 수령에 필요한 버킷리스트가 대부분이다. 버킷리스트를 보는 것만으로도 이미 목표가 이루어진 것 같은 좋은 기분과 에너지가 생기며, 내가 다 이루게 된 날을 상상하면 로또를 맞은 것과 같은 행복감이 몰려온다.

모든 일에는 기초공사가 중요하다. 땅을 단단하게 다지지 않고 기둥을 세운다면 당연히 금방 쓰러질 것이다. 개인의 성공도 마찬가지다. 내가 쉽게 지치지 않도록 강하게 만드는 것부터가 시작이다. 무엇이든 작고 사소한 일이라는 생각에 아무것도 시작하지 않는다면, 역시 아무것도 달라지지 않는다. 나의 노력만이 결과를 만든다는 걸 절대 잊지 말고, 최선을 다해 달려 나가도록 하자.

지금보다 딱 10배만 더 노력하자

나의 롤 모델 중 한 분이 직접 해준 말씀이다.

"노력이든 생각이든 행동이든 제한하지 말고, 지금 생각하는 기준에서 딱 10배만 더 해 봅시다. 그러면 '행운의 신'은 황정환 대표님의 편입니다."

사람은 스스로 한계와 제한을 두어 더 높이 올라갈 수 있는 데도 변명하고, 합리화하며, 핑계를 만든다. 내가 영업으로 연봉 10억이 넘는 상위 0.1%들을 만나며 알게 된 공통점은 바로 '빠른 실행력'과 '강인함'이다. 당신이 고민하고 있을 때, 상위 0.1%의 영업인들은 이미 움직이고 있고 실행하고 있다. 게다가 시간까지 효율적으로 쓰며 디테일까지 챙긴다. 심지어 고통을 성장의 신호로 받아들이고, 무조건 할 수 있는 방법만 찾는다.

연봉 10억이면 지금 내 연봉의 3배인데 노력의 정도를 따져보면, 성공한 사람들은 정말 3배 이상은 더 노력하는 것 같다. 모든 노력에는 대가가 따른다. 적당한 노력은 적당한 결과를 불러오고, 최선을 다한 노력은 최선의 결과를 가져온다. 노력이 없으면 원하는 결과를 얻기 힘들다. 원하는 결과를 얻기 위해서는 결과에 맞는 노력이 늘 필요하다. '노력하면 결과가 나오겠지'라는 생각 대신에 '결과에 맞는 노력은 무엇일까?'로 바꾸자.

억대 연봉을 받는 사람은 그저 운이 좋아서가 아니라 그만큼의 노력을 한 사람이라 가능하다. 어느 날, 직원 중 한 명이 내게 물었다.

"대표님은 어떻게 안 지치세요? 힘들지 않으세요?"

"저도 사람인데 지치고 힘들죠. 하지만 저는 목표와 꿈이 있고, 지금도 제 롤 모델은 쉬지 않고 달려가고 있을 거예요."

앞서 얘기했지만, 나에게 롤 모델은 '어깨를 나란히 하거나 뛰어넘어야 할 존재'다. 나는 힘들 때마다 습관적으로 롤 모델을 떠올리고, '○○○라면 어떻게 했을까?'라고 생각하며 답을 찾아간다. 기준치를 나와 내 주변으로 둔다면 조금만 힘들어도 자기합리화로 이어지기 쉽고 성장이 더딜 수 있다. 당신의 목표가 크다면 기준치는 무조건 높게 잡도록 하자.

'빈자의 메커니즘'과 '부자의 메커니즘'은 한 끗 차이다. 어떤 일을 할 때, 누군가는 하지 않아야 할 변명만 늘어놓으며 안 되는 이유를 찾고, 누군가는 반드시 해내야 하는 이유를 찾으며 인생을 변화시킨다. '간절하면' 이루어지는 게 아니라 '하면' 이루어진다. 물론 한 번에 100%를 채우는 건 어렵다. 하지만 하루에 1%를 채우는 건 쉽다.

이 책에 나오는 여러 훌륭한 분들의 다양한 이야기를 통해 방법을 습득하고, 자신에게 맞는 답을 찾기를 바란다. 인생에 정답은 없다. '정해진 정답'은 당신에게 필요하다고 생각하는 그 통찰이다. 이 책을 읽고 있는 당신은 결코 시시하게 살고 싶지 않을 것이다. 그렇다면 평범하게 노력하지 말고, 나와 함께 지금보다 딱 10배만 더 노력해 보도록 하자. 그리고 정말 힘든 상황이 올지라도 너무 부정적인 생각은 하지 말자.

나라고 못 할 거라는 법 없고, 계속 힘들 거라는 법도 없다. 나 스스로에 대한 기대를 포기하지 않는 마음가짐이 중요하다. 나에게 말해주자. "무조건 잘될 거야"라고!

하고 싶은 게 있다면 돈부터 벌어라!

성공해서 자유롭게 되는 게 중요하다.
그다음엔 당신이 원하는 무엇이든 할 수 있다.
어떤 일을 해서든 가난해지지 않도록 하라.
게으르고 가난한 사람은 부자를 질투한다.
만약 부자에게 질투심이 든다면,
그냥 앉아서 불평만 하지 말고
돈을 벌 수 있는 뭔가를 하라!

"부자를 질투할 에너지가 있으면,
그 에너지를 자기 일에 쏟아부어라!"

Chapter 8.

성공을 위해선 두려워 말고 부딪혀라

안흥도

1년에 2천 대 차량 판매!
전국 1등, 비공식 세계 1등 딜러!

의심이 아닌 확신을,
불신이 아닌 믿음을 가져라!

'사람을 남기자'라는 슬로건으로 ㈜만식F&B 대표, 고르도피자 대표, 흥도무역 대표, 24시만화방 대표로서 다양한 사업을 활발히 하고 있다. 지속적인 노력과 꾸준한 시도, 변화되는 시장 흐름에 맞춰 틈새시장을 잘 공략하는 사업의 달인이다. 또한, 유튜브 채널 〈중카TV〉를 운영하면서 기존에 없던 스타일의 콘텐츠를 통해 폭발적인 조회수와 구독자수를 달성했다. 특히 1년에 2천 대 이상 차량을 판매하며 '전국 1등', '비공식 전 세계 1등' 딜러가 된 중고차 영업 부문의 독보적 인물이다. 이 책은 저자가 직접 경험하고 체득한 저자만의 '인생 공략집'으로, 신입사원이나 업계 초보자 등 성공을 꿈꾸는 보통 사람들에게 성장의 발판이 되어줄 것이다.

E-mail : ansrns03@gmail.com

누구에게나 처음은 있다

나는 그냥 보통의 사람이다. 그런데 내 이름은 하나이지만, 타인에게 나를 소개할 때 사용하는 직함은 많다. '만식F&B 대표, 고르도피자 대표, 홍도무역 대표, 24시만화방 대표, 중카TV 대표, 피부샵 대표' 등이 모두 내 직함이다. 나라고 처음부터 여러 업체의 대표이자 '1등'이었던 건 아니다. 누구에게나 신입사원이나 초보 시절이 있는 것처럼, 나도 그런 시절을 겪었다. 지금의 자리에 오르는 과정 동안 계획을 실행하여 성공한 끝에 여러 업체의 대표가 되었다.

'전설의 차 판매왕'으로 불리는 조 지라드는 1,425대의 자동차를 팔아 세계 기네스북 1위에 올랐다. 많은 사람이 일반적으로 신차와 중고차는 다르다고 입이 닳도록 말한다. 하지만 내 생각에 모두 같은 자동차일 뿐이다. 같은 자동차라고 봤을 때, 내가 1년에 판매하는 중고차는 2,000대 이상으로 비공식 세계 자동차 판매 1위라고 할 수 있다.

가끔 누군가가 내게 묻는다.

"홍도야, 너는 대학 생활을 안 해본 거, 후회 안 해?"

"전혀요. 후회 없습니다!"

단 1초의 고민할 필요도 없이 내 대답은 한결같다. '대학교'와 '사회'는 전혀 다르다. 대학교에서는 먼저 가르치고, 준비 시간도 준 후에 시험을 치르지만, 사회에서는 먼저 시험을 치른 후 인생의 가르침을 준다. 남들보다 일찍 도전한 만큼 결과는 달콤했지만, 그 과정은 매우 썼다. 게다가 운이 나쁜 건지, 좋은 건지 일하면서 의도치 않은 사건 사고를 굉장히 많이 겪었다.

나는 그런 사건 사고들을 해결하면서, 즉 내 돈과 시간을 많이 쓰면서 사회를 배웠다. 물론 책에서도 배울 것이 많으며, 책을 읽으면서 실수를 줄일 수도 있다. 하지만 자신이 해보고 싶은 일이 있다면 '해볼까, 말까?' 고민할 시간에 바로 도전해서 몸으로 부딪쳐가며 직접 느끼는 것을 추천한다. 책이나 강연, 유튜브 영상 등으로는 알 수 없는 자신만의 노하우를 쌓을 수 있을 것이다.

돈보다 사람을 남겨라

성공한 사람들의 공통점은 자신만의 사업 철학이 있다는 것이다. 내 슬로건은 '사람을 남기자'이다. 만화방을 운영할 때 일이다. 당시 한 손님이 내게 이렇게 물어봤다.

"왜 이렇게까지 사람들을 깨워서 일을 보내고, 일자리까지 소개해 주세요?"

"외로워 보여서요. 돈이야 나중에 받아도 되는 건데, 사람은 일을 계속 안 하면 의욕이 사라지고 피폐해져요."

'만화방'이라는 사업은 단순히 책의 내용을 팔고, 라면이나 쥐포를 팔아 영업하는 일이라고 여기는 사람도 있을 것이다. 반면에 나는 만화방에 책을 보려고 오는 사람도 있겠지만, 단순히 상품을 놓고 판매한다고 손님이 오는 게 아닌 '외로운 사람들이 많이 찾아오는 곳이구나. 사람을 남겨야 하는 장사구나'라고 생각했었다.

나는 내 가게에 한 번이라도 와본 사람들은 '떠나고 싶지 않은 장소'로 만들기 위해 손님에게 많은 관심과 정(情)을 기울였다. 손님이 아픈 거 같으면 조용히 약과 꿀물을 가져다줬고, 돈이 없어 보이면 먹고 도망가는 일명 '먹튀'를 걱정하기보다는 일거리를 만들어서 본인 스스로 자립할 수 있게끔 도와줬다.

그런 손님들이 모여서 흩어지지 않아 줬고, 그렇게 1년 후, 2년 후, 3년 후로 전국 각지에서 많은 사람이 내 가게로만 모였다. 설령 아무리 시설 좋은 경쟁업체가 생겨도, 사람이 사람을 상대하는 일이다 보니 내가 주는 정을 느낀 사람들은 돌고 돌아 다시 오는 걸 보면서 '이게 장사의 묘미구나'라는 것을 느꼈다. 그때부터 내 슬로건은 '사람을 남기자'로 정했다.

이 책은 단순히 자기 자랑을 늘어놓은 성공담이 아니다. 내가 지금까지 부딪히며 배운 것들을 정리한 나만의 인생 공략집이다. 부디 이 책을 통해 어려운 여건에서도 성공을 꿈꾸는 보통 사람들, 신입사원이나 업계 초보자들이 성장하기를 진심으로 바란다.

성공하고 싶다면 먼저 실행하라

무거운 기운이 맴도는 적막한 강원도 어느 산골짜기, 나라의 부름으로 병역의 의무를 지던 22살의 나는 별다른 목표 없이 시간을 보내고 있었다. 어머니와 통화하기 전까지만 해도 말이다.

"예, 엄마. 몸조리 잘하시고 휴가 때 봬요!"

어머니는 아픈 아버지를 대신해 가장의 역할을 하셨다. 아버지는 내가 태어나기도 전에 신장이식을 받아 항상 약을 달고 사셨다. 다른 집 아이들처럼 용돈을 받지 않아도 아버지가 무탈하게 살아계심에 감사하며 살아왔다. 그런데 이번에는 어머니가 아프시단다. 무릎의 연골이 절반도 안 남았고, 팔목과 어깨, 팔꿈치 인대도 30%밖에 남지 않았다고 한다.

나는 마음이 너무나 아팠다. '얼마나 아프고 힘드셨을까, 얼마나 외로운 싸움을 하고 계셨을까.' 집안의 힘든 일을 감당하신 어머니는 무적이 아닌 일반적인 사람이었다. 보호받고 싶은 한 명의 여자이기도 했다. 이때부터 나는 전역하면 부모님을 위한 삶을 살기로 결심했다.

먼저 무엇으로 집안의 도움이 될 수 있을까 고민하던 내게 몇 가지 길이 있었다. 첫 번째는 가업을 잇는 것이었다. 부모님이 하시던 동네 맛집을 물려받는 것이다. 두 번째는 김포공항 세관에서 일하는 것이다. 세 번째는 미국에 가서 큰고모부에게 의류 사업을 배우는 것이다. 네 번째는 고모부 회사에 들어가서 영업을 배우는 것이다. 다섯 번째는 직접 창업하는 것이다. 나는 이미 만화방 창업에 대한 구상을 끝냈었다.

깊은 고민 끝에 다섯 번째인 '창업'을 하기로 했다. 지금 생각하면 철없고 겁이 없었던 선택이었지만, 다른 지역에서 혼자 장사한다는 게, 한 가게에 젊은 사장이 되어 부모님의 감시에서 벗어나 나의 일을 할 수 있다는 것 자체가 22살의 나에게는 너무나 큰 자극과 기회로 보였다.

나는 너무 빨리 세상을 배웠다

만화방 창업을 준비할 때 주변 반응은 대부분 비슷했다. 지금이 어느 시대인데 추억으로 잊혀가는 만화방을 하느냐는 것이었다. 하지만 내 생각은 달랐다. 물론 모바일 웹툰 시장과 애니메이션 분야의 성장으로 만화방이 서서히 사라지는 건 맞다. 그러나 새로운 문화를 만들어서 어떻게 하면 모바일이 아닌 만화방으로 찾아오게 하는지를 고심했다.

나는 지금도 장사가 안되면 '장사가 왜 안되지?'라고 생각하기보다는 잘 되는 방법, 즉 남들과의 '차별성'을 많이 생각한다. 예를 들어 어린 시절 삼촌이 하던 만화방을 갔을 때 '이런 게 있으면 좋겠다'라고 생각했던 것을 실행했다. 그래서 대한민국 최초로 침대가 있는 만화방을 기획했다.

만화방 오픈 첫날, 주변 사람들이 하나같이 내게 말했다.

"홍도야, 너무 기대하지 마. 만화방은 기다림의 미학이 있는 사업이야."

사실 '기대하지 않겠다'라고 대답했지만, 내심 큰 기대감에 부풀어 있었다.

'침대가 있는 만화방이란 기발한 생각에 다들 놀라겠지? 분명 단골들이 엄청나게 생길 거야.'

'점심시간에 직장인들로 꽉꽉 채워져 첫날부터 돈방석에 앉으면 어떡하지?'

기대가 컸던 탓일까? 오픈하고 한두 시간이 흘러 열 시간이 되도록 단 한 팀의 손님도 오지 않았다. 실패했다는 생각에 눈물이 나는 것을 꾹꾹 참으며 멍하니 앉아있는데 친구들의 연락이 왔다. 만화방을 찾아오는데 어딘지 몰라서 한창 헤매고 있다면서 말이다. 친구들의 이야기에 머리를 망치로 한 대 맞은 기분이었다.

'그래, 주소를 알려준 친구들도 찾기 힘든데, 손님이 올 리가 없지. 열심히 홍보해야겠다!'

나는 어떻게 하면 만화방을 홍보할 수 있을까 생각했다. 그러다가 문득 부천역에서 에스컬레이터를 타고 내려올 때 '다이소=천원샵'이란 팻말을 들고 서 있던 사람이 떠올랐다. 만화방 홍보에 이만한 게 없겠다 싶어 바로 실행에 옮겼다. 안양역에서 만화방 팻말을 들고 서 있으면서 느낀 건 '세상에는 별의별 사람들이 많구나'였다. 그만큼 쉽지 않았다. 노숙자들의 텃세는 물론 노상 가게들과의 자리싸움도 빈번했다.

나는 아랑곳하지 않고 새벽 5시부터 아침 출근 시간까지, 오후 6시부터 늦은 퇴근 시간까지 항상 같은 자리에서 팻말을 들고 서 있었다. 점차 시간이 지나자 한 명, 두 명 아저씨 손님들이 찾아왔고, 젊은 사람들도 자신과 비슷한 나이대 남자가 매일 팻말을 들고 서 있는 것과 '만화방 침대'에 관심을 보이며 찾아들었다. 그렇게 한 달이 지나자 페이스북과 SNS에 '전국 최초 침대가 있는 만화방', '줄 서서 들어가는 만화방'으로 알려지면서 자연스럽게 홍보가 되었다. 그리고 전국적으로 만화방, 만화카페 붐이 일어나기 시작했다.

대개 사람은 뭔가를 계획한다. 하지만 계획보다 더 중요한 것은 시간을 들여 그 계획을 실행하는 것이다. 홍보와 마케팅의 목적은 널리 알리는 것이다. 나는 내 가게를 홍보하려고 당장 손님이 되지 않더라도 몇 달 동안 안양역 에스컬레이터에 팻말을 들고 서 있었다. 그러면서 '내 가게는 너희가 생각하는 일반적인 만화방이 아닌 침대가 있는 만화방이다'라는 인식을 사람들의 뇌리에 심는 데 성공했다.

목표 없이 찾아온 성공은 불행이 되었다

만화방이 성공하자 여기저기서 가맹 문의가 쏟아졌다. 그만큼 많은 돈을 벌었지만, 당시 나는 사업 전반에 대한 뚜렷한 목표가 없었다. 그러던 중 친구들을 만난 자리에서 친구의 지인을 만났는데, 내 행색과 타는 차를 보고는 만화방 사업을 무시하는 투로 말했다.

"요즘 엄청나게 잘 나간다면서?"

"그냥 열심히 하고 있어."

"만화방으로 얼마나 번다고. 쥐포나 라면 팔면서 버는 100원짜리 장사 아니야?"

그 말이 내 자존심을 건드렸고, 지금까지 자랑하고 싶었으나 억눌렀던 마음을 표출했다.

"너는 무슨 일을 하는데? 아니, 얼마나 벌어?"

"나? 1,000만 원…"

"겨우 그 정도로 친구들에게 잘 나가는 척한 거야?"

나는 그 자리에서 내 통장 잔고를 보여주며 그에게 창피를 주었는데, 이전에 느껴보지 못한 희열을 느꼈다. 그러나 지금에 와서 생각했을 때 후회가 남는다. 그때 그 감정을 느끼지 않았더라면, 지금은 더욱더 발전한 내가 되었을 텐데…, 당시 뚜렷한 목표가 있었다면, 그 목표를 향해 달려가며 시간을 허송세월로 낭비하지 않았을 텐데….

안타깝게도 당시의 나는 자기 자랑에 안달 난 20대 초반의 평범한 남자였다. 명품을 좋아했고, 비슷한 벌이의 친구들을 만나 생산적이지 못한 생활을 했다. 그때는 몰랐다. 절대로 물질적인 것으로 공허함과 자존감을 채우는 행위가 나에게 있어 인생의 큰 도움이 되지 않으며, 그때 만나던 친구들은 언제든 내가 능력이 없으면 바로 나를 대체할 누군가를 찾을 사람들인 것을 말이다.

물론 지금은 "명품을 탐하기보다 명품 같은 사람이 되어야 한다"라고 직원들에게 입이 닳도록 말한다. 중요한 사실은 물질적인 것으로 공허함을 채우면 채울수록 탐욕만 생긴다는 것이다.

어떤 일이든 재미있게, 열심히 하라

성공이란 무엇일까? 또 성공은 왜 중요할까? 저마다 성공의 기준과 의미는 다르겠지만, 자신이 책임지고 통제해야 성공을 이룰 수 있다고 생각한다. 만화방 사업으로 작은 성공을 이뤘던 당시 내 삶은 다람쥐 쳇바퀴 같은 반복의 연속이었다. 비슷한 사람들과 어울리며 놀았고, 연일 술자리로 '지겹다, 오늘도 똑같네'라는 생각이 절로 들었다. 아무 목표 없이 하루하루 살면서 마치 꿈을 꾸는 것처럼 어제 있었던 일도 기억나지 않을 정도였다.

모든 것에 흥미를 잃은 나는 '삶이란 무엇인가, 뭘 위해 살아야 하나?'라는 생각을 많이 했다. 당시의 나는 빚 하나 없는 상황에서 신축 브랜드 아파트에 자가로 살았고, 포르쉐를 탔다. 세상 사람 모두 자기 집을 사려고 열심히 일하며, 좋은 차를 타려고 돈을 모은다고 생각했던 나는, 이미 내 집도 있고, 좋은 차도 타고, 빚도 없으니 젊은 나이에 다 이뤘다는 도취감에 빠져있었다.

"엄마, 나 죽고 싶어. 일찍 다 이루니까 사는 게 재미없어."

"뭔 시답잖은 소리를 해? 너 강남에 집 있니? 건물은 있니?"

"아니…"

"이루긴 뭘 이뤄. 코딱지만 한 아파트에 가게 몇 개가 전부면서. 말 같지 않은 말 그만하고, 술 좀 그만 마셔!"

어머니의 호통에 정신이 번쩍 들었다. 사실이었다. 나는 다 이룬 게 아니라 아직 갈 길이 멀었고, 생각만큼 가진 게 많지 않았다. 심지어 내가 비판하던 '있는 척'하는 사람들과 똑같이 '척'하며 살았다.

많은 사람이 자신의 가치와 위치를 망상하는 경우가 있다. 주의할 것은 비슷한 벌이의 사람들끼리 만나 '우리 정도면 상위 1%'라고 자위하며 망상하는 순간, 성장은 끝난다는 것이다. 다행히 나는 어머니의 충고로 망상에서 비교적 일찍 빠져나올 수 있었다. 제대로 살고 싶었다. 세상에 나를 증명하여 '진짜' 전부 이룬 사람이 되고 싶었다. 부산한 집을 말끔히 청소하고 소파에 앉아 생각했다.

'나를 증명하는 일 중에 가장 현실적인 일이 뭐가 있을까?'

내가 내린 결론은 '주변부터 찾아보자'라는 것이었다. 어렸을 때부터 부모님이 장사하는 걸 보고 자란 나는 요식업을 하고 싶었다. 새로운 요식업 브랜드를 론칭해서 전국에 알리는 게 가장 현실적이고 빠른 목표라고 생각했다. 무슨 일이든 밑바닥부터 배워야 나중에 내 사업을 할 때 활용할 수 있는 것이 많으며, 탄탄하게 사업체를 꾸려나갈 수 있다. 바로 알바몬을 검색하며 지금까지 허송세월로 보낸 시간을 반성하는 의미로 일부러 힘든 일을 찾았다.

나는 일 중독자였다

모든 사람은 각자 만족을 추구하는 수단이 다르다. 누군가는 돈이 전부이며, 또 누군가는 이성을 만나면서 만족감을 얻기도 한다. 어떤 사람은 평화로운 가정을 이루어 보람과 성취감을 느낀다. 나는 열심히 일하면서 새로운 것을 알았을 때, 성취감과 만족감을 느끼는 사람이다. 과거 술과 노는 것에 빠져 살던 삶을 청산한 나는 일반 식당, 레스토랑, 술집 주방, 대리운전 등 가리지 않고 바쁘게 일했다.

스스로 채찍질하며 경험을 쌓은 지 1년, 남의 사업장에서 위장 취업으로 일하는 건, 내 삶의 질을 높일 뿐 아니라 만족감을 얻는 행위였다. 나는 어떤 가게든 1시간 일찍 출근해서 재료 손질 등 오픈 준비를 했다. 누가 시켜서도, 시급을 올려줘서도 아닌 나 스스로 좋아서 한 일이었다. 생각해 보자. 이만큼 열정 있고, 성실한 청년을 어떤 사장이 싫어하겠는가? 신뢰와 신임을 얻는 나는 진급도 빨랐고, 요리 레시피를 공유받을 때마다 인정받았다.

그때마다 나는 '살아있다' 느꼈고, 일하는 것 자체가 너무 재미있었다. 지난 시절 '사는 게 재미없다' 소동 부리던 시간을 후회하며, 앞으로 내가 해보지 못한 일, 알지 못했던 것들, 재미있는 것들 등 많은 것을 배우겠다고 다짐했다. 요즘 사람들은 '워라벨'을 중시한다. 워크라이프 밸런스(Work-Life Balance), 즉 일과 삶(취미)을 나누어 그 균형을 중요하게 여긴다고 한다. 그러나 음주 가무 외에 특별한 취미가 없었던 나는, 일하는 것을 취미로 삼았다. 즉 삶이라는 관통된 주제 안에 따로 워라벨을 관리할 필요가 없었다.

요식업 브랜드를 론칭하다

'취미(?)'가 과했던 나는 하루 4시간밖에 못 잘 만큼 일 중독자였다. 여전히 일은 재미있었지만, 정작 내 사업체를 돌보는 시간이 줄어들어 두 개의 주방 일을 정리했다. 그즈음 뉴스에 코로나19 소식이 등장했는데, 처음에는 대수롭지 않게 여기며 이전 사스나 메르스처럼 금방 진정될 줄 알았다. 하지만 예상과 다르게 사태는 점점 심각해졌다. '코로나19 집합 금지' 시행 후 두 달 만에 만화방 사업에 큰 타격을 입었다. 권리금 4억 원이었던 인계동점과 5억 원이었던 안양점의 권리금이 0원이 돼버렸다.

내 잘못으로 장사가 안되는 건 문제점을 찾아 보완하며 해결할 수 있지만, 코로나19 같은 국가 비상사태에서는 속수무책이었다. 내가 할 수 있는 거라곤 방역 소독 말고는 일절 없으니 미치고 환장할 노릇이었다. '버티는 자가 이긴다'라고 생각할 수도 있겠지만, 내가 버티는 동안 내 가게를 제외한 나머지 전국의 만화방들이 버틸 수 있을지 미지수였다. 게다가 출판사들도 망하는 곳이 속출하여 더 이상 책이 발행되지 않으면 손님들이 가게에 올 이유가 없어지기에 버틸 수 없는 상황이었다.

결국 만화방 사업은 미래가 힘들다는 결론에 즉시 요식업 브랜드 '흥부자'를 론칭했다. 결과는 대박이었다. 요식업이 성공할 수 있는 성공 요인은 3가지다. 바로 '맛'과 '서비스', 그리고 '자리(가게목)'로, 이 3가지가 맞아떨어지면 망하려야 망할 수가 없다. 3가지를 모두 갖춘 가게를 만들자 곧 3개월 만에 투자금을 모두 회수할 수 있었다.

하지만 취미가 업이 되니 슬슬 힘에 부쳐왔다. 식당 이모들의 정치질도, 매일의 날씨도, 또 여전한 코로나 사태의 여파 등 여러 상황을 신경 쓰는 것도 질려왔다. 이때 내가 느낀 것은 '내 일을 취미로 만들었다'라는 건, 내 사업장이 아닌 내가 직원으로 일하는 가게에 한정적이라는 사실이었다. 왜냐, 직원은 매출까지는 신경 쓰지 않아도 되기 때문이다.

실수와 후회를 반복하기에 인생은 짧다

세상일은 어떻게 될지 모른다. 로또도 당첨이 되어야 좋은 것이고, 집 근처에 생긴다는 지하철역도 뚫려야 좋은 것처럼 막상 뚜껑을 열어봐야 알 수 있다. 따라서 무엇이든 눈앞에 보이는 것만 믿으면 절대로 안 된다. 나 역시 중고차 사업을 시작한 계기가 뚜껑을 열어보지 않은 고등학교 동창의 말 한마디 때문이었다.

"나 한 달에 3천만 원은 벌어!"

"정말로? 돈벌이가 되는구나. 중고차 인식도 안 좋고 힘들지 않아?"

"요즘은 많이 달라져서 허위 매물도 많이 없어졌어. 자기가 일하는 만큼 돈 버는 시스템이라 편해!"

충격이었다. 정직하게 중고차를 팔아도 3천만 원을 번다는 친구의 말이 놀라웠다. 새벽 5시에 일어나 밤 11시까지 일하며 지칠 대로 지쳤던 내게 큰 수익을 내면서 시간적인 여유까지 누리는 직업을 가진 친구가 부러웠다. 그리고 이때부터 열심히만 하면 된다는 영업직에 관심이 생겼다.

속았다, 한 달 수입 0원

"안녕하십니까! 중고차입니다. 최고가로 매입하겠습니다!"

매일 아침 9시, 수원의 한 신차 판매장에서 울려 퍼지는 큰 목소리는 바로 내 목소리였다. 중고차 일을 시작하고 한 달이라는 시간이 흘렀다. 수입은 마이너스 4만 원. 자릿세, 밥값, 교통비, 신차 판매장 직원들의 간식비를 제하면 마이너스 100만 원이었다.

"딜러는 매입 딜러랑 알선 딜러 두 종류가 있는데, 매입 딜러는 자기 자본금만 있으면 앉아서 돈 벌더라. 네가 3억 원 정도 있으면 한 달에 3천만 원은 우습게 벌걸?"

"너는 매입 딜러야, 알선 딜러야?"

"나는 알선 딜러야, 매입 딜러는 돈이 많아야 해."

본격적으로 중고차 딜러를 시작하려고 마음먹으며 친구와 나눴던 대화다. 지금에서야 생각하는 건, 왜 한 달에 3천만 원은 번다는 친구의 말에 통장 잔고도 확인 안 하고 믿었을까 싶다. 그도 그럴 것이 한 달에 3천만 원씩 번다는 친구가 자기는 돈이 없어서 매입 딜러를 안 한다는 말이 맞지 않았다. 나중에 시간이 흘러 여유가 생겼을 때 물어보니 그냥 친구 앞이라 그렇게 말한 거고, 실제 3천만 원을 벌어본 적도 없단다.

이 일이 있고 나서는 누가 물어보지도 않았는데 자기 수입을 자랑하면 실제로 그만큼 돈을 버는지, 벌어본 적은 있는지 확실하게 짚고 넘어간다. 사실 중고차 딜러를 시작하기 전에도 타인의 말을 내가 확인하기 전까지는 믿지 않았다. 그런데 왜 그때는 친구의 말을 철석같이 믿은 채, 잘되던 가게를 점장에게 큰 인센티브를 주며 맡기고 중고차 딜러를 시작했는지 모를 일이다. 이제야 내가 내린 결론은 당시 나는 식당 일에 진절머리가 났었다.

'사람은 항상 같은 실수를 하고, 똑같은 후회를 반복한다'라는 말이 있다. 사람이니 실수는 할 수 있지만, 우리가 조심해야 할 것은 똑같은 실수와 똑같은 후회를 반복하기에는 우리의 삶과 기회가 너무나 짧다는 것이다.

살다 보면 흔히 저지르게 되는 두 가지 실수가 있다.
첫째는 아예 시작도 하지 않는 것이고,
둘째는 끝까지 하지 않는 것이다.

_파울로 코엘료(Paulo Coelho)

남들이 다 하는 것 말고 나만의 특이성을 찾아라

시작은 언제나 어렵고 중요하다. 그렇다면 일에서 '시작'은 무엇이라고 생각하는가? 첫 번째, 계획을 세우는 것? 두 번째, 실행하는 것? 나는 둘 다 아니라고 생각한다. 첫 번째와 두 번째를 논하는 건 라면을 끓일 때 '면이 먼저냐, 스프가 먼저냐' 물을 때 먼저 물을 넣는 것과 같은 맥락이다.

내가 생각하는 '일의 시작'은 회사든, 가게든, 내 집이든 상관없이 일하는 곳으로 출근하는 것부터 시작이다. 앞서 말한 것처럼 나는 어떤 일이든 30분씩 일찍 출근하고, 30분 늦게 퇴근했다. 당연히 중고차 딜러를 시작할 때도 남들보다 30분씩 일찍 출근하여 청소를 시작하고, 30분씩 늦게 퇴근하며 사무실 문을 닫았다. 그런 내 모습을 좋게 봤는지, 중고차 회사의 대표가 자기 개인 직원으로 일해볼 생각 없냐고 제안했다.

나는 그 제안을 받아들였다. 당시 한 달 마이너스 100만 원 손해도 컸지만, 그보다 내 돈을 투자하지 않고 기본급을 받으며 부족한 경험을 늘릴 수 있는 정말 좋은 기회라고 생각했다. 이렇게 기회를 잡은 나는 높은 매출을 올려 승진하고, 인력관리 일도 병행하며 더 많은 기회를 얻었다. 그리고 마침내 처음 시작한 중고차 회사에서 '판매 1등'을 달성했다.

만약 당신도 1등이 되고 싶다면, 누구보다 가장 빨리 당신이 일하는 곳에 가라. 성공한 사람 중에 늦게 일어나고, 늦게 출근하고, 늦게 자는 사람은 없다. 먼저 시간을 쟁취하는 사람이 자기 인생을 지배하고, 자기 인생을 통제하는 사람만이 세상을 바꿀 능력을 얻는다. 누구보다 빨리 가서 시작하면, 그 사람은 어느 분야에서도 앞서갈 수밖에 없다는 사실을 잊지 말자.

너무 쉽다! 영업? 아니 장사!

책이나 영화를 보면 큰 주제가 있고, 주제를 관통하는 내용들이 있다. 즉 말만 번지르르한 게 아닌 관통하는 하나의 핵심이 있다는 뜻이다. 이것은 인생도, 장사도 똑같으며, 영업도 마찬가지다. 내가 추구하는 장사 스타일은 다른 곳에 없는 것을 만들어 고객들이 직접 내 사업장에 오게 하는 것으로, 이것을 영업에도 접목했다.

중고차 회사 대표의 오른팔이 되어 일반 딜러들보다 훨씬 많은 양의 일을 소화한 나는 그동안 부족했던 경험도 쌓았고, 정말 많은 것을 배울 수 있었다. 그리고 이즈음 독립을 준비했다. 중고자 매입 딜러는 메리트가 한정적이었다. 나는 굵직하게 한탕 하는 것보다 작지만 여러 번 하는 것이 안전하며, 또 오래간다고 생각했다. 그러면서 새로운 고객들을 창출할 수 있는 유튜브를 분석했다.

기존의 중고차 유튜브를 봤을 때 지루하기 짝이 없었다. 대개 차량 리뷰나 설명, 판매 목적이 다분한 채널들이 많았다. 또는 허위 매물 피해자를 도와주면서 새로운 고객을 창출하는 채널들이었다. 전자보다는 후자가 경쟁력 있다고 생각했지만, 적이 많이 생기는 콘텐츠라 하지 않았다. 나는 유튜브 콘텐츠를 만들 때 스스로 꼭 지키겠다고 다짐한 두 가지가 있다.

첫째, 유튜브 채널 구독자를 상승시키려면 중고차 판매 목적이 드러나서는 안 된다.

둘째, 재미있어야 한다. 아무리 양질의 촬영을 해도 재미가 없으면 오래 보기 힘들다.

나는 이 두 가지를 지키면서 고객들이 허위 매물에 속지 않게끔 예방하면서 재미까지 곁들인 상황극 콘텐츠와 차량 관련 콩트를 만들어서 꾸준하게 올렸다. 기존에 없던 스타일의 콘텐츠를 만들어서 올리자 결과는 대박이었다. 조회수는 폭발적이었고, 구독자 수도 엄청나게 증가해 업계 인지도가 커졌다. 더불어 유튜브 〈휴먼스토리〉와 〈직업의 모든 것〉 채널의 인터뷰까지 겹친 나는 '재미'와 '신뢰' 두 마리 토끼를 다 잡았다. 이는 곧 판매량으로 이어졌고, 현재는 '전국 1등', '비공식 전 세계 1등' 딜러가 되었다.

장사나 영업을 하다 보면 정말 '열심히' 하는 사람들을 많이 본다. '열심히'는 정말 좋은 말이지만, 나는 '잘한다'라는 말을 더 좋아한다. 열심히 하는 사람들 사이에서 살아남으려면, 가장 잘해야 하는 걸 모르는 사람은 없다. 열심히 하는 것도 좋으나 나중에 '나 열심히 살았다'라고 말할 수 있는 사람이야말로 남들이 인정할 만큼 잘한 사람인 것이다.

'남들이 시도하지 않은 것, 남들이 실행하지 않은 것이 내가 하는 일에는 어떤 것이 있을까'를 생각하고 실천하여 성과를 내는 게 중요하다. 왜냐, 일반적으로 '열심히'는 물리적으로 8시간, 12시간 등 시간 투자를 말하는 것이지만, 결국 성과를 내는 사람은 2시간, 4시간 만에도 실적을 내기 때문이다. 즉 '잘한다'라는 건 시간을 많이 투자해서 되는 게 아니라 '어떻게' 하면 효율적으로 시간을 분배할지, '어떻게' 하면 성공할 수 있을지 끊임없이 연구하고 고민하는 것이다.

결과가 좋은 사람은 열심히 하는 건 기본값이고, 잘하기 위해 '이 일이 아니면 안 된다'라는 마인드로 최선을 다한다. 만약 당신이 열심히 하는데도 불구하고 일이 안 풀린다면, '잘 못하는' 것이다. 합리적인 의심을 스스로 해보기를 바란다. 이 뼈아픈 사실을 깨닫지 못하면 3년, 5년, 10년이 지나서 후회할지 모르니 말이다.

냉정한 평가, 객관적 사실을 짚는 건 다른 것에서 시작되는 게 아니라 나 자신의 상태에 대한 점검에서부터 시작된다. 그러니 잘하기 위해 열심히 하기 바란다. 현명하게 일을 잘하는 사람은 1%지만, 그럭저럭 성과를 내면서도 열심히 한다고 말하는 사람은 99%이니 말이다.

의심이 아닌 확신을,
불신이 아닌 믿음을 가져라

2022년 1월, 업계 상위클래스 5명이 모여 '중벤져스'라는 중고차 사무실을 개업했다. 소위 내놓으라 하는 업계 최고 친구들만 모았는데, 그 친구들이 나를 부르는 말이 있다.

"안흥도는 '중카'가 아니라 '중괴'야!"

"'중괴'가 뭐야?"

"아, 중고차 괴물!"

중고자 업계 초보로 시작해서 업계 1등 실적까지 2년 만에 달성했다. 나처럼 단기간에 성장한 사례는 처음이라고 한다. 회사 차원이 아닌 개인 팀으로 이룬 '월 200대'라는 판매 수치는 정말 이례적인 일이라 '중괴'라는 별명이 나도 싫지 않다.

간혹 자기 경력을 들먹이며 무시하는 사람들도 있다. 하지만 딜러 평균 월 2~3대 판매하는 시장에서, 그들이 몇 년에 걸쳐서 판매하는 차 대수보다 내가 한 달에 판매하는 차 대수가 훨씬 많다. 그렇다고 그들에게 내 판매 대수를 자랑하지도, 무시하지도 않은 채 그냥 웃고 넘긴다. 경쟁의식이 생기는 사람보다는 차라리 만만해 보이는 사람이 되는 게 속 편해서다.

사람이 살아가면서 절대로 하지 말아야 할 3가지가 있다. 나는 3가지 중 하나라도 하는 사람과는 거리를 둔다. 첫 번째는 '돈 자랑'이다. 돈은 항상 나보다 더 잘 버는 사람이 있다는 걸 알아야 한다. 두 번째는 '주먹, 주량 자랑'이다. 이런 사람들은 늘 사건 사고를 몰고 다닌다. 이런 사람들과 술자리를 하는 날에는 어떤 사고가 나기 전에 그 자리를 피하는 게 상책이다.

세 번째는 '부모님 자랑'이다. 자기 부모님이나 집 자랑하는 사람치고 열심히 사는 사람을 본 적이 없다. 부모님의 울타리에 갇혀 세상 물정 모르는 사람들과 가깝게 지내면 나까지 열심히 사는 법을 잊을 수 있으니 단호하게 만나지 마라. 모름지기 사람은 가려서 만나야 한다. 그 기준점이 능력이나 돈이면 안 되지만, 안 좋은 습관이 있는 사람은 무조건 피하는 게 맞다.

반대로 피하는 사람이 있다면 가까이하는 부류의 사람도 있다.

첫 번째는 '겸손한 사람'이다. 부자들을 만나면 겸손한 사람과 그렇지 않은 사람들이 있는데, 내가 만나본 부자들 가운데 '가짜 부자'는 거만했다. (대개 직업도 '토토충', '불법충'이다.) 그러나 '진짜 부자'는 대부분 겸손했다. 겸손하다고 모두 부자는 아니다. 하지만 진짜 부자들 대부분은 겸손하다.

두 번째는 초롱초롱한 눈을 지닌 사람이다. 아무 생각 없이 눈만 초롱초롱한 게 아니라 자신이 하고 싶은 일의 방향성을 똑바로 알고, 야망이 있는 사람 중에 눈이 흐린 사람을 본 적이 없다. 이 책을 읽고 있는 여러분들의 눈처럼 말이다.

영원한 1등은 없다

빌 게이츠와 소니, 모토로라의 공통점은 무엇일까? 바로 '과거형 1등'이라는 점이다. 일할 때 성과를 내는 것도 중요하지만, 내가 망가지지 않으려면 현실을 받아들이고 인정하는 것도 중요하다. 현재는 일론 머스크, 애플, 삼성 등 각 분야의 1등이 바뀌었듯 영원한 1등은 없다. 이처럼 시대는 바뀌고, 흐름 또한 바뀌기 때문에 항상 우리는 공부해야 하며 트렌드를 따라가야 한다.

나를 목표로 무섭게 추격해오는 신입도 있으며, 경쟁업체로써 늘 따라 하는 2등도 있다. 사람이 하는 일이다 보니 언젠가는 따라잡히기 마련인데, 이것 때문에 나는 굉장한 스트레스를 받았다. 처음에는 스트레스를 받는 원인을 알아내려고 몇 날 며칠 고민했다. 크게 3가지 이유가 있었다. 첫 번째는 일이 너무 많았다. 두 번째는 인력 관리할 때 받는 감정 소모가 컸다. 세 번째는 지금까지 너무 쫓기며 살아왔다.

결과적으로 내가 스트레스받는 이유는 '1등 자리를 지켜야 한다'라는 마음가짐이 가장 컸다. 이 사실을 깨닫고 나는 '내가 일하는 목적'을 다시 점검했다. '1등을 하려고 일하는 건지, 일의 성과를 이뤄 성취감을 느끼려고 일하는 건지' 말이다. 정답은 후자였다. 나는 중고차 영업에서 이미 최고의 성취감을 느꼈기에 어깨의 짐을 내려놓으려고 노력했다. 지금은 중고차 수출, 피자 프랜차이즈 등 새로운 분야에서 성취감을 느낄 수 있는 새로운 일들을 시작하며 흐름을 타는 중이다.

내가 여러분에게 당부하고 싶은 말은, 자기개발서들을 보며 뛰어난 사람이 되기 위해 너무 1등만 목표로 노력할 필요가 없다는 것이다. 이미 〈토끼와 거북이〉 우화를 알 것이다. 결승점을 모른 채 최고 속도로 뛰어가는 토끼와 결승점을 정확히 알고 하루에 몇 시간씩 걸어가는 거북이가 있다. 당신은 둘 중 누구를 선택할 것인가? 나는 '꾸준한 거북이'가 되라고 말하고 싶다.

일은 '방향성'과 '꾸준함'이 정말 중요하다. 열심히 도전하고, 올바른 방향성으로 꾸준히 노력한다면, 그 결과물은 시대의 흐름을 잘 탈뿐만 아니라 '1등'은 자연스럽게 따라올 것이라고 굳게 믿어 의심치 않는다. 인생에 실패는 없다. 단지 성공과 성공하는 과정만이 있을 뿐이다.

나도 이 책에는 밝히지 않았지만, 성공하는 과정이 순탄하지 않았다. 한 번에 업계 1등이 된 게 아니다. 지속적인 노력과 꾸준한 시도, 변화되는 시장 흐름에 맞추어 틈새시장을 잘 공략했고, 내 슬로건을 따라 '사람을 남기는' 장사를 했기 때문에 성공할 수 있었다. 그 결과 이 책을 쓴 다른 업계 1등들과 공저를 할 수 있다고 생각한다.

이 책을 읽는 여러분의 상황도 각자 다를 것이다. 성공을 향해 열심히 달려가는 사람들도 있을 것이고, 이미 성공을 이루고 차 한 잔 마시면서 본인의 과거를 회상하며 새로운 도전을 다짐하는 사람들도 있을 것이다. 그렇다. 우리는 지금, 이 순간에도 '현재 진행형'으로 존재한다. 당신은 어떤 미래를 만들어갈 것인가? 지금 당신 눈앞에 있는 현실은 진짜 현실이 아니다. 우리는 모두 각자 머릿속에서 그리는 청사진을 완성하기 위해 전진해야 한다.

의심이 아닌 확신을, 불신이 아닌 믿음을 가져라. 당장은 먼 미래라 생각할지 몰라도 내 한계를 부수고 경제적 자유, 행복한 가정, 꿈꾸는 모습 등 원하는 그림대로 나를 만들어가기를 바란다.

이 책은 모두 내 이야기로 구성됐지만, 결국 이 책을 읽는 독자 여러분의 이야기로 완성이 될 것이다. 당신은 어떤 이야기를 완성하고자 하는가? 그 찬란한 미래가 나는 기대된다.

지금 내게 주어진 것은 오늘뿐
내일을 오늘로 당겨 쓸 수도,
지나간 어제를 끌어와 부활시킬 수도 없다.
바로 지금 이 순간에 몰입하라!
이 순간이야말로 세상이 당신에게 주는
가장 소중한 선물이다

_스펜서 존슨(Spencer Johnson)

에필로그

'국내 1호' 개인 브랜드 매니저인 국도형 저자의 《퍼스트 브랜딩》에는 다음과 같은 말이 나온다.

"방법을 잘 모르는데 일단 돈이 궁해서 '묻지마'식의 커리어를 양산하거나 1인 미디어 등을 통해 자신의 실력을 과장하고, 이를 통해 선량한 사람들의 주머니를 터는 데만 관심 있는 사람이라면, 당신은 단기적인 '퍼스널 브랜드'를 만들 수 있다. 그러나 일대기적 관점에서 한 방에 무너지는 순간이 반드시 찾아오게 될 것이다. 무언가를 조언할 때, 비용을 받을 때, 또 그런 일들이 상대의 인생에 어느 정도의 영향을 주게 되는지에 대한 책임 의식을 가져야 한다. 브랜드 신뢰라는 건 만들어내는 것이 아니라 만들어지는 것이다."

'너는 있는 그대로 아름다워!' 물론 그 순간에는 듣기 좋고, 정말 달콤한 말이다. 하지만 좋은 말이나 예쁜 말은 듣기에만 좋을 뿐, 차갑고 냉정한 자본주의 사회에서는 독이 되어 돌아올 수 있다. 당연한 말이지만, 나의 가치는 세상이 정한다. 그래서 내가 파는 상품이나 몸값은 시장의 수요로 인해 정해질 수밖에 없다. 이 책을 읽는 독자분이라면 당연하게 아는 공공연한 사실이다.

여기서 한 가지 덧붙여 말하면, 자신의 업(業)을 통해 깨달은 사실은 철저히 자기가 유리한 위치에 들어갈 수 있는 포지셔닝(Positioning, 차별화)을 설정해야 하고, 그다음에는 그 위치로 올라가기 위해 장기적 관점으로 바라보며 오랫동안 궁구해야 한다는 것이다.

그렇다면 '포지셔닝'은 무엇이고, '그 외의 것'은 무슨 말일까? 하나씩 얘기하겠다. 첫 번째로 나의 포지셔닝을 설정하는 건 쉽게 말해서 '유리한 위치에 나 자신을 두어야 한다'라는 뜻이다. 예를 들어 장사가 잘 안되는 가게는 전단을 붙이는 방법 등, 고객들에게 와달라며 애써 붙잡을 것이다. 문제는 정작 집중해야 할 서비스와 맛에는 집중하지 않고, 가게를 알리는 접근 방식도 굉장히 비효율적이다.

하지만 요즘에 소위 말하는 맛집, '핫플'이라 불리는 곳은 어떨까? 본질에 관한 연구는 물론, 시그니처 메뉴를 메인으로 정해두고, 트렌디하게 인스타그램이나 블로그 체험단, 유튜브 협찬 등 마케팅을 진행하며 자연스레 고객들의 입소문을 타서 먼저 찾아오도록 만든다. 즉 포지셔닝에 성공한 가게는 웨이팅해야만 갈 수 있는 맛집이 되는 것이다.

그렇다면 음식만 연구 잘하면 될까? 아니다. 고객의 수요가 무엇인지 A~Z까지 뜯어봐야 한다. 메뉴, 상권, 가게 인테리어, 접근성, 맛, 이름, 로고, 서비스, 청결 등 고객을 어떻게든 만족시키기 위해 철저히 본질을 강화한 후에 수요를 파고들면, 분명히 타깃팅해야 할 고객은 누구인지 명확히 알게 된다. 그다음 그들의 마음을 자극할 카피라이팅과 멘트, 질 높은 서비스를 포장할 마케팅 수단을 활용하는 것이다. 이 과정을 반복하며 생각하고, 깨달은 후 피드백과 개선해야 한다.

이 과정에서 운 좋게 성공하면 또 연구하고, 실패했으면 무엇이 문제였는지 고민하고, 다시 시도하는 것이다. 지름길이 있을 것이라 믿지 마라. 그 발상 자체가 장기적인 관점에서 나를 무너뜨리고, 오랫동안 나아가지 못하게 발목을 붙잡는 큰 요인이 될 것이다. 속속들이 파고들어 깊게 연구하는 게 궁구하는 것은, 나를 유리한 위치로 시장에서 포지셔닝 시켜준다. 오랫동안 생존할 수 있게 도와주는 건 치열한 실천력과 본질을 관철하는 통찰이다.

책 한 권을 읽은 사람이 신념을 가지면 무섭다고 하는데, 결국 인생은 '실전'이다. 한 글자든, 한 페이지든, 책 한 권이든 당장 바로 행동에 옮기는 사람이 결국 목표를 이뤄낸다. 태어났을 때부터 불공평한 이 세상에서 내가 포식자가 되기 위해서는 남들이 하지 않은 것까지 살피며 디테일한 분석을 하는 섬세함을 가져야 한다.

또한, '있는 그대로 괜찮다'라는 말로 자신의 노력을 포장하며 합리화하지 말자. 내가 부딪힌 한계를 넘어서기 위한 몸부림이 결국 당신의 몸값을 진정한 의미로 정할 수 있는 포지셔닝을 성공시키는 결정적 요인이 될 것이다.

넘어질 것인가
넘어설 것인가

초판 1쇄 인쇄 2023년 5월 08일
초판 1쇄 발행 2023년 5월 17일

지은이 안규호, 한진우, 신한국, 양유준
이동호, 강철, 황정환, 안홍도
펴낸이 떠오름

기획 손힘찬
편집 떠오름
디자인 당아
펴낸곳 ㈜떠오름코퍼레이션
출판등록 제2021-000002호(2020년 4월 28일)
주소 서울특별시 성동구 왕십리로 4길 23-1, 3층 301, 302호
전화 070-4036-4586 팩스 02-6305-4923
홈페이지 www.risebooks.co.kr
이메일 tteoreum9@nate.com

값 18,200원

ISBN 979-11-92372-38-9 (03190)